龙岩市共青团志

（1997—2021）

共青团龙岩市委员会　编

方志出版社
Publishing House of Local Records

《龙岩市共青团志（1997—2021）》编纂组织架构

《龙岩市共青团志（1997—2021）》编委会

顾　问： 汤孔忠

主　任： 李小飞　苏俊才

副主任： 郭昊瑜　曾庆德　罗煇群

委　员： 谢灼宇　黄亦晟　曾秋招　洪炜昆　吴秋妹　詹南强
王汉炬　曾　锐　赖超平　胡　晔　王　健　黄　芳

《龙岩市共青团志（1997—2021）》编写组

总　　编： 李小飞

执行总编： 张雪英

副 总 编： 游友荣　谢灼宇

成　　员： 刘可明　黄嘉洧　钟日兴　黄宏伟　张晓飞

2010 年 10 月 13 日，团中央书记处第一书记陆昊（左五）到龙岩调研

2015 年 8 月，团中央书记处第一书记秦宜智（左二）到龙岩调研共青团工作

2020 年 12 月 3 日，省委常委周联清（左五）在团省委书记肖华鑫（左四）等陪同下到新罗区西陂街道华莲社区调研

2014 年 11 月，市委书记梁建勇（右一）出席龙岩市青年电子商务协会成立仪式并授牌

2016 年 5 月，市委书记李德金（中）到龙岩市实验小学看望少先队员

2017 年 9 月，市委书记林国耀（前排右二）调研蚁人众创空间，看望 2017 年度龙岩市“十佳青年电商”代表

2019 年 5 月 30 日，市委书记许维泽（中）参加“争做新时代好队员——我是小小追梦人”龙岩市少先队六一主题队日活动

2020 年 5 月 25 日，市委书记李建成（左五）、市长张国旺（左三）参加“逐梦新时代　争做好队员”龙岩市少先队庆“六一”主题队日活动

2009 年，团省委书记赖军（中）到龙岩调研，参加龙岩市共青团工作情况汇报会

2016 年 5 月 3 日，团省委书记何明华（右三）到龙岩参加“高举团旗跟党走，红色基因代代传”主题活动

2018 年 3 月 23 日，团省委书记宿利南（前排左二）到龙岩调研青年创业工作

2018 年 7 月，团省委书记肖华鑫（前排左五）到龙岩调研共青团工作

2009 年“六一”期间，举办龙岩市纪念中国少先先锋队建队 60 周年大会

2011 年 4 月，全国青少年青春歌会（福建站）“永远跟党走　青春促跨越”在古田会议会址举办

2011年5月3日，龙岩市召开“永远跟党走　青春促跨越”纪念“五四运动”92周年表彰座谈会

2012年11月2日，纪念古田会议召开83周年暨《古田小红军》首发仪式

2016 年 6 月 1 日，举办“我们学先锋，创造新生活”主题队日活动

2021 年 4 月 28 日，团市委举办“青春心向党，建功新龙岩”纪念五四运动 102 周年主题晚会

举行龙岩团市委、共青村结对企业“争当红土先锋、争做和谐使者”党员志愿捐赠灾后重建活动

2010 年 4 月，龙岩市举行“项目建设年”重点工程突击队竞赛活动启动仪式

2012 年 2 月 29 日，共青团福建省委、共青团龙岩市委“学习长汀经验，建设青春家园”主题实践活动启动仪式在长汀举行

2015 年 4 月 21 日，龙岩团市委联合市第一医院共同开展的“从心启航”心肺复苏公益巡回培训启动仪式

2017 年，团市委组织“我们一起　助力创城　志愿同行”活动

2020 年 8 月 20 日，举办“青亲岩城，文明有你”志愿者助力全国文明城市创建接力活动

服务青年

2010 年，龙岩市预防青少年违法犯罪工作领导小组成员（扩大）会议召开

2011 年 5 月 30 日，举行“在阳光下快乐成长”——龙岩市关爱农民工子女行动

2013 年，龙岩市青年创业大厦投入使用

2014 年 11 月 14 日，龙岩市青年电子商务协会成立大会暨首届电商高峰论坛在龙岩人民会堂召开

2016年5月28日，举办“大手牵小手，传递爱共成长”关爱留守儿童主题活动

2018年7月，龙岩市青年企业家协会第九次会员大会合影

2019 年 9 月，“创青春”第六届福建省青年创新创业大赛颁奖典礼在龙岩市举行

2020 年，举办“谋发展·促融合”海峡两岸（龙岩）青年创业就业论坛

2021 年 7 月 11 日，举办中国青年企业家协会第 14 期青年企业家能力提升计划培训班开班式

2021 年 8 月 31 日，举行“2021 年希望工程·圆梦行动”捐赠仪式

市委副书记刘晓东听取共青团工作情况汇报

2002 年，团市委召开各界青年学习十六大精神座谈会

2009 年 3 月，龙岩团市委召开深入学习实践科学发展观活动动员会议

2010 年 5 月，中央国家机关团工委与中共永定县委签订友好合作备忘录，举行“根在基层”调研实践基地授牌仪式

2012 年，组织学习胡锦涛总书记重要讲话

2015 年 7 月 21 日，中央团校古田培训基地揭牌仪式在上杭县古田镇举行

2016 年 2 月 29 日，龙岩市青年志愿者协会成立大会召开

2018 年 9 月，共青团龙岩市委组织学习习近平总书记“7·2”重要讲话精神

2020 年 11 月 21 日，龙岩市学生联合会第一次代表大会召开

2021 年 4 月 8 日，举办党史学习教育宣讲报告会

凡　例

一、本志以马克思列宁主义、毛泽东思想、邓小平理论、“三个代表”重要思想、科学发展观、习近平新时代中国特色社会主义思想为指导，坚持辩证唯物主义和历史唯物主义的立场、观点和方法，客观、全面地记述龙岩市共青团发展的历史与现状。

二、本志以龙岩市2021年的行政区划为记述的区域范围。

三、本志为《闽西共青团志》续编。为完整记述龙岩撤地设市后龙岩市共青团发展历史，本志记述上限为1997年5月1日，下限为2021年12月31日。

四、本志的体例为述、记、志、图、表、录并用，志为主体，采取章、节、目形式，横排竖写，兼顾各项，纵横结合。概述列卷首。概述提纲挈领，纵述龙岩市共青团概况，总领全书。卷中设组织机构、团代会及全委会、团组织建设、宣传工作、青年发展工作、学校团工作、少年先锋队、青少年维权工作、青年志愿者、希望工程、青年群众组织与团办实体、团县（市、区）委、荣誉等章，记述龙岩市共青团的发展历程。大事记以编年体为主，简明记述历史上较大影响的活动和事件。

五、荣誉辑录自2004年1月1日，下限为2021年12月31日。1997—2003年荣誉参见《闽西共青团志》。

六、本志文体采用第三人称规范语体文，行文力求严谨朴实，简明流畅。数字用法执行国家标准《出版物上数字用法》，标点符号用法执行国家标准《标点符号用法》，计量单位均依国家现行规范。

七、本志行文涉及组织机构、会议、文件等，按当时称谓记述，一般采用全称，多次出现的用简称表述。

八、本志资料主要来源于档案、地方志、年鉴、党史，以及报纸、杂志、历史文献和有关著述。

目 录

概 述

1997年5月，龙岩撤地设市，这是龙岩发展史上的一件大事，为龙岩共青团组织的发展、壮大增添了活力。1997年迄今，龙岩市召开共青团代表大会五次。共青团龙岩市委在中共龙岩市委和上级团委的领导下，团结带领全市团员青年，高举习近平新时代中国特色社会主义思想伟大旗帜，围绕全市党政工作大局，聚焦团的根本任务、政治责任、工作主线，积极投身龙岩改革开放和社会主义建设事业，改革攻坚，从严治团，全市共青团事业取得了新发展。

一、坚持以党的科学理论为先导，坚定广大青少年理想信念

1997年—2002年11月，龙岩团组织运用讲座研讨、辅导培训、演讲报告、征文笔谈等形式和采取参观考察、社会实践、组织学习等办法，开展生动活泼的爱国主义、集体主义、社会主义和革命传统教育，增强青少年民族自尊心和自信心，树立正确的人生观、世界观和价值观，努力培养社会主义事业接班人。开展党的路线、方针、政策教育。1998年，组织学习江泽民同志在庆祝北京大学建校100周年大会上的重要讲话精神，举办团干部邓小平理论学习研讨班，开展以“学习厦门献计策，奉献青春促发展”为主题的大讨论。是年，团的领导机关开展“三讲”教育活动。2000年，深入学习“三个代表”重要思想，开展“致富思源、富而思进”教育。2001年，开展庆祝中国共产党成立80周年活动，农村团组织开展“三个代表”重要思想宣传教育活动。全市各级团的机关干部开展“双争”（争当好公仆、争创新业绩）活动。2002年，组织学习贯彻党的十六大精神，团市委开展“贯彻十六大、创造新业绩”主题活动。开展形势教育、革命传统教育和公民道德教育。团组织始终把对青少年进行思想政治教育放在首要位置。1997—2002年，全市团组织以迎接香港、澳门回归，进入21世纪，北京申奥成功，中国加入世贸组织等为契机，举办火炬交接仪式、签名仪式、夏令营，开展爱国主义教育。2001—2002年，各团组织实施《公民道德建设实施纲要》，并开展揭批邪教“法轮功”、抵制“六合彩”活动。学习宣传模范人物。1996年“8·8”洪灾后，团地委表彰在洪灾中为抢救他人而英勇献身的模范共青团员蓝玉荣、蓝石林和不畏艰险抢救国家财产的优秀共青团员赖玉琴，并开展学习活动。1999年，龙净企业集团龙岩大洋工业自动化研究所所长游卫东为抢救工人而献出年仅31岁生命。团省委、团市委分别追授他为省、市“新长征突击手”，团市委开展“学习游卫东，争当跨世纪优秀青年”活动。2002年，林红、江建权被评为“全国优秀青年卫士”，各团组织发挥他们的辐射带动和示范作用，加强青年思想道德建设。至2002年，团市委共评选表彰7届闽西十大杰出青年70名，推动全市青年学先进、比先进、赶先进氛围的形成。

2002年11月—2007年11月，市第二次团代会以来，龙岩市共青团组织积极探索有时代特征、闽西特色、青年特点的共青团工作新路子，共青团事业持续提升、阔步前进。全市各级团组织高举邓小平理论和“三个代表”重要思想伟大旗帜，以科学发展观为统领，按照市第二次团代会提出的“与时俱进，紧扣中心，发挥优势，争创一流”的总体思路和要求，紧紧围绕全市党政工作大局，团结带领全市团员青年为建设海西重要增长极添砖加瓦、建功立业。五年间，团中央书记处领导周强、杨岳、胡伟、王晓、贺军科先后到龙岩市调研考察，对新时期闽西红土地共青团工作给予充分肯定和有力指导。五年来，团市委组织开展的“保护母亲河行动”“青年创业行动”“服务农村青年增收成才”“中国少年儿童平安行动”“新世纪读书计划”等多项工作受到团中央表彰，全市共有37个基层单位集体和14名个人受到团中央的命名表彰。充分发挥育人功能。注重发挥闽西红土地教育资源优势，召开“爱祖国、爱福建”互联互动座谈会、军地青年学习辅导报告会，开展“民族精神代代传”“红色苏区新一代”主题团日活动，举行入团入队和成人宣誓仪式，深化“迈好青春门、走好成人路”主题活动，进行中华民族美德和革命传统教育，开展社会主义荣辱观教育，促进青少年思想道德建设。推进大、中学生素质拓展计划，开展素质拓展训练，组织回乡大、中学生开展以新农村政策宣讲、荣辱观宣讲、支农支教支卫服务等为内容的暑期“三下乡”社会实践活动，建立20个社会实践基地。开展向先进典型学习的活动，培育、挖掘“全国十佳青年农民”吴哲彦、“全省十大杰出青年”黄剑忠等一批新时代红土地青年先进楷模，评选表彰第八届“闽西十大杰出青年”和“龙岩市新长征突击手”、优秀共青团员、优秀共青团干部和优秀少先队员、少先队辅导员，在青少年中营造学习先进、争当先进的良好氛围。

2007年11月—2012年11月，共青团龙岩市第三次团代会以来，全市各级团组织围绕龙岩发展大局，坚持党建带团建，全面履行组织青年、引导青年、服务青年、维护青少年合法权益四项职能，解放思想、创先争优，凝聚力量、拓展作为，团的工作和青年事业取得长足发展。坚持用社会主义理论最新成果构筑青少年精神支柱。紧跟时代前进步伐，狠抓青年理论武装工作，组织全市团员青年深入学习科学发展观、学习胡锦涛同志赴闽调研时的重要讲话精神以及省、市党代会和《国务院关于支持福建省加快建设海峡西岸经济区的若干意见》《海峡西岸经济区发展规划》等文件精神，不断增强理论武装的针对性和实效性。全市各级团队组织借助网络、电视、广播、报纸等媒体，采取座谈会、报告会、征文演讲比赛、主题团队日活动等方式，帮助广大团员青年充分认识推进闽西老区加快崛起的重要性和紧迫性，把广大团员青年的思想行动统一到市委、市政府各项中心工作上来。用丰富多彩的实践活动引导青少年永远跟党走。抓住建党90周年、辛亥革命100周年、“五四”运动90周年、建团60周年和北京奥运会、上海世博会、全国特奥会等契机，广泛开展“永远跟党走，青春促跨越”“学党史、知党情、跟党走”“红领巾心向党”“心系灾区·梦圆奥运”“为特奥添彩，让青春闪光”等主题活动，开展“民族精神代代传”“雏鹰争章”“手拉手”“迈好青春门，走好成人路”十八岁成人宣誓仪式等活动，组织大学生“青年马克思主义者培养工程”培训班和“三下乡”社会实践，组织少先队员学习胡锦涛同志致少先队建队60周年贺信精神，争当“四好少年”，坚定广大青少年紧跟党走中国特色社会主义道路的信念和决心。用青年身边的典型事迹鼓舞青少年创先争优。编辑发行《古田小红军》漫画书，用青少年喜闻乐见的漫画形式生动讲述贫农子弟革命风暴中成长为红军指战员的动人故事，激励广大青少年继承和发扬闽西老区光荣革命传统和古田会议精神，在工作、学习和生活中以更高的标准严格要求自己。开展“五四红旗团组织”“优秀共青团员”“优秀少先队员”“优秀青年志愿者”“优秀青年突击队员”等先进集体和个人的评选活动，在“龙岩青年网”网站开设“青春风采”专栏，广泛开展“青春在红土地上闪光”和“下基层、进青年、办实事、促发展”主题实践活动，组织发动各级团干部和青年典型进机关、进学校、进农村、进社区、进企业，团结带领全市团员青年立足岗位、比学赶超、创先争优。

2012 年 11 月—2018 年 11 月，党的十八大以来，习近平总书记和全党上下高度重视青年和共青团工作。习近平总书记在古田亲自主持召开全军政治工作会议期间深情叮嘱：“青年一代是党和军队的未来和希望，革命事业靠你们接续奋斗，优良传统靠你们继承发扬”。中央、省委和市委党的群团工作会议相继召开，市委审议通过《共青团龙岩市委改革方案》，市四套班子领导多次关心指导青少年和共青团工作，为全市团干部和团员青年定心定向。龙岩共青团紧紧围绕保持和增强政治性、先进性、群众性的总要求，聚焦团的根本任务、政治责任、工作主线，围绕中心、服务大局，改革攻坚、从严治团，全市共青团事业取得新发展。坚持用习近平新时代中国特色社会主义思想引领青年。认真部署开展“青年大学习”行动，引导广大团员青年深刻理解新思想的丰富内涵、精神实质和实践要求，增强“四个意识”、坚定“四个自信”、做到“两个维护”。各县（市、区）团委依托青年之家建立“学习社”，涌现出许多“大学习”品牌，如“趣读吧”“青年·杭川梦”“悦读汀州”等。坚持用红色基因感召青年。结合建党 95 周年、长征胜利 80 周年广泛开展“高举团旗跟党走·红色基因代代传”主题教育实践活动；争取中央团校在古田成立培训基地，多次承办团中央、团省委及清华大学、北京大学、南开大学等高校团委的培训和活动，常态化开展红色主题学校团队日活动，用红色历史和革命传统补足青少年理想信念之“钙”。坚持用身边榜样带动青年。定期通报表扬青年“五四”奖章、“两红两优”、优秀少先队员和少先队辅导员，开展线上“微访谈”和“青年故事汇”等线下走基层分享活动，引导青少年见贤思齐、向善向上，自觉践行社会主义核心价值观。坚持用网络正能量激励青年。打造新媒体阵地，全市 33 家团属网站、认证微博和微信公众平台累计吸粉 30.7 万人，每年有效阅读量过 100 万人次，团市委官微最高周排名全团第五名，唱响青年网络“好声音”，引领网络正能量。推荐青联委员影视作品——防范“校园贷”普法剧《贷价》在央视 12 套黄金时段播出，反响热烈。

2018 年 11 月—2021 年，龙岩团市委全面贯彻落实习近平新时代中国特色社会主义思想和党的十九大精神，成立龙岩青年讲师团，开展宣讲活动，其中专职团干部开展“青马之光”主题宣讲 43 场，覆盖青少年上万人。推动“青年大学习”网络主题团课学习，带领全市超过 500 万人次团员青年学习新思想。对接团中央到古田拍摄《党指挥枪》专题网络团课，上线“青年大学习”制度自信系列精品课程，全国 3000 多万团员参加学习，有力宣传“红古田”品牌。在古田干部学院承办团中央和全国青年联合会培训班，来自全国 13 个省、自治区、直辖市的 63 名全国青联委员到龙岩市接受为期 3 天的政治教育，打造青年思想政治教育高地迈出有力步伐。强化价值引领。结合“五四运动 100 周年”“中华人民共和国成立 70 周年”“六一”“10·13”等重要节点，承办全省各界青年纪念“五四”运动 100 周年主题会演活动，开展“青春心向党·建功新龙岩”“我与祖国共奋进——国旗下的演讲”“争做新时代好队员——我是小小追梦人”“我和我的祖国——小小朗读者大赛”等主题活动。大力弘扬社会主义核心价值观，充分发挥共青团实践育人优势，做好“向上向善好青年”“青年五四奖章”“优秀共青团员”“优秀少先队员”青少年典型选树工作。强化网络引领。主办龙岩市 2019 年十大群文活动之一“声动龙岩”歌手大赛，纪念“五四”运动 100 周年原创歌曲《青春之光》得到团中央书记处书记李柯勇肯定，团中央微信、微博阅读转发量超百万次。微电影《温度》被团中央官微等多家媒体转载；供电公司团委“壮丽 70 年”主题踩街、新罗团区委“我和我的祖国”主题快闪、龙岩师范附属小学大队护旗手“我们爱祖国，我们爱国旗”等视频被“学习强国”平台采用。2020年，开展“云”分享、“云”阅读、“云”代言、“云”展播、“云”课堂系列活动，举办首场省“五四”青年奖章线上分享会，50多万名团员青年观看直播；市青年“五四”奖章（集体）事迹线上分享获点赞13.5万次。2021年，龙岩团市委深入学习贯彻习近平总书记在党史学习教育动员大会上的重要讲话、来闽考察重要讲话、在庆祝中国共产党成立100周年大会上的重要讲话和中共十九届六中全会精神。学用结合，强化组织动员，推动青少年党史学习教育走深走实。突出现场教学，依托遍布全市的红色资源，设计寻访红色初心、追寻真理之光、感悟实践摇篮、凭吊红土忠魂、筑梦绿水青山等五条红色路线，组织开展主题团（队）日活动7500多场次。办好云上课堂，拍摄上线《古田会议永放光芒》《红军中的小战士》网上主题队课，举办“青春心向党·建功新龙岩”主题晚会，组织“青年大学习”党史云团课，33周学习人次174.9万。鼓励分享互动，组织党史领学人开展宣讲120多场次，带动全市各级团组织开展专题学习3500多场次，红领巾巡讲团和“红色故事我来讲”活动覆盖全市少先队员。

二、以党政大局为中心，服务闽西老区崛起发展

1997年起，继续开展青年岗位能手活动，并在青年职工晋级、入学深造、提拔使用和企业工资、奖金、住房分配制度等方面制定优惠政策，向青年岗位能手倾斜。至1998年，全市4名青年职工（江七蓉、林静、薛昌仁、谢正龙）被评为“全国青年岗位能手”、22名青年职工被评为“省级青年岗位能手”。1998年，实施“振兴千家中小企业行动”，优秀青年企业家、青年经济学者、青联委员共同扶助一家企业活动。1999年，开展企业青年职工创新创效活动以及“QC”攻关等科技活动，在第二届福建省青年科技成果（产品）博览会上，龙净股份有限公司智能除尘器控制系统、连城星光水果场生产的日本“市交”特早熟蜜橘获金奖，龙马集团公司LM－12E、LM－12CE型小型拖拉机获银奖。2001年，团市委召开全市企业青年创新创效活动现场推进会，并在全市企业中开展青年创新创效方案金、银、铜奖和先进个人评选表彰活动。2002年，全市企业团组织引导广大青年职工献言献策，技改项目和被采纳的合理化建议达3000项（条）以上。促进农村经济发展。至1997年，龙岩市204个县以上机关、企事业和学校团组织与204个贫困村或后进村结对，争取资金、引进项目、兴办农村青年科技图书站，发展村经济或公益事业建设。2000年，启动跨世纪青年农民科技培训工程。2001年，漳平市创建党团联动科技网，连城县在乡（镇）团委中开展挂钩联系青年个私经济户活动。2002年，团市委成立青年农村发展中心，扶持农村青年走农业经济综合开发的创业路子。

2002年11月—2007年11月，响应市委“举全市之力建龙岩学院”的号召，开展“我为龙岩学院尽一份心”“我为办好龙岩学院献计策”等主题系列活动，募集资金14万余元建设青年广场，筹资100万元设立了龙岩学院助学金，同时吸引广州青年企业家投资1600万元建设龙岩学院学生公寓。积极参与“非典”防治工作，开展“青少年爱国卫生月”“青年志愿者公共卫生”“抗击非典，青年文明号与您同行”等系列活动，为抗击“非典”做出贡献。着眼于推动项目带动战略，开展青年突击队竞赛活动，命名建立143支省、市级青年突击队，在重点工程建设、社会主义新农村建设以及科技创新创效项目上发挥重要作用，并积极投身抗洪抢险，帮助灾区群众恢复生产、重建家园。团市委机关先后为灾后重建挂钩村永定县陈东乡蕉坑村、挂钩后进村漳平市永福镇陈村村协调扶助资金30多万元及一批物资，投入基础设施建设150多万元，完成村道改造硬化工程、人饮工程、村部修缮等项目。大力推进青年创业创新实践。参与项目开发和招商引资工作，组团参加中国青年创业周活动和全国大学生创业项目成果交易会并签约3个项目，5次组团180人次参加省项目成果交易会和“海峡青年论坛”，促成一批项目落户龙岩市。围绕企业的生产经营，在技术、管理、营销、服务等方面组织青工开展创新创效实践，实施青工技能振兴计划，深化“青年安全生产示范岗”创建和节能降耗活动。举办全市青少年环保科技创新大赛、创业计划大赛和网络创业大赛，开展中学生创业意识教育和“创业海峡西岸——优秀创业青年百校行”活动。成功举办8期市青年企业家创新发展论坛，邀请一批知名教授学者到龙岩讲学授课，为青年企业家创业提供交流平台。2006年举办海西青年企业家（龙岩）高峰论坛暨福建青年企业家闽西行活动，30多名省内优秀青年企业家“走进龙岩”，相聚论坛，共商发展。帮助青年实现就业创业。举办“青春年华、创业闽西”大型人才招聘会、农村青年劳动力转移培训班和自主创业培训班，开展“三助一送”工作。实施“进城务工青年发展计划”，深化“千校百万”进城务工青年培训计划，为进城务工青年提供培训服务和就业指导。五年来，全市共举办各类青年岗位和创业培训班956期，创业培训10.2万人，通过培训后创业人数3230多人，“工岗快递”人数1.1万人，进城务工青年培训2.9万人，农村青年劳动力转移培训44.2万人。积极参与新农村建设。推进“共青团城乡互动百千万工程”深入开展，举行省直—龙岩市结对仪式，签订互动责任书，省、市、县三级团组织共结对174个乡镇团委、村团支部。互动工程培养农村青年创业致富带头人1365人、农村青年营销员852人和农村青年网络信息员634人。实施“青春建功新农村行动”，在全市10个乡镇和100个村开展海峡西岸农村青年创业行动、乡村青年文化行动、保护母亲河·家园清洁行动、农村团建基础工程等活动。启动“共青村”建设，全市7个“共青村”以“4+1”的模式，统一规范“共青村”标识，建立联席会议制度，聘请青年企业家或青联委员为名誉村主任，形成联动整体推进之势。团市委向“共青村”各赠送5000元专项资金，配备一台电脑，筹资21万元实施“共青村移动文化工程”。帮扶结对的青年企业家、青联委员、结对的企业团委为“共青村”做好捐赠帮扶资金、转移劳动力、开通电子阅览室等实事。“共青村”建设已成为惠民、利民的民心工程。深入开展保护母亲河行动。开展保护母亲河统一行动日，“革除陋习、天天环保”统一行动月活动，举办生态环境征文竞赛、“变废为宝”环保创新设计大赛，不断增强青少年生态环境意识。开展一、二期“保护母亲河——家园清洁青年行动周”活动，组织团员青年参加新农村建设“村容整洁”行动。长汀青年生态世纪林等青少年生态工程取得水土流失综合治理的显著成效。

2007年11月—2012年11月，围绕打好“五大战役”、建设“五个龙岩”和“项目建设年”“城市建设年”活动，开展青年突击队竞赛、青工技能大赛，深化“青年安全示范岗”创建和节能降耗活动，引导青年勇担使命，争创一流。组织青年企业家参与“6·18”“9·8”“11·8”等重大经贸交流活动，促成福建省青年企业家到龙岩市考察并签约项目，服务市“10+3”重点产业、“155”产业基地和“1+2”主导产业发展。对接闽台农业合作博士团到农民创业园考察调研，实施“共青村”品牌提升工程、“共青村移动青年文化工程”，开展“学习长汀经验·建设青春家园”和“保护母亲河·家园清洁行动”暨“种植名贵树，建设新农村”等活动，全市7个共青村均列入全市村庄绿化试点，其中1个村被列入全市10个新农村示范村，“共青村”生产生活条件明显改善。服务青年就业创业亮点突出。深化闽西青年创业行动和“我为创业型城市添光彩”活动，开通龙岩青年就业创业网和龙岩广播电台专栏，成立市、县两级青年创业促进会，举办大学生职场精英挑战赛。开展农村青年自主创业培训和千名农村青年自主创业“星火燎原”培训工程，组织“10+3”产业用工和农村实用技术培训班32期，培训农村青年、进城务工青年和返乡青年农民工3080名。建立健全中国青年创业国际计划工作站，培训创业青年3000余人，招募导师“一对一”帮扶28名创业青年。建立青年创业就业见习基地62个，提供见习岗位2269个，对接见习人员2763人次，见习后录用172人。联合金融部门累计发放贷款10085.06万元，带动就业人数2568人。总投资1.5亿元的青年创业大厦建设主体完工，其中2层将作为孵化基地扶助创业青年发展。对外交流工作有效开展。扎实开展两岸交流活动，积极参与客家族谱赴台展，组织青年代表随市经贸文化交流团赴台开展为期8天的交流访问、参加第九届海峡青年论坛活动和第四届海峡客家高峰论坛活动。接待第九届海峡两岸大学生新闻营、第九届海峡两岸台胞青年夏令营、台湾客家党青年团、台湾青商总会、香港青少年红色之旅、华夏学子看海西实践团队到龙岩市参观考察、交流访问，举办“同根杯”第四届海峡两岸青少年艺术展演。深化地方青年与中央国家机关青年的联系，促成中央国家机关团工委与市委签订“根在基层”调研实践活动协议、建立实践基地，与科技部21世纪议程中心联合召开“青年的社会责任”座谈会。积极开展域外交流合作，与厦门大学团委签订大学生暑期社会实践活动框架协议，组织青年企业家协会会员分批次到西藏米林农场开展考察交流活动。

2012年11月—2018年11月，建功新时代，生力军作用更加彰显。脱贫攻坚勇担当。率先提议在“e龙岩”设立公益助学栏目，开通建档立卡贫困学生网上助学直通车。深化“银团合作”，累计发放青年创业小额贷款2.82亿元，为4436名青年解决资金困难，荣获全省“银团合作”助力脱贫攻坚优秀组织奖。率先将金融挂职干部推进到乡镇一线，共青团长汀县委在团中央做了典型经验交流。开展农村青年致富带头人、创业青年、返乡大学生培训500余人次，组织400多名大学生志愿者到乡镇从事扶贫志愿服务。落实“联乡挂村帮户”和结对帮扶贫困户工作部署，争取各类项目扶持资金近300万元。岗位建功敢争先。成立市青年电商协会和跨境电商分会，完成市青年企业家协会换届工作，积极开展青年文明号、青年突击队、青年安全生产示范岗创建和比武活动，开展“大美龙岩·青承匠心”传统工艺青年传承人评选活动，不断汇聚建设新龙岩的青春力量。创新创业有亮点。开展十佳青年电商评选、电商文创大赛等活动，邀请专家学者到龙岩市开展论坛、讲座，带动5万多名青年及大学生在电商行业成长壮大。加强青年创业阵地建设，全市挂牌成立青年创业基地、众创空间10家，入驻企业（创业团队）137家，为创业青年提供租金优惠和导师帮扶等政策。市青年创业孵化基地被评为全省首批众创空间，累计孵化企业20多家。积极开展龙岩青年大讲坛、创业沙龙、创业培训等活动230多场，覆盖青年2万多人次。生态建设做贡献。建设长汀青年生态世纪林等“青春家园示范点”43个，长汀县荣获全国第七届“母亲河奖”组织奖。组建市县两级青年生态环保社团联盟，广泛开展“大美龙岩·青春护绿”绿色生态教育实践活动，积极响应“河长制”，开展“河小禹”专项行动，引领青少年践行“绿水青山就是金山银山”。对外交流添新彩。先后举办“闽南风·海峡情”、青年文创大赛、合作发展论坛等两岸青少年交流活动，对接香港、澳门青年骨干到龙岩市“重走长征路”。深化对口援疆工作，筹资20万元援建新疆呼图壁县第四小学少先队活动阵地。

2018年11月—2021年，大力开展青年创新创业行动。承办第六届“创青春”福建省青年创新创业大赛，11个青年创业项目入围决赛，荣获一等奖1项、二等奖3项、三等奖3项，2个项目入围第六届“创青春”中国青年创新创业大赛决赛，荣获铜奖1项。在第七届省“创青春”青年创新创业大赛中，龙岩市获一等奖1个、二等奖7个、三等奖6个，团市委连续两年获“优秀组织奖”。2020年，开展“比技能、比质量、比作风、晒成绩”青年岗位能手活动，龙烟集团王启兵、闽西职业技术学院刘剑友荣获全国青年岗位能手。深化银团合作，2019年，全市共发放青年创业小额贷款9079.5万元，为831名青年解决资金困难。开展“培育青农创客，助力乡村振兴”农村青年电商培训5场，培训农村青年电商300人次。着力激发青年企业家活力。承办闽商（龙岩）大论坛和龙岩“企业日”活动，全市近300名企业家参加。开展首届“十佳青年企业家”评选，动员青年企业家围绕“一市两区三组团”和“五基地六产业七景区”发挥生力军作用。引导青年投身新龙岩建设。开展“青春·奔跑·追梦”研习活动20场。组织55名大学生服务欠发达地区志愿者开展为期两年的支农、支教、支贫服务，组织8000余名大学师生开展暑期社会实践活动，其中省、校、院三级重点团队54支、1772人。组建100支新时代文明实践服务队，开展知识宣传、扫黑除恶、文艺演出等志愿服务活动近200场。组织高校志愿者前往长汀肖玲村开展墙绘活动，助力当地乡村旅游产业发展。深化保护母亲河行动，邓以兴获全国第九届“母亲河奖”绿色卫士奖。组织200多名青年到长汀青年生态·世纪林开展“大美龙岩·青春护绿”植树活动。2020年，市委、市政府印发《龙岩市青年发展规划（2020—2025年）》，召开第二次青年工作联席会议，初步建立各方齐抓共管青年发展的工作格局。开展“青春·奔跑·追梦”主题活动9场，立项“乡村振兴”“数字产业”等“杰出青年课题”66个。团结青年在疫情防控中勇挑重担。在疫情防控第一线组建青年突击队137支，3个青年集体和8名青年获省级以上“五四”表彰。广泛开展“一线有我”“后方有我”“同行有我”系列志愿服务457场，12000多人次志愿者参加。动员青年企业家和青少年捐款235.23万元，捐赠口罩83695个、额温枪345把。市青年企业家协会被全国工商联评为抗击新冠肺炎疫情先进商会组织。全市各级团属新媒体阵地发布“抗疫”相关信息2151条，展播“汇聚青春力量·助力双战双赢”战疫文化作品4期76件。以“情系外来青工·奉献青春温度”为主题开展“送年货、送保险、送流量、送理发、送辅导、送健康”等送温暖系列活动，服务外来青工留岩过大年。团结青年投身脱贫攻坚和乡村振兴。举办“培育青农创客，助力乡村振兴”培训4场，帮助200多名农村青年提升直播带货技能。联合市商务局、大数据局举办“全闽乐购·幸福龙岩”电商直播带货系列活动，首场直播带货交易额超265万元。招募52名服务欠发达地区大学生志愿者到龙岩市开展为期两年的支农、支教、支贫志愿服务。联合市林业局等部门发出“我为长汀水土流失治理种棵树”倡议，吸引2.64万人次参与线上捐款116.79万元，捐种树苗7.3万余棵。团结青年助力“六稳”“六保”。开展共青团网络“云”招聘活动，组织学校团干部同50名建档立卡贫困家庭大中专应届毕业生结对帮扶。深化银团合作，累计发放青年创业小额贷款1.8亿元，为1220名创业青年解决资金困难，提供就业岗位1139个。团结青年在龙台融合发展中发挥作用。联合市台办举办“谋发展·促融合”海峡两岸青年创业就业论坛。邀请台湾青年参加“两岸一家亲　同创文明城”活动，征集台湾青年工作岗位14个，实习岗位7个。举办2020年优秀在岩台籍青年培训班。2021年，龙岩团市委开展共青团“六大青春行动”，打造出一批青年建功工作品牌。开展创新创业青春行动。举办中国青年企业家能力提升计划培训班暨走进龙岩产业考察活动。组织青年企业家开展“青企·夜话”系列活动，举办青年创业培训2期，沙龙5场；动员95个青年创业项目报名参加省“创青春”大赛；承办第十七届“振兴杯”全国青年职业技能大赛福建省选拔赛，龙岩市选手包揽前两名并代表参加全国大赛。开展乡村振兴青春行动。深化银团合作，指导农信系统创新普惠性青年创业贷款专属产品，共发放贷款354户、9322万元，推动龙岩农商银行向新罗区小池镇培斜村“整村授信”2亿元，饶小琼、陈益荣入围首届“全国乡村振兴青年先锋”。招录62名服务欠发达地区大学生志愿者到龙岩市基层服务两年。开展绿色环保青春行动，深化保护母亲河行动。开展民生发展青春行动，做实为民办实事希望工程项目。开展文明风尚青春行动，主动探索志愿服务进社区。开展“龙台交流青春”行动。举办“两岸同心·共唱青春”2021年海峡两岸（龙岩）青春歌会。扎实开展闽台港澳青少年交流，澳台青年交流促进会一行17人到龙岩“追寻历史足迹”。

三、积极倡导文明新风，持续奉献服务社会

1997年6月—2002年11月，参与精神文明创建活动。开展学雷锋、青年志愿者行动。1997年，龙岩市7个县（市、区）都成立青年志愿者协会，成立规范化青年志愿者队伍500支。1998年，动员青年志愿者投身城市社区公益服务和农村扶贫开发。1999年，参与“110”社会联动，志愿者服务延伸到承担各类急、难、险、重突击任务等各领域，并开展服务纪念古田会议70周年活动、心连心艺术团古田演出活动。2000年，组织青年志愿者服务世界客属第十六届恳亲大会。在抗击第十号台风中，2万多名青年志愿者组成1000多支“突击队”“服务队”和“巡逻队”投入抢险救灾。2001年，开展“新世纪从做志愿者开始”主题活动，龙岩市青年志愿者协会被团中央授予“中国百个优秀青年志愿服务集体”称号。开展“青年文明号”创建活动。1997年，创建活动从窗口行业延伸到工矿企业和重点工程，开展优质服务示范月和“一助一”扶贫帮困，以及青年文明号“助万家”等活动。1998年，团市委评选表彰“市十佳青年文明号”及80个市级青年文明号。1999年，开展“树‘五四’精神，创一流业绩，向国庆50周年献礼”青年文明号优质服务示范月活动。2000年，青年文明号优质服务活动向社区和农村延伸，并开展“百城万店无假货”活动。2001—2002年，实施“青年文明号信用建设示范行动”，开展“青年文明号优质服务促假日经济”活动。至2002年，全市已有国家级青年文明号5个、省级82个、市级486个。青年文明社区创建活动。1997年，团市委联合民政、公安、建设等部门开展城市青年文明社区创建活动，龙岩师专和连城县、长汀县、漳平市、新罗区等地团组织把“青年文明号”优质服务活动从岗位延伸到社区、家庭。1998年，龙岩师专召开大学生志愿者社区援助工作会，漳平市成立“青年文明社区服务中心”。1999年，确立国家、省级青年文明社区创建示范点10个，开展“组织、网络、服务、阵地”四大项目建设，围绕服务项目开展社区服务，新罗区中城街道成立共青团中城街道创建青年文明社区工作委员会。2001年，确定18个青年文明社区为市首批青年文明社区创建示范点。启动青年文明社区亮点工程，上杭古田溪背文明社区、新罗西城街道办事处被团中央命名为“全国青年文明社区”。2002年，团市委举行青年志愿者科教、文体、卫生、法律“四进社区”活动，并在街心广场、闽西交易城举行青年文明社区大家乐文艺活动。实施“青年绿色行动”“保护母亲河”行动。1999年，团市委联合市绿化委成立领导小组，确定新罗、上杭、长汀为试点县（区），建设33公顷生态示范工程，开展以保护汀江、九龙江为重点的青少年“保护母亲河行动”，并将保护华南虎、整治龙津河与保护母亲河有机结合起来，开展“生态环保夏令营”活动，发行邮资明信片，发动青少年捐款，动员青少年投身生态环境建设。2000年，举行植绿护绿服务队授旗仪式、闽赣青年“保护母亲河、绿化长征路”仪式和“绿色的希望”

文艺晚会。是年9月，省青少年基金会与长汀县签订福建省保护母亲河行动汀江流域青年世纪林工程资助建设协议，建设位于长汀县河田朱溪河流域“保护母亲河汀江流域综合治理工程”——青年生态林·青年世纪林项目。项目治理水土流失面积134.67公顷，总投资163万元，为期4年。2001年，开展“小事做起来、保护母亲河”系列主题活动，团市委组织城区大中专学校、企事业单位青年植绿护绿服务队到295地质大队后山植树除草。2002年，龙岩市青少年保护母亲河实践基地揭牌，福建省青少年生态教育基地在长汀青年世纪林揭牌，青年生态林·青年世纪林项目被团中央等单位授予“全国保护母亲河示范工程”称号。组织健康文明的文体活动。1997—2002年，各级团组织每年都举办青年歌手赛、青年美术书法摄影比赛、交谊舞表演赛、电视辩论赛、知识竞赛、文艺晚会、鼓号队踩街以及各类体育比赛，融思想教育、艺术享受、强身健体于一体。1997年起举办社区青年文化节。1999年，各团组织举办纪念“五四”运动80周年系列活动，包括市区跨世纪火炬接力赛、“五四”运动与跨世纪青年知识竞赛、希望工程义演晚会等。2001年，举办“党旗下的青春之歌”青年歌手大赛和文艺晚会、“党在我心中”青年文明社区大家乐活动。2002年，开展纪念共产主义青年团成立80周年系列活动，包括青少年火炬传递启动仪式暨青春歌会等。至2002年，已举办7届乡村青年文化节、6届社区青年文化节。大中专学生暑期“科技文化卫生”三下乡社会实践活动。2001年，共有4600多名大中专学生参加“三下乡”活动。团市委还组织市党员大学生“三个代表”重要思想实践服务团，闽西大学师生组成龙岩市青年专家科技“三下乡”服务团。是年，团市委获“走进社会大课堂”全国中学生暑期实践教育活动优秀组织奖。2002年，龙岩师专成立科技与文化两支队伍开展暑期社会实践活动。大中专学生素质拓展计划。1997年，举办龙岩地区首届校园文化艺术节。2000年，开展校园青年文化周活动。是年，实施青年学生新世纪读书计划，举办“重走长征路”夏令营，组织中等学校开展“迈好青春门、走好成人路”主题竞赛活动。推进科技创新活动，2001年在全市大中专学校开展“科技进校园”主题系列活动。2002年，举办“我想我能行”环保科技创新思维设计大赛。建立各具特色的课外学习小组，培养学生的创造能力和创新创业精神，农村中学开展中学生创业意识实践教育，对学生进行实用技能培训。

2002年11月—2007年11月，各级团组织发挥优势促和谐，持续奉献服务社会。青年志愿者行动持续推进。从宣传贯彻《福建青年志愿服务条例》入手，积极做好青年志愿者的招募、注册、管理和表彰激励工作，志愿服务对象、内容、运作方式和评价机制等环节逐步转入社会化轨道。坚持开展志愿服务统一行动日和服务月活动，组织青年志愿者深入社区、农村和困难家庭，定期、不定期地开展尊老敬老、帮孤助残、法律援助、义诊义治、文化下乡、环境保洁等志愿服务活动，并在创建省级文明城市、世界客属恳亲大会、古田会议75周年纪念大会、“11·18”中国龙岩投洽会等重大活动中做了大量志愿服务工作。实施“大学生志愿服务欠发达地区计划”，共4批97名志愿者服务龙岩市乡村教育、医疗和农技工作。2006年开展“青年同心，服务省运”和“青春辉映夕阳红，志愿服务老运会”主题系列活动，近2000名志愿者为省运会、老运会提供了细致周到的服务。青年文明号创建活动不断深化。开展青年文明号统一行动日、信用建设示范月、“全国青年文明号真情助万家”“号户结对”活动。下发《市级青年文明号管理办法》，建立联席会议制度，实行青年文明号预申报制度，规范管理青年文明号服务卡，创建领域不断拓宽，监督管理和运行机制不断完善。全市现有国家级青年文明号13家、省级134家、市级380家。“爱我闽西青年文化行动”有序展开。先后举办闽西青年合唱节大赛、闽西少儿艺术节、城市国土规划专题文艺晚会、全市青年街舞大赛、青年文明号激情创业颁奖晚会、第二届闽西青春形象小姐大赛以及五届的乡村、社区青年文化节等大型文化活动，实施“百部优秀影片、百部优秀图书、百首优秀歌曲进校园”活动，组织参加青少年网络作品大赛和校园网络歌手大赛。青少年对外交流活动日趋活跃。组织优秀团员青年、青联委员、青企协会员和青年文明号负责人外出参观考察，组团参加海峡青年论坛、两岸青年联欢节、两岸大学生校园歌手赛、“同根・同心・手拉手”夏令营活动。“台湾中华青年交流协会”、“香港青少年红色之旅福建行”参观团、中华全国青年联合会、中国国际青年交流中心、中华全国学生联合会等青年团体先后到龙岩市考察交流。

2007 年 11 月—2012 年 11 月，倡导文明新风走在前列。弘扬“奉献、友爱、互助、进步”的志愿服务精神，拓展服务项目，积极推进服务欠发达地区和西部计划青年志愿者招募和组织上岗工作，组织志愿者为“机械产业博览会”、纪念古田会议 80 周年、千名企业家大会、海峡巾帼健身大赛等重大活动提供优质的志愿服务，为龙岩市争创全国文明城市、国家卫生城市、园林城市、环保示范城市和中国最佳旅游目的地做奉献。先后举办少儿才艺大赛、“红歌唱响青春校园”大赛、大学生文化艺术节和乡村、社区青年文化节，承办“永远跟党走”青春歌会、“青春中国红”红色经典音乐会，助推龙岩城市文化品位提升。坚持不懈地抓好青年文明号建设，深入开展青年文明号优质服务示范月和“百家青年文明号结对水土流失重点乡镇”活动，规范青年文明号申报创建、监督管理和运行机制。五年新增国家级青年文明号 6 家、省级 91 家。文明创建善作为。“志愿汇”注册志愿者超 27 万人，组织青年志愿者服务机博会、青运会、全国击剑冠军赛、全国女子举重锦标赛等重大赛会，“从心启航”心肺复苏公益行动荣获志愿服务项目大赛全国铜奖、全省金奖。

2012 年 11 月—2018 年 11 月，文明创建善作为。“志愿汇”注册志愿者超 27 万人，组织青年志愿者服务机博会、青运会、全国击剑冠军赛、全国女子举重锦标赛等重大赛会，“从心启航”心肺复苏公益行动荣获志愿服务项目大赛全国铜奖、全省金奖。开展“青亲岩城・文明有你”8 项赛事助力创城，整合全市公益组织力量服务创城，累计服务超过 2 万人次、20 万小时，团市委被评为龙岩市创建第五届全国文明城市“成绩突出单位”。

2018 年 11 月以来，聚力提升“青”字号品牌工程。实施新时代龙岩青年文明号服务优化发展环境、服务两岸融合发展、服务龙岩市脱贫攻坚、争当团建先锋“三服务一先锋”行动，积极开展青年突击队、青年岗位能手、青年安全生产示范岗创建和比武活动，棉花滩水电开发有限公司集控中心荣获“全国安全生产示范岗”。大力推广“志愿汇”系统，全市“志愿汇”实名注册志愿者超 30 万人，服务时长超 85 万小时。“心肺复苏”“大手拉小手”等志愿服务品牌知名度和活跃度进一步提升，青年志愿服务驿站建设有所创新。开展学雷锋志愿服务一条街活动，启动“垃圾分一分，青春一百分”垃圾分类进社区活动，组织青年志愿者为“龙津湖闹元宵”、海峡两岸机械产业博览会等活动提供志愿服务 132 人次。2019 年，共青团服务春运“暖冬行动”服务时长近 8000 小时，在全国 300 多个地市中排名前 30 名，启动仪式在央视二套春运特别节目直播。2020 年，以“青亲岩城・文明有你”为主题，开展关爱一线工作者、生活垃圾分类、公益骑行、环境保洁、文明劝导、基层宣讲、光盘行动等志愿服务接力活动，为创建全国文明城市做奉献。主动探索志愿服务进社区、进农村，在新罗区 7 个社区开展社区志愿服务试点，在全市 134 个乡镇（街道）成立青年志愿服务队，助力“近邻党建”和新时代文明实践。2021年，开展绿色环保青春行动。深化保护母亲河行动，实施“美丽新福建，青春在行动”专项行动。承办团省委、省保护母亲河行动领导小组“喜迎建党百年·传承红色基因·保护绿水青山”植树活动。是年，开展文明风尚青春行动。在新罗区华莲社区等7个社区开展社区志愿服务试点，推动新罗区宝泰社区等4个青春社区建设，组织开展社区志愿服务871场、新时代文明实践志愿服务563场，组织青年志愿者参与全国文明城市创建。

四、探索创新青少年事务管理，优化青年成长成才环境

全市各级团组织切实发挥职能优势，从解决青少年最关心、最直接、最现实的问题入手，不断拓展服务渠道，创新服务方式，努力引导青少年成长成才。

1997年，开展“‘希望工程’最后一轮劝募”活动、“积极参与扶贫行动，捐助万名失学儿童”活动。团市委被团中央、中国青少年发展基金会授予“希望工程”建设奖。1998年，团市委编辑出版大型画册《闽西希望工程》，长汀县宣成下畲希望小学获“全国希望小学”称号。1999年，举办以“希望的圣火”为主题的’99龙岩市“希望工程”义演晚会，共收到捐款150多万元，兴建8所希望小学。团市委荣获“全国希望工程攻坚奖”称号。2001年，集资40万元，援建2所新疆希望小学（昌吉市奇台县东湾乡大泉回民希望小学和二马场哈萨克希望小学）。至2002年，全市“希望工程”筹资近2000万元，资助贫困失学儿童1.1万多名，兴建希望小学71所，帮助10多所小学改善教学条件，建希望书库100多套，三辰影库3套，远程教育设备1套。维护青少年合法权益。1997—2002年，各级团组织宣传贯彻《中华人民共和国未成年人保护法》《中华人民共和国预防未成年人犯罪法》，以成立青年法律宣讲团、报告团，举办展览等形式，送法进校、送法下乡，并在学生中开展“送法回家”活动。1999年，开展创建“优秀青少年维权岗”活动，召开首批“优秀青少年维权岗”命名大会。2000年，开展“百企万人”外来务工青年培训，开展“为了明天——优秀青少年维权岗暑假行动”，联合闽西监狱开展“与书为友、重铸人生”失足青年读书活动。2001年，开展青少年自我保护教育活动，市预防青少年违法犯罪工作领导小组办公室设在团市委，开展专项整治行动，整治校园周边秩序。2002年，深化“千校百万”进城务工青年培训，开展对网吧、迪吧和有害卡通画册及淫秽“口袋本”图书专项整治行动。开展少先队工作。1998年起，组织开展“星星火炬，代代相传”主题教育活动。此后，每年都举办“庆六一”“庆建队节”系列活动。1999年，举行龙岩市少先队建队50周年纪念大会暨城区鼓号队大检阅，开展“少年雏鹰世纪论坛”活动。龙岩城区近千支雏鹰小队在创建卫生城市活动中开展“我是小交警”“雏鹰小队环保大行动”。全市有10多万名少先队员建立“手拉手”互助关系，近500所学校结为“手拉手”联谊学校，建立“手拉手”书屋200多个，2300多个红领巾互助服务队活跃在全市城乡，2000多名少先队员参加全国、全省“共话家乡50年手拉手书信赛”。2000年，加强少先队员的创业意识教育和创新技能培养，举行少先队员“雏鹰展翅”技能技巧大赛，在全市青年文明号创建单位中开展少先队员雏鹰争章活动。龙岩市青少年宫获“全国先进青少年宫”称号。2001年，举行校外雏鹰争章基地签约授牌仪式，各基层少先队组织开展以角色体验为主要内容的“新世纪我能行”教育活动。2002年，开展“小公民道德建设”活动，举办龙岩市少先队“新世纪我能行养成道德好习惯体验”教育活动暨“新少年·长富情·助学行”主题活动启动仪式。全年近2万名少先队员参与少先队校外雏鹰争章活动。2002年，全市少先队员38万人，少先队辅导员 1.2 万人。

2002 年 11 月—2007 年 11 月，服务青少年成长。实施青少年新世纪读书计划，举办全市青少年读书俱乐部授牌仪式和全国青少年读书俱乐部读书成长讲座，建立各类读书小组、青少年读书角（屋）、青少年读书俱乐部，引导青少年学知识、学科技、学技能。开展“关爱留守孩子”行动，促成闽西十大杰出青年、十佳少先队辅导员与留守孩子结对。实施“希望工程”，加大宣传力度，扩大筹资渠道，建立待资助者数据库和已建筹建希望小学信息库，修订《龙岩市希望工程实施办法》，规范希望工程管理程序。五年中，希望工程共筹资 237 万元，修建希望小学 25 所。共筹资爱心善款 548 万元，资助贫困大中小学生 4538 名，其中仅 2007 年度圆梦大学行动就筹资 133.9 万元，帮助 323 名寒门学子顺利迈入大学校门。预防和减少青少年违法犯罪。认真宣传、贯彻、执行《中华人民共和国未成年人保护法》和《中华人民共和国预防未成年人犯罪法》，深化“律师普法进校园”活动，开展普法宣传 275 场次。开展“青春红丝带行动”宣传教育活动、“社区青少年远离毒品行动”和禁毒宣传周活动，举办预防艾滋病知识教育讲座和进城务工青年健康知识讲座。建立青少年警示教育基地，开通“16800054”青春热线和“12355”青少年维权热线，推进优秀“青少年维权岗”创建活动，开展“青少年维权受理中心”建设试点工作。发挥市综治委预防青少年违法犯罪工作领导小组办公室协调联系的作用，实施青少年阳光上网计划、“中国少年儿童平安行动”“为了明天——预防青少年违法犯罪工程”，加强学校治安综合治理，逐步完善社区、学校、家庭密切配合预防青少年违法犯罪的工作机制，净化青少年成长环境。

2007 年 11 月—2012 年 11 月，坚持以服务青年为核心，优化青年成长成才环境有新作为。关爱青少年成长成才有新发展。扎实开展希望工程为民办实事项目，设立红军爱心资助奖学基金、7 匹狼通运学子助学基金、林斌助学基金、渝家仔助学基金等 4 个专项基金，筹集善款 2726.04 万元，资助 4661 名大中小学生，援建 27 所希望小学。深化关爱农民工子女志愿服务行动，通过爱心捐赠、亲情陪伴、自护教育等志愿活动，完成农民工子女结对 19014 人。新罗区红炭山学校、长汀县龙山中学、武平县平川中心学校获评福建省首批共青团关爱农民工子女志愿服务示范基地并获中央财政试点项目经费。先后举办龙岩市青年企业家创新发展论坛、财经论坛和青商大讲坛，邀请知名专家学者到龙岩市作专题演讲。完成占地 100 亩、总投资 1.5 亿元的龙岩市青少年发展中心项目预可研报告。青少年维权服务工作逐步加强。深化未成年人保护行动，推动“两法一纲”贯彻落实，实施“为了明天——青春自护”工程，组织“共青团与人大代表、政协委员面对面”活动，推进社会管理与青年群众工作创新调研工作，举办青少年模拟法庭大赛，开展“青春红丝带”宣传教育活动，推动解决青少年成长问题和困惑，优化青少年成长环境。成立龙岩市“12355”青少年事务中心，举办“12355”进校园等系列活动，招募国家级心理咨询师、资深律师和创业导师共 52 名，为青少年提供心理辅导、法律咨询、就业创业指导等一站式服务，成立三年来共接到各类来电来访 1100 多人次。开展创建“优秀青少年维权岗”活动，全市现有国家级“优秀青少年维权岗”4 家、省级 46 家、市级 95 家。

2012 年 11 月—2018 年 11 月，关爱帮扶有实绩。深入实施希望工程为民办实事项目，募集 2748 万元资助贫困学生 5080 人，募集 458 万元资助 28 所农村小学改善办学条件，希望工程工作持续位居全省前列。举办“益青春”希望公益项目大赛，出资 10 万元补助青年公益项目 10 个，支持青年志愿者协会和社会公益组织开展活动。广泛开展阳光助残、青春助孤、关爱农民工子女和留守儿童活动 200 多场次，覆盖困难青少年 1.3 万余人。连续开展联谊交友活动，先后举办“大美龙岩”跑步、登山、骑行和趣味运动会等系列活动，提升机关青年精气神。维护权益有实招。加强重点青少年群体工作，7 个县（市、区）全部成立团属社工机构，累计承接 9 项上级团委重点青少年群体社会工作项目，争取资金 32.3 万元，为 500 余名重点青少年提供专业化的社工服务，承办全省青少年事务社会工作培训班，开展“十佳社工”评选。举行“学习十九大·普法青春行”手绘比赛，认真督促挂钩的涉麻涉毒乡镇开展重点整治工作。依托“共青团与人大代表、政协委员面对面”活动，畅通青少年合理诉求表达渠道。推进青少年维权工作，创建市级以上青少年维权岗 48 家。

2019 年，紧扣青年发展需求，助推青年健康成长。优化青年成长环境。贯彻落实中央和省级中长期青年发展规划要求，建立龙岩市青年工作联席会议制度，召开龙岩市第一次青年工作联席会议，审议通过《龙岩市青年工作联席会议议事规则》《龙岩市实施〈福建省中长期青年发展规划（2018—2025 年）〉意见》。着力培育选树优秀典型。2019 年，龙岩市各有 1 名团干部和 1 个团委获得“全国优秀共青团干部”“全国五四红旗团委”称号；共有 12 个集体和 21 名个人获得省级荣誉称号，龙岩市评选表扬“青年五四奖章集体”“五四红旗团委”“五四红旗团（总）支部”“优秀少先大（中）队”等先进集体 105 个和“青年五四奖章”“优秀共青团员”“优秀共青团干部”“优秀少先队员”“优秀少先队辅导员”等先进个人 248 人。长汀县南山镇蔡伟月获评全国农村青年致富带头人。青年音乐人徐少文入选团省委献礼新中国七十华诞《青春榜样——福建青年故事汇》青春榜样人物。做好福建省第三批引进台湾高层次人才遴选工作，福建天甫电子材料有限公司总经理胡侃中入选“百人计划”。持续推进希望工程。2019 年“希望工程·圆梦行动”共募集善款 375.7 万元，资助贫困大学新生 754 人。对接厦门团市委“山海协作”项目，资助建档立卡贫困中小学生 62 人。争取到南派希望小学等项目资金 40 万元，援建上杭县官庄畲族乡希望小学；争取到希望图书室及爱心图书项目，资助多所农村小学改善办学条件，希望工程工作持续位居全省前列，国家电网龙岩供电公司原创的纪念希望工程 30 周年音乐微电影《你就是爱》在新华社 APP 首发，网络阅读量超过 100 万人次。关爱帮扶重点青少年群体。启动“关爱快递小哥　共享便捷生活”培训讲堂进公司、关爱服务进网点、困难帮扶进家庭“三进”活动，开展阳光助残、青春助孤、关爱农民工子女和留守儿童活动，市青年志愿者协会开展“大手拉小手”暑期支教和周末素质拓展活动，覆盖农村小学 7 所，留守儿童近千人。加强团属青少年事务社工队伍建设，聘用专职社工 15 人，承接 6 项上级团委重点青少年群体社会工作项目，争取资金 20 余万元，为 200 余名重点青少年提供专业化的社工服务。通过政府购买服务方式，投入专项工作经费 10 万元购买“困境青少年群体”社工关爱项目，帮扶特殊困境青少年个案 20 余人。推动青年参与社会治理。开展 2019 年“共青团与人大代表、政协委员面对面”活动。2019 年两会期间，市级共青团和青联界别共形成关于制定龙岩市“外卖小哥”行业标准的建议等 10 篇政协提案，县级共形成人大建议 12 篇、政协提案 27 篇。督促挂钩的涉麻制毒乡镇开展重点整治工作，自筹 5 万元经费支持乡镇开展禁毒宣传。2020 年，希望工程·圆梦行动共募集善款 358 万元，资助贫困大学新生 723 人，其中建档立卡贫困学生 310 人，整体工作水平稳居全省前列。聚焦重点群体，牵头完成《加强我市未升入高中和职业技能院校就读的初中毕业生管理、教育和就业服务》课题调研报告，参与完成《未被高中录取的初中毕业生就读中职院校的实施方案》课题调研报告，获得市委主要领导肯定并给予批示。2021 年，龙岩团市委实施大学生实习“扬帆计划”，建立市、县级省外优秀岩籍学子信息库，在岩籍学子中倡导“回岩”就业。启动“岩籍学子·聚力闽西”2021年龙岩市大学生实习“扬帆计划”抖音大赛。联合市妇联开展“青约”系列交友活动，开展“青约·共植爱心树”“青约·520——金融专场”两场活动。整合龙岩市青少年心理咨询专家团队，组建“青少年事务社工＋心理咨询专家志愿者”团队，组织招募心理危机干预志愿服务工作人员 136 人。依托青年文明号集体——好工作人才网，开通“团团微就业”青年就业信息服务平台，六稳六保有实效。2021 年，希望工程共筹集善款 562.78 万元，资助贫困大学新生 667 人，援建漳平永福中视同成希望小学教学楼，帮助长汀宣成中心学校等 13 所希望小学改善办学条件。开展“铸魂筑梦”主题活动，举办希望工程一堂课进校园活动 12 场。是年，开展“青春自护”等青少年自护教育活动 170 余场次，覆盖青少年 9 万人次。龙岩市青少年活动中心项目被列入市“十四五”规划。

五、以改革创新为动力，提升团的建设科学化水平

1997 年 6 月—2002 年 11 月，各级团组织不断推进团的基层组织建设。1998 年，开展“争创红旗团委、红旗团支部”活动。是年，中共龙岩市委批转《关于进一步加强乡镇团委建设的若干意见》，有力促进乡（镇）团委建设。1999 年，开始实施“强乡带村”战略，各县（市、区）把乡（镇）团委建设纳入党建目标责任制。开展创建“‘五四’红旗团委”“‘五四’红旗团支部”活动，团市委被团中央授予全国“创建‘五四’红旗团委”活动组织奖。2000 年，团市委召开国企党建带团建工作座谈会，把企业团的工作纳入党的工作总体部署。2001 年，召开农村基层团建工作流动现场会，推进青年文明社区创建工作。开展基层团组织建设“三级联创”活动。全市有 80 个团委争创市级“‘五四’红旗团委”，14 个团委争创省“‘五四’红旗团委”。新经济组织团建工作明显突破。1997 年，新经济组织建团 1622 家，建团率 86.8%。2001 年，开展“非公有制经济组织团建年”活动，成立指导小组，在非公有制经济组织中建立团组织 110 个。加强团员队伍和团干部队伍建设。加大团员发展力度，开展团员民主评议制度和团籍注册活动，建立健全推荐优秀团员入党制度（简称“推优”），加强团员意识教育。从 1999 年开始，开展团干部培训工作，落实基层团干部政治、经济待遇。1999 年，团市委领导班子、领导干部参加“三讲”教育活动。2000 年，率先在全省推行“公推直选”村团支部书记。

2002 年 11 月—2007 年 11 月，坚持党建带团建，持续加强基层基础。基层组织建设。制定下发《关于进一步加强我市基层党建带团建工作的若干意见》和《关于加强全市开发区、乡镇工业集中区团的建设的意见》，落实“党建带团建”的各项工作制度，探索“两新”组织建立团组织的新途径、新办法，全市已建非公团组织近 400 家。推进团的基层组织建设“三级联创”活动，指导县、乡、村团组织做好换届选举工作，配齐配强县、乡、村团组织班子。推广村级团组织负责人“三位一体”的配置，推行“联推竞选”选拔村团支部班子成员工作，全市村团支部书记进村“两委”比例占 69.2%，平均年龄 29.64 岁。贯彻《中国共产主义青年团社区工作条例（试行）》，建立健全社区团组织网络，增强社区团组织内在活力。推进城乡青年中心建设，在组织发展、社团培育、项目推广、队伍建设上下功夫。至 2006 年年底，全市已建团单位 4118 个，基层团委 340 个、团总支部 356 个、团支部 5710 个、团工委 52 个。队伍素质得到提高。至 2006 年年底，团员总数 189038 名，团青比例 26.6%，专职团干部 231 名。团员发展严把关口，确保质量。规范“推优”程序，五年中，经“推优”入党的团员1.2万多人。加强流动团员管理，逐步建立起动态、开放、协作式的流动团员管理机制。拓宽团干部选拔渠道，一批年轻干部充实到团的工作岗位。加大团干部培训力度。开展党员先进性教育活动和增强共青团员意识主题教育活动，举办党团知识竞赛，开展“青春献祖国、作为在海西、创业在闽西”主题团日活动、“青年同心，重整家园”主题活动和“团员标准大讨论”。贯彻团中央《关于进一步加强团干部作风建设的决议》，市、县团委干部落实“关键在做”，挂钩联系“共青村”，切实做到“五个一”，并开展“进百镇、抓团建，办实事、促和谐”主题实践活动，重心下移，拓展作为。完善团的制度。团市委常委会重视班子自身建设，带头贯彻民主集中制，坚持重大问题、重大事项集体讨论、集体决定。制定《团市委常委会议事规则》，建立全年工作重点项目立项分解落实制度，确立机关工作例会制度和县（市、区）团委书记、企业青工工作、共青团学校工作例会等制度，以制度化推进团的工作。加大对外宣传力度，在《中国青年报》等中央主流媒体上刊发宣传报道近50条，在《闽西日报》上开设“青春奉献在海西”征文专栏，编写出版《闽西共青团志》。共青团信息化建设，以“共青团县县上网工程”为平台，建设并改版闽西青年网。召开市青年联合会二届一次全会和市青年企业家协会第六、第七次会员大会，增强青年社团的服务能力，延伸共青团工作手臂。加强团属青少年宫等青少年校外活动场所的建设和管理，市青年旅行社成功改制，市青年广告公司重组经营，为共青团事业发展打下良好基础。履行带队职责。贯彻“全队抓基层、全队抓落实”的工作要求，以加强少年儿童思想品德、培养少先队员的创新精神和实践能力为主线，以体验教育为基本途径，深入开展“雏鹰争章”活动、“手拉手”活动、“红领巾心向党”主题教育活动、“养成道德好习惯”体验教育活动。五年举办各类大型主题队会20多场，全市20.5万名少先队员建立“手拉手”互助关系，968所学校结为“手拉手”联谊校，建立“手拉手”书屋523个，265名少先队员获得三星雏鹰奖章。实施《少先队辅导员工作纲要（试行）》，举办辅导员培训班，全面加强辅导员队伍建设。

2007年11月—2012年11月，坚持以改革创新为动力，“红土青春”团建科学化水平有新突破。基层团组织体系不断健全。坚持一手抓传统领域团组织巩固提升，一手抓新兴领域团组织延伸覆盖。持续加强农村、社区、学校、企事业单位团建工作力度，在全市确定11个类别共27个试点单位，在全省率先探索城市社区青年自组织、活动阵地建团模式，督促全市各县（市、区）落实人均1元团队工作经费，有效促进基层组织全面活跃。完成县级以上重点工业园区团工委建设，大力推进“两新”组织建团工作，新建非公企业和“两新”团组织492家、行业团组织11家，成立共青团昌吉州、呼图壁县两级委员会驻龙岩市工作委员会、4家县级驻外团工委和9个市直机关青工委，稳步推进工团联建工作，团组织有效覆盖不断扩大。引导优秀团员青年向党组织靠拢，五年共有1.1万名团员青年加入党组织。团干部队伍建设不断加强。联合党委组织部门向县（市、区）团委和乡镇团委输送选调生96名，在新罗区试点优秀在校大学生担任“假日村团支书”。扎实推进县、乡两级团委换届工作，完成乡镇、街道团的组织格局创新，全市134个乡镇、街道团（工）委共配备编制外副书记396名，委员1226名。做好市级以上团干部驻县工作、高校团干部和金融机构团干部到县级团委挂职工作，规范村团支部书记100元津贴发放。加强对团干部和辅导员的培训，组织全市新任团干部和少先队辅导员参加30多个省、市级各类培训班，参训率位居全省前列。五年共有48名优秀乡镇团委书记获提拔，201名乡镇团委书记转其他重要岗位。

团的工作方法不断创新。推进学习型团组织建设，扎实开展学习实践科学发展观活动和创先争优活动，完成市青年联合会和青年企业家协会换届工作。建立健全县（市、区）团委工作例会制度。加强宣传信息网络建设，加强龙岩青年网、《闽西团讯》等团属宣传阵地建设，全市共开通微博75个，博客20个，建立QQ（飞信）群116个。强化团市委机关作风建设，制定《龙岩市共青团干部问责暂行办法》《团市委常委会工作制度》和《进一步加强全市共青团宣传信息工作的意见》，提高机关工作效率。

2012年11月—2018年11月，激发新活力，团自身建设更加严实。共青团改革蹄疾步稳。市、县两级共青团改革方案全部出台，帮助基层争取县、乡两级团委工作经费、建立团属社工队伍。全市县乡两级团委集中换届工作基本完成，县级团委班子全部配齐，团员代表的广泛性和代表性显著提升。落实青年联合会改革要求，完成市青联换届工作，着力推进学校共青团改革，精心筹备市学生联合会第一次代表大会。强“三性”、去“四化”取得一定成效。基层团建更加扎实。全市2509个团支部被评定为达标和星级团支部，创建“青年之家”综合服务平台118家，其中长汀县青少年综合服务平台被评为全国示范性青少年综合服务平台。严肃团内组织生活，规范“三会两制一课”。大力加强学校团建工作，深化街道区域化团建和乡镇实体化大团委工作，共青团的先进性和群众性进一步彰显。团的工作手臂不断延伸。成立驻京、驻沪、驻粤团工委，筹备成立驻榕团工委，新建非公有制企业和网络新媒体企业团组织213家。成立市青年志愿者协会、青年创新创业服务中心等团属社团组织，支持青年社会组织开展婚恋交友、文体锻炼、环保公益等活动，共青团的吸引力号召力不断增强。团干部作风更加扎实。严格落实党的群众路线教育实践活动、“三严三实”专题教育、“两学一做”学习教育常态化制度化要求，加强团干部成长观教育，累计培训各级团（队）干部1万余人。认真贯彻中央八项规定及其实施细则、市委2号文件精神，严格团的纪律和团干部协管制度。建立团干部直接联系服务青年工作机制，全市350名专职团干部联系青年22464人，为基层和青年办实事。团员先进性进一步彰显。严格政治标准、组织程序和团前教育，推行标准化“入团”仪式，严肃团内组织生活，评议不合格团员100余人并要求限期整改。认真履行“推优入党”政治责任，推荐入党积极分子6936名。全团带队不断深化。召开市第四次少代会，制定出台《龙岩市少先队改革实施方案》《关于进一步加强少年儿童和少先队工作的实施意见》，加强少先队活动课程设计和辅导员队伍建设，探索成立社区少工委，少先队员光荣感和组织归属感、少先队辅导员专业化能力水平、少先队组织服务能力和影响力进一步提升。

2018年11月—2021年，从严治团，夯实巩固团的基层基础。深入开展主题教育。设计“夯实基层基础做实思想引领”“做好龙台青少年发展”“加强学校共青团”等3个课题。团市委班子成员深入7个县（市、区）、2所高校开展实地调研，梳理形成15个典型问题清单，制定35条整改措施，做到即知即改、边学边改。推进智慧团建。截至2019年，全市共有团委415个，团支部4879个（含空心团支部138个），团员报到74864人。2019年新发展团员7100人。全年整顿4800个团支部、清理1092个空心团支部，整顿率98.52%。狠抓毕业团员组织关系转接，成功率85.99%。规范团支部“三会两制一课”，广泛开展“星级团支部”创建，全年创建三星级以上团支部3027个，其中五星级团支部602个。团干部队伍建设。举办各类团干部培训班次19期，培训团干部1130人次。完善县级团委负责人向团市委全委会述职制度。积极推荐优秀团干部转任重要岗位，一年来，4名县（市、区）委书记转岗重用。团员先进性建设。严格按照“十个一律”原则推优入团，积极向党组织推荐优秀共青团员，2019年全年入党积极分子1853人。强化团内作风纪律建设。修订《共青团龙岩市委廉政风险防控管理制度》等廉政制度，完善团干部密切联系青年制度，推动团干部经常深入基层开展服务。推动学校战线改革。会同市教育局制定出台《龙岩市中学共青团改革实施意见》，全市126所中学出台校级中学共青团改革文件。加强校外少先队工作，全市3家校外培训基地签约挂牌“福建省红领巾校外基地”，2019年共开展研学、夏令营等少先队主题活动99场次，覆盖学生总数17325人。深化全团带队，推动学校成立少工委，示范开展全市集中入队、主题队日和离队入团仪式，创建少先队名师工作室1个，“动感中队”40支。2020年，组织建设工作全省排名有明显进位。全市共创建达标及以上团支部3871个，其中三星级以上团支部3493个，占比较上年提升7个百分点。团组织关系转接成功率98.1%。抓学校改革。成立龙岩市学生联合会，推动高校学生会、社团改革，2所高校精简学生社团9家。强化学校党建带团建，推动全市161所中学出台共青团改革实施方案，完成率100%。下发《关于在各中小学成立学校少工委的通知》，推动符合条件的中、小学少先队100%成立学校少工委，落实每周1课时少先队活动课100%进课表，制作7节“红领巾云课堂”主题云队课，组织少先队员同湖北宜昌、西藏昌都结对子。2021年，修订完善《共青团龙岩市委员会书记会工作规则》《共青团龙岩市委理论学习中心组学习实施细则》等规章制度，加强对机关党员干部、全市团干部的日常教育和监督管理。完成全市7个县（市、区）团委、123个乡镇团委换届工作。学校共青团改革持续推进。全市学校共青团组织覆盖率100%，两所高校团干部配备率100%，中学共青团改革文件出台率100%。深化“团教协作”，成立龙岩市教育团工委。少先队建设进一步加强。全市337所公立中小学100%建立少工委，成立3个青少年宫少工委，16个社区少工委，6个青年之家少工委。成功举办市县两级少先队辅导员职业技能大赛，辅导员骨干培训班。高度重视意识形态工作，以党史学习教育为抓手，深化青少年思想政治引领，以服务中心大局为主线，引导青少年按党要求健康成长，为新时代新龙岩建设凝聚青春力量。

迈入新时代，站位新起点。做好新时代龙岩共青团工作，使命光荣、责任重大。让我们更加紧密地团结在以习近平同志为核心的党中央周围，高举习近平新时代中国特色社会主义思想伟大旗帜，奋发有为，开拓进取，团结带领全市广大团员青年为全方位推动高质量发展超越、建设闽西南生态型现代化城市、打造有温度的幸福龙岩做出新的更大贡献！

第一章 组织机构

中国共产主义青年团是中国共产党领导的先进青年的群团组织，是中国共产党的助手和后备军。中国共产主义青年团龙岩市委员会及其下属各级团组织承担各自辖区（单位）组织青年、引导青年、服务青年、维护青少年合法权益等职责。

1997 年以后，共青团龙岩市委进一步加强组织建设，努力探索非公有制经济组织和新社会组织建立团组织的新途径、新办法。2002 年机构改革，团市委内设办公室、组织部、宣传部、学少部等 4 个部（室），核定人员编制 8 名。其中行政编制 6 名，事业编制 1 名，工勤事业编制 1 名。直属正科级事业单位——希望工程龙岩市基金管理办公室。市直机关团工委作为团市委的派出机构，归龙岩市直机关党工委管理。当年全市有基层团委 343 个，团总支 389 个，团支部 4518 个，团工委 61 个，专职团干 187 人。此后，团市委集中力量实施“双千双万”农村基层团建月活动，加大非公经济团建力度。2010 年，开展非公经济组织团建月、督查月和试点县工作，当年新建非公有制经济组织团组织 317 家，总数 447 家，实现省级开发区 100%组建团工委，国有企业 100%建团组织，已建党组织符合建团条件的非公有制企业 100%建团组织“三个百分百”目标。至 2021 年，共青团龙岩市委群团性组织进一步显示，全市有基层团委 415 个，团支部 4879 个。

第一节 共青团龙岩市委员会

一、领导机构

1997 年 5 月 1 日，龙岩撤地设市，共青团龙岩地区委员会改为共青团龙岩市委员会，书记邱萍，副书记林勇。6 月下旬，共青团龙岩市第一次代表大会选举产生共青团龙岩市第一届委员会委员 41 人。在一届委员会一次全委会上，选举 7 人组成常委会，其中，邱萍当选为书记，林勇当选为副书记。

2000 年，召开共青团龙岩市代表大会，增补共青团龙岩市第一届委员会委员 15 名。是年，团市委增加副书记 1 名（廖深洪）。

2002 年 11 月上旬，共青团龙岩市第二次代表大会选举产生共青团龙岩市第二届委员会委员 39 人，在二届一次全委会上，选举严志铭、何媚、谢兴权、王永 忠、朱彩雁、胡长松、陈英才等 7 人组成常委会，其中，严志铭当选为书记，何媚、谢兴权当选为副书记。

2007 年 11 月下旬，共青团龙岩市第三次代表大会选举产生共青团龙岩市第三届委员会委员 39 人，候补委员 20 人。在三届一次全会上，选举产生陈厦生、王永忠、蓝凯英、胡长松、陈英才、黄爱勤、许敏、袁静等 8 人组成常委会，其中，陈厦生当选为书记，王永忠、蓝凯英当选为副书记。

2012 年 11 月下旬，共青团龙岩市第四次代表大会选举产生第四届委员会；在四届委员会一次全会上，选举 8 人组成常委会。

2018 年 11 月下旬，共青团龙岩市第五次代表大会选举产生共青团龙岩市第五届委员会委员 41 人，候补委员 18 人。在五届一次全会上，选举 11 人组成常委会，其中，罗露露当选为书记，郭昊瑜、曾庆德、岳绍峰、毛华平（挂职）、张煜（兼职）、苏东冬（兼职）、林聪（兼职）当选为副书记。

二、工作部门及直属机构

1997 年初，共青团龙岩地区委员会内设办公室、组织部、宣传部、学校和少先队工作部，有人员编制 10 名，直属正科级事业单位——希望工程龙岩地区基金管理办公室。是年 5 月 1 日，龙岩地区撤地设市，团地委改为团市委，其内设机构及人员编制不变。

2002 年上半年机构改革，团市委内设办公室、组织部、宣传部、学少部等 4 个部（室），核定人员编制 8 名。其中行政编制 6 名，事业编制 1 名，工勤事业编制 1 名。直属正科级事业单位——希望工程龙岩市基金管理办公室。市青年联合会秘书处核定机关事业编制 1 名。

2003 年，团市委内设办公室、组织部、宣传部、学少部等 4 个部（室），直属正科级事业单位——希望工程龙岩市基金管理办公室。

2019 年，共青团龙岩市委内设公室、组织部、宣传部、学少部等 4 个部（室），人员编制数 9 人，在职人数 14 人。下属事业单位希望工程龙岩市基金管理办公室，人员编制数 4 人，在职人数 4 人。

2021 年，共青团龙岩市委内设办公室、组织部、宣传部、学少部等 4 个部（室）。下属事业单位——希望工程服务中心，人员编制 6 人。

三、基层组织

1997 年初，共青团龙岩地区委员会下辖地直机关团委 1 个、县（市）级团委 7 个、地直学校团委 7 个、企事业单位团组织 57 个和部队团组织 1 个。当年底，共青团龙岩市委员会下辖基层团委 390 个，团总支 421 个，团支部 5103 个，专职团干 345 人。当年全市青年 713311 名，团员 169361 名，团员占青年总数的 23.74%。

1998 年，全市有基层团委 414 个，团总支 371 个，团支部 4868 个，专职团干 344 人。当年全市青年 717381 人，团员 175652 人，直属团委 82 个，其中县级团委 7 个，市直工委 1 个，大中专学校团委 23 个，省市属企事业单位团委 51 个。基层团委 390 个，支部 5103 个，其中乡（镇、街道）团委 133 个，村（居）团支部 1881 个，专职团干 345 人。

1999 年，全市有基层团委 409 个，团总支 418 个，团支部 4956 个，专职团干 307 人。

2000 年，基层团委 401 个，团总支 439 个，团支部 5001 个，团工委 12 个，专职团干 269 人。全市青年 644807 名，团员 175211 名，团员占青年总数的 27.174%。

2001 年，在非公有制经济组织中建立团组织 110 个。当年全市有基层团委 405 个，团总支 461 个，团支部 4634 个，团工委 53 个，专职团干 236 人。

2002 年，团市委下辖新罗、永定、上杭、武平、连城、长汀、漳平 7 个县（市、区）级团委，20 个市直学校和 40 个省（市）属企事业单位团组织。市直机关团工委作为团市委的派出机构，归龙岩市直机关党工委管理。全市有基层团委 343 个，团总支 389 个，团支部 4518 个，团工委 61 个，专职团干 187 人；全市有青年 66.08 万人，团员 18.1 万人，团员占青年总数的 27.39%。

2003 年，全市有基层团委 387 个，团总支 393 个，团支部 4296 个，团工委 50 个，专职团干200个，团员169605个，占当年青年总数的26.6%。

2019年，共青团龙岩市委下辖团委415个，团支部4879个。

2021年，下辖新罗、永定、上杭、武平、连城、长汀、漳平7个县（市、区）级团委以及市直学校和省（市）属企事业单位团组织。

1997—2021年共青团龙岩市委书记名表

表1

姓　名	任职时间	附　　注
余德辉	1992年5月—1997年5月	为共青团龙岩地委书记
邱　萍	1997年5月—2002年10月	
严志铭	2002年10月—2006年4月	
陈厦生	2006年4月—2009年12月	
肖华鑫	2010年1月—2011年7月	
蓝凯英	2011年9月—2013年12月	
罗露露	2014年12月—2020年7月	
李小飞	2020年7月至今	

1997—2021年共青团龙岩市委副书记名表

表2

姓　名	任职时间	附　　注
邱　萍	1994年5月—1997年5月	为共青团龙岩地委副书记
林　勇	1997年5月—2002年2月	
廖深洪	1998年7月—2002年10月	
何　媚	2002年10月—2004年4月	
谢兴权	2002年10月—2005年11月	
王永忠	2007年11月—2009年11月	
蓝凯英	2007年11月—2011年9月	
罗露露	2012年4月—2014年12月	
郭昊瑜	2012年7月至今	
王　达	2012年11月—2016年4月	
李小飞	2016年8月—2017年6月	
曾庆德	2018年11月至今	

续表2

姓　名	任职时间	附　　注
岳绍峰	2018年11月—2021年5月	
毛华平	2018年11月—2020年11月	挂职
张　煜	2018年11月至今	兼
苏东冬	2018年11月至今	兼
林　聪	2018年11月至今	兼
罗煇群	2021年5月至今	

第二节　县（市、区）团委

一、共青团新罗区委员会

1997年3月，共青团龙岩市（县级）委员会改称共青团新罗区委员会，有委员21人，候补委员9人；常委7人，其中书记1人、副书记2人。当年团区委内设办公室、组织部、宣传部、学校和少先队工作部、机关团委，有工作人员5人；下辖事业单位——龙岩市青少年宫。当年有基层团委52个，团总支70个，团支部692个，团员32303人。

1998年，团区委有工作人员6名，其中，书记1人，副书记2人。

1999年11月下旬，共青团龙岩市新罗区第十七次代表大会选举产生第十七届委员会委员19人，候补委员9人；在十七届委员会一次全会上，选举7人组成常委会，其中，蒋宏斌当选为书记，林红兵、张红华当选为副书记。

2000年8月，团区委书记蒋宏斌调离。是年，共青团新罗区委员会下辖基层团组织90个，其中，乡镇、街道团委19个，学校团委30个；企事单位团组织13个，非公团组织20个。

2001年，团区委有工作人员5名，其中，副书记2人。

2002年9月下旬，共青团龙岩市新罗区第十八次代表大会选举产生第十八届委员会委员19人，候补委员9人；在十八届委员会一次全会上，选举7人组成常委会，其中，林晖、张红华、蔡艺勇当选为副书记。是年，共青团新罗区委员会下辖基层团委62个（其中乡镇、街道团委19个，企事业单位团委13个，学校团委30个），团总支50个，团支部656个，非公有制经济团组织20个，共青团员23233人。

2003年，共青团新罗区委员会下辖基层团组织120个。其中，乡镇、街道团委19个，学校团委33个；企事单位团组织31个，非公团组织37个。

2004年3月，林晖升任团区委书记。是年，经区委公开选拔补充1名副书记，调进2名股级干部，在岗人数6人。

2005年11月下旬，共青团龙岩市新罗区第十九次代表大会选举产生第十九届委员会委员19人；在十九届委员会一次全会上，选举7人组成常委会，其中，林晖为书记，陈东华、蔡艺勇为副书记。是年，团区委调出1名股级干部，在岗人数5人。

2006 年，共青团新罗区委员会下辖基层团组织 120 个。其中乡镇、街道团委 19 个，机关企事业单位团组织 32 个、学校团委 29 个、非公团组织 40 个。

2007 年，全区有基层团组织 788 个，团员 22175 人。其中，乡镇、街道团委 19 个，学校团委 26 个，机关企事业单位团组织 35 个，非公团组织 46 个。

2008 年 12 月下旬，共青团龙岩市新罗区第二十次代表大会选举产生第二十届委员会委员 19 人；在二十届委员会一次全会上，选举 7 人组成常委会，其中，蔡艺勇为书记，郭昊瑜、陈学博为副书记。是年，共青团新罗区委员会增设城市共青团工作部，中城、南城、东城、西城 4 个街道团委改为团工委，成立区直机关团工委和开发区团工委。各街道团工委建立青年事务联席会，挂牌成立街道青年联合会。成立新罗区青年发展中心，该中心依托龙岩青少年宫，下设龙岩青年书画家协会秘书处、新罗区青年企业家秘书处、青年志愿者活动中心、青年创业培训中心、龙岩好工作人才网落地服务中心、青年摄影俱乐部、青少年维权中心、“心灵彩虹”心理法律援助中心等。当年共青团新罗区委员会下辖基层团组织 839 个，团员 20144 人，其中乡镇团委 15 个，街道团工委 4 个，机关企事业单位团组织 22 个、学校团委 19 个、非公团组织 26 个。

2009 年，共青团新罗区委员会下辖基层团组织 935 个。其中乡（镇）、街道团委 15 个，机关企事业单位团组织 29 个、学校团委 23 个、非公企业团组织 109 个。

2010 年，共青团新罗区委员会下辖基层团组织 938 个。其中乡（镇）、街道团委 15 个，机关企事业单位团组织 29 个、学校团委 23 个、非公企业团组织 112 个。

2011 年 12 月下旬，共青团龙岩市新罗区第二十一次代表大会选举产生第二十一届委员会委员 19 人；在二十一届委员会一次全会上，选举 7 人组成常委会，其中，张永湘为书记，郭昊瑜为副书记。是年，增设共青团北城街道工委。

2012 年，共青团新罗区委员会下辖基层团组织 1437 个。其中乡（镇）、街道团工委 20 个，机关企事业单位团组织 26 个、学校团委 23 个、非公企业团组织 165 个。

2013 年，共青团新罗区委员会下辖基层团组织 770 个。其中乡镇团委、街道团工委 20 个，机关企事业单位团组织 38 个，学校团委 23 个，非公团组织 72 个。

2014 年 11 月下旬，开共青团龙岩市新罗区第二十二次代表大会选举产生第二十二届委员会委员 21 人；在二十二届委员会一次全会上，选举 7 人组成常委会，其中，陈瑞昕为书记，叶付祺、张平为副书记。2014 年，共青团新罗区委员会下辖基层团组织 776 个。其中乡镇团委、街道团工委 20 个，机关企事业单位团组织 38 个，学校团委 22 个，非公团组织 79 个。

2015 年，共青团新罗区委员会下辖基层团组织 778 个。其中乡镇团委、街道团工委 20 个，机关企事业单位团组织 38 个，学校团委 23 个，非公团组织 80 个。

2016 年，在团区委机关挂牌成立团代表联络站，将区级团代表分成 7 个联络组。

2017 年 8 月下旬，共青团龙岩市新罗区第二十三次代表大会选举产生第二十三届委员会委员 21 人；在二十三届委员会一次全会上，选举 7 人组成常委会，其中，张翩翩为书记，张平、戴超为副书记。2017 年，共青团新罗区委员会内设综合、组织、宣传、学少、权益 5 个部（室），1 个下属事业单位——龙岩市青少年宫（新罗区青年发展中心）。下辖基层团委 38 个、基层团工委 9 个，团总支 4 个，团支部 923 个；当年全区 14～28 周岁青年 75172 人，团员数为 14619 名，团员占青年人数的 19.44%。2017 年成立返乡大学生团委，通过采用竞聘的方式，充实团委各部室力量。

2018 年，共青团新罗区委员会机关有工作人员 8 人，其中书记 1 人，副书记 4 人（其中 2 人为挂职）。

2019 年 3 月，团区委书记张翩翩调离，副书记张平主持工作。当年实有工作人员 7 人。

2020 年，共青团新罗区委员会下辖基层团组织 787 个。其中镇街团（工）委 20 个，机关企事业单位团组织 31 个，学校团委 25 个，非公团组织 61 个。

2021 年 10 月下旬，共青团龙岩市新罗区第二十四次代表大会选举产生第二十四届委员会委员 21 人；在二十四届委员会一次全会上，选举 7 人组成常委会，其中，詹南强为书记，张平、戴超、邓润磊（挂职）、谢玮（兼职）、谢志权（兼职）当选为副书记。是年，共青团新罗区委员会内设综合、组织、宣传、学少、权益 5 个部（室），有编制 5 个，其中，书记 1 人，副书记 2 人，当年实有工作人员 8 人。1 个下属事业单位——龙岩市青少年宫（新罗区青年发展中心）。下辖基层团委 44 个、基层团工委 9 个，团总支 15 个，团支部 685 个；当年全区 14—28 周岁青年约 13.4 万人，团员数为 11386 人，团员占青年人数的 8.5%。

1997—2021 年共青团新罗区委书记名表

表 3

姓　名	任职时间	附　　注
蒋宏斌	1997 年 12 月—2000 年 8 月	
林　晖	2004 年 3 月—2007 年 12 月	
蔡艺勇	2008 年 12 月—2011 年 2 月	
张永湘	2011 年 2 月—2012 年 8 月	
陈瑞昕	2012 年 8 月—2016 年 5 月	
张翩翩	2017 年 8 月—2019 年 3 月	
陈　成	2020 年 5 月—2021 年 1 月	
詹南强	2021 年 1 月至今	

1997—2021 年共青团新罗区委副书记名表

表 4

姓　名	任职时间	附　　注
林红兵	1996 年 10 月—2002 年 9 月	
张红华	1999 年 11 月—2004 年 6 月	
林　晖	2002 年 12 月—2004 年 2 月	主持工作
蔡艺勇	2002 年 8 月—2008 年 12 月	其中，2007 年 12 月—2008 年 12 月主持工作
陈东华	2004 年 11 月—2008 年 1 月	

续表 4

姓　名	任职时间	附　　注
郭昊瑜	2007 年 12 月—2012 年 8 月	
陈学博	2008 年 12 月—2011 年 5 月	
叶傅祺	2013 年 5 月—2016 年 1 月	
张　平	2014 年 12 月至今	其中，2019 年 3 月—2020 年 5 月主持工作
张翩翩	2016 年 6 月—2017 年 8 月	主持工作
戴　超	2016 年 6 月至今	

二、共青团永定区委员会

1997 年，共青团永定县委员会有委员 32 人，其中常委 7 人；书记 1 人，副书记 2 人。当年永定团县委内设办公室、组织部、宣传部、学校和少先队工作部、机关团委。团县委下辖基层团委 67 个，团总支 38 个，团支部 751 个，全县有团员 24839 人。

1999 年 11 月底，县共青团永定县第十五次代表大会选举产生第十五届委员会委员 32 人；在十五届一次全会上，选举 7 人组成常委会，其中，书记 1 人，副书记 2 人。

2000 年，全县基层团委增至 74 个（其中乡镇 24 个，中学 38 个，企事业 12 个），团总支 6 个，团支部 571 个。全县有团员 28637 人（女团员 11003 人），占全县青年总数的 23.33%。

2001 年，永定团县委下辖基层团委 68 个，团工委 1 个，团总支 47 个，团支部 626 个，全县有团员 28937 人。

2003 年，永定团县委下辖基层团委 69 个，团工委 1 个，团总支 48 个，团支部 610 个，全县有团员 31084 人，占全县青年总数的 30.36%。

2005 年 11 月，共青团永定县第十七次代表大会选举产生第十七届委员会委员 21 名，候补委员 9 名；在十七届一次全会上，选举 7 人组成常委会，其中，书记 1 人，副书记 1 人。

2008 年 11 月，共青团永定县第十八次代表大会选举产生第十八届委员会委员 21 名，候补委员 9 名；在十八届一次全会上，选举 7 人组成常委会，其中，书记 1 人，副书记 1 人。

2011 年 12 月，共青团永定县第十九次代表大会选举产生第十九届委员会委员 21 名，候补委员 9 名；在十九届一次全会上，选举 7 人组成常委会，其中，副书记 2 人。

2015 年 3 月，共青团永定区第二十次代表大会选举产生第二十届委员会委员 21 名，候补委员 9 名；在二十届一次全会上，选举 7 人组成常委会，其中，书记 1 人，副书记 1 人。

2018 年 1 月，共青团永定区第二十一次代表大会选举产生第二十一届委员会委员 21 名，候补委员 9 名；在二十届一次全会上，选举 7 人组成常委会，其中，书记 1 人，副书记 2 人。

2019 年，全区共有基层团委 49 个，基层团工委 2 个，团总支 12 个，团支部 671 个，团员 7684 人，三星级及以上团支部 245 个，占全区团支部总数的 36.5%。

2020 年，全区团员报到人数 7595 人，五星级团支部 147 个，三星级以上团支部 271 个，达标团支部 298 个，“两新”组织团建 23 个。

2021 年 10 月 29 日，共青团龙岩市永定区第二十二次代表大会选举产生共青团龙岩市永定区第二十二届委员会；在二十二届一次全会上，王汉炬当选为书记。团区委内设办公室、组织部、宣传部、学少部，编制数4名，在职人数3人；直属事业单位——永定区希望工程办公室有人员编制数2名，在职人数2人。当年全区有乡镇团委24个，中学团委22个。

1997—2021年共青团永定区委书记名表

表5

姓　名	任职时间	附　　注
廖深洪	1994年11月—1998年7月	为共青团永定县委书记
丘维环	1998年10月—2002年6月	为共青团永定县委书记
赖庆斌	2002年9月—2005年7月	为共青团永定县委书记
张一晓	2005年7月—2011年5月	为共青团永定县委书记
马永彬	2012年6月—2015年1月	为共青团永定县委书记
吴彦成	2015年1月 --2016年5月	2015年2月以前为共青团永定县委书记
谢万鹏	2016年10月—2020年8月	
王汉炬	2020年8月至今	

1997—2021年共青团永定区委副书记名表

表6

姓　名	任职时间	附　　注
丘维环	1994年7月—1998年10月	为共青团永定县委副书记
张永毅	1995年1月—1998年6月	为共青团永定县委副书记
张丁锋	1998年10月—2002年7月	为共青团永定县委副书记
赖庆斌	1998年10月—2002年9月	为共青团永定县委副书记
张一晓	2002年9月—2005年7月	为共青团永定县委副书记
陈朝阳	2005年7月—2011年5月	为共青团永定县委副书记
马永彬	2011年12月—2012年5月	主持工作，为共青团永定县委副书记
张　磊	2008年12月—2012年8月	为共青团永定县委副书记
谢万鹏	2012年8月—2016年10月	2015年2月以前为共青团永定县委副书记
黄锦辉	2015年10月—2016年11月	
王汉炬	2017年8月—2020年8月	
陈　琴	2017年8月—2021年3月	
卢　溦	2018年1月—2021年10月	挂职

续表 6

姓　名	任职时间	附　　注
李国涵	2018 年 1 月—2021 年 10 月	兼职
李溉勋	2018 年 1 月—2021 年 10 月	兼职
马　臻	2021 年 4 月至今	
吕美达	2021 年 5 月至今	
罗小梅	2021 年 10 月至今	挂职
郭　媚	2021 年 10 月至今	兼职
熊晓莉	2021 年 10 月至今	兼职

三、共青团上杭县委员会

1997 年，共青团上杭县委员会有委员 27 人，候补委员 9 人，常委 7 人，书记 1 人，副书记 1 人。团县委内设办公室、组织部、宣传部、学校和少先队工作部，编制 7 人。全县有基层团委 49 个，团总支 46 个，团支部 631 个，团员 19468 人，占全县青年总数的 18.1%。

1998 年机构改革，团县委内设办公室、组织部、宣传部、学少部、希望办，编制 5 人。

1999 年 11 月，共青团上杭县第十六次代表大会选举产生共青团第十六届委员会委员 20 人，候补委员 7 人；在十六届一次全会上，选举 5 人组成常委会，其中书记 1 人，副书记 1 人。全县有基层团委 52 个，团总支 27 个，团支部 533 个，团员 19237 人。2001 年，上杭全县有基层团委 59 个，团工委 1 个，团总支 28 个，团支部 539 个，团员 20122 人。2003 年，全县有基层团委 59 个，团总支 28 个，团支部 540 个，团员 20012 人，专职团干 38 人，占全县青年总数的 11.32%。

2018 年，共青团上杭县委内设办公、组织、宣传、学少 4 个职能部（室），下辖希望工程领导小组办公室，有编制数 5 人，在职人数 3 人。

2021 年 10 月下旬，共青团上杭县第二十三次代表大会选举产生第二十三届委员会。团县委内设办公室、组织部、宣传部、学少部。

1997—2021 年共青团上杭县委书记名表

表 7

姓　名	任职时间	附　　注
罗忠亮	1996 年 9 月—1999 年 3 月	
饶岩生	1999 年 9 月—2005 年 11 月	
袁　静	2005 年 11 月—2007 年 12 月	
张如春	2007 年 12 月—2010 年 2 月	
林火文	2010 年 12 月—2012 年 4 月	

续表 7

姓　名	任职时间	附　　注
丘小燕	2012 年 4 月—2014 年 9 月	
邱筱平	2014 年 9 月—2016 年 5 月	
刘开元	2016 年 5 月—2021 年 3 月	
曾　锐	2021 年 3 月至今	

1997—2021 年共青团上杭县委副书记名表

表 8

姓　名	任职时间	附　　注
饶岩生	1996 年 9 月—1999 年 9 月	
邱佳涛	1999 年 9 月—2002 年 8 月	
郭丽华	2002 年 10 月—2005 年 11 月	
袁　静	2002 年 10 月—2005 年 11 月	
黄通明	2005 年 11 月—2007 年 2 月	
谢恩逢	2005 年 11 月—2008 年 11 月	
蓝尚荣	2008 年 11 月—2011 年 5 月	
林火文	2008 年 11 月—2010 年 12 月	
傅　歆	2011 年 2 月—2012 年 2 月	挂职
陈丽琴	2011 年 11 月—2016 年 5 月	
邹建佳	2011 年 11 月—2012 年 4 月	
罗碧纯	2012 年 3 月—2013 年 3 月	挂职
罗兴洪	2014 年 9 月—2016 年 5 月	
李　兴	2016 年 6 月—2018 年 12 月	
张志聪	2015 年—2016 年 7 月	挂职
张　茜	2017 年 9 月—2021 年 5 月	
范媛媛	2017 年 10 月—2021 年 5 月	挂职
罗华琼	2017 年 10 月—2021 年 10 月	兼职
赖吉辉	2017 年 10 月至今	兼职
张　晨	2019 年 12 月—2021 年 5 月	
李玉丹	2021 年 5 月至今	
巫晓玲	2021 年 10 月至今	
廖勤英	2021 年 10 月至今	挂职
史培寅	2021 年 10 月至今	兼职

四、共青团武平县委员会

1997年，共青团武平县委员会有委员21人，常委7人，其中，书记1人，副书记1人。团县委内设办公室、组织部、宣传部、学校和少先队工作部。当年全县有基层团委35个，团总支35个，团支部582个，团员22840人，团员占全县青年总数的23.2%。同年9月，武平县被团中央授予“服务万村行动百佳县”称号。建立武平县青少年宫，为团县委下属财政核拨股级事业单位，地址在南门垇H区6号。

1998年，先后成立县直农业系统、经贸系统、财金系统、卫生系统、平川中学、高梧中学、东留中学等团委7个，建立县土管局、县自来水公司、十方花炮市场等团支部3个。

1999年10月上旬，共青团武平县第十六次代表大会选举产生共青团武平县第十六届委员会委员20人；在十六届一次全会上，选举7人组成常委会，其中刘新明、王琼荣分别当选为书记、副书记。是年，成立大禾中学团委。当年全县有基层团委42个，团总支51个，团支部634个，团员24305人，专兼职团干45人。

2000年，建立县东方印刷厂和县蓝天技术培训中心私营企业团支部2个。当年全县有基层团委42个，团总支34个，团支部603个，团员24853人（其中女团员9733人）。

2002年9月5—6日，共青团武平县第十七次代表大会选举产生共青团武平县第十七届委员会委员21人，候补委员9名。在十七届一次全会上，选举7人组成常委会，其中蓝富雁当选为书记，钟建新、蓝凯英当选为副书记。是年，建立民福南通水泥制品厂等17个非公有制经济团支部，建立平川镇南门居委会团支部。

2003年，成立县直林业系统团委，建立平川镇河西居委会团支部和河东居委会团支部。全县有基层团委41个，团总支23个，团支部542个，团员26229人，占全县青年总数的29.22%。

2005年11月15—16日，共青团武平县第十八次代表大会选举产生共青团武平县第十八届委员会委员21人，候补委员9名；在十八届一次全会上，选举7人组成常委会，蓝凯英当选为书记，蓝金开、蔡鹏当选为副书记。是年，成立中赤中学团委和湘店中学团委。当年全县共有基层团委41个，其中乡镇团委17个、中学团委21个、县直团委3个，团总支21个、团支部590个。全县有团员20630人，其中女团员9841人，团青比例为21.7%。全县专职团干部5人，乡镇、中学及县直兼职团干部93人。

2007年9月，被全国少工委授予“中国少年儿童平安行动优秀组织奖”。

2009年1月7—8日，共青团武平县第十九次代表大会选举产生共青团武平县第十九届委员会委员25人。在十九届一次全会上，选举7人组成常委会，蓝金开当选为书记，林能彬、廖树香当选为副书记。

2011年12月8—9日，共青团武平县第二十次代表大会选举产生共青团武平县第二十届委员会委员25名、候补委员10名。在二十届一次全会上，蔡鹏当选为书记，李志荣、钟世荣当选为副书记。当年建立“两新”团组织20个，在厦门成立驻厦团工委。

2014年7月，团县委从南门垇搬迁至将军广场新青少年宫办公。11月19—20日，共青团武平县第二十一次代表大会选举产生共青团武平县第二十一届委员会委员25人、候补委员12人。在二十一届一次全会上，林丹当选为书记，李志荣、钟玮当选为副书记。当年全县有基层团委44个，团总支2个，团支部570个，团员15920人。

2017年9月24—25日，共青团武平县第二十二次代表大会选举产生共青团武平县第二十二届委员会委员25人、候补委员10人。在共青团武平县二十二届一次全会上，钟玮当选为书记，赖丽花、王俊、刘国鸿（挂职）、肖书彦（兼职）、何凌琳（兼职）当选为副书记。同年12月，被中共武平县委、武平县人民政府授予“创建第五届全国文明城市工作先进单位”。

2019年4月，团县委被福建省人力资源和社会保障厅、共青团福建省委授予“全省共青团系统先进集体”。

2020年7月，团县委从将军广场青少年宫迁至行政服务中心2号楼办公。

2021年10月27—28日，共青团武平县第二十三次代表大会选举产生共青团武平县第二十三届委员会委员35名、候补委员15名。在二十三届一次全会上，赖超平当选为书记，赖丽花、吴丹丹、刘远锋（挂职）、潘选香（兼职）、吴雨青（兼职）当选为副书记。团县委内设办公室、组织部、宣传部、学少部。

1997—2021年共青团武平县委书记名表

表9

姓　名	任职时间	附　　注
冯荣珍	1993年10月—1997年6月	
刘新明	1997年6月—2002年5月	
蓝富雁	2002年6月—2005年1月	
蓝凯英	2005年10月—2006年5月	
连祥伟	2006年12月—2007年5月	
蓝金开	2008年4月—2010年9月	
廖树香	2010年9月—2011年5月	
蔡　鹏	2011年11月—2012年9月	
林　丹	2013年9月—2016年2月	
李志荣	2016年2月—2017年4月	
钟　玮	2017年4月—2020年10月	
刘国鸿	2020年10月—2021年5月	
赖超平	2021年8月至今	

1997—2021年共青团武平县委副书记名表

表10

姓　名	任职时间	附　　注
刘新明	1993年10月—1997年6月	
王琼荣	1997年6月—2002年7月	
钟日朝	2000年8月—2002年6月	副书记主持工作
钟建新	2002年6月—2005年9月	
蓝凯英	2002年8月—2005年10月	
蓝金开	2005年10月—2008年4月	
蔡　鹏	2005年10月—2008年4月	
林能彬	2009年1月—2010年9月	
廖树香	2008年4月—2010年9月	
钟世荣	2011年2月—2013年9月	
李志荣	2011年2月—2016年2月	
叶文伟	2011年1月—2012年1月	挂职
黄晓荣	2012年4月—2013年3月	挂职
林　丹	2012年9月—2013年9月	副书记主持工作
钟　玮	2013年9月—2015年9月	
刘洪漪	2013年11月—2014年10月	挂职
刘桂春	2014年6月—2015年6月	挂职
钟荣盛	2015年7月—2016年7月	挂职
唐郑熠	2015年9月—2016年8月	挂职
赖丽花	2016年2月至今	
王　俊	2017年9月—2021年5月	
何凌琳	2017年9月—2021年8月	兼职
肖书彦	2017年9月—2021年8月	兼职
刘国鸿	2017年9月—2020年10月	挂职
吴声远	2018年4月—2021年11月	挂职
吴丹丹	2021年8月至今	
刘远锋	2021年8月至今	挂职
吴雨青	2021年8月至今	兼职
潘选香	2021年8月至今	兼职

五、共青团长汀县委员会

1997年，共青团长汀县委员会有委员21人，常委7人，书记1人，副书记1人。团县委内设组织部、宣传部、学校和少先队工作部及“希望工程”办公室。全县有基层团委54个，团总支86个，团支部681个，团员26960人，占全县青年总数的22.77%。

1998年，团县委增设希望工程办公室。

1999年10月下旬，共青团长汀县第十四次代表大会选举产生第十四届委员会委员22人；在十四届一次全会上，选举7人组成常委会，其中，俞开建、张丽华分别当选为书记、副书记。全县有基层团委61个，团总支47个，团支部809个，团员26499人，占全县青年总数的28.44%。

2000年，全县有基层团委68个，团支部704个（其中，非公企业团支部68个），团员26089人。

2001年，全县有基层团委65个，团总支82个，团支部909个，团员26600人。

2002年10月上旬，共青团长汀县第十五次代表大会选举产生第十五届委员会委员21人；在十五届一次全会上，选举7人组成常委会，其中范元丰、邱华平分别当选为书记、副书记。

2003年，团县委内设办公室、组织部、宣传部、学少部和希望工程办公室。全县有基层团委68个，其中县直非公企业团委19个，乡（镇）团委18个，中学团委31个。团员28435人（其中女团员11175人）。全县有专职团干17人。团员比例占全县青年总数的15.58%。

2005年11月26日，共青团长汀县第十六次代表大会选举产生共青团长汀县第十六届委员会委员29人、候补委员16人。在十六届一次全会上，选举9人组成常委会，其中黄焱斌、蔡进伟分别当选为书记、副书记。

2008年12月10日，共青团长汀县委第十七次代表大会选举产生共青团长汀县第十七届委员会。新领导班子成员均为本科以上学历，平均年龄28岁。

2011年12月15日，共青团长汀县委第十八次代表大会选举产生共青团长汀县第十八届委员会委员29人、候补委员16人。在十八届一次全会上，选举7人组成常委会，其中蔡进伟、王丹分别当选为书记、副书记。

2016年，全县59个基层团委，762个团支部，共青团员16716人。乡镇实体化大团委共新建青年农民合作社团组织16家，乡镇直属团组织18个，副书记18人，联系团员数1431人，青年数2429人。

2017年12月24日，共青团长汀县委第二十次代表大会选举产生共青团长汀县第二十届委员会。在十八届一次全会上，谢政陶当选为书记，邹丹、田伟、林兆宇（挂职）、俞桂枫（兼职）当选为副书记。当年全县68个基层团委，团总支34个，团支部927个，团员数15162人；乡镇直属团组织18个，书记18人，联系团员数1431人，青年数2429人。

2020年，全县53个基层团委，团总支18个，团支部639个，团员报到人数9809个，团员归属团员数量4378个。

2021年10月下旬，共青团长汀县第二十一次代表大会选举产生共青团长汀县第二十一届委员会。团县委内设办公室、组织部、宣传部、学少部。

1997—2021年共青团长汀县委书记名表

表11

姓　名	任职时间	附　　注
涂乃通	1996年11月—1999年10月	
俞开健	1999年1月—2002年5月	
丘小洪	2002年6月—2002年9月	
范元丰	2004年1月—2005年4月	
王家新	2005年5月—2006年5月	
张世雄	2006年10月—2010年1月	
蔡进伟	2011年7月—2012年3月	
黄鲁卡	2012年4月—2013年12月	
李　意	2015年7月—2016年7月	
谢政陶	2016年7月—2019年5月	
田　伟	2019年12月—2021年2月	
胡　晔	2021年5月至今	

1997—2021年共青团长汀县委副书记名表

表12

姓　名	任职时间	附　　注
张　学	1996年11月—1998年7月	
张丽华	1996年11月—2002年9月	
丘小洪	1998年4月—2002年6月	
丘华平	2002年9月—2005年5月	
黄焱斌	2006年5月—2006年10月	主持工作
蔡进伟	2010年1月—2011年6月	主持工作
李　意	2013年12月—2015年6月	主持工作
童振波	2015年7月—2017年3月	
邹　丹	2017年8月至今	
田　伟	2018年1月—2019年11月	
林翱锋	2021年2月至今	

六、共青团连城县委员会

1997年，共青团连城县委员会有委员32人，常委7人，书记1人，副书记1人。当年团县委内设办公室、组织部、宣传部、学校和少先队工作部4个部（室）以及青少年权益工作部、希望工程办公室、青年文明号组委会办公室，编制7人。当年全县有乡（镇）团委16个，中学团委7个，县直机关团委1个，团总38个支，团支部379个，有团员10687人，团青比率25.1%。

1999年11月下旬，共青团连城县第十六次代表大会选举产生第十六届委员会委员29人；在十六届一次全会上，选举7人组成常委会，其中书记1人，副书记1人。全县有基层团委28个，团总支47个，团支部498个，团员16289人，占全县青年总数的22.68%。

2000年，团县委编制5人。全县有乡（镇）团委18个，中学团委9个，县直机关团委1个，团总支47个，团支部415个，团员19392人。

2001年，连城全县有基层团委31个，团总支62个，团支部502个，团员18928人，占全县青年总数的25.7%。

2003年，连城全县有基层团委33个，团工委1个，团总支65个，团支部523个，团员22288人，占全县青年总数的27%。

2017年12月上旬，共青团连城县第二十二次代表大会选举产生共青团连城县第二十二届委员会；在二十二届一次全会上，选举7人组成常委会，其中罗炳鑫当选为书记，华榕、刘葳、林强华（挂）、李海霞（兼）、叶黎明（兼）当选为副书记。

2021年10月29日，共青团连城县第二十三次代表大会选举产生共青团连城县第二十三届委员会委员27人，候补委员8人。当年团县委内设办公室、宣传部、组织部3个机关部（室），人员编制数4个，在职人数3人。

1997—2021年共青团连城县委书记名表

表13

姓　名	任职时间	附　　注
吴荣桂	1996年8月—1999年5月	
陈金龙	1999年8月—2002年5月	
项纪福	2002年5月—2005年7月	
罗　剑	2005年9月—2006年12月	
罗露露	2008年8月—2010年3月	
刘志昂	2010年3月—2010年11月	
罗煇群	2011年11月—2016年5月	
罗炳鑫	2016年5月—2019年8月	
华　榕	2019年8月—2021年5月	
王　健	2021年5月至今	

1997—2021 年共青团连城县委副书记名表

表 14

姓　名	任职时间	附　　注
陈金龙	1996 年 8 月—1999 年 8 月	
马　缜	1997 年 3 月—1999 年 8 月	
项纪福	1999 年 11 月—2002 年 5 月	
林长秀	2002 年 8 月—2005 年 8 月	
罗　剑	2002 年 8 月—2005 年 9 月	
罗露露	2005 年 9 月—2008 年 8 月	
刘志昂	2005 年 9 月—2010 年 3 月	
罗煇群	2008 年 12 月—2011 年 10 月	
罗志君	2010 年 10 月—2011 年 5 月	
罗炳鑫	2011 年 10 月—2016 年 5 月	
陈国正	2011 年 10 月—2013 年 8 月	
华　榕	2014 年 11 月—2019 年 8 月	
刘　葳	2017 年 9 月—2019 年 9 月	
林强华	2017 年 12 月—2019 年 6 月	挂职
詹信武	2019 年 12 月—2021 年 5 月	
林微微	2019 年 12 月至今	
林小富	2021 年 9 月至今	
吴　夏	2021 年 10 月至今	挂职

七、共青团漳平市委员会

1997 年，共青团漳平市委员会有委员 21 人，常委 7 人，书记 1 人，副书记 4 人。当年团市委内设办公室、组织部、宣传部、学校和少先队工作部 4 个部（室），编制 6 人。全市有基层团委 30 个，团总支 39 个，团支部 483 个，团员 15256 人，专兼职团干 39 人。

1999 年 9 月 28 日，共青团漳平市第十三次代表大会选举产生共青团漳平市第十三届委员会委员 21 人，候补委员 7 人；在十三届一次全会上，选举 7 人组成常委会，其中书记、副书记各 1 人。

2001 年，漳平市有基层团委 37 个，团工委 2 个，团总支 73 个，团支部 346 个，团员 12125 人，占全县青年总数的 22.4%。

2002 年 9 月 11 日，共青团漳平市第十四次代表大会选举产生共青团漳平市第十四届委员会委员 21 人，候补委员 7 人；在十四届一次全会上，选举 7 人组成常委会，其中书记 1 人、副书记 2 人。是年，共青团漳平市委定编 5 名，办公室改为秘书股。

2003年，漳平市有基层团委37个，团工委2个，团总支72个，团支部328个，团员10886人，占全县青年总数的23.63%。

2005年11月25日，共青团漳平市第十五次代表大会选举产生共青团漳平市第十五届委员会委员21人，候补委员7人；在十五届一次全会上，选举7人组成常委会，其中书记1人、副书记2人。当年，全市有基层团委38个，团支部392个，团员1.1万人，专职团干6人。

2008年11月11日，共青团漳平市第十六次代表大会选举产生共青团漳平市第十六届委员会委员21人，候补委员7人；在十六届一次全会上，选举7人组成常委会，其中书记1人、副书记3人。

2011年12月16日，共青团漳平市第十七次代表大会选举产生共青团漳平市第十七届委员会委员21人，候补委员7人；在十七届一次全会上，选举7人组成常委会，其中书记1人、副书记2人。

2014年12月14—15日，共青团漳平市第十八次代表大会选举产生共青团漳平市第十八届委员会委员21人，候补委员7人；在十八届一次全会上，选举7人组成常委会，其中书记1人、副书记2人。

2017年8月31日，共青团漳平市第十九次代表大会选举产生共青团漳平市第十九届委员会委员21人，候补委员9人；在十九届一次全会上，选举7人组成常委会，其中书记1人、副书记2人。

2021年10月28日，共青团漳平市第二十次代表大会选举产生共青团漳平市第二十届委员会。当年团市委内设办公室、组织部、学少部、宣传部4个机关部（室）。全市有基层团委35个，团工委2个，团总支13个，团支部414个，团员8583个。

1997—2021年共青团漳平市委书记名表

表15

姓　名	任职时间	附　　注
易明金	1996年9月—1999年3月	
何　媚	1999年4月—2002年6月	
罗志前	2002年7月—2005年1月	
陈良斌	2006年5月—2010年1月	
张永贤	2010年1月—2011年11月	
连　艳	2011年11月—2012年12月	
吴陈耿	2012年12月—2014年11月	
张彦祯	2014年11月—2016年5月	
陈博影	2016年6月—2019年4月	
黄　芳	2020年7月至今	

1997—2021 年共青团漳平市委副书记名表

表 16

姓　名	任职时间	附　　注
何　媚	1996 年 9 月—1999 年 4 月	
罗志前	1999 年 7 月—2002 年 6 月	
张登勤	2002 年 7 月—2006 年 5 月	
林　娜	2002 年 7 月—2005 年 8 月	
陈施珏	2005 年 10 月—2008 年 11 月	
刘淑琴	2007 年 1 月—2008 年 11 月	
张永贤	2008 年 11 月—2009 年 12 月	
陈炜沩	2008 年 11 月—2011 年 5 月	
连　艳	2008 年 11 月—2011 年 10 月	
陈川淼	2011 年 5 月—2012 年 11 月	
吴锦森	2011 年 11 月—2014 年 11 月	
连元彬	2013 年 8 月—2016 年 4 月	
杨鸿杏	2014 年 11 月—2016 年 8 月	
卢起腾	2017 年 9 月—2020 年 7 月	
陈　静	2016 年 11 月至今	
陈旭明	2021 年 11 月至今	

第三节　高校团组织

一、共青团龙岩学院委员会

1997 年，共青团龙岩师范高等专科学校委员会有书记 1 人，副书记 1 人。

2001 年，原福建资源工业学校团委并入龙岩师范高等专科学校团委。

2004 年 5 月，共青团龙岩师范高等专科学校委员会更名为共青团龙岩学院委员会。

2009 年 5 月 23 日，共青团龙岩学院第一次代表大会选举产生共青团龙岩学院第一届委员会。

2018 年 7 月 12 日，共青团龙岩学院第二次代表大会选举产生共青团龙岩学院第二届委员会委员 9 人；在二届委员会一次全会上，温东荣当选为书记，王海斌当选为副书记（兼职）。

2021 年，共青团龙岩学院委员会下辖师范院、外语院、经管院、数信院、物机院、化材院、生科院、资源院、体育院、传播院等 10 个学院团委（团总支）和 6 大学生组织。书记温东荣，副书记郭晓云。内设综合、组织宣传和社团管理科。

1997—2021年共青团龙岩学院委员会书记名表

表17

姓　名	任职时间	附　　注
朱　闽	1992年9月—2000年7月	为共青团龙岩师范高等专科学校委员会书记
陈建生	2005年9月—2008年7月	
陈立红	2008年7月—2011年9月	
陈红英	2012年10月—2016年12月	
温东荣	2018年6月至今	

1997—2021年共青团龙岩学院委员会副书记名表

表18

姓　名	任职时间	附　　注
郭济汀	1996年7月—2000年7月	为共青团龙岩师范高等专科学校委员会副书记
郭济汀	2000年7月—2005年9月	主持工作，其中，2004年5月前为共青团龙岩师范高等专科学校委员会副书记
黄雪英	2005年9月—2008年7月	
陈红英	2011年10月—2012年10月	主持工作
温东荣	2011年1月—2018年5月	
王海斌	2018年6月—2021年4月	兼
郭晓云	2021年1月至今	

二、共青团闽西职业技术学院委员会

1997年，共青团闽西职业大学委员会有书记1人，副书记1人。

1998年10月30日，共青团闽西职业大学第七次团员代表大会选举产生共青团闽西职业大学第七届委员会委员11人；在七届一次全会上，林伟能当选为副书记（翌年12月29日经共青团龙岩市委批准）。

2001年12月31日，共青团闽西职业大学第八次团员代表大会选举产生共青团闽西职业大学第八届委员会委员9人；在八届一次全会上，林伟能当选为书记，钟亮梅、林国炎当选为副书记（翌年1月14日经共青团龙岩市委批准）。

2004年2月，共青团龙岩工业学校委员会并入闽西职业大学，并更名为共青团闽西职业技术学院委员会。

2010年5月16日，共青团闽西职业技术学院第一次代表大会选举产生共青团闽西职业技术学院第一届委员会。学院团委下辖13个系（部）团委。

2018年1月6日，共青团闽西职业技术学院第二次代表大会选举产生共青团闽西职业技术学院第二届委员会委员11人；在二届一次全会上，林小勇当选为书记。

2021年，共青团闽西职业技术学院委员会有书记1人，副书记1人。

2001—2021年共青团闽西职业技术学院委员会书记名表

表19

姓　名	任职时间	附　　注
林伟能	2001年3月—2009年5月	为共青团闽西职业大学委员会书记
李　瑛	2009年5月—2018年3月	
林小勇	2018年3月至今	

1997—2021年共青团闽西职业技术学院委员会副书记名表

表20

姓　名	任职时间	附　　注
林思美	1997年8月—1998年12月	为共青团闽西职业大学委员会副书记
林伟能	1998年12月—2000年8月	主持工作，为共青团闽西职业大学委员会副书记
钟亮梅	2000年8月—2012年9月	其中，2009年5月前为共青团闽西职业大学委员会副书记
连玲娜	2009年5月—2018年3月	其中，2009年5月前为共青团闽西职业大学委员会副书记
杜谷文	2019年5月—2021年7月	
卢素素	2021年7月至今	

第二章　团代会及全委会

第一节　共青团龙岩市第一次代表大会

一、代表大会

1997年6月21—23日，共青团龙岩市第一届代表大会第一次大会在市政府礼堂隆重召开。按照团章的有关规定和民主程序选举产生正式代表307人，特邀代表21人、列席代表10人。市五套班子领导、团省委领导，老同志及有关部门领导应邀出席大会。市委书记赵党荣在开幕式上作重要讲话，要求全市青年积极投身闽西跨世纪伟大创业中去，励精图治，奋发图强。团市委书记邱萍作题为《服务大局，奋力争先，团结带领全市团员青年为实现闽西跨世纪宏伟目标而努力奋斗》的工作报告，全面总结3年来龙岩市各级团组织工作情况，提出今后5年团工作的指导思想是坚持以邓小平建设有中国特色社会主义理论和党的基本路线、基本方针为指导，紧密地团结在以江泽民同志为核心的党中央周围，积极投身改革开放和社会主义建设事业，围绕党的中心，根据青年特点，深入推进跨世纪青年文明工程、跨世纪青年人才工程和服务万村脱贫致富奔小康行动，培养闽西红土地一代“四有”接班人，锐意进取，拼搏奋斗，努力创造无愧于时代的新业绩。确定“服务大局、发挥优势、打响名牌、奋力争先”为今后青年工作的总思路。

会议审议通过《共青团龙岩市第一次代表大会工作报告》及《关于团结和引导全市青少年争做社会主义精神文明建设先锋的决议》。

选举产生共青团龙岩市第一届委员会。委员：邱萍（女）、林勇、张兰萍（女）、曾祥波、王永忠、赖杭南、朱彩雁、邱健南、廖深洪、罗忠亮、刘新明、涂乃通、吴荣桂、易明金、王春平、邱小洪、章超贤、杨郑杰、朱闽、林思美、王凯、李少亭、张宗伟、傅生生、吴椿光、杨惠超、陈仁雪（女）、熊斌芹、杨素红（女）、王金星、章慧燕（女）、林峰、庄来新、吴云童、兰惠芬（女）、谢跃文、马素明、杜红伟、林静（女）、洪志群、黄鹏。

在随后召开的共青团龙岩市一届一次全委会上，选举产生由邱萍（女）、林勇、张兰萍（女）、曾祥波、王永忠、赖杭南、朱彩雁等七位同志组成的共青团龙岩市第一届委员会常务委员会。邱萍（女）当选为书记，林勇当选为副书记。

大会号召全市广大团员青年，紧密团结在以江泽民同志为核心的党中央周围，紧紧围绕党的工作中心，认真贯彻党的十四届六中全会精神和市第一次党代会、人大会议精神，在市委的领导下，团结引导团员青年，进一步解放思想，抓住机遇，扎实工作，为努力实现闽西跨世纪的宏伟目标做出新的贡献。

大会要求全市广大团员青年要充分认识加强社会主义精神文明建设的重要性和紧迫性，充分发挥共青团团结引导青少年进步的作用，在带领广大青年为社会主义物质文明建设做出更大贡献的同时，团结和引导全市青少年争做精神文明建设先锋，把全市精神文明建设的各项措施落到实处。

2000 年 7 月 6 日，召开共青团龙岩市代表会议，增选 15 名共青团龙岩市第一届委员会委员。他们是：傅步梅、朱雪琼（女）、邱学优、邱维环、何媚（女）、张锦华、陈金龙、范发贵、胡长松、俞开建、饶岩生、郭丽红（女）、蒋宏斌、韩军、魏冬梅（女）。

二、全委（扩大）会议

共青团龙岩市一届二次全委（扩大）会议

1998 年 2 月 13 日，团市委召开一届二次全委（扩大）会议。回顾总结 1997 年全市团的工作，研究部署 1998 年工作，通报各级团组织 1997 年度共青团目标管理考核情况，表彰 17 个目标考评一等奖单位，27 个目标考评二等奖单位。中共龙岩市委副书记陈秀榕到会作重要讲话，充分肯定团市委和各级团组织在 1997 年紧紧围绕市委、市政府工作大局，充分发挥自身建设特点和优势，创造性地开展工作，促进闽西经济和社会发展，并对 1998 年共青团工作提出意见。团市委书记邱萍作《以邓小平理论为指导，以党的十五大为动力，推进闽西共青团事业进一步的发展》的报告。

共青团龙岩市一届三次全委（扩大）会议

1998 年 7 月 10 日，团市委召开一届三次全委（扩大）会议。会议传达团十四大精神，提出学习、贯彻的意见；回顾总结上半年全市团的工作，布置下半年全市团的工作，还就新形势下如何提高团干部队伍素质提出要求。

第二节　共青团龙岩市第二次代表大会

一、代表大会

2002 年 11 月 4—6 日，共青团龙岩市第二次代表大会召开。应到会代表 279 人，实到会代表 266 人。团省委和市各套班子领导出席了开幕式和闭幕式。会议期间，代表们听取并审议严志铭代表共青团龙岩市第一届委员会所作的《与时俱进，真抓实干，谱写新世纪闽西共青团工作新篇章》的工作报告，通过了《共青团龙岩市第二次代表大会关于共青团龙岩市第一届委员会工作报告的决议》。大会遵循团章的规定，经过充分酝酿和民主选举，产生共青团龙岩市第二届委员会和出席共青团福建省第十一次代表大会的代表。讨论通过《关于团结带领全市团员青年为全面提升闽西区域经济综合竞争力奉献青春的决议》。市委副书记、代市长刘赐贵在开幕式上发表讲话。团省委副书记陈冬充分肯定了五年来龙岩市共青团工作所取得的成绩，对今后五年全市共青团工作提出要求。

在随后召开的共青团龙岩市二届一次全委会上，选举产生由严志铭、何媚、谢兴权、王永忠、朱彩雁、胡长松、陈英才等组成的共青团龙岩市第二届委员会常务委员会，严志铭当选为书记，何媚、谢兴权当选为副书记。

共青团龙岩市第二届委员会委员：王凯、王永忠、王春平、邓辉昌、蓝富雁、朱彩雁、刘旭（女）、刘芳（女）、刘喜隆、江立旺、严志铭、李敏捷、邱学优、何媚（女）、张航燕（女）、张继艳（女）、张锦华、张福连、陈英才、陈威克、范元丰、林晖、林如浪、林伟能、罗志前、郑玲（女）、郑建梅（女）、项纪福、胡长松、饶岩生、袁庚生、郭丽红（女）、郭济汀、韩军、谢兴权、赖庆斌、詹晓青（女）、熊春花（女）、魏冬梅（女）。

共青团龙岩市第二届委员会候补委员：郭丽华（女）、黄爱勤（女）、罗艳红（女）、张红华（女）、张文强、沈雪华（女）、林泽、刘晓萍（女）、黄丽华（女）、张一晓（女）、陈伟林、陈丽瑜（女）、刘丽红（女）、张登勤、钟建新、李建才、林长秀（女）、邱华平、余太秀（女）、雷婕（女）。

二、全委（扩大）会议

共青团龙岩市二届二次全体（扩大）会议

2004 年 2 月 12—13 日共青团龙岩市委二届三次全体（扩大）会议召开，团市委二届委员、候补委员及市直属团组织负责人参加会议。会议学习贯彻党的十六届三中全会、团中央十五届二中全会、共青团福建省十一届三次全体（扩大）会议、市委二届六次全委会和 2004 年全市工作会议精神，总结团市委二届二次全委会以来的工作，部署 2004 年全市共青团工作。

会议还审议并通过《团市委委员、候补委员卸职递补确认案》。

共青团龙岩市委二届五次全体（扩大）会议

2006 年 2 月 27—28 日，共青团龙岩市委二届五次全体（扩大）会议召开。来自全市七个县（市、区）企事业单位、学校的团市委二届委员、候补委员和团市委机关全体干部 100 多人参加会议。学习贯彻胡锦涛总书记在福建和龙岩市考察时重要指示精神和党的十六届五中全会、团的十五届四中全会精神，贯彻落实省委工会共青团妇联工作会议精神，以及共青团福建省十一届五次全体（扩大）会议、市委二届十次全委会精神。会议总结 2005 年共青团工作，对 2006 年全市团工作进行研究和部署。审议通过《共青团龙岩市委二届五次全体会议关于团市委委员、候补委员卸职递补确认案（草案）》。表彰“五四”红旗团委，“五四”红旗团支部。表彰团建先进县、“五四”红旗团委、“五四”红旗团（总）支部。市政府副市长饶作勋受市委副书记刘晓东委托出席会议，并作重要讲话。着重就学习胡锦涛总书记视察福建和龙岩市时的重要讲话精神，发挥广大团员青年和团组织作用，在建设生态型经济枢纽的实践中建功立业，贡献青春、智慧和力量提出要求。

共青团龙岩市委二届六次全体（扩大）会议

2007 年 2 月 28 日，共青团龙岩市委二届六次全体（扩大）会议在龙岩召开会议学习贯彻共青团福建省十一届六次全体（扩大）会议、市第三次党代会精神和全市工作会议精神。总结 2006 年全市团的工作，部署 2007 年全市团的工作。审议通过《关于团市委二届委员卸职递补确认案》。表彰一批先进集体和先进个人。

共青团龙岩市委二届七次全体（扩大）会议

2007 年 6 月 20 日，共青团龙岩市委二届七次全体（扩大）会议在龙岩召开，审议通过关于召开共青团龙岩市第三次代表大会的有关决议（草案）和关于成立第三次团代会代表资格审查委员会的决议（草案）。

第三节　共青团龙岩市第三次代表大会

一、代表大会

2007 年 11 月 28—30 日，共青团龙岩市第三次代表大会召开。市委书记张健出席大会并作重要讲话。市领导黎梓元、陈万里、陈建寿、江子华、杜乔元、黄海英、黄福清、朱建平、饶作勋、郭韶翔、林乔城、邱惠珍、郑立明、李新春，老同志代表郑霖及团省委副书记赖军应邀到会并与代表合影留念。大会选举产生共青团龙岩市第三届委员会和龙岩市出席共青团福建省第十二次代表大会代表。会议审议通过团市委书记陈厦生代表共青团龙岩市二届委员会作题为《立足新起点，创造新业绩，为又好又快推进海西重要增长极建设奉献青春力量》的工作报告和《关于团结带领全市团员青年在又好又快推进海西重要增长极建设中发挥生力军作用的决议》。此外，代表们还开展青春相约"恒忆之夜"龙岩市第三次团代会代表大联欢活动。

在随后召开的共青团龙岩市委三届一次全体会议上，陈厦生、王永忠、蓝凯英（女）、胡长松、陈英才、黄爱勤（女）、许敏（女）、袁静（女）等8人当选为团市委常委，陈厦生当选为书记，王永忠、蓝凯英（女）当选为副书记。选出共青团龙岩市第三届委员会委员39名、共青团龙岩市第三届委员会候补委员20名。

共青团龙岩市第三届委员会委员：王永忠、王晓武、刘桂平、江立旺、汤绿漪、许敏（女）、杜呈祥、李建熔、吴哲彦、吴裕才、邱建芳（女）、张一晓（女）、张世雄、张锦华、陈良斌、陈英才、陈建生、陈厦生、陈耀华、林武、林晖、林伟能、林志华、罗露露（女）、郑玲（女）、郑更艳（女）、胡长松、钟世进、袁静（女）、陶富强、黄三福、黄丽华（女）、黄苍忠、黄爱勤（女）、彭志强、曾添秀（女）、蓝凯英（女）、蓝金开、熊桂花（女）。

共青团龙岩市第三届委员会候补委员：李晓思、丁峰、刘玲（女）、苏志章、沈春燕（女）、谢恩逢、陈圣苏（女）、陈施珏、陈朝阳、范楚丹（女）、张育峰、钟集兆、邱健萍（女）、蔡鹏、蔡艺勇、黄焱斌、林含梅（女）、刘志昂、王永锋、刘沪珍（女）。

二、全委（扩大）会议

共青团龙岩市三届二次全委（扩大）会议

2008年2月28日，团市委召开三届二次全体（扩大）会议。会议学习贯彻党的十七大、省委八届三次全会、市委三届四次全会精神，传达贯彻省第十二次团代会精神，回顾总结2007年全市共青团工作，部署2008年工作任务。会上，团市委书记陈厦生做题为《群策群力，先行先试，为又好又快推进海西重要增长极建设发挥生力军作用》的工作报告，审议通过《关于团市委三届委员、候补委员卸职递补确认案》，签订共青村"种植名贵树，建设新农村"青年绿色行动责任书。市委副书记、组织部部长陈万里出席会议并作重要讲话。

共青团龙岩市委三届三次全体会议

2008年7月7日，共青团龙岩市委三届三次全体会议召开。团市委书记陈厦生、副书记王永忠、蓝凯英，团市委各部室负责人、各县市区团委负责人，团市委三届委员、候补委员参加会议。会议传达学习团十六大精神、省委书记卢展工到团省委机关调研时的重要讲话以及团省委十二届二次全体会议和近期召开的市委常委会议精神，并提出贯彻意见，对全市共青团组织着力先行，拓展作为，全面深化推进"解放思想，先行先试，加快两个先行区建设"主题实践活动做了再部署。团市委书记陈厦生代表团市委常委会作工作报告。

共青团龙岩市三届四次全委（扩大）会议

2009年2月23日，共青团龙岩市委三届四次全体（扩大）会议在龙岩召开。会议学习、传达团省委十二届三次全会精神和市委三届五次全会精神，回顾总结2008年全市共青团的工作，研究部署2009年各项工作任务，进一步团结带领全市广大青年为建设两个先行区、全面推进海西重要增长极建设而努力奋斗。市委副书记、组织部部长陈万里出席会议并作重要讲话。他要求全市各级共青团组织要服务发展，拓展作为；要创新创优，增强实效；要内强素质，外树形象。要有政治高度、知识广度、工作力度和为人气度，充分展示新时期龙岩团干部的良好形象。团市委书记陈厦生代表团市委常委会作题为《凝聚青年、尽责有为，为“两个先行区”建设多做贡献》的工作报告。

共青团龙岩市委三届五次全体会议

2010年3月2日，共青团龙岩市委三届五次全体（扩大）会议在龙岩召开。会议学习贯彻胡锦涛总书记在福建和龙岩考察时重要讲话精神及团省委十二届五次全体（扩大）会议、市委三届七次全会精神，研究部署2010年全市共青团工作。市委副书记、组织部部长陈万里出席会议并作重要讲话。团市委书记肖华鑫在会上作《抢抓机遇，勇当先锋，为全面推进海西重要增长极建设贡献青春力量》的报告。会议还审议通过《共青团龙岩市委三届五次全会关于团市委委员、候补委员卸职递补确认案（草案）》和《共青团龙岩市委三届五次全体会议关于全面加强团的自身建设的决议（草案）》。

共青团龙岩市委三届六次全会

2011年2月18日，共青团龙岩市委三届六次全体（扩大）会议召开。会议学习贯彻十七届五中全会，省委八届九次、十次全会，团中央十六届四中全会，团省委十二届七次全体（扩大）会议和市委三届九次全会精神，研究部署2011年全市共青团工作。市委副书记、组织部长陈万里会上充分肯定2010年全市各级团组织在市委和团省委的正确领导下，把握“勇当先锋、搭建平台、树好形象”的工作要求，以“走前头、求突破、重实效”为工作主线，为推动龙岩科学发展、跨越发展所做出的重要贡献。就2011年工作，陈万里强调要高站位、求作为、促跨越、强队伍，各级党委要切实加强和改进对共青团的领导，落实党建带团建工作的要求，把团的工作纳入党的建设的总体规划，认真研究解决共青团工作中的重大问题，赋予更多的资源和关心，认真做好团干部选拔培养、转岗输送、待遇落实等工作，为共青团开展工作创造良好条件。团市委书记肖华鑫代表团市委常委会在会上作《高举团旗跟党走、青春奋进促跨越，引领团员青年为实现我市“十二五”宏伟目标建功立业》的报告。

会议还审议通过《共青团龙岩市委三届六次全会关于团市委委员、候补委员卸职递补确认案（草案）》和《关于团结带领全市广大团员青年为实现“十二五”时期奋斗目标作贡献的决议（草案）》。长汀团县委、龙岩学院团委、龙洲公司团委、开发区团工委负责人在会上做工作经验交流发言。

第四节　共青团龙岩市第四次代表大会

一、代表大会

2012年11月21—22日，共青团龙岩市第四次代表大会召开。团省委副书记何明华出席大会并讲话。市领导张兆民、陈万里、饶作勋、江子华、张天洲、王乃谦、邱荣、林晓英、阮开森、严志铭、温锡浩，老同志代表郑霖等出席大会。大会正式代表280人，实际到会275人。大会执行主席蓝凯英作题为《创先争优强服务，凝心聚力促发展，在推进闽西老区加快崛起中谱写青春华章》的工作报告。11 月 22 日上午，选举产生共青团龙岩市第四届委员会委员、候补委员。马永彬等 40 位同志当选为委员，王丹等 20 位同志当选为候补委员。11 月 22 日下午，召开共青团龙岩市第四届委员会第一次全体会议，选举产生共青团龙岩市第四届委员会常委、书记、副书记。蓝凯英（女）、罗露露（女）、郭昊瑜（女）、王达、徐峰、陈媛（女）、陈瑞昕（女）、黄亦晟、范斌等 9 位同志当选为常委，蓝凯英当选为书记，罗露露、王达当选为副书记。

团市委第四届委员会委员：马永彬、王达、丘晓燕（女）、冯素金（女）、华智敏、何冬香（女）、吴裕才、张舸、张香（女）、李云云（女）、李玉敏（女）、李瑛（女）、连艳（女）、邱婧婷（女）、陈少华、陈庆能、陈红英（女）、陈媛（女）、陈瑞昕（女）、陈蔚华、林丹（女）、林文、林茜（女）、罗煇群（女）、罗露露（女）、范斌、郑蓉芝（女）、钟荣荣、饶丽琼（女）、徐峰、郭昊瑜（女）、郭轶芳（女）、黄亦晟、黄鲁卡、黄瑞滨、谢灼宇、谢海滨、蓝凯英（女）、廖月华（女）、蔡珺。

团市委第四届委员会候补委员：王丹（女）、王永峰、叶付祺、吴锦森、张育峰、李志荣、李晓思、杜维娜（女）、沈春燕（女）、陈圣苏（女）、陈丽琴（女）、罗炳鑫、罗雪春（女）、郑华兴、徐斌、黄小坤（女）、龚志丹（女）、曾骏、谢万鹏、赖晶晶（女）。

二、全委（扩大）会议

共青团龙岩市委四届二次全体（扩大）会议

2014 年 3 月 11 日上午，共青团龙岩市委四届二次全体（扩大）会议在龙岩人民会堂召开，会议深入学习贯彻党的十八大、十八届三中全会、省委九届十次全会、团省委十三届三次全会和市委四届五次全会精神，总结回顾 2013 年工作，研究部署 2014 年工作。

市政府副市长赖永龙出席会议并讲话。赖永龙充分肯定过去一年全市各级团组织工作成绩。他强调，全市各级团组织要牢记使命，着力加强青少年理想信念教育，丰富青少年德育实践活动，创新开展网络青少年工作，积极构建更具吸引力、亲和力和感染力的青少年思想引导工作体系；要服务发展，团结带领全市青年切实发挥生力军作用，勇于改革、勇担重任、积极创新，在全面深化改革、服务经济转型升级、推进闽西老区加快崛起的进程中争先创优、攻坚克难；要固本强基，务实加强服务型基层团组织建设和团干部作风建设，带出一支知大局、懂本行、干实事的团干部队伍。

团市委副书记（主持工作）罗露露在会上做《高举团旗，永跟党走，团结带领全市团员青年在闽西老区全面深化改革生动实践中谱写新华章》的工作报告。会议审议通过《共青团龙岩市委四届二次全会关于团市委委员、候补委员卸职递补确认案》《关于深入学习贯彻市委四届五次全会精神·团结带领广大团员青年在服务龙岩全面深化改革和中国梦建设中实现青春梦的决议》。会议还听取各县（市、区）团委述职报告，全体与会同志对述职进行实名评分。

共青团龙岩市委四届三次全会

2015 年 2 月 9 日，共青团龙岩市委四届三次全会在龙岩召开。会议深入学习贯彻党的十八大、十八届三中、四中全会精神、习近平总书记赴闽赴岩重要讲话精神和对共青团工作的重要批示精神，贯彻落实市委四届七次全会和团省委十三届四次全会部署要求，总结 2014 年工作，部署 2015 年任务，团结带领全市广大团员青年投身加快建设机制活、产业优、百姓富、生态美的新龙岩的伟大实践。团市委书记罗露露做《适应新常态，勇担新使命，以改革创新精神引领全市团员青年，为建设新龙岩贡献青春力量》的工作报告。市委常委、秘书长严志铭代表市委做重要讲话。

共青团龙岩市委四届四次全体（扩大）会议

2016 年 3 月 10 日，共青团龙岩市委四届四次全体（扩大）会议在龙岩人民会堂召开。应到会参加选举委员 36 名，实到会参加选举委员 31 名。会议学习贯彻习近平总书记重要讲话精神，深入学习贯彻党的十八大、十八届五中全会、省委九届十五次全会、市委四届九次全会精神，认真落实中央、省委党的群团工作会议和团省委十三届六次全会精神，总结回顾 2015 年全市共青团工作，研究部署今年工作。审议确定共青团龙岩市第四届委员会增选候补委员 7 人。审议通过《关于团结带领全市广大团员青年为全面打好“三大战役”，加快建设新龙岩作出新贡献的决议》。

共青团龙岩市委四届五次全会

2017 年 2 月 22 日，团市委四届五次全会召开。会议深入学习习近平总书记重要讲话精神和治国理政新理念新思想新任务，认真学习贯彻党的十八大、十八届六中全会、省第十次党代会、市第五次党代会和团省委十三届七次全会精神，总结 2016 年工作，部署当年工作，以“建设新龙岩，青春勇担当”为主题，以迎接党的十九大和深入学习宣传贯彻党的十九大精神为主线，围绕中心，服务大局，推进改革，从严治团，团结带领全市广大团员青年投身“再上新台阶、建设新龙岩”的火热实践，以优异成绩迎接党的十九大胜利召开。团市委书记罗露露作工作报告。市委常委、统战部部长邓菊芳同志代表市委做重要讲话。

共青团龙岩市委四届六次全体（扩大）会议

2017 年 7 月 21 日，共青团龙岩市委四届六次全会在青年创业大厦召开，参加会议 80 多人。会议部署第五次团代会筹备工作，对团市委改革方案进行相关说明，动员部署创城冲刺工作。会议审议通过《关于召开共青团龙岩市第五次代表大会的决议（草案）》和《关于成立共青团龙岩市第五次代表大会代表资格审查委员会的决议（草案）》。

共青团龙岩市委四届七次全体（扩大）会议

2018 年 3 月 14 日下午，共青团龙岩市委四届七次全体（扩大）会议召开，回顾总结 2017 年工作，研究部署 2018 年工作。中共龙岩市委副书记、新罗区委书记何明华出席会议并讲话。会议强调，2018 年是深入贯彻落实党的十九大精神的开局之年，是改革开放 40 周年，是决胜全面建成小康社会、实施“十三五”规划承上启下的关键一年，全市各级团组织要以习近平新时代中国特色社会主义思想为指引，按照党的十九大报告对群团工作提出的要求，深入推进群团改革，围绕中心、服务大局，团结带领广大青年在全面实施“三大战略”、深入打好“三大战役”中，建功新时代，建设新龙岩。要加强引领，旗帜鲜明讲政治，切实用习近平新时代中国特色社会主义思想武装全团，教育青年。要把握重点、聚焦盼点、攻克难点，冲锋在前，广泛动员团员青年为全面实施“三大战略”、深入打好“三大战役”贡献青春力量。要改革攻坚，提升共青团服务青年能力，全力回应青年对美好生活的向往；对标全面从严治党，推动共青团改革和从严治团落细落小落实，不断开创全市共青团事业的新局面。全市各级团干部要勤于学习、善于学习，当好向青年宣讲党的理论的讲解员和带领青年奋发进取的领头雁，以自己的工作实绩树立新时代团干部良好形象，在加快建设新龙岩的征程中建功立业。

第五节 共青团龙岩市第五次代表大会

一、代表大会

共青团龙岩市第五次代表大会

2018年11月28日—29日，共青团龙岩市第五次代表大会召开。市委书记许维泽出席并讲话，市四套班子在龙岩领导出席会议，团省委书记肖华鑫莅会指导。大会应到代表276人，实到代表245人，大会听取了《建功新时代 建设新龙岩 为坚持高质量发展落实赶超奉献青春力量》的工作报告，大会选举产生团市五届委员41人，候补委员18人；五届一次全会选举产生团市委五届委员会常委11人。罗露露当选为共青团龙岩市第五届委员会书记；郭昊瑜、曾庆德、岳绍峰、毛华平（挂职）、张煜（兼职）、苏东冬（兼职）、林聪（兼职）当选为副书记。

团市委五届委员会委员：王秋萍（女）、毛华平（女）、刘三连（女）、刘开元、苏东冬、李君舒（女）、吴秋妹（女）、张煜、张艺杰、张怡妮（女）、张首龙、张翩翩（女）、陈家斌、陈博影、林聪、林姗舸（女）、罗炳鑫、罗露露（女）、岳绍峰、钟扬、钟玮、钟荣荣、姜楠（女）、殷世龙、郭昊瑜（女）、黄亦晟、黄福权、程培灿、曾庆德、曾秋招（女）、曾燕红（女）、温水清、温东荣、谢万鹏、谢灼宇、谢政陶、鄢惠萍（女）、廖丽虹（女）、漆添、滕晓媛（女）、戴冰黎（女）。

团市委五届委员会候补委员：马臻、王汉炬、王思、田伟、丘敏锋、华榕（女）、刘晓丹（女）、苏芳梅（女）、李兴、李瑞龙、陈静（女）、林小勇、郑浩、黄婧婧（女）、黄勤（女）、黄蕊（女）、赖丽花（女）、戴超。

二、全委（扩大）会议

共青团龙岩市委五届二次全体（扩大）会议

2019年2月28日，共青团龙岩市委五届二次全体（扩大）会议在龙岩人民会堂召开。会议深入学习贯彻习近平新时代中国特色社会主义思想和党的十九大精神，贯彻落实市委五届七次、八次全会和团省委十四届三次全会精神，研究部署当年工作。市委副书记、新罗区委书记何明华出席会议并讲话。何明华充分肯定龙岩共青团2018年工作取得的成绩，他强调：2019年是“五四”运动100周年、新中国成立70周年、少先队建队70周年、古田会议90周年和全军政治工作会议5周年，是龙岩市坚持高质量发展落实赶超和决胜全面建成小康社会的关键之年，也是团市委新一届委员会履职的开局之年。团市委和全市各级团组织、团干部要落实“马上就办、真抓实干”要求，为今后五年龙岩共青团的绚丽征程开好局、起好步，更有力地团结带领全市广大团员青年建功新时代、建设新龙岩。他要求全市各级团组织：加强政治引领，凝聚青春共识。紧紧围绕为党培养社会主义建设者和接班人的根本任务，认真学习贯彻习近平新时代中国特色社会主义思想，深入贯彻习近平总书记关于共青团和青年工作的重要指示要求，切实加强对青年的政治引领。紧扣中心工作，彰显青春作为。要围绕市委、市政府的中心工作，带领广大团员青年在新时代新龙岩建设中发挥生力军和突击队作用，建功经济建设主战场、“红古田”品牌提升、乡村振兴第一线和对外交流最前沿。有效整合资源，服务青年发展。要以落实中长期青年发展规划为抓手，着力提升青少年维权和预防犯罪工作水平，做好特殊困难青少年群体关爱帮扶，推动形成全党全社会共同关心帮助青年发展的强大合力。压实工作责任，树立青春形象。要进一步深化共青团改革，抓实团的基层组织建设，全面从严治团管团，将中央、省委和市委关于共青团改革的部署要求，体现在更加严实的基层组织基础上。团市委书记罗露露代表团市委常委会，向大会做题为《坚持眼睛向下　着力青春建功　团结带领全市广大团员青年在坚持高质量发展赶超、奋力开启龙岩新时代改革开放新征程中贡献青春力量》的工作报告。报告指出，2019 年，全市各级团组织要突出红土特色，不断加强对青年的政治引领；要围绕中心工作，引领青年服务大局建功立业；要落实发展规划，切实提升联系服务青年实效；要大抓基层团建，扩大团组织和工作有效覆盖；聚焦改革攻坚，全面从严治团树立良好形象。

共青团龙岩市委五届三次全体（扩大）会议

2020 年 11 月 5 日上午，共青团龙岩市委五届三次全体（扩大）会议召开，市委副书记、常务副市长王龙出席会议并讲话。王龙充分肯定全市共青团工作取得的成绩。他强调，要提升政治站位，切实增强共青团工作的责任感和使命感，教育引导广大团员青年在全方位高质量发展超越、打造有温度的幸福龙岩中争当奋进者、开拓者、奉献者；要主动融入大局，在引领青年创新、推动乡村振兴、打造生态文明、服务青年需求、倡导文明新风、推动龙台青年融合等方面拓展作为，在打造有温度的幸福龙岩中贡献青春力量；要加强干部队伍建设，强化理论武装，勇于担当作为，锤炼优良作风，为青年助力龙岩发展提供组织保障。会议审议通过《共青团龙岩市委五届三次全会关于团市委委员、候补委员卸职递补的确认案》《共青团龙岩市第五届委员会关于设置专门委员会的决议》《共青团龙岩市委员会专门委员会工作规则（试行）》《共青团龙岩市第五届委员会专门委员会成员名单》《关于团结带领全市广大团员青年为全方位推动高质量发展超越、打造有温度的幸福龙岩贡献青春力量的决议》。

共青团龙岩市委五届四次全体（扩大）会议

2021 年 3 月 17 日上午，共青团龙岩市委五届四次全体（扩大）会议召开。会议深入学习贯彻党的十九届五中全会精神和习近平总书记关于青年工作的重要思想，全面落实团省委十四届五次全会和市委五届十二次全会工作部署，传达学习市委书记李建成对全市共青团工作的批示精神，总结过去一年龙岩市共青团工作，部署当年工作任务。市委副书记王龙参加会议并讲话。会议指出，过去一年，全市各级团组织紧紧围绕市委中心工作，认真履职尽责，主动担当作为，团结带领全市广大团员青年为取得抗疫斗争重大战略成果、决胜全面建成小康社会、决战脱贫攻坚、全方位推动高质量发展超越、建设闽西南生态型现代化城市、打造有温度的幸福龙岩做出积极贡献。会议强调，2021 年是中国共产党成立 100 周年，是“十四五”开局之年，也是全方位推动高质量发展超越的关键之年，全市各级团组织要提升政治站位，引领广大青年坚定不移听党话、跟党走；要主动融入大局，立足新起点，抢抓新机遇，在打造有温度的幸福龙岩中贡献青春力量；要提升服务能力，做广大青年信得过、靠得住、离不开的贴心人；要坚守初心使命，勇于担当、善于作为，着力打造对党忠诚、作风优良的团干部队伍。

第三章　团组织建设

1997年，共青团龙岩市委依照"典型带动，分类指导，以制度促规范，以活动促活跃"思路和"成熟一家，发展一家，规范一家"原则，推进全市非公有制经济组织（新经济组织）团建工作。同时，依照"政治强、业务精、作风硬"要求，抓好非公经济组织团干部配备，提高非公经济团干素质。1999年开始，团市委探索团的体制改革，联合市委组织部先后出台《关于进一步加强乡镇团委建设的若干意见》《关于加强社区共青团工作的意见》，在各县（市、区）建立乡（镇）党委定期研究共青团工作制度，调整团的基层组织设置，规范乡（镇）团委机构设置、团干配备、使用管理和阵地建设等工作，各县（市、区）都把乡（镇）团委建设纳入党建目标责任制，作为考核乡（镇）党委的重要内容之一。同时，进一步规范"双推"制度，增强乡（镇）团委的凝聚力和影响力。2008年，尝试在城市青年聚集地和青年组织中成立城市青年活力俱乐部，龙岩兄弟连野战俱乐部率先在全省成立"城市青年活力俱乐部"，推进海西青创在县级的推广和宣传工作，动员青年企业家协会会员和青年致富带头人参与导师团工作。开展"基层团建创新奖"评比活动，创新团建工作机制。辖区高校团组织探索"假日村团支书"的基层团建新途径，在全省率先开展在校大学生"假日村团支书"工作，分别在龙岩学院团委、闽西职业技术学院在校大学生中选拔35名优秀学生干部到曹溪镇、东肖镇的35个村挂职村团支部副书记。2011年，推动党建带团建各项制度落实，推进乡（镇）实体化"大团委"建设，按照《乡镇（街道）组织格局创新实施意见和实施方案》，全面推进乡（镇、街道）团组织格局创新。全市100%乡（镇、街道）团组织格局创新，配备编制外副书记291名，委员895名。龙岩乡（镇）实体化"大团委"建设准确率位居全省前列。2012年，贯彻团中央《关于进一步加强驻外团组织建设的有关意见》，探索推进驻外团组织建设，实现对流动团员青年的组织覆盖和工作覆盖。2019年，团市委与市教育局联合出台《龙岩市中学共青团改革实施意见》，全市各中学开展共青团改革工作。至2020年，共青团龙岩市委成立龙岩市学生联合会，进一步推动高校学生会、社团改革，建设服务型、学习型、创新型高校学生会组织。至当年底，辖区2所高校精简学生社团9家，数量控制在学生总数的0.4%以内；全市161所中学均出台共青团改革实施方案，完成率100%。符合条件的中、小学少先队100%成立学校少工委。

1998年，龙岩市把团的建设纳入党的建设总体部署中，各级团组织开展"三级联创"活动。1999年初，以龙岩师专、新罗区、漳平市为试点，围绕社区团建、服务、文化3个主体项目，加大青年文明社区创建力度。团市委在全市基层组织中开展创建"五四红旗团委""五四红旗团支部"活动，确定86个不同类型的基层团委作为省、市二级争创活动的示范团委。2004年，开展省、市、县三级团组织与村级团组织结成对活动。同时，配合"省直青年专家八闽行"活动，组织5位省直青年农业专家深入乡（镇），为广大农民群众开展农业科技知识培训。2007年4月5日，在永定县湖坑镇楼下村举行新农村建设"共青村"启动仪式，全面启动并推进全市"共青村"

建设。至 2009 年，7 个试点“共青村”团支部达到“五好五有”目标。2012 年，在全市非公企业团组织中广泛开展“达标创优”活动，推进“非公”团建工作。2016 年，开展星级团支部创建工作，加强“青年之家”综合服务平台建设。至 2020 年，全市创建达标及以上团支部 3871 个，其中三星级以上团支部 3493 个。其间，全市涌现出全国、省、市级“五四”红旗团委 89 个。团市委被团中央授予全国“创建五四红旗团委”活动组织奖，漳平市被评为全国基层团建先进县（市），团市委书记邱萍获“全国优秀团干”称号，永定县培丰镇团委获全国“五四红旗团委”及全省“五四红旗团委标兵”称号。

1999 年，团市委机关开展“讲学习”“讲政治”“讲正气”为主要内容的“三讲”学习教育活动。加强对全市团干部的选配、培训、输送以及团的基层组织建设，结合党组织建设工作，集中抓好基层团委班子换届、民主选举工作，加强团建创新，增强组织活力，将政治素质好、业务水平高、团员青年拥护的优秀青年党团员选拔到团的领导岗位上。

2000—2003 年，团市委开展以“强素质、有作为、树形象”为主要内容的干部作风建设，促使各级团干在思想上、政治上、作风上、纪律上均得到明显变化，以实际行动实践“三个代表”重要思想学习教育活动。

2007 年，团市委班子学习中纪委七次全会和胡锦涛总书记重要讲话精神，贯彻团中央《关于进一步加强团干部作风建设的决议》，倡导树立学习、实干、谦虚、正派 4 种形象。组织开展共青团“进百镇、抓团建，办实事、促和谐”主题实践活动，增强忧患、公仆、节俭意识，转变团机关干部作风建设。

2014 年开始，全市各级团组织及团干开展党的群众路线实践教育活动和龙岩共青团“进青年，转作风，办实事”活动，建立健全团干部定期深入基层走进青年机制。

2020—2021 年，全市各级团组织及团干开展“学党史强党性”活动，切实把思想和行动统一到习近平总书记重要讲话和全会精神上，增强做好青年工作的责任感和使命感，围绕建设全方位推动高质量发展超越，建设闽西南生态型现代化城市，团结带领广大青少年为奋力书写社会主义现代化建设的龙岩新答卷贡献青春力量。

第一节　基层团组织建设

一、基层团组织发展

1997 年，团市委依照“典型带动，分类指导，以制度促规范，以活动促活跃”总体思路和“成熟一家，发展一家，规范一家”原则，采取分级负责、典型带动办法，推进全市非公有制经济组织（也称新经济组织）团建工作。同时，依照“政治强、业务精、作风硬”要求，抓好非公经济组织团干部配备，提高非公经济团干素质。当年全市应建团的企业 1869 家，已建团的企业 1622 家，建团率达 86.8%。全市有基层团组织 5914 个，其中，基层团委 390 个，团总支 421 个，团支部 5103 个。

1998 年，全市新建非公有制经济组织团组织 11 个，新经济组织建团率达 82.2%。当年有直属团委 82 个，其中县级团委 7 个，市直工委 1 个，大中专学校团委 23 个，省市属企事业单位团委 51 个；基层团委 390 个，支部 5103 个，其中乡镇街道团委 133 个，村（居）团支部 1881 个。

1999 年，全市有基层团委 409 个，团总支 418 个，团支部 4956 个。

2000 年，团市委与市委组织部联合下发《关于加强社区共青团工作的意见》，调整团的基层组织设置。当年全市有基层团委 401 个，团总支 739 个，团支部 5001 个。

2001 年，团市委制定下发《关于在 2001 年开展“非公有制经济组织团建年”活动的通知》，成立龙岩市非公有制经济团建工作指导小组。全年在非公有制经济组织中建立团组织 110 个。当年全市有基层团委 405 个，团总支 461 个，团支部 4634 个。

2002 年，结合基层组织“三级联创”活动，推动非公有制经济组织、社区、小城镇和民办学校团的组织建设创新。当年全市有基层团委 343 个，团总支 389 个，团支部 4518 个。

2003 年，探索非公有制经济组织和新社会组织建立团组织的新途径、新办法，非公有制经济组织团建有新突破。当年龙岩市有基层团委 387 个，团总支 393 个，团支部 4296 个，团工委 50 个。

2006 年 11 月，集中力量组织实施好“双千双万”农村基层团建月活动。加大非公经济团建力度，坚持“建管”并重，梅花山矿泉水公司、福建恒宝公司等 44 个非公组织建立团组织。贯彻《中国共产主义青年团社区工作条例（试行）》，建立健全社区团组织网络，增强社区团组织内在活力，重点在组织发展、社团培育、项目推广、队伍建设上下功夫，推进城市青年中心建设。

2007 年，贯彻落实《关于进一步加强“党建带团建”工作的意见》，重视“两新”组织团建工作，下发《关于加强全市开发区、乡镇工业集中区团建工作的意见》，探索形式多样、科学合理、行之有效的建团方式。“五四”期间，龙岩经济开发区团工委以及福建三喜电子有限公司团组织、剑桥电子有限公司的团组织先后成立。

2008 年，制订下发《2008 年龙岩市非公有制经济组织团建年活动实施方案》，推动全市经济开发区和乡镇工业集中区非公经济团组织建设，成立开发区、乡镇工业集中区团工委 4 个，非公经济组织新建团组织 32 个。漳平市成立工业园区企业青年联盟，增进园区青年之间的沟通和联系；开展“基层团建创新奖”评比活动，探索区域化推进团建工作，在永福镇组建“十里花街”团支部，并在“十里花街”农村企业中建立联合支部。

2009 年，加强全市开发区、乡（镇）工业集中区团的建设，3 个县（市、区）开发区成立团工委，全市 8 个开发区累计已成立团工委 6 个，新建开发区、乡镇工业集中区非公团组织 143 个。推进行业协会建团，已在种植、养殖、加工等行业建立团组织 11 个。

2010 年，召开全市非公经济组织党建带团建工作会议，开展非公经济组织团建月、督查月和试点县工作，新建非公有制经济组织团组织 317 家，总数 447 家，实现省级开发区 100%组建团工委，国有企业 100%建团组织，已建党组织符合建团条件的非公有制企业 100%建团组织“三个百分百”目标。

2011 年，贯彻团中央《关于进一步加强驻外团组织建设的有关意见》，探索推进驻外团组织建设，实现对流动团员青年的组织覆盖和工作覆盖，全市共建立县级驻外团组织 4 家，工团联建率 66%。是年，在全市非公企业团组织中开展“达标创优”活动，推进“非公”团建工作，新建“非公”团组织 148 个。

2014 年，强化基层团组织建设，数字化团建工作进度全省排名第一。成立龙岩市驻京团工委，新建乡（镇）直属团组织 132 个、青年农民合作社团组织 75 个、非公和两新团组织 57 家。

2017 年，拓展新兴领域团建工作，成立驻粤团工委，新建非公有制企业和网络新媒体企业团组织 213 家。

2018 年，做好“数字团建”工作，通过福建数字共青团系统，创建团委 513 个，团支部 7516 个，团籍归属团员 94734 人。

2019 年，集中开展基层团组织自查整顿和空心团支部整治，全年整顿 4800 个团支部、清理 1092 个空心团支部，整顿率 98.52%。至年底，龙岩市智慧团建有团委 415 个，团支部 4879 个（含空心团支部 138 个）。

二、探索团的体制改革

1999 年下半年，团市委为寻求农村团建工作新突破，联合市委组织部出台《关于进一步加强乡镇团委建设的若干意见》，以市委名义批转各县（市、区）党委执行。同时，把乡（镇）共青团工作纳入乡（镇）总体工作布局，优化乡（镇）团委的外部环境。首先在各县（市、区）建立乡（镇）党委定期研究共青团工作制度，规定每年至少专门研究 1 次共青团工作，每个乡（镇）指定 1 名党委副书记和 1 名政府领导分管乡（镇）团委，定期研究乡（镇）团委提交的重大问题。市委对乡（镇）团委机构设置、团干配备、使用管理和阵地建设等作出明确规定。各县（市、区）都把乡（镇）团委建设纳入党建目标责任制，作为考核乡（镇）党委的重要内容之一。同时进一步规范“双推”制度，增强乡（镇）团委的凝聚力和影响力。

2000 年，团市委与市委组织部联合下发《关于加强社区共青团工作的意见》，调整团的基层组织设置。7 月 6 日，召开共青团龙岩市委代表会议，增选 15 名团市委第一届委员会委员。10 月 20 日，召开国有企业青年工作暨关心支持青年工作优秀党政领导表彰大会和国企党建带团建工作座谈会，把企业团的工作纳入党的工作总体部署。各级团组织主动争取党组织支持，坚持党建带团建，通过制定政策把团的工作纳入党的工作总体部署。各级党组织建立定期研究共青团工作制度，各县（市、区）党委把乡（镇）团委建设纳入乡（镇）党委党建目标责任制，要求乡（镇）党委每年至少专门研究 2 次共青团工作，定期研究团组织提交的重大问题。

2008 年，尝试在城市青年聚集的地方和青年自组织中成立城市青年活力俱乐部，龙岩市新政中心区域的安利（中国）龙岩分公司活动中心，龙岩兄弟连野战俱乐部率先在全省成立“城市青年活力俱乐部”。漳平市等县（市）还推进海西青创在县级的推广和宣传工作，鼓励符合条件的青年申请海西青创项目贷款，动员青年企业家协会会员和青年致富带头人参与导师团工作。探索加强和改进团干部教育培训工作，开展“知团务、学经济、促发展”主题培训实践活动。漳平市在全市推行选聘到村任职的优秀高校毕业生兼任村团支部书记工作，为农村基层团组织注入新的活力。成立工业园区企业青年联盟，增进园区青年之间的沟通和联系。开展“基层团建创新奖”评比活动，创新团建工作机制。探索区域化推进团建工作思路，在永福镇组建“十里花街”团支部，并在“十里花街”农村企业中建立联合支部。是年，辖区高校团组织探索“假日村团支书”的基层团建新途径，在全省率先开展在校大学生“假日村团支书”工作，分别在龙岩学院团委、闽西职业技术学院在校大学生中选拔 35 名优秀学生干部到曹溪镇、东肖镇的 35 个村挂职村团支部副书记。

2011 年，推动党建带团建各项制度落实，推进乡（镇）实体化“大团委”建设，按照《乡镇（街道）组织格局创新实施意见和实施方案》，建立机关干部挂钩联系点，全面推进乡（镇、街道）团组织格局创新。全市 100% 乡（镇、街道）团组织格局创新，配备编制外副书记 291 名，委员 895 名。龙岩乡（镇）实体化“大团委”建设准确率位居全省前列。

2012 年，联合市委组织部向县（市、区）团委和乡（镇）团委输送选调生，增强基层团组织工作力量。在全市非公企业团组织中广泛开展“达标创优”活动，推进“非公”团建工作。先后开展团市委机关干部驻县工作、高校派县级团委挂职副书记和金融机构团干部挂职工作，规范村团支部书记每月 100 元津贴发放。是年，下发《关于在市直各系统（单位）组建机关青年工作委员会的意见》，推进机关青工委工作。贯彻团中央《关于进一步加强驻外团组织建设的有关意见》，探索推进驻外团组织建设，实现对流动团员青年的组织覆盖和工作覆盖。当年全市共建立 4 家县级驻外团组织，工团联建率 66%。

2019 年，团市委与市教育局联合出台《龙岩市中学共青团改革实施意见》，全市 126 所中学出台校级中学共青团改革文件，完成率 60%。将团建、队建工作纳入市教育局对市属学校的绩效考核指标，占比 10%。

2020 年，共青团龙岩市委成立龙岩市学生联合会，推动高校学生会、社团改革，建设服务型、学习型、创新型高校学生会组织，2 所高校精简学生社团 9 家，数量控制在学生总数的 0.4% 以内。进一步强化学校党建带团建，全市 161 所中学出台共青团改革实施方案，完成率 100%。下发《关于在各中小学成立学校少工委的通知》，推动符合条件的中、小学少先队 100% 成立学校少工委，落实每周 1 课时少先队活动课 100% 进课表。

三、创建工作

1997 年，龙岩市把团的建设纳入党的建设总体格局中来研究部署。各级团组织开展“三级联创”，深化“五四红旗团委”创建活动，巩固、调整、创新团的基层组织设置，扩大团组织覆盖面。是年，整顿农村后进团支部 100 个。

1998 年，中共龙岩市委批转《关于进一步加强乡镇团委建设的若干意见》，进一步促进乡镇团委建设，选配好团支部书记，狠抓团支部阵地建设，使一批后进村团支部得到转化。结合开展“六好乡（镇）党委”和“五好村党支部”建设，建立健全对基层团工作的目标考核度，开展争创红旗团委、红旗团支部活动。

1999 年年初，以龙岩师专、新罗区、漳平市为试点，围绕社区团建、服务、文化 3 个主体项目，加大青年文明社区创建力度。以街道为重点，配齐专职团干部，并在全国创建示范点——中城街道成立共青团中城街道创建青年文明社区工作委员会。是年，团市委在全市基层组织中开展创建“五四红旗团委”“五四红旗团支部”活动，成立领导小组，齐抓共管，形成合力。还确定 86 个不同类型的基层团委作为省、市二级争创活动的示范团委，建立团市委部门挂钩负责制，分工抓好示范团委建设。9 月，全省创建“五四红旗团委”现场推进会在龙岩市召开。是年，团市委被团中央授予全国“创建五四红旗团委”活动组织奖。

1999 年开始，在全市开展县级争创“团建工作先进县”，基层团委争创“五四红旗团委”，团（总）支部争创“五四红旗团（总）支部”的团的基层组织建设“三级联创”活动。团市委按照“班子建设好、主题活动好、支部建设好、活动阵地建设好”的基本标准，加强对创建活动的领导。至 2003 年，全市涌现出全国、省、市级“五四红旗团委”89 个。团市委获全国争创“五四红旗团委”组织奖，漳平市被评为全国基层团建先进县（市），团市委书记邱萍获“全国优秀团干”称号，永定县培丰镇团委获全国“五四红旗团委”及全省“五四红旗团委标兵”称号。

2004 年，在推荐全市 13 个乡（镇）团委与 11 个省直单位团组织结对基础上，市、县团组织确定 150 个市、县（区）直有关单位团组织与 150 个村级团组织结成对子，明确城乡互动工程以创建“五四红旗团委（团支部）”为目标，以城乡组织、人才、市场、信息、产业和文化互动为基本途径。团市委根据“六个互动”要求，提出“十四个一”具体项目，使互动工作更具操作性。6 月 6 日，团市委组织召开结对团组织负责人会议。6 月 27 日，举行省直——龙岩市结对仪式，签订城乡互动责任书。各结对团组织主动向党政领导汇报，开展调查摸底，依各单位特点、优势，有针对性地开展一项或多项互动项目。团市委还组织人员参加团省委百个结对乡（镇）团委书记培训班，配合“省直青年专家八闽行”活动，组织 5 位省直青年农业专家深入乡（镇），为广大农民群众开展农业科技知识培训。

2007 年 4 月 5 日，在永定县湖坑镇楼下村举行新农村建设“共青村”启动仪式，全面启动并推进全市“共青村”建设。4 月 20 日，在新罗区适中镇中溪村召开青春建功新农村“共青村”建设现场推进会。全市 7 个“共青村”整体联动推进，统一规范标识，建立健全联席会议制度，聘请青年企业家或青联委员为名誉村主任。团市委向 7 个“共青村”赠送 5000 元家园清洁青年行动专项资金，配备 1 台电脑，加强村团支部阵地建设，制作并规范上墙制度。帮扶结对的青年企业家或青联委员、结对的企业团委为“共青村”做好捐赠帮扶资金，转移劳动力、开通电子阅览室等实事。实现对“共青村”贫困大、中、小学生希望工程全面覆盖资助。争取龙岩移动分公司出资 21 万元，联合实施“共青村移动文化工程”，建设青年文体中心、青年书屋或文化宣传栏。“共青村”建设以“4+1”（青年企业家、青联委员或共青团，青联界别的市政协三届委员，中央省市属企事业单位团委，团市委，团县委 +“共青村“示范点”）的模式，按照“组织 + 阵地 + 项目”的运作方式，整合团内外资源。经过 3 年的创建，至 2009 年，7 个试点“共青村”团支部达到“五好五有”目标和“十个一”标准，使“共青村”成为青春建功新农村行动的品牌工程。

2012 年，通过建立领导干部联系点、开展深入基层大走访活动、运用现代远程教育网等，促进创先争优活动在全市基层团组织和广大团员青年中深入开展。百个市直团组织开展“青春在红土地上闪光”主题实践活动，打造“红土青春”团建工作品牌。

2013—2014 年，加大支持基层力度。全省首个推动市委对“每个乡（镇、街道）团组织工作经费每年不少于 3 万元标准列入县（市、区）财政预算”落实情况开展专项督查，对县（市、区）团委承办团市委重点工作和特色亮点工作，在市对县党建综合考评、综治预青考评予以适当加分，引导基层团组织抓好工作落实。

2016 年，开展星级团支部创建工作，深化数字共青团工作，加强“青年之家”综合服务平台建设。当年全市团组织达标率 31.5%，创建星级团支部 531 家，新建青年服务平台 39 家，长汀县青少年综合服务平台被评为“全国示范性青少年综合服务平台”。

2017 年，推进“青年之家”建设，全市各级团组织通过自己建、联合建、党群共建共享等方式建设“青年之家”综合服务平台 118 家。支持基层团组织整合力量做大团组织活动品牌，市第一医院团委“从心起航”志愿服务项目获 2017 年度全国青年社会组织“伙伴计划”优秀项目。被评定为达标或星级团支部有 1744 个团支部。

2018 年，通过自己建、联合建、党群共建共享等方式建设“青年之家”综合服务平台 118 家，被评定为达标或星级基层团支部有 2509 个。

2019 年，规范团支部“三会两制一课”，开展“星级团支部”创建，全年创建三星级以上团支部 3027 个，其中五星级团支部 602 个。

2020 年，共青团龙岩市委发挥“智慧团建”系统数字化、网络化优势，推动基层团组织建设规范化。至年底，全市创建达标及以上团支部 3871 个，其中三星级以上团支部 3493 个，占比较上年提升 7 个百分点。

第二节　团干部队伍建设

一、团市委干部学习教育活动

1999 年 8—10 月，团市委在领导班子“三讲”教育活动干部中，开展“讲学习”“讲政治”“讲正气”为主要内容的党性党风教育。该活动共分“思想发动，学习提高”“征求意见，自我剖析”“交流思想，开展批评”和“认真整改，巩固成果”4 个阶段。其中“思想发动，学习提高”阶段，领导班子完善一系列工作决策和政务公开制度集中学习马克思列宁主义、毛泽东思想、邓小平理论的重要经典篇目，进行系统的学习和深入学习交流；“征求意见，自我剖析”阶段进行分层次，多方面地征求市委、团省委领导、市直各部门、基层各单位和团市委机关人员意见，对所征求的意见进行认真研究，深刻剖析，从理想信念、理论学习、工作作风和廉洁自律等方面进行认真查摆，形成领导班子和领导干部个人思想剖析材料，并对领导班子和领导干部进行民主测评，测评结果表明，团市委得到机关及基层团干部的充分肯定；“交流思想，开展批评”阶段，领导班子广泛开展谈心活动，开好民主生活会，进行广泛深入的批评和自我批评；“认真整改，巩固成果”阶段，团市委建立健全领导班子及机关各项制度，针对重点题制定出切实可行的整改措施，确定“三讲”期间要办理的各项实事。“三讲”教育使团市委领导班子和领导干部受到一次深刻的马克思列宁主义基本理论教育，进一步坚定了政治立场和理想信念。

2000—2003 年，团市委班子以“强素质、有作为、树形象”为主题，有针对性地提高自身素质，促使班子成员思想上、政治上、作风上、纪律上均得到明显的变化，以实际行动实践“三个代表”重要思想学习教育活动。

2007 年，团市委班子学习中纪委七次全会和胡锦涛总书记重要讲话精神，贯彻团中央《关于进一步加强团干部作风建设的决议》，倡导树立学习、实干、谦虚、正派 4 种形象。组织开展共青团“进百镇、抓团建，办实事、促和谐”主题实践活动，增强忧患、公仆、节俭意识，转变团机关干部作风建设，扎实推进火车头・带头人强团基础工程、促发展・办实事服务青年工程、促和谐・区域共建共享工程、整村推进新农村建设“共青村”试点工程，寻找工作突破点，抓住主要矛盾，集中做好工作，拓展有效作为。团市委机关干部深入 10 个挂点乡（镇）开展调研、策划活动、联系青年、做好实事。落实“抓调研、抓活动、抓服务、抓典型、抓机制”工作要求，切实做到“五个一”，即：每年在联系点至少有 1 次不少于 3 天的蹲点，调研蹲点工作时间，累计不少于 2 周，至少与联系点共同策划组织 1 项活动；至少为联系点办 1 件实事；至少直接联系 1 名团员青年；至少撰写 1 篇调研文章。团市委于当年 3 月 30 日召开 2007 年党员领导干部专题民主生活会，以加强领导干部作风建设为主题，对照八个方面良好风气要求，开展批评和自我批评，认真检查自己，并就存在的问题深刻剖析思想根源，提出整改措施，开展“作风建设年”活动，举办辅导班、培训班，采取“学、看、讲、测、赛”等形式，通过开展学习政治理论、党政纪条规，测试或竞赛，警示教育，谈心得、谈体会等，使团市委机关干部在思想道德、组织纪律、党性党风等方面接受一次深刻的教育。

2014年，团市委班子及全体机关干部开展党的群众路线实践教育活动和龙岩共青团“进青年，转作风，办实事”活动，建立健全团干部定期深入基层走进青年机制。为扎实推进党的群众路线教育实践活动的各项任务，切实提升团市委全体机关党员干部的工作作风，坚定党员干部理想信念，按照教育实践活动开展的有关要求，团市委组织全体机关干部开展集中学习活动。集中学习期间，通过阅读式、讨论式、分享式学习等多种形式，集中学习习近平总书记兰考讲话精神、《党的群众路线教育实践活动学习文件选编》《论群众路线——重要论述摘编》等必读书目的内容。在集体学习中，领导干部认真听讲，用心领会，作学习笔记，撰写学习体会，并热烈交流发言。

2020年11月2日，共青团龙岩市委召开会议，传达学习贯彻中共十九届五中全会精神和省委、市委常委会（扩大）会议精神，要求团员领导干部要提升政治站位，增强责任感和使命感，把学习、宣传、贯彻党的十九届五中全会精神作为当前和今后一个时期的重大政治任务，切实把思想和行动统一到习近平总书记重要讲话和全会精神上来，进一步增强做好青年工作的责任感和使命感；要聚焦主责主业，强化担当作为，围绕建设“全方位推动高质量发展超越，建设闽西南生态型现代化城市，打造有温度的幸福龙岩”目标定位，推进创新创业、乡村振兴、绿色环保、民生发展、文明风尚、龙台交流“六项行动”，实现“六个助力”，团结带领广大青少年为奋力书写社会主义现代化建设的龙岩新答卷贡献青春力量；对照全会提出的任务要求，及早谋划2021年龙岩共青团引导青年、组织青年、服务青年、服务大局的重点工作项目，坚持项目化推进工作落实机制，抓好共青团各项工作落地见效，提升团的引领力、组织力、服务力，为实现“十四五”良好开局奠定工作基础。

2021年3月，共青团龙岩市委机关开展“学党史强党性”活动，组织党员干部走红色经典线路，前往长汀县南山镇中复村红九军团长征起点，开展主题党日活动，听党史精神课程。

二、基层团干队伍建设

1997年，全市1849个农村团支部全部换届，一大批具有良好政治素质、富有奉献精神、热心青年工作的优秀党、团员担任团支部书记，团支部书记进村两委比例达80.5%。其中，团支委在本次换届中当选为党支部书记的有81人，副书记74人，当选为村主任的有105人，副主任127人。当年全市有专兼职团干345人。

1998年，推行团支书、青年星火带头人、村委会科技副主任“三位一体”的配置经验，村团支书进两委比例达到82.5%。是年，市委《关于公开选拔处级领导干部的通告》发出后，团市委及时召开常委扩大会议，要求机关干部及各县（市、区）团委书记带头，动员符合条件的青年干部报名参加选拔考试。团市委还实行机关干部岗位轮换制度，提高机关干部的实际工作能力。全年举办各类培训班1500多期，培训团干和团员3.2万多人次。当年全市有专兼职团干345人。

1999年，团市委及时与市委组织部联合下发《关于做好1999年县、乡团委换届选举工作的意见》，加大推荐青年力度，分别有县（市、区）团干15名、乡（镇）团干31名被提拔。团市委分别依托省团校和市委党校举办新上岗团干培训班。各县（市、区）团委依托县、乡党校举办团干培训班。同时，加强中学团干队伍建设，充分利用业余团校阵地，加强思想教育和业务培训。

2000年，团市委联合市委组织部、市民政局颁发《关于做好村级团支部换届选举工作的实施意见》，推行“三位一体”（团支部书记、村委科技副主任、青年星火带头人）配置经验，选配好村团支书，并且率先在全省推行“公推直选”村团支部书记。7月6—8日，团市委全面启动团干部“321”培训计划，举办团干部培训班，对换届后的乡（镇）团干进行一次系统培训。团市委还组织一批团干到省团校、团中央北戴河培训基地培训。市委组织部和团市委确定一批青年后备干部参加市委党校中青班学习。贯彻团中央《关于加强团干部思想作风建设的意见》，增强团干部在改造客观世界的同时改造主观世界的自觉性。当年全市有专兼职团干269人。

2001年，上杭、漳平等县（市）做好乡（镇）团委书记竞争上岗工作，一批年纪轻、综合素质强的青年进入乡（镇）团委班子。当年全市有专兼职团干236人。

2002年，加强团干部队伍建设，严把入口关，确保“高进”，使全市团干部队伍年龄和学历都保持合理梯队结构。做好团干部的典型推荐和推优上岗工作。严格队伍管理，刻苦锤炼作风。推行推荐制度，本着下管一级的原则，每年对团干部进行考核，优秀的向同级党委推荐，工作有明显失误的或不称职的分别采取个别谈话、通报批评、离岗培训、建议党组织调整等多种形式进行惩戒。采用团干部联系户制度，团市委常委、乡镇团委书记，结合自己的工作，联系一个基层单位和几个青年带头人或青年典型，以实际行动影响和带动基层作风建设。

2003年3月，团市委举办全市团干部培训班，提高广大团干部的业务水平。8月，团市委组织近100名各级团干部前往省团校培训，并组织到外地学习考察。各地也因地制宜开展培训工作，不断提高团干部的综合素质。是年，在村级团组织换届选举工作中继续推广村级团组织负责人“三位一体”配置，推行“联推竞选”选拔村团支部班子成员，村团支部书记素质明显提高。抓好县、乡团委换届工作，加大团干部协管工作力度。当年全市有专兼职团干187人，其中优秀团干被提拔或重用有34名。自1997至2003年，全市各级团组织共向党组织输送413名优秀团干部，其中转岗后提拔到副科岗位的256名，正科岗位的11名，副处以上岗位的7名。团市委机推荐4名干部到其他部门任要职。

2005年7月6日，团市委与市委组织部联合下发《关于做好县、乡团委换届工作的通知》，要求各县（市、区）配齐配强县、乡团委班子，理顺“出口”，把好“进口”。一批年富力强的青年干部走上各级领导岗位。其中，全市共有5名团县委书记转岗，4名团县委副书记提任书记，3名副书记转岗，4名团县委部长和3名乡（镇）团委书记提任团县委副书记，1名团县委部长提任乡（镇）副科领导。此外，各县采取多种办法，从学校和优秀的村团支书记中选拔优秀、年轻的教师担任乡（镇）团委书记或副书记，还有14名院校毕业生被选调到乡（镇）团委任职。

2006年，加强团员和团干部队伍建设，配齐配强市县团委领导班子。市、县团委机关共有8名团干转岗。同时，指导乡、村团组织换届选举工作，全市村团支部书记进村“两委”比例占69.2%，平均年龄29.64岁，17名乡（镇）专兼职团干部提拔重用。

2007年，实施“百千万教育培训工程”，将团干部的培训纳入干部培训规划，不断加大团干部的培训力度。做好团干部输送和选拔工作，全年6名市（县、区）团干部转岗，6名年轻干部进入团的市（县、区）岗位。

2008年，探索加强和改进团干部教育培训工作，开展“知团务、学经济、促发展”主题培训实践活动。是年12月12—13日，全省团县委书记“科学发展与团建创新”专题培训班现场观摩、全省第一批抽调干部驻县级团委指导工作现场推进会、全省青年农村创业座谈会在龙岩举行。按照《关于做好县、乡团组织换届选举工作的通知》，顺利完成县、乡两级团委换届工作。全市有30名选调生充实到县（市、区）团委和乡（镇）团委书记岗位，13名选聘生任乡（镇）团委副书记、团委委员，12名优秀乡（镇）团委书记提拔，102名乡（镇）团委书记转岗到其他重要岗位，县乡两级团委书记平均年龄分别为28.3岁和28.2岁。漳平市推行选聘到村任职的优秀高校毕业生兼任村团支部书记工作，为农村基层团组织注入新活力。是年，上杭、永定在全省率先落实村团支部书记经济待遇。

2009年，加强对村级团组织换届选举工作的指导，下发《关于做好2009年村级团组织换届选举工作有关问题的通知》《关于在全市推行大学生兼任农村基层团干部的工作意见》和《关于做好有关重点村团支部书记选配工作的通知》，全市村团支部按时集中完成换届选举，有97名大学生村官、大学生志愿者等大学生在换届选举中当选为村第一团支部书记，村团支部书记进“两委”比例达60.6%，平均年龄30.8岁。全部落实村团支部书记每月100元经济待遇，总计发放津贴218万元。加大团干培训力度，组织97名团干部参加全省基层团干部“科学发展与团建创新”专题培训班。

2010年，开展创建学习型团组织活动，制定《关于创建学习型团组织的实施意见》，赠送团市委机关团干部和各县（市、区）团委负责人每人一套《团的领导干部学习大纲》丛书。抓好村团支部书记、乡（镇）团委委员网络培训工作，参训率位居全省前列。当年还完成4批7名干部驻7个县级团委指导工作。

2011年，全面落实高校挂职干部任职程序，召开高校挂职干部座谈会，落实高校派县（市、区）团委挂职副书记。加强和改进团干部协管工作，县级团委提拔转岗12人。及时下发《关于做好县、乡团委换届工作的若干意见》，顺利完成县、乡两级团委换届。全市共有45名选调生充实到县（市、区）团委和乡（镇）团委书记岗位，22名优秀乡（镇）团委书记提拔，92名乡（镇）团委书记转岗到其他重要岗位。加强对团干部培训，组织全市新任团干部参加网络培训。

2012年，推动落实党建带团建各项制度落实，推进乡（镇、街道）团组织格局创新。联合市委组织部门向县（市、区）团委和乡（镇）团委输送选调生，增强基层团组织工作力量。做好团市委机关干部驻县工作、高校派县级团委挂职副书记和金融机构团干部挂职工作，规范村团支部书记每月100元津贴发放。落实团省委关于开展“下基层、进青年、转作风、办实事”活动要求，全年全市各级团组织干部走访青年284次、2385人，召开座谈会68场，覆盖青年2468人次，收集意见、建议265条，帮助化解纠纷矛盾38起，解决涉及青年切实利益等方面的突出问题60个。

2013年，加强团干部培训，自筹资金10万元举办基层共青团干部培训，邀请省团校和市委党校专家和一线团队工作者授课，覆盖全市134个乡（镇、街道）团委书记，对接团省委“送课下乡”活动，培训基层团队干部500多人。以纪念才溪乡调查80周年为契机，开展“进青年、办实事、转作风”活动，全市35名专职团干部深入基层调研136次，走访慰问一线青年4000多人次，听取党政部门和各界青年的意见建议。

2014年，开展第二批党的群众路线实践教育活动和龙岩共青团“进青年，转作风，办实事”活动，建立健全团干部定期深入基层走进青年机制。在县、乡两级团组织集中换届期间开展“我是团代表，我为青代言”活动，覆盖县、乡两级团代表4000多人，引导基层团干强化青年意识，密切团青联系。

2015 年 7 月 21 日，中央团校古田培训基地在上杭县古田镇建立。倪邦文为中央团校古田培训基地第一批全体学员作题为“青年成长与社会发展”的专题报告。

2017 年，落实团干部“1+100”常态化联系青年机制，全市 320 名团干部常态化联系青年 25996 人。同时，常态化开展团干部培训，举办全市基层团干部培训班。

2019 年，团市委突出政治培训，面向全市各级团干部开展多形式、分层次培训。全年举办各类团干部培训班次 19 期，培训团干部 1130 人次。完善县级团委负责人向团市委全委会述职制度，要求县级团委落实乡镇（街道）团委、团工委定期述职和请示汇报工作机制，规范基层团建述职评议，考核结果同乡镇团委经费下拨挂钩。推荐优秀团干部转任重要岗位，县（市、区）委书记转岗重用 4 名。

第三节　团员队伍建设

一、团员发展

1997 年 8 月，团市委组织全团调研，摸清基层团的情况，寻找解决问题办法。针对调研中发现的个别村团员数比党员数少的现象，及时下发《关于进一步加强团员发展工作》的通知，突出重点、把握关键、责任到人，切实加大团员发展力度。全年发展团员 33219 人，超额完成团省委下达的团员发展指标。当年全市有青年 713311 人，其中，团员 169361 人。

1998 年，把发展团员重点放在农村和中学，全年共发展新团员 34139 人。当年全市有青年 704215 人，团员 173804 人。

1999 年，发展新团员 34765 人，推优入党 6028 人。

2000 年，发展新团员 34765 人。当年全市有青年 644807 人，团员 175211 人，全市团青比例达 24.8%。

2001 年，做好经常性发展团员和“推优”工作，全年发展团员 34000 多名，“推优”5600 多名。当年全市有青年 641278 人，团员 178913 人。

2002 年，加大团员发展力度，全年发展团员 32109 名。当年全市有青年 660793 人，团员 180970 人。团员与青年比例达 27.2 ∶ 72.8。

2003 年，做好团员发展、服务和管理等工作，全年发展团员 3 万多名。加强对流动团员的管理，连城县成立驻深圳团工委，深圳“口袋”团员有了自己的家。当年全市有青年 638059 人，团员 169605 人，团员占青年总数的 26.6%。

2006 年，全年发展团员 3 万多名。

2007 年，重点在中学、农村（社区）和“两新”组织中加强发展团员工作，全年发展团员 27630 名。

2008 年，创新团员管理方式，重点解决好流动团员管理问题。依托网络平台，建立全市共青团组织公共邮箱和市、县（区）系统 QQ 群、青工系统 QQ 群、学校系统 QQ 群，建立短信群发系统，创新动员、组织、联络团员青年的新模式。重点在中学、农村（社区）和“两新”组织中加强发展团员工作，全年发展团员 2.7 万多名。

2010 年，全年发展新团员 2 万多名。

2012 年，重点在中学、农村（社区）和“两新”组织中加强发展团员工作，全年发展团员 1.4 万多名。

2017 年，严格规范“三会两制一课”制度，严肃团的组织生活，开展“学习总书记讲话 做合格共青团员”教育实践，覆盖 5323 个团支部、117747 万共青团员，评议不合格团员 100 余人，经限期整改后评议合格。

2018 年，团员发展严格按照政治标准、组织程序和团前教育执行。当年新发展团员总数控制在年初发展计划的 7600 名以内。做好“数字团建”工作，通过福建数字共青团系统，归属团员 94734 人。

2019 年，新发展团员 7100 人。智慧团建新发展团员编号准确数 6019 个，准确率 84.77%；毕业报到团员 74864 人，毕业团员组织关系转接成功率 85.99%。全市初中毕业班团学比降至 30%，高中阶段毕业班团学比降至 60%。

2020 年，团组织关系转接成功率 90.5%，比上年提升近 5 个百分点。

二、团员教育培训

1997 年，团市委采取办班培训、学习研讨、调查研究舆论宣传等形式，使建设中国特色的社会主义理论成为武装全团的强大思想武器。全市各级团组织在加强思想教育中注重以身说教，以榜样启迪和教育青少年，开展学习易鸿杉、徐诗战、李玉莲、李志峰、肖加泉活动。各地在贯彻实施《爱国主义教育实施纲要》中，发挥老区优势，以阵地为依托，以活动为联结，开展爱国主义教育，全市建立革命传统教育基地 196 个，形成市—县—乡三级教育网络。

2001 年，各级团组织建立健全团日活动制度，完善新团员入团宣誓、超龄团员离团仪式，增强团员意识。

2002 年，以“学团章、唱团歌、戴团徽”活动为载体，加强团员意识教育。

2003 年，以团的组织生活制度创新为载体，通过学习新《团章》，开展团日活动、入团宣誓、佩戴团徽、重温入团誓词等活动，加强团员意识教育。

2005 年 9 月，团市委根据团中央的有关精神和团省委的统一部署，在全市广大团员青年中开展为期 6 个月的增强共青团员意识主题教育活动。9 月 23 日，召开全市增强共青团员意识主题教育活动动员大会。9 月 29 日，组织城区企事业单位和学生代表 5000 余人在龙岩学院举办“青春献祖国，作为在海西，创业在闽西”主题团日活动。各基层组织也开展主题演讲、文艺演出、志愿服务、成人仪式、宣讲团课等异彩纷呈的主题团日活动。10 月 15 日，团市委分别针对企事业单位、大中专学校、乡（镇）等不同系统下发具体指导意见，各基层团组织在活动中做到“规定动作”不走样，“自选动作”贴实际，开展“青年同心，重整家园”主题活动、“理想信念讲在先，提升素质学在先，急难险重争在先，节能增效做在先”四争先等活动，开展“团员标准大讨论”。各级团组织围绕活动总体目标，结合工作实际，把握团员意识的时代性，创新活动内容、载体和方法，切实增强广大团员的政治意识、组织意识、模范意识。12 月 28 日，团市委举办党团知识团队赛，8 个代表队参加竞赛。随后，团市委组队参加全省知识竞赛，获优胜奖，各基层组织也开展网上答题等竞赛动。

2008 年，以强化团费收缴为抓手，健全、落实团员意识教育的长效机制，加强团员组织生活观念、组织纪律教育，进一步增强团员组织意识。

2018年，严肃团内组织生活，规范“三会两制一课”，推行标准化“入团”仪式。全年评议不合格团员100余人，经限期整改后评议全部合格。

2019年，团市委组建龙岩青年讲师团，招募成员61名，组织宣讲活动200场。其中，专职团干部开展青马之光主题宣讲43场，覆盖青少年学生上万人。推动“青年大学习”网络主题团课学习，全市网络团课参学43.3万人次，参学率40%。开展“青春心向党·建功新龙岩”“我与祖国共奋进——国旗下的演讲”等主题教育活动。

2020年，开展“云”分享、“云”阅读、“云”代言、“云”展播、“云”课堂系列活动，举办首场省“五四”青年奖章线上分享会，50多万名团员青年观看直播；市青年“五四”奖章（集体）事迹线上分享获点赞13.5万次。

三、“推优”工作

1997年，团市委借助市委组织部和各级党组织力量，强化推优质量，完善推优制度，使团组织推优入党与农村党支部发展青年党员相结合，有效地提高推优效率。各级团组织向党组织推荐一大批优秀青年作为发展对象，团员入党人数达3639人。

1998年，全市团员“推优”工作走上规范化轨道，全年“推优”入党4026人。

2000年，全市团员“推优”入党4000余人，其中28周岁以下团员青年“推优”入党率达100%。

2002年，“推优”入党2488人。

2003年，进一步规范“推优”程序，提高“推优”质量。全年有4000多名团员“推优”入党。

2006年，“推优”入党3000多人。

2007年，推荐优秀团员作党的发展对象工作得到进一步加强，全年“推优”入党1327人。

2008年，“推优”入党1300多人。

2010年，做好发展团员和推优入党工作，全年“推优”入党1800多人。

2011年，“推优”入党980多人。

2012年，“推优”入党980多人。

2018年，履行“推优入党”政治责任，激励团员青年在学习工作生活中创先争优，其中，永定、长汀分别推荐449名、505名优秀团员作为党的发展对象。

2019年，推荐入党积极分子1853人。

2020年，“推优”已经成为全市各级党组织发展青年党员的主要渠道。其中新罗区推“推优”入党76人。

第四节　青年人才工作

一、农村青年人才工作

1997—1998年，在农村，团市委跨世纪人才工程建设同培养青年致富能手、培养青年星火带头人、青年农民技术员培训、实用技术培训、青年星火技术培训以及推广基地建设等活动有机结合起来。团市委加快青年致富能手培养步伐。各级团组织根据市委、市府“农业稳市”战略，把培养农村能手活动作为深化农村青年科技活动，促进农村科技进步，提高农村青年科技素质重要手段，拓展培养农村青年致富能手活动的范和数量。发挥经济能人协会作用，带动更多农村青年走上致富道路。连城县在总结完善青年致富能手协会基础上，成立由 30 多名青年销售大户组成的青年营销协会，并建立协会章程，致力培养、扶持青年销售人才，促进地方经济发展。武平县开展“为建设边贸强县奉献青春”活动，团县委机关干部、乡镇团委书记每人挂钩一个私营企业。各乡镇团委积极引导农村青年参与商品流通，组织一支以 20 名团员青年为骨干的农副产品营销大军，把一批批农副产品推向市场。团市委召开全市农村团工作流动现场会，交流农村团工作的青年致富能手活动经验，推动青年致富能手活动健康发展。同时，团市委与市科委等部门联合在全市农村开展农村青年星火科技活动，建立由科技人员和青年科技带头人为骨干的青年专业技术协会、研究会、科技服务站等青年科技服务体系，集培训、示范、推广、服务、研究、开发于一体，实行产前、产中、产后一条龙服务，有效促进农村科技进步。全市培养农村青年致富能手 1.5 万人，有 1489 名青年致富能手任团支书、村科技副主任或村两委成员，团组织成为带领农村团员青年科技致富的重要力量。团市委每两年评选一次“农村青年致富能手”。

1999 年上半年，团市委培训青年农民 1 万多人，培养市、县、乡 3 级青年星火带头人和青年致富能手 1427 人。武平团县委响应县委号召，参与“建设边界强县”活动，组织团干挂钩企业，参与企业的生产、销售，总结和推广青年股份合作体等生产组织形式，促进农村青年参与多种形式的联合。漳平团市委联合有关部门在团员青年中开展“庭院经济户”评比活动，发动团员青年利用房前屋后庭院空地大搞种养业。连城团县委开展烤烟种植能手赛。长汀县团委组织团员青年投身“大养河田鸡、争当主力军”活动，涌现 4000 多户养鸡千羽以上的青年专业户，走“公司 + 农户”路子，促进河田鸡产业化进程。

2000 年，团市委还依托科技领办项目基地培训青年农民 2 万多人次，培养出市、县、乡 3 级青年星火带头人和青年致富能手 5000 多人。漳平市还启动跨世纪青年农民科技培训工程。上杭团县委组织青年农民参加农函大培训。团市委投入 3 万元资金在长汀、上杭、武平、永定、漳平、连城等县建立河田鸡养殖新优特果、反季节蔬菜清化肉桂、黑玉米、芥菜种植加工等基地 7 个。组织农村团支委参加农函大学习，全市有 20000 多名基层团干参加学习，有 2 万名初高中毕业生接受“3+x”培训。全市各级团组织共建立 800 多个青年科技星火示范基地。团市委开展“科技百村行”活动，组织专家技术人员深入全市 100 个村，进行现场讲解、技术指导。使培训具有针对性、实用性。其中，上杭县古田镇吴地村青年蔬菜协会在村团支部书记张继鹏带动下，把学到的技术、获得的市场信息传送给村民，带动村里的反季节蔬菜种植。当年全村种植蔬菜产值 300 多万元，村民人均产值达 30000 元。连城县由领导小组牵头，聘请 71 名专业人员组成讲师团到各村现场教学。

2001 年，各级农村团组织实施世纪青年农民科技培训工程，利用农函大、农广校和青少年活动中心、青少年科技图书站等阵地，开展实用技术、市场知识等培训。全年举办各种类型农村青年技术培训班 86 期，培训人员 2 万多人，成立农村青年能手协会 39 个，培养农村脱贫致富能手和青年星火带头人 5000 多人。武平团县委建立农村青年实用技术培训推广示范基地 16 个，创建乡（镇）青年科技图书站 5 个。漳平市创建党团联动科技网，培养 50 多名农技骨干和农业科技爱好者，对增加农民收入产生推动作用。团市委还参与共建基地、科教咨询、技术转让等扶贫行动，引导青年农民推动农业新技术、新品种的广泛运用。

2002年，农村团组织实施青年增效成才计划，创建星火示范基地15个，领办科技推广项目10项，促进农业、农村经济战略调整，引导青年农民增产增收、成长成才。实施跨世纪青年农民科技培训工程，培养青年星火带头人、青年科技致富带头人2280人。做好农村青年经济能人协会推广工作。当年连城县文亨乡湖峰村农民吴其英获“福建省十大杰出青年农民”称号。

2003年，为贯彻落实团省委提出“共青团城乡互动百千万工程”，团市委组织人员参加团省委百个结对乡（镇）团委书记培训班，配合“省直青年专家八闽行”活动，组织5位省直青年农业专家深入乡（镇），为广大农民群众开展农业科技知识培训。

2004年，由农、林、牧等专业的大学生志愿者组成的科技服务队深入边远土楼乡村，开展技术咨询，举办农村青年致富技术培训班等。在虎岗、抚市、湖坑、下洋等地建立示范基地，共培训农村青年技术员156人。

2005年，全市各级团组织以“共青团城乡互动百千万工程”为载体，整合团的资源，发挥城市和农村团组织的各自优势，围绕“组织、人才、市场、信息、产业、文化”等6个互动，根据每个结对村特点，有针对性地开展一项或多项的互动项目，培育一批农村青年创业致富带头人、农村青年营销员和农村青年网络信息员。当年团市委被团中央与农业部联合授予“服务农村青年增收成才先进集体”称号。

2006年，帮助农村外出青年回乡创业，支持农村青年自主创业，培养造就有文化、懂技术、会经营的新型农村青年。

2008年，开展农村青年自主创业和农村实用技术培训。争取市财政58万元培训1430名农村青年，协调金融机构开展支持农村青年创业的信贷业务，建立农村青年人才库，实施农村劳动力转移培训就业工程，有100多个企业与有关院校签订人才培养和接收毕业生协议书，落实培养和接收人才6616人，新签约28家实训基地。新罗区开展“青春建功新农村”行动和共青团“进百镇、抓团建、办实事、促和谐”主题实践活动。

2009年，开展千名农村青年自主创业“星火燎原”培训工程，全市共举办青年自主创业培训班16期，培训返乡务工青年和农村青年2085人。在新罗区大池镇和东肖镇分别举办农村（返乡）青年自主创业培训班，聘请区委党校、龙岩学院等教育机构专家学者以及农村信用社工作人员，为农村青年讲授当前经济形势与青年励志创业、商机寻找、生猪的科学饲养和疾病防控、农村小额信贷常识等课程，并宣传推广海西青创项目（中国青年创业国际计划），前后有200余名农村（返乡）青年参加为期3天的培训。在西陂镇开展农村劳动力自主创业技能培训班，来自该镇14个村的被征地青年农民、村干部、农村六大员等共142人参加为期6天的市场营销、农村小额信贷常识等技能培训。团市委还开展农村青年实用技术培训、“两后生”劳动预备制培训和联想项目等专项培训，共培训农村青年3700人。

2011年，在青年农民工群体中开展先进青年典型走进工业园区等活动，引导他们增强自信心、进取心。是年，在新罗区江山、适中镇创建一批农村青年创业示范基地，帮助农村青年科技致富。

2012年，全省首家乡镇级的海西青创服务站在西陂镇成立。10月底，完成海西青创苏坂服务站建设，探索在小池镇培斜村、东城街道东兴社区成立村居级海西青创服务站，为村居有志创业青年提供最直接和便捷帮助。发挥农技推广人员、青年致富带头人示范作用。是年，新罗区果树协会苏坂蜜柚分会秘书长陈金斌被推选为全国农村青年致富带头人。

2013 年，在新罗区小池镇培斜村、曹溪街道浮蔡村和岩山乡山前村成立全省首批村级海西青创服务站。团区委被团中央农村青年工作部授予“全国东风帮扶大学生村官创业项目优秀实施县”称号。

2014 年，实施“领头雁”计划，培育青年创业致富带头人 74 名，省级优秀青年农民合作示范社 13 家（其中十佳优秀示范社 1 家）。

2017 年，开展农村青年致富带头人、创业青年、返乡大学生培训 500 余人次，先后邀请全国著名“三农”专家温铁军和 91 手机助手作者、同步网络 CEO 熊俊到龙岩市授课。

2018 年，新罗区启动“乡村青年创业扶持计划”“雏鹰扶持计划”，指导成立适中镇“青创之家”，成立适中镇青年创业商会，推送商会周刊 100 期。

2019 年，龙岩市开展“培育青农创客，助力乡村振兴”农村青年电商培训 5 场，培训农村青年电商近 300 人次，带动县级团委以培育本土青年和返乡大学生为重点，开展培训班 33 场，覆盖农村青年和返乡大学生 1843 人。

2020 年，精准扶持有潜力的青年创业者及创业项目。承接政府激励性扶贫计划的农业合作社中挖掘优秀青年创业人才，培育农村青年致富带头人 26 名。

2021 年，针对农村青年，持续开展农村青年“领头雁”计划，开展农村青年就业技能培训。

二、企业青年人才工作

1997 年，全市开展跨世纪人才工程建设。在企业，青年岗位能手活动领域从国有大中型企业推向“窗口”行业、非国有企业，覆盖创建青年文明号活动的所有单位和系统。各行业通过岗位练兵、导师带徒、技术比武等活动，建立技术培训、科技协会、技能互学小组等，全面提高青年职工的整体素质，进一步完善保障机制，促进青年岗位能手活动逐步成为行业、企业行为。龙岩市棉纺厂、龙岩市氨厂等单位在企业中开展“青年文明号”创建活动与青年岗位能手活动相结合，实现“号”“手”联动。新罗区团委以市棉纺厂为试点，开展“导师带徒”活动，选择一批青年能手、技术骨干与新进职工结成一对一、一对几的师徒关系，通过“传”“帮”“带”，制定“周练兵、月测定、季交流、年比武”操作练兵制度，培养和造就一批青年岗位能手。永定矿务局等工矿企业团委在岗位练兵的基础上，以导师带徒为突破口，培养矿山适用型技术人才，有 95%的学徒在导师的带领下，走上工作岗位，独立操作。到年底，全市涌现出全国级青年岗位能手 3 名，省级青年岗位能手 22 名，市级青年岗位能手 67 名。

1998 年 9 月下旬，团市委召开全市企业共青团工作会议暨导师带徒现场会。全面实施“振兴千家中小企业行动”，“三扶一”（即优秀青年企业家、青年经济学者、青联委员共同扶助一家企业）工作取得初步成效。至年底，全市 4 名青工（江七蓉、林静、薛昌仁、谢正龙）被评为“全国青年岗位能手”、22 名青工被评为“省级青年岗位能手”、90 名青工被评为“市级青年岗位能手”。团市委建立健全优秀青年人才的评选表彰和举荐制度，每两年评选一次“闽西十大青年标兵”“十佳青年”“十佳青年卫士”等十个“十佳青年”。

1999 年初，各工矿企业团组织普遍举办一次“岗位练兵、技术比武”活动，表彰一批岗位能手。是年，在全市开展“青年志愿者为重点工程献青春”活动。龙岩市造纸实业公司团委开展以“迎接新希望、青春献工厂”为主题的为重点工程献青春活动，动员广大团员青年，为龙岩市纸业腾飞奉献青春。团市委在漳平电厂召开企业共青团工作暨青工创新创效座谈会，研究部署企业青工创新创效活动。各级团组织围绕企业技术创新工程，组织青年科技人员以市场为导向，开展“五小”“QC”、攻关等群众性科技活动，强化青工的质量意识。在第二届福建省青年科技成果（产品）博览会上，龙岩市选送的龙净股份有限公司智能除尘器控制系统、连城星光水果场生产的日本“市交”特早熟蜜橘获金奖，龙马集团公司 LM-12E、LM-12CE 型小型拖拉机获银奖，团市委获优秀组织奖，漳平电厂 6 个 QC 成果分别获部优、局优。

2000 年，各级团组织开展青年职工创新创效活动，引导广大青工围绕企业的生产经营，在技术、管理、营销、服务等方面开展创新创效实践，做好“四个一”（开发一项新产品，创造一项新工艺，推广一项新技术，转化一项新成果）工作，为企业创造可观效益。漳平电厂团委以“推动企业科技进步、加快青年人才培养、提高企业经济效益”为主题，广泛宣传，规范管理，推动青工创新创效活动，累计完成青年创新创效成果 137 项，为企业创造效益上千万元，培养一批具有较高专业技术素质的青年技术人才。在团市委召开的第六届青工“五小”成果发布会上，武平林化厂“B-90 聚合松香的研制开发”等 14 项优秀成果获表彰。至年底，全市有 4 名青工被评为“全国青年岗位能手”，27 名青工被评为“省级青年岗位能手”，龙钢有限责任公司销售部郭金辉被团中央授予“全国企业青年职工营销创新先进个人”称号。

2001 年 6 月 21 日，团市委等单位举行煤炭系统“新世纪、新技能”青年岗位能手大赛，16 个代表队 90 名选手参加比赛，共有 10 个代表队、27 名选手获得团体项目前三名和个人项目前六名，11 名优秀青年岗位能手受到表彰。各企事业单位团委开展“创新金点子”征集活动，引导广大青工进言纳策，被采纳的合理化建议达 3000 条（项）以上。漳平电厂成立青工创新创效活动领导小组，对青年技术创新项目实施全过程管理，建立“漳电青年科技奖励基金”和“漳电青年成才奖励基金”。

2004 年，团市委、市科技局、市人事局、市教育局决定在全市范围内实施闽西青年科技创新行动。开展企业青年创新创效活动，实施闽西青工技能振兴计划。定期举办闽西青年企业家创新发展论坛，建立青年科技创新人才库。建立一批青年科技创新示范基地。建立和完善青年科技创新激励机制，设立闽西青年科技创新奖。

2006 年 4 月 18 日，召开全市青年创新创效活动推进会。4 月 20 日至 6 月 20 日，举办“e 代天骄”青年网络创业大赛。12 月，开展青工技能月活动。建立青年创新活动考评激励机制，推进青工技能振兴计划，深化青年岗位能手活动、导师带徒活动和“青年安全生产示范岗”创建活动。团市委被团中央、国家劳动和社会保障部表彰为 2006 年度“中国青年创业行动优秀组织单位”，市青年企业家协会获 2006 年度“省青年企业家协会建设成就奖”。

2007 年，推进“海西青春蓝领计划”，举办青工技能大赛，开展技能竞赛运动会，培育评选青年岗位能手。围绕企业生产经营，在技术、管理、营销、服务等方面开展创新创效活动，引导广大青工开展创新创效实践，深化“青年安全生产示范岗”创建和节能降耗活动。当年第八届“闽西十大杰出青年”评选活动中，永定县煤炭工业公司经理沈新华、中国移动龙岩分公司客户经理邱艳、新罗区检察院书记员邱颀、市财政局预算科科长陈永河、新罗区煤管局局长陈泽亮、紫金矿业集团公司副总裁林泓富、龙岩电业局局长郑佩祥、龙岩中心血站站长翁卫、龙岩电视台公共频道总监黄勤和龙长高速公路有限公司副总经理赖应源入选。曾先后 20 多次打破世界纪录、雅典奥运会金牌获得者、国家举重队闽西籍运动员石智勇被授予第八届“闽西十大杰出青年”特别荣誉奖。同时，罗树宁、戴曙光、兰进、傅柒生、邓瑞隆、钟华、叶活动、陈生珠、邓志强等9位优秀青年获得第八届“闽西十大杰出青年”提名奖。

2008年，围绕企业的生产经营，在技术、管理、营销、服务等方面开展创新创效活动，引导广大青工开展创新创效实践，深化“青年安全生产示范岗”创建和节能降耗活动。推进“海西青春蓝领计划”，举办青工技能大赛，开展技能竞赛运动会，培育评选青年岗位能手。

2009年，实施青年就业创业见习基地发展对接和计划，宣传团中央促进青年就业创业工作，在新罗区10家知名企业建立青年就业创业见习基地。新罗区中城街道团工委举办青年创业交流会，邀请创业能人为团员青年们介绍创业经验和体会。

2011年，深化青年岗位能手、创新创效、导师带徒和岗位练兵活动，帮助青年提高就业能力。通过开展青年创业大讲堂、农村青年就业创业培训等载体，提高青年就业、创业能力。继续在全区在建的重点工程中开展青年突击队竞赛活动，西陂镇、曹溪镇等36支青年突击队通过比职业道德、比工程质量、比学习创新、比工程进度、比安全生产、比岗位立功活动，激励广大青年在建设一线拼搏奉献，确保各项重点工程优质、高效、按期完成。举办青春大讲堂，邀请清华大学的客座教授王于蓝作“超竞争时代与自主创新”专题讲座，邀请清华大学经济管理学院会计系教授周立作“青春大讲坛——资本运作之中小企业如何上市”大型讲座。

2012年，围绕“城市建设年”活动，开展“青春奋进促跨越”主题实践活动和青年突击队建功竞赛活动、青年岗位能手、青工技能振兴计划等活动，把服务青年就业创业作为服务青年的重中之重，健全完善海西青创龙岩工作站，全年培训创业青年1000余人，招募导师“一对一”帮扶7名创业青年。

2013年，开展“用劳动、机会和奋斗实现梦想”青年创业典型座谈宣讲报告会，其中学习交流活动座谈会8场次，报告会8场次，宣讲会8场次。引导青少年为城市建设建功，涌现出“西陂效率”和“曹溪速度”等先进典型。新建青年就业创业见习基地39家，对接见习青年58人。

2017年，开展青年突击队创建工作，组织青年开展“赛技能、比贡献、助攻坚”技能比武活动，开展青年安全生产示范岗创建活动，引导一线青年立足岗位、学技成才，争创一流业绩。开展龙岩青年大讲坛、创业沙龙、培训等活动28场，覆盖青年2000多人次。依托腾云众创空间定期举办“青学堂”创业创新培训，全年开设创业培训班10余期，参与培训1000余人。举办第三届龙岩市十佳青年电商评选活动，带动全市广大青年投身电商创业大潮。

2018年，开展创业沙龙、创业培训等活动60余场，覆盖就业创业青年5000余人次。

2020年，在企业，开展“比技能、比质量、比作风，晒成绩”青年岗位能手活动，龙烟集团王启兵、闽西职业技术学院刘剑友获“全国青年岗位能手”称号。

2021年，实施“创业扶持计划”，扶持青年创业创新；针对城市青年，提供创业培训、就业咨询等服务。

第四章　宣传工作

1997—2021 年，团市委通过各种媒体、采用各种方法，加大宣传教育力度，在广大团员青年中开展党的理论武装宣传教育，开展理想信念与革命传统宣传教育，开展社会主义核心价值观教育实践。全市各级团组织把学习邓小平理论、“三个代表”重要思想、科学发展观、习近平新时代中国特色社会主义思想以及中共十八大、十九大精神摆在思想教育的突出位置，结合实际先后开展“三个代表”重要思想、胡锦涛总书记在福建和龙岩考察时的重要指示精神、“永远跟党走，青春促跨越”“学党史、知党情、跟党走”“不忘初心、牢记使命”以及党史学习教育等形式多样的学习宣教活动；挖掘利用龙岩市“三红”教育资源优势，依托古田会址等青少年爱国主义教育基地开展革命传统教育，先后承办团省委“高举团旗跟党走，红色基因代代传”“闽宁少儿手拉手红色基因共传承”和闽港澳青年“重走长征路”等活动，将传承红色基因融入“四进四信”“与信仰对话”等活动；在全市广大团员青年中开展增强共青团员意识主题教育活动，坚定广大团员青年永远跟党走中国特色社会主义道路信念，在中小学开展“红领巾心向党”“祖国发展我成长”“民族精神代代传”等主题活动，开展雏鹰争章活动、手拉手互动活动、少年儿童平安活动和“三下乡”活动，举办龙岩市青年歌手大赛、大学生“青马工程”培训班，引导青少年坚定社会主义信念，树立正确的世界观、人生观和价值观。

第一节　党的理论武装

一、党的科学理论武装

1998 年年初，全市各级团组织把学习中共十五大精神和邓小平理论摆在思想教育的重要位置，下发《关于组织团员青年深入开展邓小平理论学习活动的通知》，结合实际开展形式多样的学习活动。团市委成立机关干部学习中心组，举办团干部邓小平理论学习研讨班，组织团干部参加团省委举办的邓小平理论学习研讨班，定期交流学习体会。是年 5 月，团市委还组织全市各级团组织及广大团员青年学习江泽民在庆祝北京大学建校 100 周年大会上对广大青年提出的“四统一”重要讲话精神，开展以理想、信念、开拓、进取为核心的思想教育活动。6 月，共青团第十四次全国代表大会召开后，团市委及时组织全市团员青年学习江泽民与部分代表座谈的重要讲话、胡锦涛代表党中央所作的《迈向新世纪创造新业绩》祝词和周强所作的《在邓小平理论指导下团结带领各族青年为实现党的跨世纪宏伟目标而奋斗》的工作报告，及时召开团市委一届三次全委扩大会议，就学习贯彻团十四大精神进行部署，各级团组织及开团员大会、团委会、辅导会、报告会，出版团专栏、举办知识竞赛等进行宣传。是年，团市委领导机关开展“三讲”（讲学习、讲政治、讲正气）教育活动及“当公仆、办实事”和“青年干部读书”活动，进一步明确岗位职责，建立健全机关各项制度和中心组学习制度。

1999年6月2日，共青团龙岩市委在龙岩财校举办“龙岩市纪念五四运动80周年青年学生学习邓小平理论报告会暨经验交流会”，全市大中专学校团委书记、学生会主席及学生代表1000多人参加。报告会由市委讲师团讲师作《邓小平理论与建设中国特色的社会主义道路》主题报告，部分大中专学校团委书记、学生干部相互交流学习经验，报告会在广大青年学生中引起很大反响。此后，各级团组织加强时事政治教育，把邓小平理论武装全团摆在重要位置，开展学习邓小平理论活动。

2001年4月5日，团市委、市青联在永定县高陂镇举行“三个代表”重要思想宣传教育活动，走访慰问当地二女结扎贫困户3户，为当地富源小学赠送书籍500册和学习用品，并开展义诊和文艺表演等活动。上杭农村团组织开展“四个一”活动。农村团组织紧紧围绕为谁服务、服务什么、怎么服务，解决突出问题，推进各项工作，巩固党在农村的青年群众基础，增强农村团组织活力。是年，团市委派出两名副书记参加全市农村“三个代表”重要思想宣教活动，抽调1人到农村“三个代表”重要思想宣传教育办公室工作。全市各农村基层团组织严密安排学教活动。

2002年5月22日、6月5日，团市委先后组织机关学习中心组和团市委委员认真学习邓小平理论。是年，全市各级团组织共举办各类培训班、报告 会共83场次，引导青年领会邓小平理论科学体系和精神实质，帮助青年构筑起强大的精神支柱。各学校团组织开办学习邓小平理论第二课堂，其中，龙岩师专团委开展“擎旗、铸魂、跨世纪”“五个一”活动（读一本原著，写一篇心得体会，参加一次义务劳动，听一次专题报告会，开一次交流研讨会），取得良好效果。龙岩师范团委组织学生开展以“我眼中的社会主义初级阶段”为主题的社会实践调查征文活动，引导学生在实践调查中加深对社会主义初级阶段国情民情的了解。是年6月14日，江泽民总书记“5·31”讲话发表以后，团市委组织中心组学习，要求把握讲话的精神实质，按照“四个必须”“四个新”要求贯彻好、实践好“三个代表”重要思想。

2003年，全市共青团组织采取集中学习、分散自学、辅导报告等行之有效的办法，组织宣传学习党《“三个代表”重要思想学习纲要》和胡锦涛同志“七一”讲话。组织全市团员青年参加全省团员青年学习“三个代表”重要思想网络知识竞赛和电视大赛，加深对“三个代表”重要思想时代背景、实践基础、科学内涵、精神实质和历史地位认识，用“三个代表”重要思想武装团员青年，实现“三个代表”重要思想“进组织、进活动、进头脑”。7月下旬，共青团十五大召开后，全市各级团干部和团员青年通过广播、电视、报刊等新闻媒体学习团十五大精神和吴官正代表党中央所作祝词，学习贯彻中共中央总书记胡锦涛对广大青年、共青团组织及团干部提出的要求。其中，团市委召开常委会，传达贯彻团十五大精神，下发《关于在全市团组织和团员青年中学习贯彻团十五大精神的通知》，提出学习贯彻要求；连城县各级团干部把学习领会团十五大精神化作自觉行动。

2005年，全市各级团组织坚持不懈地用“三个代表”重要思想武装团员青年，引导广大团员青年领会树立和落实科学发展观，激发青年学习理论热情，动员和组织广大团员青年在读书交流、参观走访、岗位奉献、服务社会中学习实践“三个代表”重要思想。

2006年，团市委组织学习胡锦涛总书记在福建和龙岩考察时的重要指示精神，组织收看学习胡总书记“七一”讲话。10月起，组织开展学习《江泽民文选》系列活动。

2010年3月2日，共青团龙岩市委三届五次全体（扩大）会议组织学习贯彻总书记胡锦涛在福建和龙岩考察时重要讲话精神及团省委十二届五次全体（扩大）会议、市委三届七次全会精神。

2011 年 3 月 12 日，在闽西职业技术学院举办青年马克思主义者培训班。

2012—2013 年，以深入学习贯彻中共十八大精神、纪念建团 90 周年为契机，广泛开展“永远跟党走，青春促跨越”“学党史、知党情、跟党走”等主题教育活动。各级团组织通过座谈会、报告会等形式学习宣传贯彻中共十八大、团的十七大会议精神主题教育实践活动 3000 余场次，覆盖人数 30 余万人。

2017 年，以学习宣传贯彻党的十九大精神为主线，开展“不忘初心跟党走、青春建功新龙岩”“向习爷爷说句心里话”等主题活动 1000 多场次，覆盖青少年近 10 万人次。通过中心组学习、党课团课、团干培训、宣讲会、组织生活会等方式，组织广大团干部并带动团员青年学习《习近平谈治国理政》《习近平的七年知青岁月》《习近平关于青少年和共青团论述摘编》，覆盖团员青年 15 万人次。是年，依托中央团校古田培训基地，承办全国基层团干部学习习近平新时代中国特色社会主义思想和党的十九大精神示范培训班，全国 32 个省、自治区、直辖市、新疆生产建设兵团和民航系统的 100 多名团干部到古田接受培训。

2018 年，开展“不忘初心、牢记使命”“你好，新时代”“争做新时代好队员”等活动，各县（市、区）依托青年之家建立“学习社”，涌现出“趣读吧”“青年·杭川梦”“悦读汀州”等学习典型。

2019 年，龙岩市承办福建省纪念“五四”运动 100 周年主题会演，组建龙岩青年讲师团，招募成员 61 名，组织宣讲活动 200 场，其中，专职团干部开展“青马之光”主题宣讲 43 场，覆盖青少年学生上万人。推动“青年大学习”网络主题团课学习，全市网络团课参学 43.3 万人次，参学率 40%。是年，团市委还承办福建省纪念“五四”运动 100 周年主题会演。

2020—2021 年，团市委开展党史学习教育活动，对接团中央到古田拍摄“党指挥枪”专题网络团课，上线“青年大学习”制度自信系列精品课程，宣传“红古田”品牌，全国 3000 多万团员参加学习。

二、党的路线方针政策

1997 年 9 月，中共十五大召开后，团市委及时下发学习意见，在全市团组织中掀起学习、宣传中共十五大精神热潮，通过举办辅导报告会、知识竞赛、演讲等形式，把广大团员青年思想统一到中共十五大精神上来。同时，团市委抓好机关自身建设，从学习制度、考勤制度、管理制度入手，提高全体干部思想理论水平，促进工作作风转变。

1998 年，团市委响应市委、市政府“学厦门、造环境，抓机遇、促发展”号召，开展以“学习厦门献计策、奉献青春促发展”为主题的大讨论，举办征文赛、演讲赛，开展大调研等活动，促使广大团员青年进一步解放思想，为龙岩市改革和经济建设营造良好环境。

2001 年，团市委制定下发《关于开展学习贯彻党的十五届六中全会和市第二次党代会精神的通知》，转发团省委《关于认真组织学习贯彻省第七次党代会精神的通知》，并先后于 11 月 16 日、12 月 21 日两次召开专题会议。各级团组织以北京申奥成功、中国加入世贸组织、举办 APEC 会议、国家足球队进军世界杯等为契机，有针对性地对青少年进行教育，增强青少年民族自信心和自豪感，激发爱国热情，引导青少年把爱国热情转化为报效祖国的实际行动。

2002 年，为迎接党的十六大召开，各级团组织开展“创造新业绩、迎接十六大”主题活动，普遍开展一次“创造新业绩，迎接十六大”主题团日活动，通过开辟宣传橱窗，组织成就展览，举办形势报告会、演讲会、座谈会及参观考察等形式，引导广大团员青年坚定永远跟党走的信念，立足本职岗位，争创一流成绩。党的十六大召开期间，通过电视、广播、报纸等传媒组织团员青年了解十六大盛况。11 月 15 日，团市委召开全市各界青年学习十六大精神座谈会。12 月 6 日，团市委与市武警支队联合举办龙岩市军地青年学习宣传十六大精神报告会，邀请省青少年工作研究会会长、省团校副教授王章煌作十六大精神辅导讲座。漳平团市委还举办团干部学习十六大精神培训班，邀请市委党校常务副校长杨秋桂作题为《中国共产党在新世纪初的行动纲领》专题讲座等。各基层团干和各条战线青年骨干利用各级团校，开办理论学习培训班，把学习实践“三个代表”重要思想与学习“5・31”重要讲话以及党的十六大精神有机结合起来，贯彻落实到团的各项工作中去。组织宣传学习省第七次党代会、市第二次党代会精神，引导青年正确认清形势，激发青年与时俱进、开拓创新的精神和斗志。

2003 年上半年，团市委组织中共十六大精神宣讲团下乡，举办文艺会演、优秀电影展映周等，丰富广大青年业余文化生活，增强团组织活力和凝聚力。各企业、社区、乡镇、学校团组织纷纷开展以“贯彻中共十六大、创造新业绩”为主题的读书会、座谈会、演讲比赛、征文比赛等活动。各企业、社区、乡镇、学校团组织纷纷开展以“贯彻十六大、创造新业绩”为主题的读书会、座谈会、演讲比赛、征文比赛等活动，把学习贯彻党的十六大精神、“三个代表”重要思想同学习郑培民同志先进事迹、谷文昌精神和“12・14”营救落水儿童英雄群体事迹相结合，促进团员青年实现思想和工作作风转变。10 月，党的十六届三中全会召开后，团市委下发《关于认真学习贯彻十六届三中全会决定的通知》，号召各级团组织适应新形势新要求，带领广大青年投身建立完善的社会主义市场经济体制的伟大实践。

2004 年 2 月，共青团龙岩市委二届三次全体（扩大）会议上，与会团员学习贯彻中共十六届三中全会、团中央十五届二中全会、共青团福建省十一届三次全体（扩大）会议、市委二届六次全委会和 2004 年全市工作会议精神。会议指出，闽西共青团工作和青年工作要始终抓住学习贯彻“三个代表”重要思想这一工作主线，弘扬求真务实精神，推进“小康路上团旗红”主题活动。探索闽西团的现代化新课题，转变观念，整合资源，以更宽广的视野审视工作，增强探索西闽团的现代化紧迫感。是年 11 月，全省团县（市、区）委书记学习中共十六届四中精神座谈会在上杭县古田镇召开。与会人员就如何联系实际学习和领会中共十六届四中全会精神，扩大和巩固中共执政的青年群众基础，加强共青团的能力建设等方面的问题展开座谈。团省委书记陈冬强调，全省共青团要从建设海峡西岸经济区这一战略层面来考虑自己的定位，全面深刻领会中共十六届四中全会精神，在工作中主动呼应、主动对接，发挥共青团作用，巩固党执政的青年群众基础。

2006 年 10 月 27 日，召开全市县（市、区）团委书记工作例会，学习贯彻党的十六届六中全会和市第三次党代会精神。

2007 年，全市各级共青团组织把学习宣传贯彻中共十七大作为首要政治任务，落实市第三次党代会作出的部署，根据“四个重在”实践要领、“四谋发展”实践主题和“四个关键”工作要求，发挥助手和推动作用。10 月 15 日，在龙岩学院和闽西职业技术学院开展“龙岩市团员青年‘迎接十七大，与好书同行’”主题活动。在中共十七大召开期间，组织团员青年和团干部通过电视、广播、报纸、互联网收听收看中共十七大开幕式盛况，聆听总书记胡锦涛作工作报告，各级团组织通过理论中心组学习，举办培训班，辅导讲座、专题报告会，座谈会、研讨会等形式，学习宣传贯彻中共十七大精神。11 月 6 日，团市委在龙岩财校举办大中学校团学干部学习贯彻中共十七大精神辅导报告会。11 月 29 日，邀请市委党校副校长江维力为市第三次团代会全体代表作专题辅导报告，全面开展“立足新起点，创造新业绩”学习贯彻中共十七大精神主题活动，在团的各条战线开展学习竞赛、劳动竞赛、创新竞赛、技能比武等活动，把团员青年积极性和创造性充分调动起来，组织和引导团员青年立足本职岗位奋发有为、成长成才、建功立业。

2008 年，通过组织宣讲团、报告会、座谈会、主题团日、社会实践等形式，帮助团员青年全面学习、深刻领会党的十七大、十七届三中全会、团的十六大精神和省、市一系列重大会议精神。开展“解放思想、先行先试，加快两个先行区建设”主题实践活动，在广大团员青年中开展思想大解放讨论，用“两个先行区”的伟大宏图凝聚广大青少年。

2011 年，通过组织宣讲团、报告会、座谈会、主题队日、社会实践等形式，帮助团员青年学习贯彻中共十七大、十七届六中全会、省第九次党代会和市第四次党代会等一系列中央、省、市重要会议和文件精神，明确工作内容，推进工作重点，团结带领全市广大团员青年为实现龙岩市“十二五”奋斗目标做贡献。

2012 年，以深入学习贯彻中共十八大精神、纪念建团 90 周年为契机，开展“永远跟党走，青春促跨越”“学党史、知党情、跟党走”等主题教育活动，组织广大团员青年、团干部收听收看中共十八大、建团 90 周年纪念大会。

2013 年，通过座谈会、报告会等形式学习宣传贯彻中共十八大、团的十七大会议精神主题教育实践活动 3000 余场次，覆盖人数 30 余万人。

2014 年 3 月 11 日，共青团龙岩市委四届二次全体（扩大）会议组织学习贯彻党的十八大、十八届三中全会、省委九届十次全会、团省委十三届三次全会和市委四届五次全会精神，学习习近平总书记系列重要讲话精神，为打造闽西“红色”团建品牌而努力。

2017 年，联合市广播电台开展“青约名主播、共学十九大”活动，邀请青年和电台主播共同朗读十九大报告，征集音频作品 200 多份，总阅读量超过 130 万次。

2018 年，开展“青年大学习”行动，印发“图说十九大”“学习总书记‘7·2’重要讲话学习资料”等，开展学习宣讲活动。组织团代表和优秀青年代表开展团十八大、省第十四次团代会精神宣讲活动，组织青年榜样走基层与基层团员青年分享学习心得。

2021 年，用好团中央网络学习平台，发动团员青年参与学习主题团课学习，提高团员青年参学比，扩大非团青年覆盖面。开展学习十九届五中、六中全会等系列活动。

第二节　理想信念与红色教育

一、革命传统教育

1997 年，清明节期间，各级团、队共组织 20 多万名青少年前往革命烈士陵园、革命纪念馆址举行纪念活动。“五四”期间，组织全市大中专学校 1000 名学生在龙岩一中举行 18 岁成人仪式教育活动。各级团组织组织团员青年开展以“唱代团歌，重温团章，入团誓词，学习团史”为主要内容的团员意识教育，增强团员青年的光荣感和使命感。7 月以后，团市委作出关于开展“为闽西新一轮创业贡献青春”部署，要求各级团组织带领广大团员青年解放思想，认清形势，抢抓机遇，奋力争先，将积极性和创造力凝聚到全市新一轮创业和跨世纪的宏伟目标上来，在新一轮创业中找准切入点，发挥应有作用。

1999年3月16日，上杭古田红军园雏鹰训练校外基地由团省委、省少工委命名，并与古田红军园同时挂牌。“七一”期间，闽西青少年红色旅游线开通，同时举行“重走长征路”夏令营活动，来自7个县（市、区）的优秀团员青年身穿红军服装，参观上杭古田会议旧址、长汀省苏旧址、江西瑞金沙洲坝红井、人民大会堂等革命馆址，举办红军长征报告会，“迈好青春门、走好长征路”演讲会和红军长征组歌篝火晚会。是年，团市委还联合市委宣传部、市教委等举办“红岩魂——白公馆、渣滓洞革命烈士斗争史”展。广大团员、青年通过参观该展览，接受革命传统教育。

2000年，“七一”期间，闽西青少年红色旅游线开通，同时举行“重走长征路”夏令营活动。来自7个县（市、区）的优秀团员青年身穿红军服，参观上杭古田会议旧址、长汀省苏旧址、江西瑞金沙洲坝红井、人民大会堂等革命馆址，举办红军长征报告会，“迈好青春门、走好长征路”演讲会和红军长征组歌篝火晚会。

2001年4月5日，市、区团委在闽西革命博物馆举行新世纪新团员入团宣誓仪式，1300多名新团员宣誓要树立远大的理想和坚定的信念，培养良好的精神风貌和高尚的道德情操。

2002年是中国共产主义青年团成立80周年。各级团组织以“永远跟党走”为主题，按照“立足基层、面向团员、主题鲜明、务求实效”的原则，开展形式多样、丰富多彩的系列活动。4月16日，“永远跟党走”福建省青少年火炬传递启动仪式暨青春歌会在古田会议旧址举行，省委组织部巡视员郑霖，雷春美、陈冬等团省委领导，张燮飞、邓保南、刘晓东、陈万里、张秀娟、肖衍锋等市领导，游梅耀、马其昌、邓荣照、任延寿等老红军、老同志，龙岩市、漳州市、三明市优秀青年代表参加启动仪式。老红军游梅耀、马其昌、邓荣照分别为龙岩、漳州、三明市的优秀青年引燃火炬，市委书记张燮飞为龙岩市优秀青年代表授旗，2000多名共青团员重温入团誓言。随后龙岩市各界青年组成12个方阵举行“永远跟党走”青春歌会。5月9日，团市委举行“永远跟党走”团史知识竞赛，各县（市、区）和市直共8支代表队参赛，上杭、武平、漳平和连城分获第一、二、三、四名。

2004年，团市委下发《关于在清明节开展“缅怀革命先烈弘扬民族精神”主题团日活动的通知》，要求全市各地贯彻《中共中央、国务院关于进一步加强和改进未成年人思想道德建设的若干意见》精神，对大、中学生进行中华民族优良传统教育和中国革命传统教育，引导大、中学生确定远大志向，树立和培育正确的理想信念，弘扬民族精神，增进爱国情感，提高道德素养。4月3日，团市委机关全体干部前往闽西革命烈士纪念碑缅怀革命先烈。连城团县委组织一中、二中、城关中学和冠豸中学学生瞻仰烈士陵园，组织文新中学学生到连城场站参观，邀请部队领导向学生介绍国防知识和军事历史，还邀请老红军、方志馆专家举办座谈会。武平团县委、少工委组织城区中小学学生祭扫革命烈士陵园，邀请武平老战士、教育局原局长王仲琳讲述革命传统故事。永定团县委在革命烈士纪念碑举行百名新团员入团宣誓仪式。长汀团县委组织新团员在瞿秋白烈士纪念碑前举行入团宣誓仪式，祭扫烈士纪念碑，开展志愿服务。龙岩一中组织团员学生参观校史展厅、邓子恢事迹陈列室，各班开展革命诗词硬笔书法比赛和革命诗歌集体朗诵比赛。

2005年，团市委以未成年人和大学生群体为重点，利用红军故乡、红色土地、红旗不倒的生动教材，开展中华民族美德和革命传统教育。向团中央请示在古田建设古田共青团干部教育培训基地，与赣州市签订红色旅游协议书，发挥两地红色旅游资源在青少年思想道德建设中优势，通过双方互补实现“双赢”。

2008 年，挖掘利用龙岩市“三红”教育资源优势，依托古田会址等青少年爱国主义教育基地开展革命传统教育。10 月 13 日，举办“红领巾心向党，改革开放话幸福”主题观摩队会。

2009 年，团市委进一步贯彻李克强“好好学习、学有所成”的重要指示精神，通过举办纪念中国少年先锋队建队 60 周年系列活动、纪念古田会议召开 80 周年“传承古田精神，争做有为青年”校园主题系列活动，开展争做“四个好少年”和 18 岁成人宣誓仪式教育、手拉手雏鹰争章等主题教育实践、大中专学生参加暑期社会实践等活动，增强青少年思想教育的有效性。

2011 年，以纪念建党 90 周年为重要契机，在“五四”“六一”“七一”期间先后开展“永远跟党走，青春促跨越”“学党史、知党情、跟党走”主题教育活动。其中，4 月 26 日，承办在古田会议会址举办的全国青少年“永远跟党走”青春歌会（福建站）活动。5 月 21 日，龙岩市举行百校青少年走进革命传统教育基地启动仪式暨 18 岁成人宣誓仪式，全市 30 多万名青少年在活动中走进革命教育基地，亲身接受革命传统教育。6 月 23—24 日，“青春中国红”红色经典音乐会走进龙岩，在新罗区和古田会址共举办 2 场活动。全市还有 3 支省级重点服务团队和 25 支市（校）级重点服务团队参加大中专学生暑期“三下乡”社会实践活动，到农村、深入企业，走进革命传统教育基地，体验基层生活，增长知识才干。

2012 年，开展“永远跟党走，青春促跨越”“学党史、知党情、跟党走”等主题教育活动，承办团省委在长汀县召开的纪念建团 90 周年暨共青团苏区福建省委成立 80 周年座谈会，引导青少年坚定走中国特色社会主义道路理想信念。编辑发行《古田小红军》漫画书 3 册，用青少年喜闻乐见的漫画形式生动讲述贫农子弟革命风暴中成长为红军指战员的故事，推进革命传统教育。

2013 年，古田青少年“三观”“三热爱”主题教育基地项目基本完成；中央团校古田培训基地项目也已经以市委和团省委的名义联合向团中央提出申请。全年累计接待来自全国各地的青少年近 10 万人。《古田小红军》正式出版发行，被省委书记尤权作为“六一”节日礼物送给全省少先队员。组织“中国梦 · 闽西行”大学生艺术团队到后田、才溪等地“送文艺下乡”，联合市关工委、教育局开展“红领巾相约中国梦”演讲、征文比赛，发动基层团组织开展红色主题团日、寻访红色足迹夏令营等活动 100 多场次，覆盖青少年 2 万多人。

2014 年，抢抓新古田会议召开契机，推进中央团校古田培训基地项目，团中央办公厅、中央团校轮训部领导先后到古田实地考察项目。

2016 年，先后承办团省委“高举团旗跟党走，红色基因代代传”“闽宁少儿手拉手红色基因共传承”和闽港澳青年“重走长征路”等活动。其中，5 月 3 日，为纪念“五四”运动 97 周年、中国共产党建党 95 周年、红军长征胜利 80 周年，团福建省委、福建省学联组织全省各行业团员青年代表前往闽西革命老区上杭县、长汀县、宁化县等地，开展“高举团旗跟党走红色基因代代传”主题教育实践活动。主场活动设在上杭古田，市委常委、统战部部长邓菊芳出席活动并致辞，团省委书记何明华和 100 多名团员青年代表参加在上杭县古田主场的活动。团员青年代表先后参观古田会议旧址、瞻仰毛主席纪念园，举行重温入团誓词仪式，重温党和军队成长历程，体悟革命先辈们卓越风范，感受苏区时期青年人的火热青春。

2017 年，将传承红色基因融入“四进四信”“与信仰对话”等活动，联合市委宣传部举行“传承红色基因，讲好中国故事”赠书活动，全市各级团组织开展红色运动会、红歌会、主题团日等活动 1000 多场次。当年全国 32 个省、自治区、直辖市、新疆生产建设兵团和民航系统的 100 多名团干部到中央团校古田培训基地接受革命传统教育。

2018 年，中央团校古田培训基地先后承办团省委“七一”主题党日活动和北京团市委革命传统教育活动。在古田、才溪、松毛岭、中复村等地打造青少年教育基地，设计红色研学线路，吸引当地中小学生和省内外高校大学生到龙岩市开展假期红色研学活动。将传承红色基因融入学校团组织日常活动，上杭实验小学争创“邓六金”中队、长汀争创“杨成武”中队等，推动红色故事会、红歌会、红色主题团日等活动常态化开展。

2020 年，在古田干部学院承办团中央和全国青年联合会培训班，13 个省、自治区、直辖市的 63 名全国青联委员到龙岩市接受为期 3 天的政治教育和革命传统教育。

2021 年，前往古田会议旧址了解红色历史，组织开展“学习党史铭初心，汲取力量担使命”党史学习教育活动。

二、理想信念教育

1997 年，组织全市大中专学生 10000 人在龙岩一中举行 18 岁成人仪式教育活动。各级团组织组织团员青年开展以“唱代团歌，重温团章，入团誓词，学习团史”为主要内容的团员意识教育，增强团员使命感和荣誉感。

2000 年年初，团市委实施“新世纪读书计划”，颁发《新世纪读书计划意见》及其《方案》，成立青少年读书活动指导委员会。3 月，举办读书计划暨新书推荐活动启动仪式，联合龙岩新华书店设立“精品书架”，发放“购书优惠卡”，挂牌建立读书俱乐部，推出首批“新书推荐榜”。组建“龙岩市青少年读书计划专家指导团”，深入学校、机关、企业举办系列读书辅导讲座。至年底，共成立读书俱乐部 49 个，会员 1 万名，开设辅导讲座达 23 场次。团市委和新华书店联合举办“新华杯”龙岩市青少年新世纪读书有感征文活动，《重读保尔的人格魅力》（作者林福来）获一等奖，连城团县委和龙岩一中获“优秀组织奖”。10 月 25 日，团市委联合闽西监狱开展“与书为友、重铸人生”失足青年读书活动，赠送 1000 多册文学、科技、法律类书籍给正在服刑的青年。

2001 年，“五四”“七一”期间，团市委先后组织开展思想、奉献、文体、创新等 4 个篇章共 25 项活动，包括“在党旗下成长”青年干部成长成才经验交流会、“党旗下的青春之歌”青年歌手大赛和文艺晚会、“党在我心中”青年文明社区大家乐活动、新世纪千名新团员入团宣誓仪式、“五四运动”82 周年纪念大会暨十佳青年表彰会等。其中，新罗团区委在“七一”前夕举办“党在我心中”少儿书画现场表演赛；龙岩二中开展纪念中国共产党成立 80 周年图片展和“高举团旗跟党走”卡拉 OK 赛；上杭团县委举行“学讲话、忆传统、高举团旗跟党走”主题座谈会，组织青少年参观临江楼和上杭苏维埃旧址。

2002 年 9 月开始，各级团组织利用胡长清、成克杰等重大案件对广大团员青年开展警示教育。

2004 年，连城团县委实施中小学生理想教育工程，引导中小学生树立科学理想观，并制定出具体可分步实施子目标；抓活动促教育，把理想教育渗透到主题团会、主题队会等活动中，挖掘活动中蕴含的德育内涵，激发中小学生为实现理想而学习的热情；以点带面，发挥全县教师队伍表率作用，激励中小学生追求崇高理想；丰富教育形式，通过举办专题演讲会、座谈会，建立理想档案等形式，让中小学生宣誓理想，使之成为全面发展的内在动力，确保中小学生理想教育出成效。

2005 年 9 月，团市委根据团中央有关精神和团省委统一部署，在全市广大团员青年中开展为期 6 个月的增强共青团员意识主题教育活动。9 月 23 日，召开全市增强共青团员意识主题教育活动动员大会，成立领导小组，并设立办公室，制定下发实施意见，建立信息上报、阶段督查、团市委机关干部挂钩联系点、阶段工作汇报等制度。9 月 29 日，组织城区企事业单位和学生代表 5000 余人在龙岩学院举办“青春献祖国，作为在海西，创业在闽西”主题团日活动。各基层组织也举行主题演讲、文艺演出、志愿服务、成人仪式、宣讲团课等异彩纷呈的主题团日活动。10 月 15 日，团市委还分别对企事业单位、大中专学校、乡（镇）等不同系统下发具体指导意见，确保主题教育活动扎实有效开展。12 月 28 日，团市委举办党团知识团队赛，有 8 个代表队参加竞赛，并组队参加全省知识竞赛，获优胜奖。各基层团组织也开展网上答题等竞赛活动。在活动开展过程中，各基层团组织做到“规定动作”不走样，“自选动作”贴实际，开展好“青年同心，重整家园”主题活动、“理想信念讲在先，提升素质学在先，急难险重争在先，节能增效做在先”四争先等活动，开展“团员标准大讨论”。坚持对广大团员进行正面教育和理论培训，帮助团员提高理论修养，坚定理想信念，确保学习教育取得实效。各级团组织广泛利用广播、电视、报刊等各种媒体，全面系统地介绍和报道教育活动开展情况，营造浓厚社会舆论氛围。围绕活动总体目标，各级团组织结合实际情况，把握团员意识的时代性，创新活动内容、载体和方法，切实增强广大团员的政治意识、组织意识、模范意识。与此同时，各级团组织探索和把握团员教育管理工作规律，建立健全包括团员学习教育制度、流动团员管理制度等长效机制，巩固和扩大教育活动成果。

2007 年，抓住纪念“一二·九”运动 72 周年契机，寓理想信念教育于多姿多彩校园文化活动之中。通过学习贯彻活动，广大团员青年振奋精神、明确方向，进一步坚定永远跟党走中国特色社会主义道路信念。

2010 年，开展各类主题教育活动。学习贯彻胡锦涛总书记在全国第六次少代会上致少先队建队 60 周年贺信精神，开展“红领巾心向党”“祖国发展我成长”“民族精神代代传”等主题活动，开展雏鹰争章活动、手拉手互动活动、少年儿童平安活动和“三下乡”活动，举办龙岩市青年歌手大赛、大学生“青马工程”培训班，引导青少年坚定社会主义信念，树立正确的世界观、人生观和价值观。

2011 年 5 月 5 日，开展“与信仰对话”——专职团干进校园活动，团市委领导带头行动，走进龙岩学院和闽西职业技术学院，与青年学生开展交流探讨。

2012 年，承办团省委在长汀县召开的纪念建团 90 周年暨共青团苏区福建省委成立 80 周年座谈会，引导青少年坚定走中国特色社会主义道路理想信念。

2013 年，与市教育局联合举办“红领巾相约中国梦”讲故事、演讲比赛，“创森杯”征文比赛，“我的中国梦”集邮书信比赛；开展主题团日活动百余场，覆盖人数 6 万余人，引领广大青少年为实现闽西老区加快崛起贡献青春力量。举办“我的中国梦”青年创业典型进校园报告会 6 场，邀请优秀创业青年走进全市各院校，受益青年 2000 余人。在新浪、腾讯官方微博平台开设“我的中国梦”

专题网页，推出“我的中国梦”微博话题，通过编创转发等形式，提高主题活动覆盖面和影响力。

2014年，开展“我的中国梦”和“寻找乡村好青年”等系列“最美青年”活动，坚定全市广大青少年走中国特色社会主义理想信念，自觉践行社会主义核心价值观。

2015年，全省首个中央团校校外培训基地——中央团校古田培训基地正式成立。全年组织15批次6000多名全市团员青年到基地开展“我的中国梦”主题教育实践活动，创作《古田会议精神与当代大学生》等校本课程，让古田会议精神在青少年心中生根发芽。

2016年，开展“与信仰对话”“奋斗的青春最美丽”“红领巾相约中国梦”等系列活动。

2018年，开展“不忘初心、牢记使命”“你好，新时代”“争做新时代好队员”等活动，各县（市、区）团委依托“青年之家”建立学习社，涌现出趣读吧、青年·杭川梦、悦读汀州等学习典型。

2019年，先后开展“青春心向党·建功新龙岩”“我与祖国共奋进——国旗下的演讲”“争做新时代好队员——我是小小追梦人”“我和我的祖国——小小朗读者大赛”等主题活动。

2021年，紧紧围绕“学党史、强信念、跟党走”党史学习教育主题，扎实开展“传承红色基因，永远跟党走”“童心向党，筑梦成长”“唱红歌、颂党恩、跟党走”等主题活动。

第三节 社会主义核心价值观教育实践

一、爱国主义教育实践

1997年6月、7月，团市委举办“迎回归”龙岩城区青年长跑赛和全市“迎回归、庆六一”万名少先队鼓号队员踩街等活动。各级团组织也以举办知识竞赛征文赛、文艺晚会、球赛等多种形式的活动迎接香港回归祖国。

1998年，“五四”期间，团市委召开纪念表彰大会，举办“青春颂”文艺晚会、市区大、中学生“18岁成人宣誓仪式”、火炬接力赛等活动，以各种形式对青年进行爱国主义教育。

1999年初，团市委围绕《爱国主义教育实施纲要》，及时布置“五四”系列活动。3月4日，“盼祖国统一”龙岩市青少年签名仪式在市街心广场举行。4月25日，举行城区大中专学校18岁成人宣誓仪式，1200多名学生在鲜红的国旗下庄严宣誓。“五四”期间，召开纪念“五四运动”80周年电视大会暨表彰会，举办市、区大、中学生“十八岁成人仪式”、市区跨世纪火炬接力赛、希望工程义演晚会、“爱闽西·建龙岩·美家园”——龙岩市共青团工作图片展、“五四”运动与跨世纪青年知识竞赛等一系列活动。是年12月，团市委、市青联联合举行全市各界青年“迎澳门回归报告会”，激发广大青年的爱国热情。

2001年，团市委围绕学习《爱国主义教育实施纲要》，以各种生动活泼、寓教于乐的活动为载体，对青少年进行爱国主义、社会主义、集体主义教育。各级团组织以北京申奥成功、中国加入世贸组织、举办APEC会议、国家足球队进军世界杯等为契机，有针对性地对青少年进行教育，增强青少年民族自信心和自豪感，激发爱国热情，引导青少年把爱国热情转化为报效祖国实际行动。

2004年，各级团组织开展纪念“五四”运动85周年活动。其中，武平县举行“青春接力”18岁成人宣誓仪式，先后开展“民族精神代代传”读书征文活动、“优秀影片进校园”公影活动和青年学生科技创新大赛。

2006年，以建党85周年、纪念红军长征胜利70周年系列活动等重大事件及节庆、纪念日为契机，举行青少年入团、入党和18岁成人仪式等，引导青少年弘扬以爱国主义为核心的民族精神和以改革创新为核心的时代精神。

2007年，"五四"期间，一些团队组织以"爱祖国、爱福建、爱家乡"为主要内容，举办读书会、演讲赛、征文比赛等活动。龙岩六中等团委开展"爱国主义读书月"活动，弘扬以爱国主义为核心的伟大民族精神。

2011年，利用青少年入学、入团、入党等时机，强化党、团组织意识衔接，切实加强青少年革命传统教育、理想信念教育和爱国主义教育。

2013年，开展"实现中国梦，青春勇担当""梦在前方，路在脚下""中国梦·国网情""纯雅柔情·七夕相会"大型青年交友联谊会、"好男儿当兵去"征兵宣传等活动，组织团员青年唱响青春梦想，坚定报国之志。

2018年，以"青春心向党，建功新时代"为主题，开展青春奔跑、经典诵读等纪念"五四"运动100周年系列活动。其中，新罗团区委拍摄青春快闪MV《我和我的祖国》在"学习强国"平台上展播，引导团员青年把握"爱国"这一"五四"精神核心，直接覆盖1万余名团员青年，把团员青年紧密团结在党的周围。

2021年，以庆祝中国共产党成立100周年为契机，广泛开展党史、"四史"学习教育活动，在全团上下组织学习"习近平总书记在党史学习教育动员大会上的重要讲话""习近平总书记在庆祝中国共产党一百周年大会上的重要讲话"等讲话精神，激励团员青年热爱中国共产党、热爱社会主义中国。

二、思想道德教育实践

1998年，团市委还组织全市各级团组织及广大团员青年学习总书记江泽民在庆祝北京大学建校100周年大会上对广大青年提出的"四统一"（坚持学习科学文化与加强思想修养的统一，坚持学习书本知识与投身社会实践的统一，坚持实现价值与服务祖国人民的统一，坚持树立远大理想与进行艰苦奋斗的统一）的重要讲话精神，深入开展以理想、信念、开拓、进取为核心的思想教育活动。

2000年，团市委、市青联颁发《关于在全市各界青年中深入开展"致富思源、富而思进"教育活动的通知》和《关于深入学习江泽民总书记关于"三个代表"重要思想的通知》，开展"致富思源、富而思进"以及"未富更当思进、思进必须思源"的教育，引导青少年树立正确的世界观、人生观和价值观。4月25日，举行城区大中专学校18岁成人宣誓仪式，1200多名学生在鲜红的国旗下庄严宣誓。

2001年，全市中等学校大力推进"迈好青春门、走好成人路"主题活动，加强18岁成人仪式教育和包括农村中学生在内的中学生创业意识教育和创业技能培养。全市学校团组织定期组织年满18周岁学生开展成人宣誓活动，建立预备期青年志愿者服务制度，开展心理健康知识讲座和创业技能训练讲座。是年9月，《公民道德建设实施纲要》颁布后，团市委下发《关于加强青年文明社区青少年道德建设工作的通知》，规范青少年思想观念和道德准则，开展社区青少年公民道德实践。10月1日，龙岩城区大中专学校16～18岁青年学生代表2000多人参加全国百城市18岁成人宣誓仪式。

2002年，加强青少年思想教育，各基层团组织普遍开展新团员入团宣誓仪式、18岁成人宣誓仪式等活动。拓展青少年道德教育，按照《公民道德建设实施纲要》的要求，发挥大、中学生"三下乡"活动、中学生"迈好青春门，走好成人路"、"手拉手"活动和青少年宫、革命传统教育基地等作用，推广青少年网络文明公约，大力倡导社会公德、职业道德、家庭美德和环境道德，使广大青少年自觉遵守基本道德规范。

2003年，开展"三下乡"社会实践活动，组织当地大、中学生和回乡大、中学生到基层宣传"三个代表"，服务当地群众。深化"迈好青春门，走好成人路"主题竞赛活动，推动"中学生素质拓展计划"试点工作。

2004年，暑假期间，永定团县委开展"千名学子进土楼"系列活动，大学生志愿者通过在土楼内外举办报告会、图片展、文艺演出等形式在土楼群众中宣传贯彻《中共中央、国务院关于进一步加强和改进未成年人思想道德建设的若干意见》精神，营造加强未成年人思想道德建设的良好社会氛围。同时，开展未成年人思想道德建设现状调查、未成年人心理健康咨询、网络文明宣传等活动，帮助未成年人提高思想道德品质。

2006年，贯彻落实《公民道德建设实施纲要》和中央8号、16号文件精神，以"知荣明耻"为主题，利用纪念中国共产党成立85周年、纪念红军长征胜利70周年等契机，举行入队、入团、入党、18岁成人宣誓仪式和主题队会等，完善公民意识教育、成人预备期服务、成人宣誓仪式三个环节，推动活动向系统化、规范化、法治化方向发展。9月，开展"民族精神代代传"主题教育活动。

2007年，开展"我与祖国共奋进"主题教育实践活动，努力培养理想远大、信念坚强，品德高尚、意志顽强，视野开阔、知识丰富，开拓进取、艰苦创业的新一代青年，为推动海西重要增长极建设做出新的贡献。

2008年，深入开展"解放思想、先行先试，加快两个先行区建设"主题实践活动，在广大团员青年中开展思想大解放讨论，用"两个先行区"的伟大宏图凝聚广大青少年。

2013年，利用微博、龙岩KK社区、QQ群等新媒体的宣传导向作用，在各级团组织微博中广泛开展"祈福雅安，温暖相伴""青春无限，活力奉献""七彩微心愿，你我来实现"等微直播、微讨论、微访谈等，教育引导青少年传递正能量。

2014年，围绕"中国梦"时代主题，培育和践行社会主义核心价值观，开展"书香少年""时间都去哪儿了"系列主题团队日等活动。

2019年，组织团干部旁听职务犯罪庭审，强化廉洁自律意识。

2020年，面对新冠肺炎疫情，龙岩二中团组织开展"你的青春，我们来守护"网络德育工作。

三、参与文明创建

1997年，团市委推进跨世纪青年文明工程，先后开展"1997新春热心行动""3月青年志愿者献爱心""送温暖活动和青年志愿者科技文化下乡周活动"，为广大人民群众解决一些实际困难。其中，连城电力公司青年志愿者服务队义务帮助城区居民修理家用电器、照明线路，被誉为冠豸山下的一群小"徐虎"。团市委及时推出这一典型，掀起龙岩市青年志愿者活动新高潮。8月以后，围绕市委提出的"创建城乡卫生文明环境月"活动，在全市青少年中广泛开展"讲文明、树新风"活动，先后以"让世界清洁起来"为主题，开展"青年志愿者环境保洁行动""青年志愿者文明言行劝导行动”“青年志愿者与安全文明小区同行”等志愿服务。各级团组织探索共青团组织参与城市社区精神文明建设的新途径和新方法，龙岩师专、连城、长汀、武平、新罗等地团组织把青年文明号优质服务从岗位延伸到社区，延伸到家庭。开展大中专学生“三下乡”活动、万名青年读好书活动、农村青年精神文明建设“五个一”活动，推动青年文化园建设。

1998 年，深化跨世纪青年文明工程，青年文化园活动进一步开展。龙岩师范、市直团工委多次组织龙岩市汉剧团、学生文艺队到农村开展文化下乡活动。暑期开展以支教扫盲、文化服务和文艺演出队下乡为主要形式的“三下乡”服务，开展为农村青年科技图书站捐书添光彩活动。

2000 年 1 月 9 日，团市委在漳平市举行第二届乡村青年文化节推进仪式。各县（市、区）也着重在 1 ～ 2 个乡（镇）试点推行。4 月 20 日，团市委组织龙马集团公司、“120”急救中心、市电业局、工商局等青年文明号单位，到永定抚市镇，为农民提供龙马维修、健康教育咨询、商品打假知识等服务。9 月 25—30 日，组织全市各级青年文明号开展“迎国庆、送温暖、献爱心”活动。团市委还举办首届社区青年文化节推进仪式，各级团组织围绕社区团建、服务、文化，开展“组织、网络、服务、阵地”四大项目建设，上杭古田、永定土楼、连城冠豸山等 10 个创建示范点工作稳步推进，农村青年文化园进一步活跃。

2002 年，组织青少年积极参与精神文明建设。开展以“诚实守信”为主题，以“一卡通”为载体，以“送温暖、献爱心”为主线的信用建设活动，健全公示监督制度，坚持负责人培训制度。开展“乡村青年文化节”和“青年文明社区”创建活动。在长汀河田镇举办“学讲话、颂党情、跟党走”第四届乡村青年文化节和第三届社区青年文化节推进仪式。龙岩市、新罗区团委在中城街道凤凰社区举行青年志愿者科教、文体、卫生、法律“四进社区”活动启动仪式以及在街心广场、闽西交易城举行“永远跟党走”青年文明社区大家乐文艺活动。

2003 年，按照“弘扬主旋律、提倡多样性”要求，通过抓活动、抓骨干、抓社团，构建多层次校园文化活动体系。

2011 年，结合宣传第十个“保护母亲河日”，在各大中小学集中开展主题团队日、文艺演出、知识竞赛、发放宣传资料等活动，集中宣传爱水节水、植绿护绿、节能减排、保护环境的理念和知识，推介与之相关的小窍门、小创意和新技术，努力使生态环保成为青少年的生活习惯和自觉行动。

2017 年，引导青年践行社会主义核心价值观。将纪念建团 95 周年和动员青少年参与争创第五届全国文明城市结合起来，以“青亲岩城 · 文明有你”为主题，在“五四”大会上通报表扬一批优秀青年志愿者；在《闽西日报》开辟专栏，全年刊发各类青年典型事迹 50 多篇；先后举办健美操、公益徒步、网络知识竞答、摄影、快闪、手工制品和绘画等多项赛事，近 30 万人次参加；动员团员青年参与文明城市建设志愿服务，全市注册青年志愿者超 3 万人，全年累计服务时长约 20 万小时；团市委被评为创建第五届全国文明城市“成绩突出单位”。

2018 年，开展青年文明号、青年突击队、青年安全生产示范岗创建和“赛技能，比贡献，助攻坚”活动，动员全市青年文明号集体开展优质服务示范活动。市区各级团组织及团员青年积极参与背街小巷治理，小区乱搭盖、乱种养、乱停车等老大难问题得到有效整治。

2020 年，市区各级团组织以“青春志愿行，奉献新时代”为主题，常态化开展生活垃圾分类、禁毒宣传、文明劝导、光盘行动等志愿服务接力活动，为创建全国文明城市做出奉献。新罗团区委以松涛社区、西兴社区、登高社区、御佳园社区、凤凰社区、天马社区、华莲社区等 7 个社区为试点，全面深化社区青年志愿服务推进社区治理试点工作。

2021年，围绕“美丽新福建，青春在行动”活动要求，探索创新团的社区工作模式，以华莲社区、宝泰社区、御佳园社区为省级第一批试点建设“青春社区”，提升团在社会领域的“三力一度”，动员中心城区广大团员青年深度参与基层社会治理。组织青年志愿者进入社区开展垃圾分类服务活动20场。

四、宣传先摸榜样

1997年，“五四”期间，团市委召开纪念“五四运动”78周年暨表彰大会，表彰一批优秀团员和团员干部。9月，在龙马集团销售总公司召开“向国家级青年文明号——龙马集团销售总公司学习座谈会”。是月，团市委联合市卫生局为市第一医院举行国家级青年文明号——龙岩急救中心授牌仪式。

1998年，各级团组织坚持以正面宣传为主，抓住团的重点工作和青年关注的社会热点，宣传先进青年典型。“五四”期间，团市委联合有关部门评选表彰龙岩市首届10个“十佳”青年（即十佳青年公仆、十佳基层团委书记、十佳青年卫士、十佳青年教师、十佳少先队辅导员、十佳青年新闻工作者、十佳青年企业家、十佳青年岗位能手、十佳青年致富能手、十佳青年志愿者），评选表彰第五届“闽西十大青年标兵”。

1999年，龙岩大洋工业自动化研究所所长游卫东为抢救工人而献出年仅31岁生命，团市委、团省委追授他为市、省“新长征突击手”。团市委召开大中专学校青年学生学习游卫东先进事迹座谈会，开展“学习游卫东，争当世纪优秀青年”征文活动，号召广大团员青年学习他舍己救人精神，树立正确的人生观。

2000年，各级团组织加大对青少年典型的宣传力度。团市委评选表彰第六届“闽西十大杰出青年”和第二届“十佳青年企业家”及“优秀青年企业家”。龙岩籍运动张湘祥在第27届奥运会上不畏强手，奋勇拼搏，夺得男子56公斤级举重铜牌，实现龙岩市运动员获奥运会奖牌零的突破，团市委授予张湘祥、罗福群“新长征突击手标兵”称号。团市委号召全市青少年向张湘祥学习，学习他刻苦训练、勇于拼搏，奋力进取、为国争光的精神，以实际行动为闽西新一轮创业贡献青春。是年，组织游卫东先进事迹报告团深入县（市、区）及大中专学校、企业、乡（镇）举办报告会15场，听取报告青少年近30万人。团市委还编发《游卫东先进事迹材料汇编》小册子，在全市青少年中广泛宣传。

2001年4月29日，团市委联合市委组织部召开“十项十佳青年”表彰大会，表彰“十项十佳青年”活动，激励全市团员青年奋发有为。其中，马素明等10人为龙岩市“十佳青年公仆”，张迎丰等10人为龙岩市“十佳基层团委书记”，林红等10人为龙岩市“十佳青年卫士”，黄南山等10人为龙岩市“十佳青年企业家”，邱国华等10人为龙岩市“十佳青年教师”，杨丽燕等10人为龙岩市“十佳青年医务工作者”，林启红等10人为龙岩市“十佳青年岗位能手”，郭子丹等10人为龙岩市“十佳农村青年致富能手”，姚尹君等10人为龙岩市“十佳青年学生”，陈美雄等10人为龙岩市“十佳青年志愿者”。在表彰大会上，市委副书记邓保南要求新一代闽西青年要全面提高自己的思想观念、法律意识、知识结构、国际国内交往能力和技巧；“十项十佳青年”代表在表彰会上向广大团员青年倡议以强烈的进取意识和旺盛的创造力为完成“十五”计划做出应有的贡献。是年，永定团县委举行“党旗下的青春之歌”优秀青年爱岗敬业事迹报告会，

600 多名青年干部聆听 9 位来自不同行业的先进青年成长经历和爱岗敬业、无私奉献的动人事迹。

2002 年，中国农业银行新罗区支行员工林红、江建权被评为全国优秀青年卫士，各级团组织掀起学习林红、江建权先进事迹热潮。此外，各级团组织还组织开展学习历届闽西十大杰出青年活动，推动全市青年学先进、比先进、赶先进氛围的形成。

2006 年，培育全国“十大杰出青年农民”吴哲彦、全省“第七届十大杰出青年”黄剑忠、市见义勇为先进分子和“龙岩市新长征突击手”胡琨等一批新时代青年先进楷模。同时，开展学习王树先先进事迹活动。

2008 年，授予奥运冠军张湘祥、林丹、何雯娜、石智勇等 3 人为“龙岩市新长征突击手”称号。用龙岩市奥运健儿拼搏精神激励青少年健康成长。

2009 年，召开“五四”运动 90 周年纪念大会和青年英模进高校座谈会，联合《闽西日报》开辟“新青年、新实践”征文活动专栏，刊发纪念“五四”运动 90 周年专版，在龙岩电视台“百姓视点”栏目介绍共青团系统各类青年典型，营造浓厚的先摸宣传氛围。

2011 年 5 月 3 日，召开纪念“五四运动”92 周年表彰座谈会，表彰 2010 年度龙岩市优秀共青团员、优秀共青团干部、“五四”红旗团委、团（总）支部、龙岩市优秀青年突击队、优秀青年突击队员。

2012 年，组织开展“五四红旗团组织”“优秀共青团员”“优秀少先队员”“优秀青年志愿者”“优秀青年突击队员”等先进集体和个人的评选活动，为青少年成长成才树立榜样。

2015 年，对标基层团建工作要求，努力发掘、培养先进青年典型，宣传先进典型，以典型示范带动基层工作。注重在基层挖掘、选树优秀青年典型，深化“向上向善好青年”“全国创富好青年”、青年岗位能手、爱心助学行动典型、优秀网络志愿者、最美中学生（中职生）等评选活动；参与省《微言讲——青年故事汇》电视展播，用榜样力量激励青年。

2018 年，依托“智慧团建”系统，对标对表指导基层团组织完成星级团支部创建等工作。“五四”期间，评选表扬一批先进团组织、团干部和团员青年。在团市委微信公众号推送荣获中央、省级表彰的优秀青年的先进事迹，用正能量激励青少年。

2021 年，发挥“党有号召，团有行动”优良传统，主动融入高质量发展大局，鼓励基层支部创造性开展特色鲜明工作，在脱贫攻坚、乡村振兴、文明城市创建等领域中展现青年作为。推进星级团支部创建和星级团员评定工作，进一步提高基层团支部星级达标率。

第四节　发扬斗争精神

一、抗灾防疫斗争

1998 年，针对长江、嫩江、闽江流域发生的特大洪涝灾害，全市团员青年发扬“一方有难、八方支援”互助精神，踊跃向灾区捐款捐物。共捐赠特殊团费 9 万元，衣物 6000 多件。同时，组织全市团员青年学习领会江泽民在全国抗洪抢险总结表彰大会上的讲话精神。

2000 年 8 月，在抗击第十号台风中，2 万多名青年志者组成 1000 多支“青年志愿者突击队”“青年志者服务队”和“青年志愿者巡逻队”投入抢险救灾，并为灾区捐款捐物。

2003 年 5 月 4 日，团市委组织城区企事业单位的团员青年、学雷锋志愿者在龙岩城区街心花园配合开展预防“非典”疫情宣传活动。同时，各县（市、区）青年志愿者也纷纷走上街头，开展预防“非典”疫情宣传活动。全市成立“青年志愿者防非典突击队”300多支，向社会公开招募近5000名公共卫生青年志愿者，以农村、社区和学校为重点，做好宣传、预防工作。组织全市1000多支青年志愿者服务队参与清洁消毒城乡环境工作。

2006年，制定抢险救灾实施方案和《龙岩市青年突击队管理办法》，明确管理内容和推进措施。4月29日，召开全市青年突击队命名誓师大会，命名143支青年突击队，并授予20支重点工程突击队队旗，全面推进“为闽西新一轮发展献青春”青年突击队竞赛活动进程。上半年，团市委号召全市各级团组织迅速贯彻落实国务院总理温家宝的重要指示精神和市委、市政府抗灾救灾的重要部署，组织青年突击积极投身抗洪抢险行动，一批农技、机修、建设、电力、医疗、防疫等部门专业技术人员充实到青年突击队伍中，帮助灾区群众恢复生产、重建家园。其中，新罗区煤管局局长陈泽亮坚守抗洪抢险第一线，成功应对罕见暴雨洪灾，安全转移撤出矿工1126名。8月11日，“一通百通海西八方纵横”全省交通系统青年突击队命名誓师大会在龙岩市召开，团省委书记陈冬、省交通厅厅长谢兰捷、市政府副市长郑如占出席大会并讲话。青年突击队弘扬“特别能吃苦、特别能奉献、特别能战斗”的青年突击队精神，营造“比、学、赶、超”浓厚活动氛围，在重点工程建设、社会主义新农村建设以及科技创新创效项目上发挥重要作用。

2008年5月30日，举办“爱贝通”龙岩市、区少先队“心系灾区·梦圆奥运”主题教育活动，用抗震救灾精神激励青少年健康成长。

2010年6月24日，团区委号召乡镇团委、相关部门团组织组织团员青年突击队投身到抗洪抢险工作中。辖区的供电公司青年突击队、公路青年突击队、紫金山体育公园突击队、雁石金鑫高性能硬质合金数控刀片生产项目青年突击队、适中镇新祠文杰突击队、龙门房建突击队等各青年突击队积极响应号召，始终站在抗洪抢险的第一线，在“急、难、险、重”中勇当先锋。7月，适中镇5支青年突击队在龙厦铁路象山隧道发生岩溶突水地质灾害中发挥重要作用，坚持奋战在新祠灾后恢复生产、重建家园第一线，开展防灾救灾和群众安置工作，确保群众生命财产安全和社会安定稳定。

2020—2021年，共青团龙岩市委在疫情防控第一线组建青年突击队137支投入疫情防控工作。开展“一线有我”“后方有我”“同行有我”系列志愿服务457场，参加志愿者12000多人次。动员青年企业家和青少年捐款235.23万元，捐赠一次性口罩83695个、额温枪345把。全市各级团属新媒体阵地发布“抗疫”相关信息2151条，总阅读量超1000万人次，展播“汇聚青春力量·助力双战双赢”战疫文化作品4期76件。以“情系外来青工·奉献青春温度”为主题开展“送年货、送保险、送流量、送理发、送辅导、送健康”等送温暖系列活动，服务外来青工留龙岩过春节。全市有3个青年集体和8名青年获省级以上表彰。

二、反帝反“台独”斗争

1999年5月8日起，全市各级团组织分别举行座谈会、集会、主题班会，抗议以美国为首的北约袭击中国驻南联盟使馆的野蛮行径。团市委、市青联召开座谈会，表示要牢记“落后就要挨打”的历史教训，化悲愤为力量，为富民强国发奋努力。是年，团市委还组织全市团员青年批驳李登辉“两国论”，教育广大团员青年为祖国的和平统一大业做贡献。

2000年4月，各级团组织召开座谈会，批驳李登辉“台独”“两国论”，维护祖国统一。

三、反邪教斗争

1999 年 7 月 23 日，团市委召开全市青联委员、青企协会员、团干和各界青年代表座谈会，揭批邪教反动本质和歪理邪说。

2001 年 3 月初，为深入揭批邪教反人类、反科学、反社会本质，团市委开展以“反对邪教、破除迷信、崇尚科学、传播文明”为主题的“校园拒绝邪教”“青年文明社区反邪教”等系列活动。各级团组织在社区、机关、学校、企业纷纷举行“反对邪教、崇尚科学万人签名活动”，“反对邪教、崇尚科学、传播文明”图片展，座谈会，主题班、队会等主题活动，深受青少年和群众欢迎。各级团组织以社区和学校为重点，开展青年文明社区反邪教行动、校园拒绝邪教活动、青少年活动阵地拒绝邪教宣传教育活动，帮助青少年了解邪教本质，引导青少年远离邪教。团市委制定“全市青年文明社区反邪教行动”实施方案，召开各界青年揭批邪教座谈会，并开展龙岩市青少年“反对邪教、破除迷信、崇尚科学、传播文明”签名活动。团市委、新罗团区委在龙岩二中举办龙岩市、区青少年反对邪教、崇尚科学法治宣传报告会。新罗区检察院青年法治宣讲团开设专题讲座 18 场，听众达 2 万余人。

2002 年，加强科学意识教育，开展唯物主义无神论和民主法治教育，继续深入揭批邪教歪理邪说。

四、抵制非法赌博活动

2001 年，团市委还下发《关于禁止团员青年参与“六合彩”赌博的通知》，漳平团市委号召全市青少年自觉抵制“六合彩”非法赌博活动，团员青年纷纷签名表示远离“六合彩”。

2002 年，各级团组织加强科学意识教育，开展民主法治教育，继续参与制止“六合彩”骗赌活动。

第五节　信息报道与网络媒介工作

一、宣传报道

1997 年，为宣传推广标杆典型，扩大社会影响，团市委利用报刊、电台等宣传媒体，进行宣传。当年《中国青年报》《福建日报》《福建商报》《闽西日报》、省电视台等新闻单位先后发播有关闽西共青团新闻和典型报道 210 多条。

1998 年，团市委组建共青团宣传通讯员队伍，举办共青团宣传通讯员培训班，健全新闻激励机制，鼓励做好各项宣传工作。联合闽西日报社、龙岩电视台在《闽西日报》、龙岩电视台分别开辟“金色年华”“跨世纪一代”专题栏目。在《闽西日报》开设“五四精神与当代青年”征文竞赛活动。前后共收到征文 36 篇，在专栏刊登 10 篇优秀征文。当年全市各级团组织在省、市新闻媒体刊发新闻和典型报道 230 多条。

1999 年 5 月 4 日，在《闽西日报》政文版开设“跨世纪的一代”“五四”专版；“五四”期间，《闽西日报》组织发表一批以青年工作和共青团活动为内容的新闻。龙岩电视台新闻节目中开设“跨世纪的一代”“五四”系列报道，在社教部开设“五四之光”“大潮中亮起青年的旗”专题报道。

2000 年，开展“五四精神与当代青年”征文赛活动，围绕“五四运动”及“五四”精神，结合青年在学习、就业等方面的体会，谈“五四”精神的发扬与光大。竞赛活动共收到征文 36 篇，在《闽西日报》“校园内外”版中“五四精神与当代青年”专栏选登10多篇优秀征文。

2001年，配合华南虎拯救工程，加大宣传报道力度，扩大社会影响和青少年参与度。

2007年，在建市10周年、“五四”青年节和第三次团代会期间，先后开设“青春奉献在海西”征文专栏和“闽西十大杰出青年风采录”电视专栏，加强共青团宣传舆论工作。开展“希望工程·百名贫困大学新生圆梦行动”，通过报纸、广播、电视、网络多渠道宣传，制作30集的电视专题片，引起社会各界广泛关注。此次行动募集资金162.1万元。

2008年，联合主流新闻媒体做好宣传工作，与龙岩网合作开通网络视频，创造性地在标致桶（瓶）装饮用水的贴标上融入希望工程标志，聘请10名希望工程爱心宣传大使，与米兰春天等企业合作探索设立“冠名留本”助学基金。11月7日，团市委、闽西日报社、移动公司龙岩分公司等3家单位联合召开新闻发布会，通报“全球通客户爱心积分”援建四川彭州隆丰镇“龙岩市全球通客户永丰希望小学”活动进展情况。3月5日，团市委与龙岩电视台联合举办的“激情青春·唱响闽西”龙岩市青年歌手电视大奖赛。当年全市各级团组织在省、市级以上新闻媒体刊载播出新闻报道215条。

2010年，团市委与龙岩人民广播电台合作开办“就业创业·与你同行”栏目。是年5月16日，由共青团龙岩市委、龙岩市电视台联合举办的龙岩市青年歌手大赛总决赛在龙岩学院学术报告厅举行。当年全市各级团组织被市以上媒体报刊采用新闻信息600多条。

2012年，联合龙岩电视台、广播电台、《闽西日报》等媒体开设“红土青春”“永远跟党走，青春促崛起”“我的青春故事”“就业创业与你同行”等专栏，引导青年立足岗位、创先争优、干事创业。

2019年，网络直播2019年市十大群文活动之“声动龙岩”歌手大赛决赛，观看人数超过40万人次。

2021年，通过在主流媒体推送典型经验，强化思想价值引领。其中，新罗团区委拍摄的庆祝中国共产党成立100周年宣传片《百年华诞，青春献礼》在“学习强国”平台播放；在“新罗团区委”微信公众号平台上设立青年就业、红领巾在行动、扬帆计划、新罗青学堂等专题栏目。

二、共青团出版物

1998年，团市委先后出版《青春的风采》《青年文明号在闽西》及《闽西希望工程》书籍、画册。

1999年，团市委出版《团结奋进的闽西青年》画册。

2002年，编印出版《跨世纪闽西共青团》画册。该画册全面地记录闽西共青团从1997年到2002年的工作情况。是年，编辑出版《闽西第二届十项十佳青年事迹汇编》，展示当代闽西各条战线上杰出青年积极投身闽西新轮创业的精神面貌和奋斗足迹。是年，市青少年工作研究会还出版青少年工作《优秀论文集》等。

2005年3月，共青团龙岩市委组织编写的龙岩市第一部全面系统反映闽西共青团近80年历史的志书《闽西共青团志》。全书分综述、大事记、组织机构沿革、团的重要会议、团的主要工作、少年先锋队、人物篇、荣誉篇、参考文献等9个部分，共计42万字。

2007年，在建市10周年期间，编印出版《青春闽西团旗红》画册。

2012年，编辑出版《古田小红军》漫画书3册。该画册以青少年喜闻乐见的漫画形式生动讲述贫农子弟在革命风暴中成长为红军指战员的故事，以推进革命传统教育。

2013年，动员各方面力量汲取老区丰富红色资源参与青少年红色文化创作。其中，《古田小红军》被省委书记尤权作为“六一”节日礼物送给全省少先队员；青少年动漫画品《新二十四孝》被团省委选为“日行一孝、常伴常亲”活动主题画作。

2021年12月底，《龙岩市共青团志（1997—2021）》完成总纂，付梓印刷。

三、自办刊物

1997年，共青团龙岩市委继续编印《闽西团讯》，每月2期。该团讯主要栏目有工作要点、领导讲话、各地团组织活动和经验做法、信息报道等，为指导各基层团组织开展各项工作、沟通上级团组织及各基层团组织信息、增强与兄弟单位之间的联系起到重要作用。此后，团市委每年编发《闽西团讯》正刊18期，视情况另辟增刊若干期。

四、电视专题片

1998年，拍摄反映龙岩市青年志愿者 、青年文明号、希望工程、青年致富能手、少先队员手拉手活动电视专题片23部。

2002年，为纪念共青团建团80周年，全面贯彻中共十五届六中全会 、团十四届五中全会精神，团市委以“永远跟党走，在创新业绩”为主题制作系列电视专题宣传片。

2007年，制作30集的电视专题片宣传“希望工程·百名贫困大学新生圆梦行动”，引起社会各界的广泛关注。

2016年，以“青亲岩城，文明有你”为主题拍摄微电影1部，助力全民创城。

2018年，组织拍摄防范“校园贷”普法剧《贷价》在央视12套黄金时段播出。

五、龙岩青年网

2002年，全面实施“共青团县县上网”工程，成立共青团信息化工作领导小组，做好网站栏目规划，闽西青年网、7个县（市、区）团委、部分企事业单位团委网站建成投入使用。全省“共青团县县上网”信息平台开通仪式6月23日在长汀举行。

2003年，以“共青团县县上网工程”为平台，丰富市、县两级共青网站内容，增强网站育人功能，将“闽西青年网”链接入龙岩信息资源库，加强与政府相关网站的沟通联系。

2004年11月18日，在龙岩召开全省共青团信息调研工作会议上，团省委副书记俞开海提出各地要建设“三网一会”，即建设以省政务专用网为依托，团省委与市、县两级团组织互联的内部专用政务网，建构以“海峡青年网”为龙头，以“县县上网”工程为支撑的各级共青团组织信息平台网，发展“5461U”青少年网络服务平台和“快乐学习”网站等青少年公益网群，成立省青少年网络协会。

2007年4月，闽西青年网改版开通，新网址为：www.mxqn.ory。改版后的闽西青年网设置“图片新闻”“时政资讯”“闽西团情”“基层信息”“文件签收系统”等15个栏目，增设“投稿统计”“便民服务”等服务性版块，版面更加动感活泼，色彩鲜艳美观。

2008年，做好闽西青年网的日常信息更新工作。

2010年，闽西青年网改版为龙岩青年网。

2011年，加强团系统宣传信息网络建设，提升龙岩青年网建设水平。

2016年，强化宣传舆论引导，“青年之声·龙岩”访问量超过1个亿，回答青年提问11.9万条，开展线下活动 100 多场，覆盖青年 3 万余人。直接联系、培养网宣骨干 35 名，外围成员 100 人，发展网络文明志愿者 25546 名。

2017 年，加强网络正面宣传，“以青年的名义，为他们点赞！”总阅读量超过 5.5 万次。加强红土网宣队伍建设，团市委直接联系、培养骨干网宣员 100 名，建立市、县、乡三级网络宣传快速动员机制，配合上级团委主动发声 52 次，响应超 6 万人次。当年全市“青年之声”累计回答青年问题 13.1 万个，线下开展活动 86 场，落地帮扶青年 3000 余人次。

2018 年，完成团市委官网改版，引领网络正能量。

六、新媒体阵地建设

2011 年，尝试运用新媒体工作。全市共开通微博 7 个，博客 2 个，建立 QQ(飞信)群 15 个。

2012 年，开通龙岩市“青年企业家协会手机报”。当年全市有新浪、腾讯微博 98 个，博客 12 个，QQ(飞信)群 15 个。

2013 年，在新浪、腾讯官方微博平台开设“我的中国梦”专题网页，推出“我的中国梦”微博话题，通过编创转发等形式，提高主题活动的覆盖面和影响力。

2014 年，全力进军网络新媒体，开通“龙岩青年”官方微信平台，在全国设区市团委官方微信影响力排名中最高排名第七名，唱响互联网上“红色”团建品牌的青春主旋律。

2015 年，创办“龙岩青年”微信平台，开展“寻找乡村好青年”“宝贝去哪儿”等活动吸引粉丝 2 万多人，综合影响力始终名列全省前列，全国地市团组织官微排名、全省政务类微信平台最高排名第七名。

2016 年，重点加强“龙岩青年”等 23 个团属微信建设，粉丝数超过 7 万人。

2017 年，加强新媒体运营，全市团属“两微一网”年度有效阅读量 200 万人次。制作《古田小红军》微信连载、《我的青春我的团》微视频等网络文化产品。

2018 年，组建运营团属网站 11 个、官方认证微博 11 个，累计吸引粉丝近 4 万，公众微信平台 11 个，累计关注人数 27 万。全市团属“两微一网”每年有效阅读量过 100 万人次。唱响青年网络“好声音”。

2019 年，龙岩市团属新媒体平台吸粉超 30 万人，组建网络宣传员队伍 505 人，招募网络文明志愿者 2 万多人。纪念“五四”运动 100 周年原创歌曲《青春之光》、微电影《温度》《你就是爱》被团中央官微、新华社 APP 等多家媒体转载，“壮丽 70 年”主题街采、“我和我的祖国”快闪、“我们爱祖国，我们爱国旗”视频集等被“学习强国”宣传推广。

2020 年，开展“云”分享、“云”阅读、“云”代言、“云”展播、“云”课堂系列活动，举办首场省“五四”青年奖章线上分享会，50 多万名团员青年观看直播；市青年“五四”奖章（集体）事迹线上分享获点赞 13.5 万次。

七、信息工作

1999 年，团市委信息调研工作等获团省委优秀组织奖。

2004 年 11 月 18 日上午，全省共青团信息调研工作会议在龙岩市召开。会议总结 2004 年以来全省共青团信息调研工作，表彰 2004 年度全省共青团信息工作先进单位和先进个人、调研工作组织奖、信息化建设先进单位，部署下一阶段工作。龙岩团市委、厦门团市委、莆田团市委、漳浦团县委、延平团区委、福州大学团委在会上作经验交流。团省委副书记俞开海对全省共青团信息工作提出服务大局，善于抓住各个时期、各个阶段党委和上级团委工作的重点、关注的热点、工作推进的难点、青少年反映的焦点、本地工作的特点，加强综合、分析、提炼，把握当代青少年特点，关注大局等要求。是日下午，由团省委主办、龙岩团市委承办的首届福建省青少年网络论坛在龙岩市举行。团省委副书记俞开海在论坛上致辞，并点击开通了“5461U”信息平台。网龙（中国）公司副总裁唐兆希、榕基软件开发有限公司陈明平、省社会科学院赖文、搜狐福州分公司张毅就网络游戏、青少年网络文化、电子政务的发展趋势、互联网及网络游戏的发展现状发表演讲。

2007 年，团市委机关更换机关电脑，配备打印机、扫描仪、数码照相机等硬件设备，推进机关信息化建设。

2010 年，制定《关于进一步加强全市共青团宣传信息工作的意见》，召开全市共青团宣传信息工作研讨会。

2020 年，全市各级团组织和信息员强化质量意识和精品意识，多出高质量信息，杜绝重数量轻质量、滥竽充数现象。

第五章　青年发展工作

第一节　青年突击队行动

1998 年，针对长江、嫩江、闽江流域发生的特大洪涝灾害，全市团员青年发扬“一方有难、八方支援”的互助精神，踊跃向灾区捐款捐物，共捐赠特殊团费 9 万元，衣物 6000 多件，为灾区人民献上一份爱心。

2000 年 8 月，在抗击第十号台风中，由 2 万多名青年志者组成 1000 多支“青年志愿者突击队”“青年志者服务队”和“青年志愿者巡逻队”投入抢险救灾，并积极为灾区捐款捐物。

2006 年，开展青年突击队竞赛活动。成立领导小组，制定实施方案和《龙岩市青年突击队管理办法》，明确竞赛内容和推进措施。2006 年 4 月 29 日，召开全市青年突击队命名誓师大会，命名 143 支青年突击队，并授予 20 支重点工程突击队队旗，全面推进“为闽西新一轮发展献青春”青年突击队竞赛活动的进程。8 月 11 日，“一通百通海西八方纵横”全省交通系统青年突击队命名誓师大会在龙岩市召开，团省委书记陈冬、省交通厅厅长谢兰捷、市政府副市长郑如占出席大会并讲话。活动开展以来，青年突击队弘扬“特别能吃苦、特别能奉献、特别能战斗”的青年突击队精神，营造“比、学、赶、超”浓厚的活动氛围，在重点工程建设、社会主义新农村建设以及科技创新创效项目上发挥了重要作用。上半年，团市委号召全市各级团组织迅速贯彻落实温家宝总理的重要指示精神和市委、市政府抗灾救灾的重要部署，组织青年突击积极投身抗洪抢险行动，一批农技、机修、建设、电力、医疗、防疫等部门专业技术人员充实到青年突击队伍中，帮助灾区群众恢复生产、重建家园。

2007 年，继续在 46 个在建重点项目中开展青年突击队竞赛活动，竞赛内容主要包含安全、质量、进度、文明工地、队伍建设等 5 个方面。通过竞赛活动团结凝聚广大青年突击队员积极投身重点工程建设，赛质量、赛安全、赛进度、赛管理、赛成本、赛创新创效、赛文明施工、赛建设环境、赛精神风貌、赛育人成果。

2008 年，支持四川灾区建设。5 月 15 日，团市委、市红十字会联合举行全市各界青年“心系灾区、共渡难关”捐款仪式。此次收到各级团组织、团干部和各界青年捐款 12 万多元。此前，团市委、市红十字会还下发《关于组织动员团员青年积极投身“心系灾区、共渡难关”援助工作的紧急通知》。8 月 1 日至 9 月 30 日，由团市委、闽西日报社、移动公司龙岩分公司等 3 家单位联合发起的“全球通客户爱心积分”援建四川彭州隆丰镇“龙岩市全球通客户永丰希望小学”活动，共筹集善款 100.33 万元。

2010 年，服务“项目建设年”活动有声有色。选派 2 名机关干部服务市重特大项目——市 200 万吨钢铁铸造产业基地和市第二医院项目建设。在全市重点项目中深入开展“奋进在海西·为闽西项目建设年献青春”青年突击队竞赛活动，4月30日，召开龙岩市纪念“五四”运动91周年暨项目建设年重点工程突击队竞赛活动启动仪式，龙岩市项目建设年活动青年代表，市属企事业单位团委，大、中专院校团委负责人以及社会各界青年代表300多人参加会议。市领导陈万里、林乔城、严金静、李新春等为获表彰的先进集体和先进个人颁奖。项目建设年重点工程突击队代表宣读倡议书，副书记陈万里为龙岩市项目建设年重点工程青年突击队总队授旗并宣布突击队竞赛活动正式启动。组建200支其他类型突击队，服务各地“急、难、险、重”的突击任务和“大干150天，打好五大战役”工作。参与抗灾救灾成效明显。各级团组织成立青年突击队、志愿者服务队参与抗灾救灾，广大团员青年缴纳特殊团费123690.5元，争取团省委资金、项目、物资约327.59万元。响应团中央号召，开展“我为灾区捐赠一瓶饮用水”活动，为西南旱灾区、玉树地震灾区共募集救灾款753286.75元。

2012年，围绕“城市建设年”活动，深入开展青年突击队建功竞赛活动。2016年，开展为连城“7·22”洪灾捐款等微活动。

2020年，团结青年防控疫情。共青团龙岩市委在疫情防控第一线组建青年突击队137支，3个青年集体和8名青年获省级以上“五四”表彰。引导青年企业家服务大局、回馈社会，在疫情防控和复工复产方面积极作为，市青年企业家协会被全国工商联评为抗击新冠肺炎疫情先进商会组织。广泛开展“一线有我”“后方有我”“同行有我”系列志愿服务457场，参加志愿者12000多人次。动员青年企业家和青少年捐款235.23万元，捐赠一次性口罩83695个、额温枪345把。全市各级团属新媒体阵地发布“抗疫”相关信息2151条，总阅读量超1000万人次，展播“汇聚青春力量·助力双战双赢”战疫文化作品4期76件。以“情系外来青工·奉献青春温度”为主题开展“送年货、送保险、送流量、送理发、送辅导、送健康”等送温暖系列活动，服务外来青工留龙岩过大年。

2021年，有力有效开展疫情防控工作。充分利用微信、抖音等新媒体平台，累计发布疫情动态信息、推送疫情防控知识网络产品51条、总阅读量（播放量）193270人次。积极组织团员青年主动向社区（村）报到，迅速组建青年战“疫”突击队77支，人数2144人。

第二节　青年岗位建功行动

1997年，团市委认真贯彻团省委《关于在全省企业青年中开展“导师带徒”活动的意见》精神，在全市85%的企业、95%的青工中以师徒双向选择、签订合同、师徒结对方式开展导师带徒活动。6月，集中力量宣传“导师带徒”活动的目的、意义，营造青工比技术、练技能的氛围。7月，举行由当地党政领导和有关部门参加的导师带徒集体签约仪式。8—9月，组织实施导师带徒方案，落实活动保障措施，积极开展各种形式的“教”“学”活动。永定矿务局等工矿企业团委在岗位练兵的基础上，以导师带徒为突破口，培养矿山适用型技术人才，已有95%的学徒在导师的带领下，走上工作岗位，独立操作，大力提高岗位技能、岗位文明和岗位效益。到年底，导师带徒活动成为企业行为，作为岗位训练的重要的内容纳入企业培养职工的规划，掀起青工当能手、学技术、比技能的热潮。是年，深入建设跨世纪人才工程。在企业，青年岗位能手活动领域从国有大中型企业推向“窗口”行业、非国有企业，覆盖创建青年文明号活动的所有单位和系统。各行业通过岗位练兵、导师带徒、技术比武等活动，建立技术培训、科技协会、技能互学小组等，全面提高青年职工的整体素质，进一步完善保障机制，促进青年岗位能手活动逐步成为行业、企业行为。到年底，全市涌现出全国级青年岗位能手3名，省级青年岗位能手22名，市级青年岗位能手67名。在农村，团组织把培养青年致富能手同青年星火带头人、青年农民技术员培训、实用技术培训、青年星火技术培训推广基地建设等活动有机结合起来。全市培养农村青年致富能手1.5万人，有1489名青年致富能手任团支书、村科技副主任或村两委成员，团组织成为带领农村团员青年科技致富的重要力量。在学校，以“挑战杯”大、中学生课外学术科技作品竞赛为“龙头”的大、中学生跨世纪科技行动积极开展，全市大、中学校全面开展学生科技活动，学生科技学术型社团进一步发展，不断激发青年学生学科技、用科技的热情，增强学生的综合素质。全市进一步建立健全社会优秀青年人才的评选、举荐机制，一大批优秀人才脱颖而出。

1998年，全市各级团组织不断深化跨世纪青年人才工程，取得显著成效。青年岗位能手活动从国有大中型企业引向“窗口”行业、非国有企业，覆盖开展创建青年文明号活动所有单位。9月下旬，团市委召开全市企业共青团工作会议暨导师带徒现场会。至年底，全市4名(江七蓉、林静、薛昌仁、谢正龙)青工被评为“全国青年岗位能手”、22名青工被评为“省级青年岗位能手”、90名青工被评为“市级青年岗位能手”。全面实施“振兴千家中小企业行动”，“三扶一”(即优秀青年企业家、青年经济学者、青联委员共同扶助一家企业)工作取得初步成效。加快青年致富能手培养步伐。各级团组织把培养农村致富能手作为深化农村青年科技活动，提高农村青年科技素质的重要手段，不断拓展培养农村青年致富能手活动的范围。积极组建各种形式的青年致富能手协会。8月，团市委组织机关干部下基层开展农村团工作调研。10月中旬，召开全市农村团工作流动现场会，交流开展农村团工作和青年致富能手活动的经验。至年底，全市培养农村青年致富能手6500余名，有238名农村团支书任村委会科技副主任，70名农村青年被评为省级青年星火带头人。大、中学生跨世纪科技行动不断深化。引导大中学校学生开展科技活动，构建以科技为主题的校园文化生活，开展青年学生跨世纪科技行动主题团日活动，通过举办科技讲座、知识竞赛、科技服务，激发他们爱科学、学科学、用科学的热情，提高综合素质。

1999年，各级团组织在青年职工中广泛开展“青年岗位能手兴质量”活动。年初，各工矿企业普遍举办一次“岗位练兵、技术比武”活动，表彰一批岗位能手，推进企业发展，使青工技能素质得到提高。团市委拓展企业共青团工作新路子，在全市开展“青年志愿者为重点工程献青春”活动，充分发挥团组织在重点工程建设中的生力军和突击队作用。龙岩市造纸实业公司团委开展以“迎接新希望、青春献工厂”为主题的为重点工程献青春活动，动员广大团员青年，为龙岩市纸业腾飞奉献青春。当年，利用下岗青工再就业技能培训中心，举办烹饪、电子、计算机、服装设计等下岗青工技能培训，培训下岗青工50人。实施青年科技创新行动。1999年9月，团市委在漳平电厂召开企业共青团工作暨青工创新创效座谈会，研究部署企业青工创新创效活动。各级团组织围绕企业技术创新工程，组织青年科技人员以市场为导向。开展“五小”“QC”攻关等群众性科技活动，强化青工的质量意识。在第二届福建省青年科技成果(产品)博览会上，龙岩市选送的龙净股份有限公司智能除尘器控制系统、连城星光水果场生产的日本“市交”特早熟蜜橘获金奖，龙马集团公司LM-12E、LM-12CE型小型拖拉机获银奖，团市委获优秀组织奖，漳平电厂6个QC成果分别获部优、局优。在少先队组织中组织各种科技兴趣小组，激发他们学科学的兴趣，龙岩实小的车模兴趣小组在省赛中获得总分第一名。

2000年，各级团组织开展青年职工创新创效活动，引导广大青工围绕企业的生产经营，在技术、管理、营销、服务等方面开展创新创效实践，做好“四个一”（开发一项新产品，创造一项新工艺，推广一项新技术，转化一项新成果）工作，为企业创造可观的效益。漳平电厂团委以“推动企业科技进步、加快青年人才培养、提高企业经济效益”为主题，广泛宣传，提高实效，规范管理，不断推动青工创新创效活动，累计完成青年创新创效成果137项，为企业创造效益上千万元，并培养一大批具有较高专业技术素质的青年技术人才。各级团组织开展“五小”（小发明、小革新、小改造、小设计、小建议）、“QC”技术攻关等群众性科技活动。4月21日，团市委召开第六届青工“五小”成果发布会，表彰第六届青工“五小”优秀成果奖，发布武平林化厂“B-90聚合松香的研制开发”等14项优秀成果。至2000年底，全市已有4名青工被评为“全国青年岗位能手”，27名青工被评为“省级青年岗位能手”。在学校里加强中学生和少先队员的创业意识教育和创新技能培养。“六一”期间，团市委举行“海尔电脑杯”少先队员“雏鹰展翅”技能技巧大赛，融电脑绘画、创新方案设计、环保小制作等活动于一体，促进素质教育。11月25日，新罗区团委举办“标致杯”龙岩城区中、小学生现场科技小制作比赛。

2001年，各级农村团组织实施世纪青年农民科技培训工程，利用农函大、农广校和青少年活动中心、青少年科技图书站等阵地，帮助农村青年提高职业素质和技能。继续参与共建基地、科教咨询、技术转让等扶贫行动，引导青年农民推动农业新技术、新品种的广泛运用。领办科技推广项目36个，一批种养项目逐步发展壮大，促进农村产业结构的调整和农村经济发展。漳平市创建党团联动科技网，培养50多名农技骨干和农业科技爱好者，对增加农民收入产生积极的推动作用。各级企业团组织深化青年创新创效活动。团市委召开全市企业青年创新创效活动现场推进会，开展青年创新创效方案金、银、铜奖和先进个人评选表彰活动。各企事业单位团委积极开展“创新金点子”征集活动，引导广大青工进言纳策，被采纳的合理化建议达3000条（项）以上。漳平电厂成立青工创新创效活动领导小组，对青年技术创新项目实施全过程管理，建立“漳电青年科技奖励基金”和“漳电青年成才奖励基金”。是年，全市着眼于提高青年劳动者素质，培养各类青年岗位能手。在农村，开展实用技术、市场知识等培训，全市举办各种类型培训班86期，培训人员2万多人，成立农村青年能手协会39个，培养农村脱贫致富能手和青年星火带头人5000多人。连城朋口、上杭古田等乡（镇）团组织创办中学生实践教育基地，帮助青年学生掌握实用技术，武平团县委建立农村青年实用技术培训推广示范基地16个，创建乡（镇）青年科技图书站5个，培训农村青年1.6万人次。在企业，以青年岗位能手活动为重点，开展导师带徒、岗位练兵、技术比武以及“五小”“QC”等活动，培养青年岗位能手480名。6月21日，团市委等单位举行煤炭系统“新世纪、新技能”青年岗位能手大赛，16个代表队90名选手参加比赛，共有10个代表队、27名选手获得团体项目前三名和个人项目前六名，11名优秀青年岗位能手受到表彰。在学校，以培养创造能力、创新创业精神为重点，积极实施大、中学生“素质拓展”计划，推进青少年新世纪读书计划。团市委开展“科技进校园”主题系列活动。4月15日，举办全市大中专学校“鸡蛋撞地球”创新思维设计大赛暨表演赛，参赛选手应用创新思维，寻求最佳设计方案。经过角逐，龙岩师范、侨中、闽大等学校分获一、二、三等奖。4月24日，举办全市大中专学校青年学生电脑网络现场综合竞赛，115名学生参加角逐，闽西大学的余力等18

名同学分获一、二、三等奖。

2002年，农村团组织实施青年增效成才计划，创建星火示范基地15个，领办科技推广项目10项，促进农业、农村经济战略调整，引导青年农民增产增收、成长成才。实施跨世纪青年农民科技培训工程，培养青年星火带头人、青年科技致富带头人2280人。做好农村青年经济能人协会的推广工作。企业团组织继续推进青年创新创效活动、“五小”“QC”和青年岗位能手等群众性科技创新活动，新增经济效益3000多万元。发挥林红、江建权等青年先进典型的辐射带动和示范作用，评选表彰江建权、温伟民等第七届闽西十大杰出青年。

2004年，团市委、市科技局、市人事局、市教育局决定在全市范围内实施闽西青年科技创新行动。闽西青年科技创新行动在此后3～5年内，力争建设两大青年阵地（青年科技创新行动示范基地和青年科技创新行动教育基地），抓好三个环节（培养青年科技创新意识、提高青年科技创新能力，促进科技成果转化），完成三项计划（闽西青年读书成才计划、闽西青年技能振兴计划、闽西青年科技攻关计划）。闽西青年科技创新行动的内容包括：培养青年的创新意识。通过命名建立一批青年科技创新教育基地，依托各类科技馆、博物馆、图书馆、重点学科、意识，激发青年的创新潜力。开展科技知识学习传播。通过建立一批青年科普教育读书俱乐部，为青年提供信息咨询，推荐书目、导读导购、优惠售书等服务；通过举办科技动态讲座、专题讨论会、演讲会、征文赛、知识竞赛等活动，有计划深化青工创新创效和科技进校园等主题教育活动。依托各类科研机构，青少年宫和各类科技文化设施，逐步建立青年科技培训网络，开展科技普及和推广工作，努力提高青年的科技素质。推动青年科技创新竞赛活动。开展企业青年创新创效活动，实施闽西青工技能振兴计划。开展农村科技致富能手竞赛活动。开展“科技进校园”活动，培养青年学生的科学精神、科学思想和科学方法。定期举办闽西青年企业家创新发展论坛。建立青年科技创新人才库。建立一批青年科技创新示范基地。建立和完善青年科技创新激励机制，设立闽西青年科技创新奖。

2005年，围绕党政工作中心，引导广大青年在推进生态型经济枢纽和海峡西岸经济区重要增长极建设中发挥生力军作用。实施“爱我闽西青年创业行动”。积极扶持青年兴业领头人，开展“创业海峡西岸—优秀创业青年百校行”活动和“农村中学生创业意识教育与创业技能训练”活动，深化“千校百万”进城务工青年培训计划。7月8日，召开全市青工工作会议，围绕企业的生产经营，在技术、管理、营销、服务等方面开展创新创效活动，引导广大青工开展创新创效实践，做好“四个一”工作（开发一项新产品、创造一项新工艺、推广一项新技术、转化一项新成果）。11月，实施闽西青工技能振兴计划，广泛开展能工巧匠技能竞赛和评选活动，举办培训班、知识讲座、技术交流、青工技术比武等的青工技能月活动。漳平电厂被确定为全国青工技能振兴试点企业。深化“青年安全生产示范岗”创建和节能降耗活动，龙岩电业局调度所调度班被评为全国青年安全生产示范岗。

2006年4月18日，召开全市青年创新创效活动推进会，4月20日至6月20日，举办“e代天骄”青年网络创业大赛，6月组织30多名青年企业家参加“6·18”中国福建项目成果交易会和第四届海峡青年论坛，12月开展青工技能月活动。建立青年创新活动考评激励机制，推进青工技能振兴计划，深化青年岗位能手活动、导师带徒活动和“青年安全生产示范岗”创建活动。团市委获团中央、劳动和社会保障部表彰的2006年度“中国青年创业行动优秀组织单位”荣誉称号，市青年企业家协会获2006年度“省青年企业家协会建设成就奖”荣誉称号。

2007年，各级团组织强化服务意识，扎实开展“闽西青年创业行动”，组织青年在项目带动战略和“10+3”重点产业中开展创业实践。推进“海西青春蓝领计划”，举办青工技能大赛，开展技能竞赛运动会，培育评选青年岗位能手。围绕企业的生产经营，在技术、管理、营销、服务等方面开展创新创效活动，引导广大青工开展创新创效实践，深化“青年安全生产示范岗”创建和节能降耗活动。6月17—18日，组团20多人参加第五届海峡青年论坛及省“6·18”项目成果交易会，8月11日，举办第八期青年企业家创新发展论坛，8月17—20日，组团13人参加第五届西藏林芝地区投资贸易洽谈会，同时还组团参加“9·8”“11·18”等对外经贸交流活动，为青年创业搭建平台。

2008年，服务市委，市政府“10+3”重点产业发展，参与项目开发和招商引资工作，组团参加海峡青年论坛及省“6·18”项目成果交易会和“9·8”“11·18”等对外经贸交流活动，促成一批项目落户龙岩。扎实开展“闽西青年创业行动”，在重点项目中开展青年突击队竞赛活动。推进“海西青春蓝领计划”，举办青工技能大赛，开展技能竞赛运动会，培育评选青年岗位能手。围绕企业生产经营，在技术、管理、营销、服务等方面开创新创效活动，引导广大青工开展创新创效实践，深化“青年安全生产示范岗”创建和节能降耗活动。6月29日，举办“坐享财富，投资未来——龙岩市青年企业家创新发展(第九期)论坛”，邀请香港著名股票分析师黄玮杰作《香港金融市场投资展望》演讲，香港投资专家刘智明、郑江伟分别作《资本管理及投资入境计划》《香港指数期货、黄金投资》演讲。

2009年，组织全市团员青年、青年企业家服务市委、市政府“10+3”重点产业发展，参加“6·18”“9·18”“11·18”等经贸交流活动，参与项目开发和招商引资工作。举办财经论坛，邀请郎咸平等专家学者作专题演讲，提升青年企业家素质。开展“闽西青年创业行动”，推进“海西青春蓝领计划”，举办青工技能大赛，在重点建设项目、重点企业中开展青年突击队竞赛活动，同时围绕企业的生产经营，在技术、管理、营销、服务等方面开展创新创效活动，深化“青年安全生产示范岗”创建和节能降耗活动。

2011年，团结带领广大团员青年，在围绕实现市“十二五”规划宏伟目标中发挥生力军、突击队的作用，服务经济发展全局。组织人员参与“6·18”“9·8”“11·8”等经贸交流活动。3月26日，开展以“建功‘十二五’青春促跨越”为主题的龙岩市百名青年企业家园区行活动。参与创建创业型城市宣传月活动，为公众介绍青年创业、小额贷款、自主创业、创业培训等方面的扶持政策。

2012年，围绕“城市建设年”活动，深入开展“青春奋进促跨越”主题实践活动和青年突击队建功竞赛活动、青年岗位能手、青工技能振兴计划等活动，深化“青年安全示范岗”创建和节能降耗活动，组织青年企业家参与“6·18”“9·8”“11·8”等重大经贸交流活动，联合龙岩电视台、广播电台、《闽西日报》等媒体开设“红土青春”“永远跟党走，青春促崛起”“我的青春事”“就业创业与你同行”等专栏，引导青年立足岗位，创先争优，干事创业。

2015年，以市委、市政府大力培育发展电商产业为契机，探索出一条富有龙岩特色的青年电商之路。建网军，成立市、县两级青年电商协会，吸收会员1800多名，带动青年5万多名，配合政府引进阿里巴巴、京东农村电商项目。育人才，邀请社科院、农业部专家和电商能手、电商新锐到龙岩举办高峰论坛 11 期，举办大学生电商文创大赛和跨境电商大赛，组织青年电商每周举办 1 场沙龙活动，覆盖青年 5000 多人。重帮扶，为青年电商争取 10 亿元的银行授信，同时将青年创业小额贷款等资源向青年电商倾斜，培斜淘宝村“村民”可凭电商销售流水申请免抵押创业贷款；开展龙岩市“十佳青年电商”评选活动，获奖电商得到建设银行物质奖励及贷款优惠政策。

2016 年，服务“三大战役”，青年众创空间入驻企业 12 家，注册专利 18 项，转化成果 13 项，年营业总收入超 3000 万元。聚焦青年关切，围绕青年就业创业，成立龙岩市青年创新创业服务中心，整合青企协、青电商和社会资源，制定和落实“每周一沙龙，两月一论坛”工作要求。深化“银团合作”，全市发放创业青年小额贷款 794 笔 5090.9 万元。

2017 年，带领青年建功一线。深入开展青年突击队创建工作，组织青年开展“赛技能、比贡献、助攻坚”技能比武活动，广泛开展青年安全生产示范岗创建活动，引导一线青年立足岗位、学技成才，争创一流业绩。

2018 年，开展青年安全生产示范岗创建和“赛技能，比贡献，助攻坚”活动。评选“大美龙岩·青承匠心”传统工艺十佳青年传承人和优秀传承人，多项传统技艺被市文广新局认定为非物质文化遗产。

2019 年，龙岩市承办第六届“创青春”福建省青年创新创业大赛，获优秀组织奖，11 个青年创业项目入围决赛，2 个项目入围第六届“创青春”中国青年创新创业大赛决赛，获铜奖 1 项。

2020 年，龙岩市在第七届省“创青春”青年创新创业大赛中，获 1 个一等奖、7 个二等奖，6 个三等奖，是获奖项目最多的一届，综合排名仅次于福州、厦门居全省第三位。其中，农业农村组综合排名全省第一名，团市委继去年承办大赛后再次获得“优秀组织奖”。深化“比技能、比质量、比作风，晒成绩”青年岗位能手活动，龙烟集团王启兵、闽西职业技术学院刘剑友获全国青年岗位能手。

2021 年，举办龙岩市青创“育苗计划”暨福建青创培训班，共 43 名学员参加培训。积极动员龙岩市 95 个项目报名参加“创青春”青年创新创业大赛、返乡创业大学生创新创业大赛，并为参赛团队开展赛前辅导，获得优秀组织奖。承办第十七届“振兴杯”全国青年职业技能大赛福建省选拔赛，获得优秀组织奖。

第三节　青年文明号创建

1997 年，团市委创建“青年文明号”活动范围进一步拓展，已从“窗口”行业延伸到工矿企业和重点工程，并注重总结宣传标杆典型。3—4 月，以“满意服务、情暖闽西”为主题，开展青年文明号优质示范月和“一助一”扶贫帮困及“青年文明号助万家”活动。市组委会在市邮电局召开全市推行青年文明号服务卡现场会，推动全市青年文明号服务卡活动的开展。在试点的基础上，在邮电、公安、供销等行业 120 多个全国、省、市级“青年文明号”中推行，并在 9—10 月开展“庆国庆，迎十五大”文明号服务卡优质服务月活动。为宣传推广标杆典型，扩大社会影响，团市委充分利用报刊、电台等宣传媒体，进行宣传。全市拍摄有关“青年文明号”专题片 23 部，《中国青年报》《福建日报》《福建商报》、省电视台、《闽西日报》等新闻单位发播新闻和典型报道210多条。4月，团市委联合24个部门、行业召开全市青年文明号表彰暨经验交流会，发挥典型示范作用。9月，在龙马集团销售总公司召开“向国家级青年文明号——龙马集团销售总公司学习座谈会”。是月，团市委联合市卫生局为市第一医院举行国家级青年文明号——龙岩急救中心授牌仪式。在创建活动中，采取“四个结合”（与树行业新风、创建优质服务相结合；与青年岗位能手活动相结合；与青年志愿者、岗位学雷锋活动相结合；与完成各项任务相结合），使青年文明号创建工作进一步巩固提高。至此，青年文明号活动在24个行业、20多万青年中展开，涌现出全国青年文明号3个，省级青年文明号54个，市级青年文明号183个。1997年，团市委被省创建青年文明号组委会授予全省创建青年文明号活动优秀组织奖。

1998年，加大青年文明号创建力度，把青年文明号优质服务延伸到社区、家庭，渗透到企业。3月，国家级青年文明号单位龙马集团销售总公司又一次在武汉、福州召开新闻发布会，向社会作出承诺。团市委及时召开创建工作汇报会，进一步总结经验，制订工作目标。4月、10月，分别组织开展青年文明号优秀服务示范月活动、青年文明号与下岗青工扶助结对活动。“五四”青年节期间，团市委评选表彰“市十佳青年文明号”及80个市级青年文明号，推荐上报14个省级青年文明号。11月，对省、市、县三级青年文明号进行年度复查。至年底，全市已有25个行业系统、3500多个青年集体参与青年文明号创建活动，涌现出国家级青年文明号4个（龙岩“120”急救中心、龙马集团销售总公司、龙岩电业局营业大厅、连城县日杂果品公司食杂经营部）、省级68个、市级249个。

1999年4月，为纪念江泽民总书记为全国创建青年文明号题词5周年，全市开展“树五四精神、创一流业绩、向国庆50周年献礼”青年文明号优秀服务示范月活动。召开全市创建青年文明号活动经验表彰大会，对1998年度市级青年文明号单位进行授牌表彰。9月，团市委和市土地管理局在全市土地登记“窗口”开展创建“青年文明号”活动。11月，授予龙岩市公共交通公司市区公交车队7路两个车组为市级青年文明号单位。至年底，全市已有25个行业系统，3500多个青年集体参与青年文明号创建活动，涌现出全国级青年文明号4个，即龙岩“120”急救中心、龙马集团销售总公司、连城县日杂果品公司食杂经营部、龙岩电业局营业大厅。省级青年文明号有68个。

2000年4月20日，团市委组织龙马集团公司、“120”急救中心、市电业局、工商局等青年文明号单位，到永定抚市镇，为农民提供龙马维修、健康教育咨询、商品打假知识等服务。9月25—30日，组织全市各级青年文明号开展“迎国庆、送温暖、献爱心”活动。团市委还举办首届社区青年文化节推进仪式，各级团组织围绕社区团建、服务、文化，开展“组织、网络、服务、阵地”4大项目建设，上杭古田、永定土楼、连城冠豸山等10个创建示范点工作稳步推进，农村青年文化园进一步活跃。至当年底，全市共有国家级青年文明号6个，省级82个，市级417个。

2001年，各青年文明号单位实施“青年文明号信用建设示范行动”“青年文明号优质服务促假日经济”活动，开展“号户”结对及助学活动。5月18日，团市委召开青年文明号活动表彰大会暨经验交流会，命名表彰69个市级青年文明号集体。

2002年5月23日，团市委组织“青年文明号”集体到上杭茶地乡开展“青年文明号”优质服务下乡活动。

2003年，共青团龙岩市委调整市创建“青年文明号”组委会，建立联席会议制度，实行“青年文明号”预申报制度，下发《市级“青年文明号”管理办法》和“青年文明号”服务卡管理规范要求，对“青年文明号”申报、创建、评定流程进行规范。实施“为民工程”，开展“青年文明号”为下岗失业青年“三助一送”、与特困户结对、“真情助困进万家”等活动，开展“争当信用标兵、全面建设小康社会”“青年文明号”信用建设示范月活动，并组织“青年文明号”单位外出学习考察。不断扩大“青年文明号”创建范围，启动石油系统“青年文明号”创建活动。聘请市党政领导、人大代表、政协委员、社会知名人士组成监督机构，开展自我监督和社会监督。同时对全市国家级、省级、市级“青年文明号”进行复查整顿，国家级摘1家，省级限期整改2家。2003年，新授予省级“青年文明号”称号10个，市级称号21个，农行新罗区支行被授予国家级“青年文明号”称号。

2004年是江泽民为“青年文明号”亲笔题名10周年。全市各地开展丰富多彩的“青年文明号”十周年纪念活动。长汀县创建青年文明号活动组委会4月1日组织各行业青年文明号创建办在三元阁举行青年文明号信用公约宣誓仪式。上杭县组织全县各级青年文明号单位开展“文明先锋青年文明号统一行动日”活动，并举行青年文明号信用公约宣誓仪式。实施“为民工程”，组织青年文明号便民服务小分队等队伍开展“三助一送”活动，开展“号户”结对活动。同时还表彰一批“诚信青年文明号”和“信用青年”。武平县组织全县39个青年文明号集体开展“文明先锋——青年文明号统一行动日”活动，开展青年文明号信用公约宣誓活动，组织便民、识假等服务小分队为群众提供优质便民服务。邀请新闻媒体、监察员、县人大代表、县政协委员对青年文明号集体开展信用测评。以“十载青年文明风”为主题，制作创建经验图片宣传栏统一展出。开展“号户”结对、真情助困进万家、服务一条龙等活动。召开座谈会，召集青年文明号集体交流创建经验。市公交公司青年文明号车组驾乘人员佩戴团徽、绶带，所有公交车辆挡风玻璃上方张贴青年文明号信用建设示范活动标语。制作青年文明号优质服务卡1万张，组织部分青年文明号车组成员在街心广场开展便民服务。

2005年，摄制12集《激情创业——闽西青年文明号巡礼》电视专题片，从11月22日—12月9日在龙岩电视台公共频道播出，发挥青年文明号先进集体典型示范作用。以“一流服务、一流管理、一流人才、一流业绩”为主线，加强青年文明号的日常监督管理规范，全市13家青年文明号通过省级评选验收，4家单位通过全国级评选验收，2家单位通过省十佳评选验收。开展“青年文明号爱国户”结对扶贫帮困及助学活动，结对800多对，帮扶资助金额达50多万元。

2006年元旦、春节期间，发动200多个基层团委、500多个青年文明号和青年企业家协会会员筹款20多万元开展“真情助万家”送温暖献爱心活动。4月，举行青年文明号优质服务示范月活动。6月23日，在漳平市城关派出所举行全国级青年文明号授牌仪式。当年，全市新增龙岩市邮政局龙川支局、漳平市公安局城关派出所、上杭古田国税分局、米兰春天量贩有限公司体育中心店等国家级青年文明号4家、省级12家、市级18家。

2007年1月17日，各级青年文明号集体开展“真情助困进万家”统一行动，共为困难群众和学生捐款、捐物总价值10多万元。4月1日，团市委、市青年文明号活动组委会组织龙岩电业局、龙岩中心血站、地税（国税、公安）古田分局、市“120”急救中心、移动龙岩分公司、农行新罗支行、龙岩电视台公共频道、市交警直属大队等10多家全国级和全国级争创单位的青年文明号集体在上杭县古田镇开展全国青年文明号“和谐海西立新功”古田行活动。利用青年文明号建设示范月、青年文明号岗位练兵、青年文明号“号户”结对、青年文明号文化园建设以及百城万店无假货等一系列丰富的载体和活动，努力提高创建集体青年业务素质、职业道德意识、岗位文明等综合素质。加强对全市青年文明号的管理，完善青年文明号的监督和运行机制，做好青年文明号检查复核工作，举行全国级青年文明号授牌仪式。全年全市新增国家级青年文明号3家、省十佳青年文明号1家，省级青年文明号13家。

2008年4月，开展青年文明号优质服务示范月活动。全市公安、税务、工商、卫生、城建、交通、通信、金融等30多个行业和系统的500多个青年文明号集体开展岗位练兵、岗位能手竞赛、诚信满意度调查、微笑天使服务、爱心“号户”结对以及便民服务等青年文明号展示活动。5月4日，举办“青年手拉手·同心迎奥运”“五四”青年节专场文艺晚会。

2009年，深入开展青年文明号创建活动，举办全国青年文明号学习科学发展观古田座谈会和流动现场会。深入推进青年文化行动，组织团员青年广泛参与“三下乡”等群众性精神文明创建活动。

2010年4月，在全市公安、税务、工商等30多个行业和系统的500多个青年文明号集体中广泛开展以“建设先行区·青年要先行”为主题的青年文明号优质服务示范月活动。召开龙岩市青年文明号活动组委会2010年办公会议，举行2009年度新命名的18家省级青年文明号集体授牌仪式，调整部分组委会成员，对全市38家新申报省、市级青年文明号集体开展考评验收。

2011年，结合创先争优活动，拓展活动领域，全面提高市窗口单位和服务行业的服务标准，营造良好的经济发展软环境。4月，634家各级青年文明号集体以“立足岗位比贡献，创先争优做示范”为主题，联合开展优质服务示范月活动，窗口单位和服务行业青年文明号集体深入开展“为民服务创先争优”活动。5月3日，在市公安局举行2011年龙岩市青年文明号表彰大会暨现场观摩会。全年全市新增全国级青年文明号集体2家。

2012年，深入开展青年文明号优质服务示范月活动，全年新增市级青年文明号集体37家，省级青年文明号集体17家。

2017年，深化青年文明号品牌，组织全市258家青年文明号集体、服务“窗口”一线青年开展优质服务示范活动，在发展现代服务业中发挥生力军作用。

2018年—2021年，新增市级青年文明号集体68家，省级青年文明号集体56家。2021年，龙岩市6家集体获得全国青年文明号。

第四节　脱贫攻坚和乡村振兴建功行动

1997年，龙岩市团组织以提高农民的科技文化素质和思想道德素质、“奔小康、建新村”为目标，大力推进“服务万村脱贫致富奔小康行动”。团市委积极开展结对帮扶活动，发动城市支持农村、富裕村支持贫困村，拓宽结对领域，帮助贫困村的团组织兴办项目和实体。同时，各级团组织借助科技，依靠市场，结合实际，领办科技推广项目，带动先进实用技术的推广应用，突出抓好科技服务、项目服务、信息服务，做好建立现代农业文章。武平团县委积极争取县委支持，把农村团组织兴办的经济实体和领办科技项目纳入农村产业结构总体布局，要求每个村要划出3～5亩山林、水面或农田由团支部开发经营，在人力、财力、资金等方面提供各种优惠和扶助。团县委联合县农业局把团组织领办的科技项目纳入“八七”扶贫攻坚计划和“星火计划”，并争取县政府10万元低息贷款在武平县城厢乡园丁村建立1万平方米的蘑菇生产科技示范基地，此外，全市团组织进一步完善工作责任制，加强204个联系村工作，共落实资金420多万元，引进项目170多个，兴办农村青年科技图书站16个。服务万村行动，既推动贫困山区的脱贫致富，又丰富农村青年的科技文化生活。

1998年，各级团组织围绕促进农业和农村经济发展，大力实施“服务万村行动”和“农村青年科技传播行动”。农村团组织领办科技推广项目有新突破。年初，团市委联合农业局下发《关于开展水稻旱育秧、抛秧两项技术推广活动的通知》，确定新罗区、长汀县为全市抛秧、旱育秧推广试点县（区）；确定长汀的河田鸡、抛秧、旱育秧推广项目；连城的高海拔无虫害蔬菜栽培示范项目；上杭的抛秧、旱育秧推广项目；武平的清化肉桂项目；永定的芥菜种植、加工开发项目等作为科技项目领办试点。各县（市、区）团组织根据当地经济发展战略和主导产业发展的要求，积极组织引导广大农村团员青年看好市场、领办科技推广项目，带动各种实用技术的推广和应用。同时，积极创造条件建立农村青年科技图书站。至年底，全市共建农村青年科技图书站45个，为农村青年提供学习技术场所。

1999年，龙岩市各级团组织以市场为导向，兴办现代农业科技项目，参与当地支柱产业建设，走出一条在促进农业产业化进程中活跃共青团工作的新路子。团市委继续抓好已确定的6个科技领办试点，并以此作为实用技术培训基地，加大青年星火带头人和青年致富能手的培养力度。上半年，培训青年农民1万多人，培养市、县、乡3级青年星火带头人和青年致富能手1427人。武平县团委响应县委号召，积极参与“建设边界强县”活动，组织团干挂钩企业，参与企业的生产、销售，认真总结和推广青年股份合作体等生产组织形式，促进农村青年参与多种形式的联合。漳平团市委联合有关部门在团员青年中开展“庭院经济户”评比活动，发动团员青年利用房前屋后庭院空地大搞种养业。连城团县委开展烤烟种植能手赛。长汀县团委组织团员青年积极投身“大养河田鸡、争当主力军”活动，涌现4000多户养鸡千羽以上的青年专业户，走“公司＋农户”的路子，促进河田鸡产业化进程。

2000年，团市委不断拓展技术推广型、结对服务型、资金投入型、依托能人型等方式，重点推广抛秧、旱育秧、食用菌等项目，抓好典型的辐射示范工作，为上杭古田吴地村青年蔬菜协会、漳平永福龙车村青年西红柿示范场解决扶持资金各1万元。市青联还投资10万元，与市农业局联合建立基地，推广食用菌新品种，还依托科技领办项目基地培训青年农民2万多人次，培养出市、县、乡3级青年星火带头人和青年致富能手5000多人。完善永定抚市、培丰和上杭南阳等3个乡（镇）科技文化活动中心和45个乡（镇）科技图书站。漳平市、连城县分别建立青年营销协会、青年致富能手协会，通过会员扩大领办项目的范围。漳平市还启动跨世纪青年农民科技培训工程。上杭团县委组织青年农民参加农函大培训，聘请技术员开设专题讲座，发挥农村科技图书站作用，为青年农民及时提供市场与科技信息，并推出南阳富源种猪场、古田先锋果林场等一批先进典型。

2001年，继续参与共建基地、科教咨询、技术转让等扶贫行动，引导青年农民推动农业新技术、新品种的广泛运用。领办科技推广项目36个，一批种养项目逐步发展壮大，促进农村产业结构的调整和农村经济发展。漳平市创建党团联动科技网，培养50多名农技骨干和农业科技爱好者，对增加农民收入产生积极的推动作用。

2002年，农村团组织实施青年增效成才计划，创建星火示范基地15个，领办科技推广项目10项，促进农业、农村经济战略调整，引导青年农民增产增收、成长成才。

2003年，开展“共青团城乡互动百千万工程”活动。“共青团城乡互动百千万工程”是由团省委提出，旨在全省组织100个省直机关团组织与100个乡（镇）团委结对，组织1000个市直机关团组织与村级团组织结对，培养10000名农村青年创业致富带头人、农村青年营销员和农村青年网络信息员。团市委成立活动领导小组，制订详尽的实施方案，建立工作联系、信息专报和督查反馈制度。在推荐全市13个乡（镇）团委与11个省直单位团组织结对的基础上，市、县团组织又确定150个市、县（区）直有关单位团组织与150个村级团组织结成对子，明确城乡互动工程以创建“五四红旗团委（团支部）”为目标，以城乡组织、人才、市场、信息、产业和文化互动为基本途径。团市委根据“六个互动”要求，提出了“十四个一”的具体项目，使互动工作更具操作性。2003年6月6日，团市委组织召开结对团组织负责人会议。6月27日，举行省直—龙岩市结对仪式，签订城乡互动责任书。各结对团组织主动向党政领导汇报，认真开展调查摸底，在深入了解结对团组织的基本情况、特点、优势的基础上，依各单位特点、优势，有针对性地开展一项或多项互动项目。团市委还组织人员参加团省委百个结对乡（镇）团委书记培训班，配合“省直青年专家八闽行”活动，组织5位省直青年农业专家深入乡（镇），为广大农民群众开展农业科技知识培训。

2004年，强化措施推进“共青团城乡互动工程”深入开展。城乡结对团组织以“六个互动”为基本途径，按照“十四个一”的具体内容，建立月报制度和联席会议制度，以服务农村青年增收成才为出发点和落脚点，根据各地的基本情况、特点、优势找准项目，有针对性地开展一项或多项的互动项目。全市共培养农村青年创业致富带头人1300多人，培养农村青年营销员800多人，培训农村青年网络信息员600多人。

2005年，全市各级团组织以“共青团城乡互动百千万工程”为载体，充分整合团的资源，发挥城市和农村团组织的各自优势，围绕“组织、人才、市场、信息、产业、文化”等六个互动，在全市范围内全面推进共青团城乡互动工作的深入开展。在确定结对团组织和签订责任书的基础上，根据每个结对村的特点，有针对性地开展一项或多项的互动项目，培育农村青年创业致富带头人、农村青年营销员和农村青年网络信息员。如福建省工程学院、新罗区财政局、龙岩电力公司等团委分别向结对的农村团组织捐赠电脑用于建立城乡人才信息库和市场信息库。武平岩前镇、新罗适中镇团委发挥省直机关信息资源丰富、联系面广的优势，利用省东南信息网平台为乡（镇）的农产品推介和提供价格、技术、人才等方面的信息。省农业厅团委充分利用省会中心城市的地理优势，帮助永定县湖坑镇推介红柿产品，使该镇红柿果品销往福州不低于20万公斤。团市委被团中央与农业部联合授予“服务农村青年增收成才先进集体”称号。

2006年，启动青春建功新农村行动。制定下发《关于团结带领全市广大团员青年实施“青春建功新农村行动”的意见》和配套文件，在全市10个乡（镇）和100个村试点开展以“海峡西岸农村青年创业行动、乡村青年文化行动、保护母亲河·家园清洁行动、农村团建基础工程”等为主要内容的一系列活动。建立农村基层团建联系点制度，开展农村基层团组织帮扶活动，继续实施“共青团城乡互动百千万工程”。3月5日，团市委联合市建设局在新罗区适中镇举行全市“保护母亲河·家园清洁青年行动周”活动启动仪式，近千名青年参加新农村建设“村容整洁”青年志愿者行动。

2007年，继续推进“青春建功新农村”行动。举办农村青年自主创业培训班8期，新罗、永定、长汀、连城、漳平分别举办农民青年自主创业培训班，组织1500多名新型青年农民参与培训，引导农村青年自主创业。3月10日，在新罗区红坊镇举办“保护母亲河·家园清洁青年行动周”推进仪式，开展植树、清理垃圾、清理路障等家园清洁行动。同时，全面启动并推进“共青村”建设，4月5日，在永定县湖坑镇楼下村举行新农村建设“共青村”启动仪式。4月20日，在新罗区适中镇中溪村召开青春建功新农村“共青村”建设现场推进会。全市7个“共青村”整体联动推进，统一规范标识，建立健全联席会议制度，聘请青年企业家或青联委员为名誉村主任。团市委向7个“共青村”赠送5000元家园清洁青年行动专项资金，配备一台电脑，加强村团支部阵地建设，制作并规范上墙制度。帮扶结对的青年企业家或青联委员、结对的企业团委为“共青村”做好捐赠帮扶资金，转移劳动力、开通电子阅览室等实事。实现对“共青村”贫困大、中、小学生希望工程全面覆盖资助。争取龙岩移动分公司出资21万元，联合实施“共青村移动文化工程”，建设青年文体中心、青年书屋或文化宣传栏。“共青村”建设以“4+1”(青年企业家、青联委员或共青团，青联界别的市政协三届委员，中央省市属企事业单位团委，团市委，团县委+“共青村”示范点)的模式，按照“组织+阵地+项目”的运作方式，整合团内外资源，力争用3年时间在全市建设7个“共青村”试点，并使”共青村”团支部达到“五好五有”目标(“五好”即：班子建设好，队伍建设好，阵地建设好，主题活动好，制度建设好；“五有”即：有1个政治素质高、能力强、深受团员青年信赖的班子带头人；有1支充满活力、能起模范带头作用的团员队伍；有1批围绕党的中心工作，深受团员青年喜爱的活动项目和载体；有1套行之有效、健全规范的工作制度；有保证工作正常开展的经费和阵地)，每个“共青村”都达到“十个一”标准(结对1个以上中央省市属企事业单位团委，培育1批农村青年创业致富带头人，扶持1个农村青年创业示范基地，推广1批农村青年创业致富项目，转移1批农村青年剩余劳动力，成立1支家园清洁行动青年突击队，建设1片青年生态林或青年经济林，建立1个青年农民之家或青年书屋，培养1名青年文化大户或青年文化名人，资助1名以上贫困大学生或若干贫困中小学生)，将“共青村”打造成青春建功新农村行动的品牌工程。

2008年1月14日，在武平县东留乡大阳村举行龙岩市“共青村”建设现场推进会。3月11日，联合市城乡规划局、市林业局、新罗团区委在新罗区适中镇中溪共青村举行龙岩市、区“保护母亲河·家园清洁青年行动”暨“种植名贵树，建设新农村”活动推进仪式。全市共种植名贵树5万多株，建设35个“家园清洁青年行动”垃圾存放池，培育400多个乡村青年文明示范户和绿色小康户。在2008年全市新农村建设中，7个“共青村”有1个村被列入全市10个新农村示范村，2个村被列入全市23个村庄整理试点村，7个共青村均列入全市50个村庄绿化试点。市、县、乡、村四级团组织、结对帮扶的省市属企事业单位团委和青年企业家能围绕中心，主动承接，整合资源。交通系统团委组织团员中的技术人才积极参与策武乡南坑“共青村”村道规划设计施工，协调建设资金2万元，青年企业家雷祖云出资2万元支持古田镇赖坊“共青村”村道建设。元旦、春节期间，开展慰问活动，向贫困家庭、老党员、贫困大学生、中小学生送去5万多元慰问金和慰问品。

2009年，7个共青村中有1个村被列入全市10个新农村示范村，两个村被列入全市23个村庄整理试点村，7 个村均列入全市村庄绿化试点，有 4 个村团支部被授予全省“五四红旗团支部”称号，赖坊村被授予全国“五四红旗团支部”称号。实施“共青村”品牌提升工程，深入开展“保护母亲河·家园清洁青年行动”暨“种植名贵树，建设新农村”活动和“家园清洁·节能减排——太阳能热水器进共青村”活动，建立全省首家青年农家乐“腾龙青年之家”，在 4 个“共青村”安装近 200 台太阳能热水器，推动“共青村”资源节约型、环境友好型示范村建设。

2010 年，“共青村”建设扎实推进。开展以“绿色闽西，青年当先”为主题的“保护母亲河·家园清洁”青年植绿护绿活动，正式启动龙岩共青团系统城乡绿化一体化“四绿”工程建设。全面总结三年来“共青村”建设的工作经验，为共青团组织参与新农村建设拓展新的平台。

2014 年，落实“四下基层”和市委联乡挂村帮户活动部署。按照“建好一个班子、做好一套规划、落实一笔资金、解决一些矛盾纠纷、办好一批实事、建立一个中心”的“六个一”要求，重点帮助 2 个挂钩村争取项目资金和补助款 140.8 万元。共经落实项目资金和补助款 280.8 万元，其中国家电网龙岩供电公司农网改造项目 5 个，总投资 114.5 万元；解决历史遗留的 5 公里村道硬化和“断头路”问题，总投资 150 万元；动员市直单位、企业团委和市青企协落实项目补助款 20 万元，挂钩贫困户 9 户、贫困大学新生 7 人，发放慰问金和助学金 4.3 万元。

2016 年，着力助推脱贫攻坚。团市委机关干部带头落实市委结对挂钩帮扶贫困户要求，为 8 户贫困户争取到落实各类扶持资金 7.3 万元，帮助 1 户贫困户就业并实现脱贫。实施农村青年致富“领头雁”培养计划，确定培养对象 342 个、培育完成 275 个，开展农村青年致富带头人、创业青年、返乡大学生培训 2700 多人次。

2017 年，助力乡村振兴战略。团市委机关干部带头落实市委结对挂钩帮扶贫困户要求，帮助争取各类扶持和信贷资金 8.55 万元，提前一年实现全部脱贫。开展农村青年致富带头人、创业青年、返乡大学生培训 500 余人次，组织 55 名大学生志愿者到乡（镇）从事支教、支农、支医、扶贫、青年工作等志愿服务。

2018 年，团结带领青年开展脱贫攻坚。率先在“e 龙岩”设立公益助学栏目，开通建档立卡贫困学生网上助学直通车，2018 年“希望工程·圆梦行动”累计筹募善款 418.39 万元，资助贫困家庭大学新生 761 人，连续 9 年位居全省前列。开展农村青年致富带头人、创业青年、返乡大学生培训 500 余人次；组织服务欠发达地区大学生志愿者到乡（镇）从事扶贫志愿服务；会同市农业局组织每个县推荐 1 家农业示范基地，补助 5 万元。

2019 年，龙岩市开展“培育青农创客，助力乡村振兴”农村青年电商培训 5 场，培训农村青年电商近 300 人次，带动县级团委以培育本土青年和返乡大学生为重点，开展培训班 33 场，覆盖农村青年和返乡大学生 1843 人。组织 55 名大学生服务欠发达地区志愿者开展为期 2 年的支农、支教、支贫服务，组织 8000 余名大学师生开展暑期社会实践活动。

2020 年，团结青年投身脱贫攻坚和乡村振兴。共青团龙岩市委举办“培育青农创客，助力乡村振兴”培训 4 场，帮助 200 多名农村青年提升直播带货技能。联合市商务局、大数据局举办“全闽乐购·幸福龙岩”电商直播带货系列活动，首场直播带货交易额超 265 万。招募 52 名服务欠发达地区大学生志愿者到龙岩市开展为期两年的支农、支教、支贫志愿服务。联合市林业局等部门发出“我为长汀水土流失治理种棵树”倡议，吸引 2.64 万人次参与线上捐款 116.79 万元，捐种树苗 7.3 万余棵。

2021年，乡村振兴青春行动扎实推进。招录62名服务欠发达地区大学生志愿者到龙岩市基层服务2年。深化银团合作，联合有关部门出台《关于联合开展创业贷款培植行动的工作意见》，推动省农信联社龙岩办事处、龙岩农商银行创新普惠性青年创业贷款专属产品，发放惠青贷365户，授信金额9953万元，用信6544万元。指导龙岩农商银行向新罗区小池镇培斜村“整村授信”2亿元，并以信用形式向村股份经济合作社发放“福村贷”200万元。饶小琼、陈益荣入围首届“全国乡村振兴青年先锋”。

第五节 青年创业就业服务

1998年，团市委积极开展“下岗青工创业行动”，为下岗青工再就业服务。下发《关于实施龙岩市“下岗青工创业行动”意见》，成立组委会，建立下岗青工档案，掌握1600多名下岗青工的分布、年龄、性别、特长等基本情况，开展下岗青工技能培训，引导下岗青工转变就业观念。4月，在市第一技校成立下岗青工再就业服务中心，举办2期培训班，免费为187名下岗青工进行电脑、机械加工、家电维修、烹调等技能培训。新罗区团委充分利用青少年宫电脑培训中心，为29名下岗青工免费进行电脑培训，省委书记陈明义在新罗区视察时给予充分肯定。5月中旬，团市委与有关部门联合开展再就业咨询服务活动，发放宣传材料3.3万份，接待下岗职工咨询2000余人。召开下岗青工座谈会，积极动员青年企业家、青联委员吸纳下岗青工再就业。通过团市委介绍，龙岩工程机械厂吸纳56名下岗青工，市印刷厂解决11名下岗青工再就业问题。动员青年星火带头人、青年致富能手吸纳下岗青工或无偿传授种养技术，积极鼓励下岗青工创办各类小农场、小林场、小果园、小养殖场等。第五届闽西十大青年标兵、连城星光水果场场长黄水生吸纳11名下岗青工再就业，无偿传授种养新技术。开展“不让一个下岗青工子女失学”活动，组织青年文明号单位、青年志愿者、社区团组织与下岗特困职工及其子女开展“一号助一户”“一队帮一户”的结对服务，切实为下岗青工提供有效帮助。

1999年，在服务青年就业方面，各级团组织立足于推进国企改革、促进经济发展、维护社会稳定、实现青工自身价值，采取多种措施帮助青年树立正确的就业观，增强创业意识，把再就业变成再创业。组织八闽杰出青年先进事迹报告团成员报告立足岗位、立志成才的事迹，帮助大、中专学生树立正确的择业观。许多即将毕业的大、中专生纷纷表示，愿意到国家需要的地方、到条件艰苦的地方去，实现自己的人生价值。

2000年，团市委制定《龙岩团市委关于开展机关效能建设工作的实施方案》和《社会服务承诺制度》，成立领导小组及其办公室，改进机关工作作风，提高机关办事效益，竭诚为基层和青年服务。在农村，无偿传授技术，提供信息，并给予一定资金扶持，引导农村青年走农业经济综合开发的创业新路子。在企业，重点开展“青工创业意识调查与培养”活动和“下岗青工创业活动”，引导青工树立正确就业观念，增强创业意识，立足岗位创业，为企业的改革发展多做贡献。开展“百企万人”外来务工青年培训计划，举办各类技能培训班。在学校，学生树立正确的就业观，鼓励大、中专毕业生到祖国最需要的地方去，组织有勇气、有能力者创办企业。

2003年，坚持开展以“帮助青年提高技能，帮助青年实现就业，帮助青年勇于创业和“送温暖、献爱心”为内容的“三助一送”工作。成立优秀青年事迹巡回报告团和下岗青工再就业培训基地，选准短平快扶持项目，帮助下岗青工实现就业；举办农村青年劳动力转移培训班，拓宽农村青年就业门路；实施“工岗快递”活动，深化进城务工青年发展计划，围绕职业技能培训，为进城务工青年提供实用、优惠的培训服务和就业指导；在学校实施以创业意识教育和创业技能训练为核心的就业、创业教育。

2006年，帮助农村外出青年回乡创业，支持农村青年自主创业，培养造就有文化、懂技术、会经营的新型农村青年。

2008年，开展农村青年自主创业和农村实用技术培训。争取市财政58万元培训1430名农村青年，协调金融机构开展支持农村青年创业的信贷业务，建立农村青年人才库，实施农村劳动力转移培训就业工程，共有100多企业与有关院校签订人才培养和接收毕业生协议书，落实培养和接收人才6616人，新签约28家实训基地。

2009年，开展千名农村青年自主创业“星火燎原”培训工程，全市共举办青年自主创业培训班16期，培训返乡务工青年和农村青年2085人。开展农村青年实用技术培训、“两后生”劳动预备制培训和联想项目等专项培训，共培训农村青年3700人。开通龙岩青年就业创业网，发布招聘企业3735个、招聘岗位8641个，求职数达36524多人次。举办两场大中专毕业生与青企协会员企业对接招聘会，2000多名应届毕业生参加对接招聘活动，举办大学生职场精英挑战赛，与龙岩人民广播电台合作开通“就业创业与你同行”栏目，成立高校毕业生就业创业政策宣讲团和青年创业导师团，举办青年创业大讲坛，提供创业就业信息、项目和指导服务。在全市18个乡（镇）开展农村青年小额贷款工作，全年共为649名创业青年发放2646.46万元小额贷款。建立青年创业就业见习基地30个，共提供1269个见习岗位，共有597人参加岗位见习。着眼于建立青年企业家总部经济和青年创业孵化器，加快推进青年创业大厦建设。2009年8月，开展一系列扶持青年创业的工作。先后举办1期创业青年大讲坛和1期项目评审会，成功举办第十八期海西青年创业（龙岩）培训班、第七期微型企业发展项目(MDP)培训等。扶持到人。聘请17名优秀青年企业家为龙岩市青年创业导师，组织创业导师经常性深入创业青年项目开展地进行实地考察。共收到创业青年创业基金申请表65份，38位创业青年参加海西青年创业培训班，5位创业青年获得“导师＋资金”扶持，4位创业青年进入全国办复审，4位报送福建办做预审。推广拓面。着力做好项目的宣传推广工作，在中心城区醒目位置悬挂大型户外广告宣传推介工作项目；开通“龙岩青年就业创业网”，实现青年创业就业工作服务日常化、网络化；与龙岩人民广播电台合作开播《就业创业与你同行》栏目，组织青年企业家导师及创业青年做客现场，与社会大众特别是有志创业的青年进行沟通交流。

2010年，推进青年就业创业工作。开展农村青年金融知识专题培训活动58次，培训基层团干部、农村创业青年等3541名。落实8个定点培训机构，对进城求职青年进行专项技能培训，培训农民工954人，帮助817名农民工实现就业。成立农村星火燎原工作站31个，签订“青年就业创业见习基地”合同企业33家，为创业青年提供1304个见习岗位。通过龙岩青年就业创业网，发布招聘企业数3735个，求职数达29500多人次。与龙岩人民广播电台合作开办“就业创业·与你同行”栏目。公益项目组织38名创业青年参加海西青年创业培训班，40名大中专院校学生参加海西大中专学生就业力训练营，举办2期海西青年创业大讲坛、2期项目评审会，帮助13位创业青年成功通过全国办、省办复审，申请贷款金额65万元（无息免担保）。在全市18个重点乡（镇）662名创业青年提供2901.8万元农村小额贷款。总投资1.6亿元的龙岩青年创业大厦已投入资金6000万元，完成地下室基础工程，一层结构板面完成一半。

2011年，开展“我为创业型城市添光彩”主题活动，开展就业技能培训、就业对接、招聘会、创业能力培训、进城务工青年培训和返乡青年农民工培训。推进青年就业创业见习基地建设，现有基地54家，647人上岗见习，265人见习结束后被正式聘用。进一步扩大青年创业小额贷款的覆盖面，累计发放贷款1348.2万元，带动就业人数847人。健全完善龙岩工作站，新招聘工作站人员1名，新增申报人数45名，5个创业青年得到了“资金＋导师”的扶持。在漳平成立福建省首个县级海西创业青年俱乐部。扎实推进青年创业大厦建设，完成投资8120万元，9月底顺利封顶。

2012年，把服务青年就业创业作为服务青年的重中之重，继续健全完善龙岩工作站，全年培训创业青年1000余人，招募导师“一对一”帮扶7名创业青年。建立大学生就业创业见习基地69个，提供见习岗位859个，对接见习人员312人次；联合金融部门累计发放贷款1824.5万元，带动就业人数805人，联合市委组织部发文支持大学生村官创业。总投资1.5亿元的青年创业大厦建设主体完工，完成占地6.67公顷、总投资1.5亿元的龙岩市青少年发展中心项目预可研报告。

2013年，打造覆盖城乡的青年创业就业服务体系。依托全省首座青年创业大厦建立青年创业孵化基地，通过导师扶持、免息贷款、租金优惠等方式，成功吸引14家文化创意类、环保科技类等高成长性青年创业企业入驻基地孵化。同时，筹集创业基金1000万元，与龙津集团协定在“龙津大时代广场”建成后，为500家左右的青年创业企业提供近8万平方米低租金写字楼及贴息创业贷款。联合市银监局，在全国首次提出和推广“为每个乡镇团委配备一名金融系统年轻干部为兼职副书记”模式，全年累计新增青年创业小额贷款3501.3万元，带动就业1518人；此项工作于11月4日由团省委在团中央专题会议上作典型发言。指导连城县成立全省第一个县级青年创业促进会，并配备2名事业编制人员专职从事青年创业工作。率先将服务推进到村（居）一线，建立乡（镇）、村级服务站20家，为农村创业青年提供家门口的创业扶持服务，全年新增扶持项目13个，年营业额2306万元。龙岩市青年创业大厦建成投入使用。龙岩市青年创业大厦位于龙岩市商务营运中心J地块，总高92米、22层，总建筑面积4万平方米，是全省首幢青年创业大厦。6月，大厦通过验收正式投入使用。11月，团市委在大厦19层、20层成立青年创业孵化基地，基地2000平方米，设有14间办公室、会议室、健身房、交流厅，通过租金减半和免费提供政策、法律、财务、推广、交流、培训等相关服务的方式，吸引10家高成长性企业入驻孵化，同时为市青企协、青年电子商务协会等青年社团提供办公场所和为创业青年免费提供会议、交流、娱乐、健身等服务。

2014年，成立全国第一家青年电子商务协会，邀请中国社科院信息化与网络经济研究室主任汪向东等专家为龙岩市电子商务发展出谋划策，为全市青年电子商务从业者传经授宝，为协会会员争取到中国银行龙岩分行总授信5亿元的专项信贷服务和百度公司提供的搜索结果优先显示和相关推广费用5折等优惠政策。深化银团合作，勇开全省之先，联合长汀信用联社试点实行农村青年创业致富带头人等4类群体小额贷款利率少上浮10%～30%政策，全市全年新增青年创业小额贷款767笔5011.1万元，上升83.36%。优化青年创业服务，依托海西青创平台，多次举办龙岩青年大讲坛、创业培训班、项目推介会等活动，覆盖创业青年上万人。实施“领头雁”计划，培育青年创业致富带头人74名，省级优秀青年农民合作示范社13家（其中十佳优秀示范社1家）。

2015年，健全青年创业就业服务体系。打造创业阵地，吸引14家青年创业企业入驻青年创业大厦青年创业孵化基地。优化创业服务，依托海西青创平台举办培训班、大讲坛、项目推介会等活动，扶持创业青年52名，发放免息免担保扶持资金223万元，实现年营业额5834万元。强化就业创业培训，整合党政部门和社会资源，全年培训青年4280多人次，提供青年就业创业见习岗位548个。

2016年，聚焦青年关切，围绕青年就业创业，成立龙岩市青年创新创业服务中心，整合青企协、青电商和社会资源，制定和落实"每周一沙龙，两月一论坛"工作要求。深化"银团合作"，全市发放创业青年小额贷款794笔、5090.9万元。11月8日，由龙岩市人民政府、福建省闽台交流协会、福建省青年联合会共同主办，龙岩市台办、共青团龙岩市委和7家台湾社团联合承办的2016海峡两岸（龙岩）青年创业合作发展论坛在龙岩市举行。中共龙岩市委副书记何明华、福建省闽台交流协会副会长韦忠慈、福建省青年联合会常委陈怡和260多名来自台湾和龙岩的青年代表参加论坛。

2017年，加强青年创业孵化基地和青年众创空间建设，入驻青年创业企业11家，创造就业岗位100余个，年营业额3516.8万元。强化银团合作，全年新增青年创业小额贷款6336.1万元，获益青年868人。先后邀请全国著名"三农"专家温铁军和91手机助手作者、同步网络CEO熊俊到龙岩授课，开展龙岩青年大讲坛、创业沙龙、培训等活动28场，覆盖青年2000多人次。举办第三届龙岩市十佳青年电商评选活动，带动全市广大青年投身电商创业大潮。

2018年，召开龙岩市青年企业家协会第九次会员大会、龙岩市电子商务协会第二次会员大会暨跨境电商分会成立大会，两百多名青年企业家、电子商务青年从业者成为协会的新鲜血液。打造创业基地，全市挂牌成立青年创业孵化基地、创业园、众创空间10家，吸引入驻企业（创业团队）137家。依托"银团合作"模式向创业青年提供小额贷款791笔8866.48万元。

2019年，深化银团合作，全市发放青年创业小额贷款9079.5万元，为831名青年解决资金困难。承办闽商（龙岩）大论坛和龙岩"企业日"活动，全市近300名企业家参加，市委主要领导出席并讲话。开展首届"十佳青年企业家"评选，激励青年企业家坚定发展的信念信心。开展"青春·奔跑·追梦"研习活动20场，围绕产业发展组织专题调研并形成调研论文26篇。

2020年，共青团龙岩市委团结青年助力"六稳""六保"（"六稳"指稳就业、稳金融、稳外贸、稳外资、稳投资、稳预期工作；"六保"指保居民就业、保基本民生、保市场主体、保粮食能源安全、保产业链供应链稳定、保基层运转），开展共青团网络"云"招聘活动，收到求职意向和简历5074份，达成初步就业意向2149个；组织学校团干部同50名建档立卡贫困家庭大中专应届毕业生结对，帮助他们实现就业。深化银团合作，全年累计发放青年创业小额贷款1.8亿元，为1220名创业青年解决资金困难，提供就业岗位1139个。

第六节　生态环保实践活动

1997年8月，围绕市委提出的"创建城乡卫生文明环境月"活动，在全市青少年中开展"讲文明、树新风"活动，以"让世界清洁起来"为主题，开展"青年志愿者环境保洁行动"等志愿服务。

1998 年 12 月底，团市委组织大中专学校、机关企事业单位等市、区 5000 多名青年志愿者上街头清运垃圾、清除非法张贴物等。

1999 年初，团市委联合市绿化委、水土保持事业局、林委、水利水电局、环保局在全市开展以保护汀江、九龙江为重点的青少年“保护母亲河行动”。成立领导小组，确定长汀、上杭、漳平为试点县，植树造林，治理水土流失，修整江堤。团市委还将保护华南虎、整治龙津河与保护母亲河有机结合起来，进一步动员青少年投身生态环境建设。7 月 23 日，团市委联合市林委、市环保局开展 99 龙岩青少年“生态环保夏令营”活动。联合市邮政局发行以“爱闽西·建龙岩·美家园”为主题的“保护母亲河、保护华南虎”邮资明信片，8 月 1 日举行发行仪式，广泛筹集“保护母亲河、保护华南虎”基金。漳平团市委与漳州华安团县委共有 200 多名青年志愿者于 5 月初在九龙江举行“保护母亲河”植绿护绿签字仪式，种下 1000 多株“母亲树”“青年林”。长汀团县委与江西瑞金联合开展“绿化长征路，保护母亲河”行动，举行“保护客家母亲河行动”启动仪式。新罗、武平、永定等县（区）团委开展种植“世纪林”“纪念林”等活动。

2000 年，龙岩市团组织以长汀水土流失综合治理为契机，进一步加大实施“保护母亲河行动”力度。3 月 11 日，团市委举行龙岩市青年志愿者“保护母亲河”植绿护绿服务队授旗仪式，龙岩师专团委、龙钢团委等 20 支青年志愿者队伍被授予植绿护绿服务队。3 月 15 日，闽赣青年“保护母亲河，绿化长征路”仪式在长汀举行。4 月 29 日，团市委举办以“绿色的希望”为主题的龙岩市“保护母亲河”大型艺晚会。9 月 26—28 日，全省“保护母亲河行动”现场推进会在龙岩市召开，省青少年基金会与长汀县签订福建省保护母亲河行动汀江流域青年世纪林工程资助建设协议，协议由省青基会出资 100 万元资助建设位于长汀县河田朱溪河流域的“保护母亲河汀江流域综合治理工程——青年生态林·青年世纪林项目”。项目治理水土流失面积 2020 亩，其中，“青年生态林”1020 亩，“青年世纪林”1000 亩，以种植东魁杨梅为主。该项目预算总投资 163 万元，其中，团省委投资 100 万元，龙岩团市委投资 5 万元，长汀团县委投资 5 万元，不足部分由当地政府等部门配套和通过团员青年投工投劳以及吸纳社会股份解决，项目为期 4 年。项目建成后，将作为全省保护母亲河行动的示范工程和生态教育基地。当年，各级团组织积极宣传拯救华南虎的意义，开展咨询、画展，向广大青少年发出“人人献出一元钱，拯救国宝华南虎”的倡议。8 月 15—18 日，团市委组织龙岩市青少年“寻找华南虎、拯救华南虎”考察队，深入梅花山自然保护区开展考察活动。10 月 20 日，团市委举行青少年拯救华南虎活动捐款仪式，收到捐款 8.6 万元。

2002 年 3 月 9 日，由团市委、市林业局、市环保局等单位组成的市保护母亲河行动领导小组在二九五大队后山举行龙岩市青少年“保护母亲河”实践基地揭牌仪式。团市委要求全市各级团组织要积极整合社会资源，将“珍爱生灵、节约资源、植绿护绿、抵制污染”青少年生态环境道德宣传到社区、学校、家庭、单位，积极开展绿色承诺活动，抓紧建设保护母亲河工程等。仪式后，龙岩一中、龙岩职业技能学院、市第一医院等单位的 1000 多名青年志愿者开展植绿护绿活动。武平团县委组织近 2000 名青年志愿者在该县万安乡风吹口种植生态保护林，种下 1300 多株樟树。长汀青年世纪林工程建设已初具规模，1020 亩青年生态林绿意盎然，576 亩经济林长势良好，套种作物喜获丰收。6 月，福建省青少年生态教育基地在此揭牌。8 月，长汀团县委被评为全国保护母亲河行动先进集体，项目建设被团中央等部门授予“全国保护母亲河示范工程”称号。

2003年，开展各项植绿护绿环保活动。各级团组织结合学习谷文昌精神，开展保护母亲河统一行动日，“革除陋习，天天环保”统一行动月，“植棵世纪树、建片世纪林”“创建绿色文明园”“一队一林”“植成人树、造成人林”“请跟我来，天天环保”绿色承诺卡等活动，增强青少年生态环境意识。3月9日，团市委组织1000多名团员青年到东宝山农场青少年世纪林开展植绿护绿活动。加强长汀青年生态林・世纪林建设和管理，通过新上养猪场、养牛场等项目，增强项目发展后劲，为青年世纪林的管理发展提供了可借鉴的经验。

2004年3月12日是保护母亲河统一行动日，全市各级团组织积极开展植绿护绿活动。团市委组织市直团组织负责人前往长汀世纪林开展植树造林活动，为世纪林建设出一份力。永定团县委组织县金德、金丰、电力、烟厂以及县直机关260多名青年志愿者到湖雷、下洋、湖坑等镇开展以“同饮一江水，同护母亲河”为主题的植树造林活动，掀起该县青少年绿化美化土楼、为土楼申报世遗做贡献的热潮。上杭团县委组织100多名团员青年到西普陀、江滨路等地开展植绿护绿活动，共植树苗1000多棵。该县中学团委、少先队大队也分别组织团员和少先队员开展“清洁母亲河——汀江”“环保小卫士”宣传等主题活动。漳平团市委与华安团县委组织两地青少年在九龙江畔开展“同饮一江水，共护母亲河”植绿护绿活动，共植下桉树3000多棵。

2005年，各地团组织以“为同一条河、献同一份爱”为主题，在植树节和环境保护日期间，开展植绿护绿志愿活动、清洁整治母亲河行动和“节约用水、爱护水资源”主题活动，举办生态环境征文赛、“变废为宝”环保创新设计大赛，开展“生态道德我实践、天天环保校园行”活动。3月12日，长汀、瑞金两地青年在福建长汀青年生态果林场内举行共植青年友谊林活动。两地青年共植友谊林活动22年来共有5000多人次的青年志愿者在长汀和瑞金两地共同营造了40多公顷的友谊林。

2006年3月5日，团市委联合市建设局在新罗区适中镇举行全市“保护母亲河・家园清洁青年行动周”活动启动仪式，近千名青年参加新农村建设“村容整洁”青年志愿者行动。

2007年3月10日，在新罗区红坊镇举办“保护母亲河・家园清洁青年行动周”推进仪式，开展植树、清理垃圾、清理路障等家园清洁行动。

2008年3月11日，联合市城乡规划局、市林业局，新罗团区委在新罗区适中镇中溪共青村举行龙岩市、区“保护母亲河・家园清洁青年行动”暨“种植名贵树，建设新农村”活动推进仪式。全市共种植名贵树5万多株，建设35个“家园清洁青年行动”垃圾存放池，培育400多个乡村青年文明示范户和绿色小康户。

2009年，实施“共青村”品牌提升工程，深入开展“保护母亲河・家园清洁青年行动”暨“种植名贵树，建设新农村”活动和“家园清洁・节能减排——太阳能热水器进共青村”活动，建立全省首家青年农家乐“腾龙青年之家”，在4个“共青村”安装近200台太阳能热水器，推动“共青村”资源节约型、环境友好型示范村建设。全面总结三年来“共青村”建设的工作经验，为共青团组织参与新农村建设拓展新的平台。

2010年3月23日，团市委、新罗团区委联合在白沙镇南卓村农民公园开展以“绿色闽西，青年当先”为主题的“保护母亲河・家园清洁”青年植绿护绿活动，正式启动龙岩共青团系统城乡绿化一体化“四绿”工程建设。团市委书记肖华鑫、副书记蓝凯英、新罗区委常委钟有亮，团市委、团区委、区直机关团工委、城市青年活力俱乐部、东城街道团工委、白沙镇团委、白沙中学团委等单位共160余名团员青年参加了活动。活动当天，共栽植天竺葵、桂花、竹柏等树种200余棵。

2011年，结合宣传第十个“保护母亲河日”，在各大中小学集中开展主题团队日、文艺演出、知识竞赛、发放宣传资料等活动，集中宣传爱水节水、植绿护绿、节能减排、保护环境的理念和知识，推介与之相关的小窍门、小创意和新技术，努力使生态环保成为青少年的生活习惯和自觉行动。主动与林业部门联合，设计活动载体，开展以“找公益地、种生态树、建青年林”为主题“森林龙岩，绿动青春”主题实践活动，在二沿三区（沿河、沿路和景区、水源保护区、城市周边区）和开展家园清洁的乡镇、村等重点区域开展“保护母亲河·家园清洁行动”青年植绿护绿月活动。共组建青年突击队、志愿服务队832支，种植树苗78570棵，共计45.33公顷。3月5日，承办在长汀县举办的“保护母亲河——福建省青少年绿色环保行动”启动仪式。3月24日，以“城乡整洁，青年当先”为主题，在全市开展“保护母亲河——城乡环境卫生整洁青年行动周”活动，全市各级团组织共开展活动382次，清洁整治无物业小区、农村共412个，清除楼道牛皮癣898处，清理卫生死角1086处。

2012年，围绕“生态龙岩”“美丽龙岩”建设，承办全省“学习长汀经验·建设青春家园”主题实践活动启动仪式，推动长汀“青年生态世纪林”二期工程立项工作，开展百家青年文明号结对水土流失治理重点乡（镇），组织全市2.7万多人次青少年参加植树187公顷。

2013年，围绕团省委“学习长汀经验，建设青春家园”和龙岩市团委“生态建设年”活动部署，着力打造“长汀经验”升级版。对接解放军青年林项目，利用团中央书记处第一书记秦宜智参加团十七大福建省代表团讨论的契机，提出依托长汀青年世纪林创建全国青少年水土保持与生态文明建设科教实践基地的设想，得到秦宜智书记充分肯定。帮助长汀团县委争取县水保局专项资金46万元实施林区干道硬化工程，铺设水泥路面1.6公里。开展生态文明教育实践活动。以“保护母亲河”活动为抓手，组织全市青年志愿者开展植绿护绿、小流域治理“三化一巡查”（即河道净化、绿化、美化活动，每周末定期巡查主要河段）活动和“创卫”活动1.3万多人次。

2014年，以“保护母亲河”为主题开展“建设青春家园·共筑生态文明”活动，组织动员全市1.5万多名青少年绿化面积126公顷。实施“共青团城乡互动共建美丽乡村”工程，建立“青春家园示范点”14个，有效服务新农村建设。成立龙岩市青少年环保社团联盟，为25家青少年环保社团搭建交流联系活动平台，凝聚全市青少年生态环保工作力量。实施“共青村，共青林”品牌工程。党的十八大以来，对原有的共青村、共青林进行升级再造，重点指导长汀团县委完成解放军青年林项目规划和青年生态文化产业园初步规划，争取创建全国青少年生态文明教育实践基地，打造龙岩青年服务生态建设品牌。龙岩市团委持续开展市直企事业单位团组织3个、团市委机关干部和团县委负责同志各1人的“3+2”模式，在每个县结对挂钩1个共青村，进行结对帮扶，服务宜居环境和美丽乡村建设。

开展青少年生态环保主题教育活动。以植树造林、理念宣传和社团培育为重点，引导青少年树立生态文明理念，培育生态文化。成立龙岩市青少年环保社团联盟，搭建青少年环保社团的交流联系平台，广泛发动青年社团和青年自组织领办“自然课堂进校园”等绿色生态活动项目。开展“爱惜生命源·共护母亲河”接力活动，组织中心城区志愿者定期参与河道净化、绿化、美化和主要河段巡查，形成长效机制，带动全市青少年志愿参与植绿护绿、小流域治理和“创卫”活动28000多人次，绿化面积3000余亩。

2016年，深化保护母亲河行动。开展“青春深呼吸，生态我先行”大型植树生态环保行动暨全力打好生态环保攻坚战誓师大会、“青春涌动·绿色漂流”保护母亲河主题活动和“绿色长征”公益健走活动，全年开展青少年绿色生态环保活动100多场，覆盖青年10000多人，植树20000多株。长汀县保护母亲河行动领导小组办公室荣获全国第七届“母亲河奖”组织奖。

2017年，建设长汀青年生态世纪林等“青春家园示范点”43个，全市挂牌青年林超133.33公顷。开展“青亲岩城·护绿有你”植树活动57场，植树3万余棵。响应“河长制”工作部署，开展“河小禹”专项行动，组织大学生志愿服务队与各县青年生态环保社团结对，定期开展水质监测、河道净化、绿化、美化和主要河段巡查，引导青少年树立生态文明理念，参与生态文明建设。

2018年，助力生态市建设。做好长汀134.67公顷青年世纪林的绿化和水土保持工作，建设“青春家园示范点”43个，挂牌青年林130多公顷。开展“大美龙岩·青春护绿”植树活动20多场。深化“河小禹”行动，组织大学生志愿服务队与各县青年生态环保社团结对，定期开展水质监测、河道净化、绿化、美化和主要河段巡查，引导青少年树立生态文明理念，参与生态文明建设。

2019年，组织200多名青年到长汀青年生态·世纪林开展“大美龙岩·青春护绿”植树活动，带动全市3000多名青少年植树8000余株。

2020年，联合市林业局等部门发出“我为长汀水土流失治理种棵树”倡议，吸引2.64万人次参与线上捐款116.79万元，捐种树苗7.3万余棵。

2021年，承办团省委、省保护母亲河行动领导小组“喜迎建党百年·传承红色基因·保护绿水青山”植树活动，带动全市1000余名团员青年参与生态环保活动。深化保护母亲河行动，联合住建、城管等部门实施“美丽新福建，青年在行动”专项行动，全市各级团组织开展植绿增绿活动93场、节能减排活动15场、垃圾分类活动158场。

第六章 学校团工作

1997—2021 年，龙岩市大中小学校团组织深入贯彻党的十五大、十六大、十七大、十八大和十九大精神，学习贯彻习近平总书记系列讲话特别是关于青少年和共青团工作的重要指示精神，通过改革创新，使学校团、队更加坚强有力、更加充满活力，进一步彰显学校团的工作协同国民教育促进学生成长成才的价值和功能。

创新思想政治引领、价值引领和行动引领。开展丰富多彩的科技文艺活动，坚持以高尚精神塑造人，以优秀作品鼓舞人，发挥学校团组织在参与素质教育中的作用，在活动中让广大学生感悟思想品德教育和爱国主义教育，引导广大青年学生树立正确的世界观、人生观和价值观，推动校园精神文明建设，提高学生综合素质。

扎实推进学校团改工作，出台《龙岩市中学共青团改革实施意见》，建立健全以志愿服务为核心的社会实践活动育人机制，抓好大、中学生暑期“三下乡”活动，大力推行“校村联建”“企村联建”“城乡结对”以及优秀大学生兼任村团支部书记等做法，通过各种各样实践活动，既使青年学生强化对专业体系建立与认识的理解，激发求知欲和岗位意识，也使其在实践中感悟党史、升华境界、提升素质，感受老区人民为革命事业做出的重大贡献，激发广大青年学生爱党、爱国、爱社会主义的巨大热情。

第一节 学校共青团改革与思想道德教育

一、学校共青团改革

1998 年，召开全市大、中学校共青团工作经验交流会，下发《中等学校共青团工作若干意见》，全面部署学校团工作。

2001 年，团市委分别于 3 月 28 日、4 月 13 日召开全市学校、企业团工作会议，部分企业、学校团组织完成换届选举工作。

2019 年，团市委与市教育局联合出台《龙岩市中学共青团改革实施意见》，将团建、队建工作纳入市教育局对市属学校的绩效考核指标，占比 10%。

2020 年，共青团龙岩市委成立龙岩市学生联合会，推动高校学生会、社团改革，建设服务型、学习型、创新型高校学生会组织，2 所高校精简学生社团 9 家，数量控制在学生总数的 0.4% 以内。强化学校党建带团建，推动全市 161 所中学出台共青团改革实施方案，完成率 100%。下发《关于在各中小学成立学校少工委的通知》，推动符合条件的中、小学少先队 100% 成立学校少工委，落实每周 1 课时少先队活动课 100% 进课表。

2021 年，龙岩市成立教育团工委。

二、思想道德教育

1997 年，全市学校团组织按照有计划、有记录、有笔记、有发言提纲、有体会文章、有签到登记的“六有”标准，做到理论学习时间、内容、人员、组织、制度“五落实”。在青年中倡导“四个一”活动，即每天读一小时书、每季度读一本书、每半年写一篇心得体会、每年写篇调研文章。通过组织青年学生开展专题读书会、辅导报告会、学习成果交流会、征文、演讲等形式多样的教育活动，教育和帮助广大青年学生树立远大理想和正确世界观、人生观、价值观，自觉维护校园稳定，拥护党的领导，坚定走中国特色社会主义道路的信念。各大、中专学校团委还结合各自实际，采取有效措施，健全团委中心组理论学习制度，切实把邓小平理论、“三个代表”重要思想学习提到团委工作重要日程，并将学习教育活动与当前时事相结合，避免空洞无物。

1999 年 6 月 2 日，团市委在龙岩财校举行青年学生学习邓小平理论报告会暨经验交流会。来自全市大中专学校的团委书记、学生会主席及财校学生 1000 多人参加报告会。市委讲师团副团长陈再兴作邓小平理论与建设有中国特色的社会主义道路的主题报告。各学校团委书记及学生互相交流各自学校学习经验。

2000 年 7 月 1—4 日，为贯彻落实江泽民“三个代表”重要思想和教育问题的重要讲话精神，充分利用闽西丰富的革命传统教育资源和旅游资源，对青少年进行生动、直观的爱国主义教育，团市委举行闽西青少年红色旅游线开通仪式，举办“重走长征路”夏令营。500 多名来自各县市区的高中、职高优秀团员、市直中专学校优秀团员参加夏令营。活动路线从上杭古田到连城、长汀、江西瑞金。夏令营采取军事化、封闭式管理，设一个中队和若干小队，每小队设一辅导员，中队设若干个辅导员。营员们表演精彩的长征组歌诗词演唱、朗通、曲艺等节目，还举办“重走长征路，做新世纪主人”主题演讲。龙岩一中团委组织参加在厦门举行的全省“迈好青春门，走好成人路”主题竞赛活动现场会经验交流。全市涌现一批学习活动先进集体，龙岩一中、龙岩财经学校、龙岩师范学校、龙岩第一技校等 20 所学校获得省级表彰。从 2000 年起，每年“五四”期间，团市委在龙岩城街心花园举行 18 岁成人仪式，参加对象为龙岩市城区大中专学校刚步入 18 岁的青年学生。其目的是对刚刚步入 18 岁的学生进行公民意识教育，使青年学生掌握宪法和法律的有关知识，懂得宪法和法律所赋予的公民权利和义务，增强对国家、对社会、对家庭的责任感。主要议程有唱国歌、领导勉励、前祝愿、家长寄语、成人心声、面对国旗宣誓、参加先进事迹报告会等。

2001 年，全市中等学校推进“迈好青春门、走好成人路”主题活动，加强 18 岁成人仪式教育和包括农村中学生在内的中学生创业意识教育和创业技能培养。是年 10 月 1 日，团市委在闽西革命烈士博物馆前广场举行龙岩市、区青年学生 18 岁成人宣誓仪式，龙岩城区 20 多所大中专学校 16～18 岁青年学生代表 2000 多人参加宣誓仪式，成人学生还集体朗诵激昂的诗歌——《十八岁畅想曲》，参观闽西革命烈士博物馆，参与全市区重要公共场所捡白色垃圾等环保行动。是年，龙岩市被团中央列为全国百个 18 岁成人意识教育活动城市之一。

2003 年，深化“迈好青春门，走好成人路”主题竞赛活动，推动中学生素质拓展计划试点工作。

2006 年，开展 18 岁成人教育活动，完善公民意识教育、成人预备期服务、成人宣誓仪式 3 个环节，推动活动向系统化、规范化、法治化方向发展。

2007 年，开展“以优异成绩迎接党的十七大”主题活动。10 月 12 日，在龙岩实验小学举行龙岩市、区少先队纪念建队58周年“喜迎十七大、童心向着党”主题队日活动，少先队员们通过诗歌、快板、故事、歌唱等少年儿童喜闻乐见、寓教于乐的活动形式，热情讴歌祖国。10月15日，在龙岩学院和闽西职业技术学院开展龙岩市团员青年“迎接十七大，与好书同行”主题活动。在中共十七大召开期间，组织团员青年和团干部通过电视、广播、报纸、互联网收听收看中共十七大开幕式盛况，聆听胡锦涛总书记作工作报告，各级团组织采取灵活多样、丰富多彩的学习形式，通过理论中心组学习，举办培训班、辅导讲座、专题报告会、座谈会、研讨会等形式，学习宣传贯彻中共十七大精神。

2008年11月22日，中共中央政治局常委、国务院副总理李克强在古田会议旧址考察时，对前往古田会议旧址接受革命传统教育的龙岩一中学生提出要“好好学习，学有所成”的殷切期盼。11月29日，龙岩一中团委认真贯彻李克强的重要指示精神，组织高三年级全体学生开展以“好好学习，学有所成”为主题的18岁成人宣誓仪式教育活动。

自2010年4月起，龙岩学院开展团校培训班暨青马工程培训班，逐步构建起以师生共青团干部和青年学生骨干为“两纵”培训主体，涵盖校、院、班三级层面的“三横”青年马克思主义者培养工程体系。校级层级共开展培训班9期，培训人数约为620余人。

2011年5月21日，龙岩市举行百校青少年走进革命传统教育基地启动仪式暨18岁成人宣誓仪式，全市30多万青少年在活动中走进革命教育基地，亲身接受革命传统教育。闽西职业技术学院团委开展“重走红军路”活动。

2016年起，龙岩学院响应省委号召，创立中共党史读书社和2个习近平新时代中国特色社会主义思想读书社，配备马克思主义学院具有高级职称的专任思想政治理论课教师担任指导老师。读书社秉承“培养造就青年马克思主义者，引导当代青年大学生成长为中国特色社会主义事业的合格建设者和可靠接班人”为宗旨，注重发挥学科专业和人才优势，利用闽西红色资源优势，开展红色运动会、闽西红色故事演说大赛、“学习新思想，争做新青年”读书活动、“我的红色足迹”分享会、重走红色交通线社会实践等形式多样、内容丰富的读书、学习活动，引导学生感悟老一辈艰难曲折的光辉历程，重温中国革命的伟大历史，树立为党奋斗终生的坚强意志。

2017年6月以来，闽西职业技术学院团委每学年的团支书培训班、“青马工程”培训班均得到学校高度重视，党委书记、校长亲自授课，并组织相关实践拓展活动，为学生组织、班级团支书开展工作提供充分指导。

2018年，闽西职业技术学院成立习近平新时代中国特色社会主义思想读书社。该社通过开展宣传贯彻习近平新时代中国特色社会主义思想和党的十九大精神系列活动、讲座、报告会、文艺演出等各种活动，利用新媒体技术等各种手段，学习贯彻习近平新时代中国特色社会主义思想和党的十九大精神，把全校青年的思想和行动统一到习近平新时代中国特色社会主义思想和党的十九大部署上来，引领青年学生掀起学习和践行习近平新时代中国特色社会主义思想的热潮。

2021年，新冠疫情常态化情况下，闽西职业技术学院团委运用“钉钉平台”组建线上习近平新时代中国特色社会主义思想读书社，集中学习习近平新时代中国特色社会主义思想。团委老师领读、各院系团委和校（学生）团委、学生会围绕领读四块内容，并结合自身实际分享心得体会。5月22日，为庆祝中国共产党成立100周年，闽西职业技术学院团委组织开展“青马工程”实践活动之重走红军路。前往红色革命圣地，体验红军授旗仪式，感受红军的严明纪律，参观革命旧址，听取红军事迹。“重走红军路”实践活动使学员们在培训中感悟党史、升华境界、提升素质。是年，龙岩学院各二级学院团委均开展“青马工程”培养工作，10个学院共计开展培训班32期，培训人数达1920余人。是年，龙岩学院中共党史读书社和2个习近平新时代中国特色社会主义思想读书社共吸纳社员600余人。

第二节　社会实践与文体活动

一、社会实践活动

1997—1998年，抓好大、中学生暑期“三下乡”活动，开展“我为家乡建设献计策”社会实践活动。龙岩市第一技校团委、龙岩师范学校团委、龙岩卫校团委、长汀师范学校团委被团省委表彰为福建省暑期社会践活动先进集体。

2001年，团市委组织龙岩市青年学生党员“三个代表”重要思想社会实践服务团和龙岩市青年学生“三下乡”服务团等4支重点服务团，在6月底和7月初举行服务团出征授旗仪式。服务团深入田间地头，到各乡（镇）种养大户的果树、花卉、蔬菜、养猪基地，现场解决专业户生产经营过程中的200多个疑难问题，印发6000多份实用科技资料，利用乡村墟场设点开展“三个代表”重要思想和科普知识宣传。7月18日起，由闽西大学花卉、果树栽培、食品加工、养殖等方面有具体实践经验的专家、教师和相关专业优秀学生干部组成的龙岩市青年专家科技“三下乡”服务团，开展为期一个月的科技下乡活动，活动范围覆盖新罗、永定、上杭、漳平等4个县市区10个乡镇。龙岩师专、龙岩市第一技校、长汀师范、龙岩资源工业学校等组织青年志愿者服务队、社会服务实践队、科技医疗服务队，深入社区和乡村开展活动。全年全市有4600多名大、中专学生参加暑期社会实践“三下乡”活动，为农村基层团组织捐赠科技图书2万多册，兴办支教扫盲班受益面3000多人次，举办文化下乡活动100多场次，为烈军属、五保户、计生户、下岗职工做好事1300多件，参加整治村容村貌公益劳动2100人次，义务散发农技、医疗、法律等宣传材料5万多份，咨询人数2万多人，收到专题调查反馈材料5000余份。

2002年7—8月，龙岩师专各系组织各种服务支队开展暑期“科技文化下乡社会实践”活动。其中，科技队伍侧重于帮农民解决种植和畜牧方面问题，进行环境保护、矿山安全宣传和宣讲“六合彩”赌博危害等，文化队伍侧重于以舞蹈、歌唱、小品等群众喜闻乐见的形式丰富群众业余精神生活，生物系按种植和畜牧两类组织若干个小分队进行活动，化学系组织“环境保护宣传”分队，向农民宣传高残留农药的危害，提倡使用生物农药，号召农民为保护环境、爱护家园出一份力，经法系组织普法分队，向群众宣讲法律法规，计算机系运用专业特点用概率统计的科学理论论证“六合彩”危害性。

2003年7月5—6日，龙岩师专33名大学生到连城县朋口镇朋口村开展暑期“三下乡”活动，开展十六大和三个代表重要思想宣讲、帮助健全团支部建设、为村种植结构调整献计、传授科学养殖和耕作技术、与该村30名特困生结对子扶助等活动。7月9日，全国百支大学生“三下乡”防“非典”服务队到龙岩市开展宣传活动，先后在城区街心公园、新罗区西城街道西安社区居委会、铁山镇和永定县进行为期4天的宣传服务活动。11月，龙岩学院（筹）开展大学生应聘挂职居委会活动。11月13日，闽西大学成立福建省首支义务消防队。这支义务消防队由70名校卫队、宿管督查队、学生会、团委的学生组成。队伍分为救护组、通信联络组、安全保卫组、车辆引导组，义务消防队定期对学校的室内、室外的消防栓进行安全检查、维修，对私自使用消防设施的行为进行处罚。是年，实施“大、中学生素质拓展计划”，开展“三下乡”社会实践活动，组织当地大、中学生和回乡大、中学生到基层宣传“三个代表”重要思想，服务当地群众。

2004 年，暑假期间，永定团县委大力开展“千名学子进土楼”系列活动，为土楼群众开展形式多样的服务。大学生志愿者们通过在土楼内外举办报告会、图片展、文艺演出等形式在土楼群众中宣传贯彻《中共中央、国务院关于进一步加强和改进未成年人思想道德建设的若干意见》精神，通过开展以书法绘画培训、少儿英语培训、健康心理爱心辅导等各种学习教育活动，帮助未成年人培养学习兴趣，提高科学文化素质。同时，由农、林、牧等专业的大学生志愿者组成的科技服务队深入边远土楼乡村开展技术咨询，举办农村青年致富技术培训班等。

2006 年，围绕“我与祖国共奋进——服务灾区献青春”主题，以龙岩学院、闽西职业技术学院为龙头，按照“按需设项、据项组团、双向受益”的工作思路，成立以新农村政策宣讲服务团、社会主义荣辱观宣讲服务团、科技兴农服务团、支教服务团、医疗卫生服务团为重点的大、中学生暑期社会实践小分队，分赴 7 个县（市、区）受灾较重乡（镇）的 10 个村，为灾区人民重建家园提供服务。推进大、中学生素质拓展计划，组织开展“挑战杯”创业计划大赛、课外学术科技作品竞赛、破冰、大海求生、野外求生等形式活泼、寓教于乐的素质拓展训练活动。

2007 年，大力推行“校村联建”“企村联建”“城乡结对”以及优秀大学生、小学教师兼任村团支部书记等做法，创新和发展大中学校团的组织。

2008 年，全市 17 支重点服务团队参加大、中学生暑期“三下乡”社会实践活动，广大学生青年在实践中受教育、长才干、做贡献。是年，在全省率先开展在校大学生“假日村团支书”工作，分别在龙岩学院团委、闽西职业技术学院在校大学生中选拔 35 名优秀学生干部到曹溪镇、东肖镇的 35 个村挂职村团支部副书记。“假日村团支书”利用课余时间协助挂职村开展团的各项活动，活跃农村团员青年文化生活，了解掌握和报送团员青年思想动态和现实需求以及优秀青年致富能人信息，协助村支部做好团员发展、团籍管理、推优入党工作，参与青年创业扶助模式的宣传和咨询、推广工作。

2009 年，举办大学生职场精英挑战赛，与龙岩人民广播电台合作开通“就业创业与你同行”栏目，成立高校毕业生就业创业政策宣讲团和青年创业导师团，举办青年创业大讲坛，提供创业就业信息、项目和指导服务。成立市级工作站和 9 个县级及高校服务站，举行邮政绿卡青年卡启动仪式，加大对青年创业资金的支持力度，有 6 名创业青年获得资金和导师扶持。建立青年创业就业见习基地 30 个，共提供 1269 个见习岗位，共有 597 人参加岗位见习。

2011 年，全市 3 支省级重点服务团队和 25 支市（校）级重点服务团队参加大、中专学生暑期“三下乡”社会实践活动，深入农村、深入企业，走进革命传统教育基地，体验基层生活，增长知识才干。

2012 年开始，龙岩学院鼓励大学生立足专业、结合实践、服务社会，争当有理想、有本领、有担当的新时代青年，龙岩学院团委每年按照集中与分散相结合的方式，组织全校大学生参加暑期“三下乡”社会实践活动。其中，每年约组织 40 ～ 50 支队伍、上千人次奔赴村镇、街道、社区、企业、工业园区、革命据点村等地开展理论宣讲、红色客家文化宣讲、志愿支教、防骗宣传、禁毒防艾、国家安全、社会观察、科技支农、宣传招生、文化艺术等形式多样、内容丰富的集中专项实践活动。其余学生则按照就近就便原则，在暑期期间深入社会、走进基层，开展教育关爱、文艺服务、专业实习、就业见习、课题调查等分散实践活动。是年，闽西职业技术学院将实践育人工作纳入学校教学计划，从建立相对稳定的实践育人基地，到定期组织开展社会实践活动，各二级学院结合职业教育周和寒暑期社会实践、企事业单位实习等组织学生开展实践活动。

2016 年，闽西职业技术学院组织学生到黄冈水库增殖放生鲢鱼 15000 尾，鳙鱼 5000 尾，制作视频《江河湖海·年年有余》。

2017 年，闽西职业技术学院环境工程系“环保志愿·红土青春·梦想扬帆”社会实践团将环境工程技术专业所学知识融入社会实践中。该团队因此获福建省“‘河小禹’专项行动十佳团队”称号。同年，《江河湖海·年年有余》获国际环境小记者项目新闻作品大赛国内选拔赛视频最高奖（19 ～ 21 年龄组）。

2018 年，闽西职业技术学院“河小禹”专项行动团队制作的《美丽东肖溪，小禹在行动》在福建省 2018 年河小禹公益微视频征集活动中获三等奖。

至 2019 年，龙岩学院团委连续 8 年（2012—2019 年）被省委宣传部、省委文明办、省委教育工委、省教育厅、团省委、省学联评为福建省大、中专学生志愿者暑假“三下乡”社会实践活动先进集体。“快乐暑期，健康成长”暑期志愿服务社会实践队、岩之心“厚德小学”社会实践队、“同一片蓝天，同一个梦想”暑期社会实践队、“从传统到主流：客家文化视域下大学生社会主义核心价值观培育路径研究”被团中央学校部、人民网、《中国青年报》等单位评为“最具影响好项目”和 全国大、中专学生志愿者暑期“三下乡”社会实践活动优秀实践团队等称号。31 个团队被评为省级大、中专学生志愿者暑期“三下乡”社会实践活动优秀团队。是年，闽西职业技术学院“河小禹”专项行动团队获 2019 年福建省大、中专学生志愿者暑期“三下乡”社会实践活动优秀团队。

2021 年，龙岩学院团委有 3 件作品分别获福建省寒假“三下乡”社会实践活动暨“我为家乡代言”摄影作品、视频作品大赛一等奖、三等奖和优秀奖。是年，龙岩团市委积极开展暑期大学生实习“杨帆计划”，征集优质岗位 2200 多个，参与报名学生 8500 多人次，1102 名实习生正式上岗，其中“双一流”学子 296 名。实习期间，开展“岩籍学子·聚力闽西”2021 年龙岩市大学生实习“扬帆计划”抖音大赛，讲好龙岩故事。共有 100 余个短视频作品参赛，总播放量 280 万余人次。

二、支教活动

1997 年，龙岩一中继续与才溪中学在原有合作交流基础上，进一步扩大合作交流范围。两校领导班子每学年进行一次办学指导思想和办学经验的交流，共同探索适应 21 世纪要求的人才培养模式，总结素质教育经验，形成在不同办学条件下各具特色的教育目标和管理体系。两校中层干部不定期对口交流，互相学习，互请对方领导和有关人员参加本校召开的教代会等重要会议。龙岩一中主要学科各指派一名骨干教师，每学年参加才溪中学 1 ～ 2 次教研组活动，指导备课与教研活动。两校教师相互对口听课，交流教学体会，切磋教研问题。龙岩一中教研周活动特邀才溪中学教师参加。两校教工团支部联合组织青年教师进行交流与联谊活动，开展自愿“结对子”的互帮互学活动。才溪中学为龙岩一中学生到才溪进行社会实践，接受革命传统教育提供帮助和方便。开展两校互派少先队员或学生进行“手拉手”活动，即龙岩一中学生到才溪中学“留学”

一日，才溪中学学生到龙岩一中“留学”一日，与对方学生一起参加升旗仪式、上课、就餐、开主题班会、文娱活动、体育比赛、座谈交流心得体会等，加强两校少先队、共青团、学生会工作的交流。同时，龙岩一中还与龙门中学进行多项合作与交流。

2001—2003 年，根据中央第四次西藏工作座谈会和教育部援藏工作会议精神，经龙岩一中与西藏林芝地区一中两校领导协商，同意加强两校间共建与合作。通过人员互访、信息资料交换等多种形式，开展两校间的经常性交流活动，总结、交流学校管理、师资队伍建设、实施素质教育的经验，共同探索人才培养新模式。龙岩一中发挥本校教科研力量较强优势，组织和帮助西藏林芝地区第一中学教师参与若干项教科研课题的研究或承担若干项子课题的研究工作，不定期选派若干名特级教师或省级以上骨干教师到西藏林芝地区第一中学讲学，通过举办讲座、公开课、研讨课等多种活动，帮助提高该校教师业务水平。经主管教育行政部门同意，两校互派 2 名老师到对方学校任教，任教时间 3 个月。开展两校学生或班级“手拉手”活动，通过书信往来，交换学生社团刊物，为“希望工程”捐款等，增强两校学生之间的交流与了解。同时，龙岩一中还和宁夏回族自治区固原县七营中学确定为“一帮一”对口支援关系，进行对口互援和合作交流。龙岩一中派青年教师郭慧媛前往七营中学支教，龙岩市教委组织有关领导前往考察。龙岩一中还经常寄去教学参考资料，龙岩一中学生会还向全校学生发出倡议，为七营中学贫困学生捐款。龙岩一中发挥自己教育科研的优势，积极组织和帮助七营中学教师参加若干项课题和子课题研究，无偿提供教研信息、教育研究资料、学校管理资料、各学科期末考试卷、高考中考资料等。龙岩一中还一次性给予七营中学自助经费 5 万元。

2003 年 7 月 14 日，龙岩师专、闽西大学的广大团员、青年踊跃报名参加“大学生志愿服务西部计划”。两所学校综合报名学生的专业特点、政治面貌、身体素质、社会能力和个人意愿等条件，对已报名的学生进行层层筛选后，最后确定龙岩师专的胡瑜和闽西大学的王龙跃到宁夏支教，服务期分别为一年和二年。

2017 年开始，龙岩学院组织学生报名参加“福建省大学生志愿服务活动欠发达地区计划”和“大学生志愿服务西部计划”，引导鼓励高校毕业生到农村去、到基层去经受锻炼、服务社会。每年做好 2 个项目的宣传、动员和报名工作。至 2021 年，全校共招募 700 多名毕业生报名参加“福建省大学生志愿服务活动欠发达地区计划”。

2021 年 7 月 6—18 日，闽西职业技术学院教育与艺术学“匠心呵护，情暖童心”团队 17 位志愿者来到龙岩市连城县莒溪中心小学开展为期 12 天的支教活动。活动期间教育与艺术学院的学生利用自己所学进行“人民墙绘乡村振兴”活动，通过改善村容村貌推动美丽乡村建设，引导大学生参与美化乡村实践，提升乡风文明，助力乡村振兴。

三、科技文艺活动与心理教育

（一）科技创新活动

2001 年 3 月，团市委联合市教委、市科协在全市大中专学校开展“科技进校园”主题系列活动。聘请市科普作家协会、市委党校、市讲师团有关人员组成讲师团到各大、中专学校进行授课。开展创新思维活动设计方案大赛暨表演赛和学生电脑网络现场综合竞赛。团市委根据学生的兴趣爱好，建立各具特色的课外学习小组、创作小组、制作小组，以竞赛为手段推动大、中学生科技节活动，大力宣传“爱科学、学科学、用科学”精神，努力营造以科技为主题的校园文化。龙岩一中、省资源工业学校等一大批学校团组织以各种科技社团为依托，完善机制，引导学生参与课余科技制作、科技发明活动，在全市农村中学中开展创业意识实践教育，采取多种形式，对中学生进行实用技能培训。连城朋口、上杭古田等乡镇团组织创办中学生实践教育基地，帮助学生掌握实用技术，培养农村脱贫致富能手和青年星火带头人。是年 4 月 15 日，团市委联合市科协、市教委在龙岩一中举办中国联通杯龙岩市大、中专学校“鸡蛋撞地球”创新思维设计大赛，经过激烈角逐，龙岩师范代表队获一等奖，龙岩侨中、闽西大学、中华职专等学校代表队获二等奖，长汀师范、龙岩农校、龙岩电大、福建资源工业学校、龙岩工业学校代表队获三等奖。4 月 24 日，举办全市大中专学校青年学生电脑网络现场综合竞赛，115 名学生参加角逐，闽西大学的余力等 18 名学生分获一、二、三等奖。

2002 年 3 月下旬至 4 月下旬，为纪念共青团建团 80 周年，团市委、市环保局、市科协联合举办龙岩市大中专学校“我想我能行”环保科技创新思维设计大赛活动。此次大赛活动共收到各类参赛作品 136 件。经专家评选，龙岩工业学校叶启进、蔡权泉设计的“垃圾发电机”、龙岩林业学校陈振耀设计的“沉浮子”获一等奖，长汀师范刘兴盛设计的“棕绳书法”等 5 件作品获二等奖，龙岩财校吴良霞设计的“心心刷印”等 8 件作品获三等奖，龙岩师专李玲、张燕玲等设计的“圣诞之夜”等 7 件作品获优秀奖，龙岩财校等 6 个团委荣获优秀组织奖。

2003 年 7 月 7—11 日，龙岩四中与市科协、市农科所联合举办首届农业科普夏令营活动。龙岩四中 25 名高一、初一学生参加活动。学生们参观市农科所生物技术中心。水稻、甘薯、花生、玉米等科研试验基地，听取专家所作“蔬菜无公害无栽培”“花卉组培技术”等报告。松涛小学除组织学生到市农科所参观学习外，还在校园内开辟占地近 1000 平方米的“红领巾植物园”，建立“少先队气象站”。该校一学生的科技创新节目获得 2003 年福建省青少年科技创新大赛一等奖、全国二等奖。

2004 年，为培养青年学生的创造能力，创新创业精神，团市委在大、中学校开展技能训练与实践活动。各校根据学生兴趣爱好，建立各具特色的课外学习小组，宣传“爱科学、学科学、用科学”精神，营造以科技为主题的校园文化。龙岩一中、省资源工业学校等学校团组织以各种科技社团为依托，完善机制，引导学生参与课余科技制作、科技发明活动，帮助广大学生完善知识能力结构，全面提高综合素质。农村中学开展中学生创业意识实践教育，围绕当地农村经济发展要求，在保证学生文化知识学习的同时，采取多种形式，对学生进行实用技能培训，保证全市初中毕业生实现初中双证毕业（即初中毕业证书和社会实践技能培训证书）。连城朋口、上杭古田、新罗红坊等乡镇创办中学生实践教育基地，帮助学生掌握实用技术，培养农村脱贫致富能手和青年星火带头人。

自 2013 年开始，龙岩学院以国赛、省赛为契机，开展龙岩学院“挑战杯”大学生课外学术科技作品竞赛和 “挑战杯”大学生创业计划竞赛。

2015 年开始，龙岩学院每年举办一届“互联网 +”大学生创新创业大赛。

2019 年 3 月 10 日，闽西职业技术学院在成功图书馆一楼会议室举行 2019 年创新创业教育主题沙龙，来自龙岩各界的企业家代表和 30 余名创业学生代表共计 50 余人参加此次活动。活动由创新创业学院负责人主持。是年 6 月 5 日，闽西职业技术学院在办公楼二楼会议室举行第五届“互联网 +”大学生创新创业大赛暨“青年红色筑梦之旅”活动启动仪式。是年，龙岩学院承办第十四届“挑战杯”福建省大学生课外学术科技作品竞赛。比赛共收到来自全省47所院校的519件作品，参与院校数、申报作品数均属历届最高。

至2020年，龙岩学院共举办六届“互联网+”大学生创新创业大赛，参赛人数达5万余人次，参赛项目达上万个。先后获中国“互联网+”大学生创新创业大赛国赛铜奖2项，省赛金奖4项、省赛银奖11项、省赛铜奖18项、精准扶贫奖1项。龙岩学院还先后被授予第四届、第五届、第六届福建省“互联网+”大学生创新创业大赛优秀组织奖、第二届福建省黄炎培职业教育奖创新创业大赛竞赛组织奖等。至2020年，龙岩学院共举办九届“挑战杯”大学生课外学术科技作品竞赛和七届“挑战杯”大学生创业计划竞赛。参赛人数约达万余人次，参赛项目达1500余项。共荣获国赛一等奖、二等奖、三等奖各1项，累计创新奖1项。是年，在第六届福建省“互联网+”大学生创新创业大赛中，闽西职业技术学院信息与制造学院张继文、张陈富声、滕文杰、姚攀义、吕琦、胡梦玲、邹婷、陈金花、廖雨微、钟素素等学生的《编搭边学——专注小城市人工智能启蒙教育》项目获职教赛道金奖；医学护理学院罗佩瑶、庄其畅、江铭、马程聪、雷俊豪、李彬秀等学生的《四季芳华——基于石斛的四季养生饮品》项目获职教赛道银奖；财经商贸学院黄巧静、陈春燕、王曼莉、柯依婷等学生的《水培蔬菜畅享生活——“菜畅”农业发展有限公司创业计划》获职教赛道铜奖。

2021年11月，龙岩学院继续参加“挑战杯”大学生课外学术科技作品竞赛和“挑战杯”大学生创业计划竞赛，有1个项目入围总决赛。12月，闽西职业技术学院被确定为福建省“大学生团员青年创新创业工作室”团干名师建设试点工作室。

（二）文艺活动

1997年3—10月，为迎接香港回归和党的十五大召开，团市委举办主题为“爱祖国、迎回归”的龙岩市首届校园文化艺术节。其中，全市性活动有4月22日在行署礼堂举行的龙岩地区首届校园文化艺术节开幕式暨“迎接香港回归祖国”大、中专学生文艺调演晚会，在龙岩市博物馆举办的全市“祖国颂”师生美术、书法、摄影作品展览与比赛，举办“百年沧桑，喜迎回归”全市学生征文比赛，举办“香港百年”全区学生知识竞赛，举办全市中小学生民族乐器、电子琴比赛，举办“班班有歌声”学校合唱节活动，10月在连城县举办的龙岩市首届校园文化艺术节闭幕式暨中学生（含职校）文艺调演晚会。此后，各大、中专学校每年均举办校园文化艺术节。

2000年3月，团市委实施“新世纪读书计划”，举办读书计划暨新书推荐活动启动仪式，联合龙岩新华书店设立“精品书架”，发放“购书优惠卡”，挂牌建立读书俱乐部，推出首批“新书推荐榜”。组建“龙岩市青少年读书计划专家指导团”，深入学校、机关、企业举办系列读书辅导讲座。团市委和新华书店联合举办“新华杯”龙岩市青少年新世纪读书有感征文活动，其中《重读保尔的人格魅力》（作者林福来）获一等奖，连城团县委和龙岩一中获“优秀组织奖”。5月3—10日，为纪念“五四”爱国运动81周年，团市委开展主题为“保护母亲河，共创美好闽西”的龙岩市校园青年文化周活动。文化节期间，团市委组织以“保护母亲河”为主题的文艺晚会，以及龙岩市城区大中专学校18岁成人仪式，学习游卫东先进事迹报告，组织参加全省青少年电脑网络大赛等。校园青年文化周面向全体学生，以育人为宗旨，坚持以高尚精神塑造人，以优秀作品鼓舞人，弘扬主旋律，提倡多样化。进一步发挥学校青年组织在参与素质教育中的作用，对广大学生进行现实和生动的爱国主义教育，党的基本理论、基本路线教育，引导广大青年学生树立正确的世界观、人生观和价值观，推动校园精神文明建设，提高学生综合素质。

2001 年，团市委实施大、中学生“素质拓展”计划活动，推进青少年新世纪读书计划。

2003 年，按照“弘扬主旋律、提倡多样性”要求，通过抓活动、抓骨干、抓社团，构建多层次校园文化活动体系。4 月 12 日，团市委联合市委宣传部、市教育局在龙岩一中举行全国优秀青少年读书俱乐部揭牌暨市青少年读书计划推进仪式，开设双休读书讲座，为青少年读书学习提供多渠道、多方面的服务。是年 6 月，团市委响应中宣部、国家计生总局关于在中学生中加强人口与国情及婚育新风教育的号召，在全市大、中学生中开展丰富多彩的人口与国情教育。其中，新罗区大池中学在全市率先成立中学生人口国情教育园，以活动展板形式开设青春期教育、人口国情和婚育新风知识宣传，每学期举办 1 次人与国情征文比赛，邀请专家开设青春期知识讲座，出版人口与国情黑板报、手抄报。随后，该区雁石中学、龙门中学、东肖中学、适中中学等先后办起中学生人口国情教育园。

2004 年，全市各地开展校园文化活动。其中，连城县开展科技人文进校园等活动。上杭县开展青年文化周和校园青年文化周活动，举办以“希望之圣火、希望之光”为主题的文艺晚会。

2010 年 5 月 16 日，由共青团龙岩市委、龙岩市电视台联合举办的龙岩市青年歌手大赛总决赛在龙岩学院学术报告厅举行。其中大、中学校赛区的王艳秋、江娴分获亚军、季军。

2013 年 6 月，龙岩学院学生许志刚、王艳芬、江莹、金宸贤表演的《五味青春，“狠”酸甜》获第十一届中国大学生广告艺术节铜奖；是年 12 月，龙岩学院红土地合唱团与福建省歌舞剧院交响乐团表演的《红旗不倒》获福建省第五届艺术节·第二届音乐舞蹈杂技曲艺优秀剧综合演出奖二等奖。

2016 年 6 月，龙岩学院学生表演的《女战士舞》《For the Beauty of the Earth》和《太行山上新编》《康定情歌》分别获福建省第六届大学生艺术节金奖和特别演出奖。

2018 年 11 月 17 日晚，龙岩职业技术学院在校田径运动场举行“最美时光”40 周年校庆大型群文演出晚会。此场晚会是龙岩市有史以来规模最大、参演人数最多的一场晚会，演出共分为“激情燃烧的岁月”“感恩、感动、感悟”“团结渠上正风华”“最美时光”四大篇章，全方位展现闽西职业技术学院建校 40 年来的发展变化、青春岁月里共进的激情和感动、学子匠心精神和风华正茂。有市领导、特邀嘉宾、学校师生员工以及龙岩市民等近 2 万人在现场观看演出，还有 200 多万人次通过网络平台直播收看。是年，龙岩职业技术学院学生排演的《茶情婆韵》先后获第十三届福建音乐舞蹈节节目奖和第二节海峡两岸大学生舞蹈大赛（普通组）优秀表演奖。

2019 年 5 月，闽西职业技术学院团委举行纪念“五四”运动 100 周年暨“百年同行”文艺会演。是年，为庆祝建国 70 周年，录制、拍摄由校党委书记卢伟耀原创的《你是我最爱》音乐短片，并到古田会议旧址举行新歌发布会。校艺术团和合唱团到古田参演福建省纪念“五四”运动 100 周年文艺会演；校“河小禹”实践团队及校合唱团在龙津湖公园参演“6·5”世界环境日福建龙岩主场活动。是年，还组织参加《古田军号》进学院影评活动。

2021 年 6 月，800 多名师生参加由闽西职业技术学院承办的龙岩市建党百年大型音乐舞蹈史诗《红旗永不倒》。是年，闽大团团新媒体在“学习强国”平台、上级团委龙岩团市委微信公众号平台、校团委微信公众号平台推出百年党史主题闽大原创歌曲《百年一念》，用不同的形式在广大青年学生中开展党史学习主题教育，结合新媒体平台对广大青年学生进行党史学习教育宣传。

在校团委新媒体平台开设《小团圆带你学党史》专栏，推出87期党史小故事。同时转载上级团委、各院系团委推出的党史学习教育主题报道和党史相关知识报道。其中发布党史教育类新媒体作品的1个原创歌曲登上“学习强国”平台和团市委微信公众号平台。是年，龙岩学院学生表演的喜剧《留下来的红》获福建省第六届大学生艺术节甲组二等奖。

2020—2021学年，闽西职业技术学院团委举办“传承红色基因放飞青春梦想”歌咏活动。通过举办“传承红色基因　放飞青春梦想”歌咏活动全方位服务学生，为青年学生营造全面发展、成长成才的优秀传统文化和闽西红色文化氛围。通过传统红色歌咏活动对在校大学生进行生动的爱国主义、集体主义、社会主义教育，坚定走中国特色社会主义道路的信念；弘扬社会主义核心价值体系，引领在校大学生提升人生境界，树立远大志向。加强学校美育，提高在校大学生的艺术修养，建设良好的校园文化。闽西职业技术学院还举行线上原创宅家防疫学唱龙岩话歌系列活动，丰富校园文化氛围，传承优秀传统文化。

（三）心理健康教育

1997年后，辖区各大、中专学校每年均举办校园文化艺术节，以审美教育艺术形式，培育学生审美情趣，提高学生的艺术感知能力，丰富广大学生的艺术情感。

2001年3月，龙岩一中团委成立心理健康教育领导小组，设立心理交流室和“心理咨询”信箱，外聘专家为学生开设讲座，进行团体心理辅导，并在校刊《太阳风》设立“心语”专栏，开展学生心理健康教育，利用各种校园媒体进行成人意识宣传教育。是年，龙岩师范成立“心悦室”心理咨询室，由教育处、教育心理学教研组、团委等部门组成领导小组，开展心理教育咨询活动，定期出版《心悦园地》刊物等，加强青少年生理卫生和心理健康教育。龙岩师范团委还聘请校教育心理学科高级讲师刘阳为女生开设讲座，进行团体心理辅导，并为现场提问的女生解难释疑，开展青春期心理教育与辅导。闽西大学针对个别学生的心理问题，开设心理咨询热线，聘请思政专业、心理专业教师对该类学生进行辅导，引导其走出阴影，健康成长。是年，长汀师范学校心理健康咨询中心和龙岩四中中学生心理咨询室先后成立，均由专职教师主持。

2002年，闽西大学、长汀河田一中等大、中学校团组织围绕青年学生身心健康，设立心理咨询信箱，开辟广播热线，开设心理健康教育讲座，受到学生普遍欢迎。

2003年4月29日，团市委与市电信分公司联合开通龙岩市“青春热线”，市人大副主任李天喜、市政协副主席邱惠珍以及市委宣传部、教育局、文化与出版局等部门领导出席开通仪式。“168004”“青春热线”是龙岩市第一条青春综合服务热线。凭借电信声讯这一高科技平台开设的青春热线，使共青团工作更具有针对性、贴近性，使其逐渐成为青少年工作、生活、学习的良师益友。青少年只需拨通该热线，即可了解团务知识、高考心理咨询、心情驿站等多种信息。该热线同时具有人工电话和自动声讯2项功能，服务形式灵活、便捷。

2013年开始，龙岩学院开展“走下网络、走出宿舍、走向操场、走进图书馆”主题群众性课外体育锻炼和阅读活动，以提高学生心理健康素质。

2019—2021年，龙岩学院环校跑和慢跑送早餐系列活动参与人数达1万多人次，“慢跑送早餐”系列活动受到《中国青年报》、东南网等多家媒体的持续报道，在校内外取得良好的反响。闽西职业技术学院学生社团联合会下管理的24个协会在嘉年华、巡礼月平台上各显神通、争奇斗艳，爱心协会义务献血、TP街舞社对内街舞赛、清河茶艺社茶艺展示、读者协会读书月系列活动、青空动漫社夏日祭、足球协会技能比赛等学校团组织和学生社团举办的各项活动都在丰富和引领着学生的健康审美取向。

四、学校志愿服务活动

1997—2021 年，辖区大、中、小学青少年组织结合“3・5”青年志愿服务日”“3・12”保护母亲河行动周（日）“法治宣传日”“全国助残日”“6・5”世界环境日、“6・26”国际禁毒日、“全民禁毒宣传月”“12・4”宪法日、世界红十字日和“12・5”国际志愿者日及共青团员义务星期六等重要时间节点，省运会、省青年创新创业大赛、海峡两岸大学生篮球赛、“11・8”机博会、“11・18”投资龙岩洽谈会等重大活动，围绕“植绿护绿”“城市保洁”“携手防疫”“青春红丝带”“厉行节俭，反对浪费”“志愿者助残行动”“爱心助成长”“阳光助残”“青春红丝带”“垃圾分类新时尚”“拒毒防毒”和“平安龙岩”等主题，开展各种青年学生志愿服务。龙岩侨中、龙岩四中、龙岩六中、龙岩七中等学校，或组建“继锋”“承锋”“先锋”青年志愿者服务队，或成立“青年志愿者平安新罗服务站”“青年志愿者敬老服务站”“青年志愿者助残服务站”“青年志愿者消防服务站”，使学校志愿服务活动代代相传。

第七章　少年先锋队

1997年后，龙岩市各级少工委加强青少年活动阵地建设，先后重建或新建市青少年宫和各县（市）少年宫，建立10多个行业校外雏鹰争章训练基地，红色"雏鹰训练基地"，至2021年，形成以学校、家庭、社区、青少年宫4个阵地相结合的青少年活动阵地结构。

1997—2021年，全市各少先队组织以体验教育为基本途径，加强思想品德教育。先后开展"迎回归、庆六一"踩街、闽西少先队员新世纪火炬交接仪式、"盼祖国统一"龙岩市青少年签名仪式、"新世纪我能行养成道德好习惯"体验教育、"手拉手，话小康"、"红领巾心向党"、清明祭英烈、国旗下的讲话、标准化"入队"仪式等活动以及庆"六一"、庆建队节系列文体活动，引导青少年坚定社会主义信念，树立正确的世界观、人生观和价值观，激励少年儿童为实现"中国梦"做好准备。

1997—2021年，全市各少先队组织先后开展"跨世纪中国少年雏鹰行动"、"保护母亲河——我与世纪林一起成长"、城乡"手拉手"结对子、"知雷锋、爱雷锋、找雷锋、做雷锋""缘系千里、牵手宜昌"等"手拉手"结对活动，使少先队员在活动中受到熏陶、接受教育。

第一节　少先队组织

一、组织机构

1998年10月13日，中国少年先锋队龙岩市第一次代表大会选举产生第一届龙岩市少先队工作委员会。在随后召开的市少工委一届一次全会上，林勇当选为主任，胡鹏程、王永忠、赖有仁当选为副主任。当年全市有少先队员30多万人。

2005年5月22—23日，中国少年先锋队龙岩市第二次代表大会选举产生第二届龙岩市少先队工作委员会。在随后召开的市少工委二届一次全会上，谢兴权当选为主任，林小洪当选为第一副主任，许敏、张开延当选为副主任。当年全市有少先队员33万人。

2006年10月13日，在市少工委二届二次全委（扩大）会议上，团市委副书记王永忠当选为市少工委主任。

2009年，开展全市少先队基层组织建设工作。

2010年10月11日，中国少年先锋队龙岩市第三次代表大会选举产生由47人组成的第三届龙岩市少先队工作委员会。在随后召开的市少工委三届一次全会上，蓝凯英当选为主任，林小洪当选为第一副主任，许敏、张开延、许文当选为副主任。

2015年12月28日，中国少年先锋队龙岩市第四次代表大会选举产生第四届龙岩市少先队工作委员会。在随后召开的市少工委四届一次全会上，郭昊瑜当选为主任，林小洪当选为第一副主任，张开延、许文、曾秋招、吴秋妹当选为副主任。

2019 年，深化全团带队工作，推动学校成立少工委，示范开展全市集中入队、主题队日和离队入团仪式，创建少先队名师工作室 1 个、“动感中队”40 支。

2020 年，落实“双主任”制度，下发《关于在各中小学成立学校少工委的通知》，推动符合条件的中、小学少先队 100% 成立学校少工委。90% 的团属青少年宫、20% 的辖区内有初中或小学的街道社区、乡镇建立少工委，党组织负责人担任少工委主任。依托福建省少工委“智慧队建”少先队管理平台，市、县两级做好网上少先队建设，做好少先队员的网上信息注册、组织报到、活动登记等工作，建立健全有效的少先队员管理系统。强化党建带团建、队建，推进党、团、队一体化建设。推动市县两级党委负责人担任同级少工委名誉主任，市、县两级政府明确一名负责人联系少先队工作。市县两级党委常委会至少听取 1 次少先队工作汇报。

2021 年，开展学龄儿童分批入队工作。首批入队队员一般不超过班级总人数的 30%；做好推优入团工作，解决团队衔接突出问题。市、县两级全面实行少工委“双主任”制。着力加强县级少工委建设，推动县级团委和教育部门加强少先队工作力量。推动全市公立、民办小学、中学 100% 建立少先队组织。成立市级教育团工委，与教育部门建立定期协商研究少先队工作、重大事项沟通协调等工作机制，每半年（学期）至少专题研究 1 次。推动将少先队工作纳入各级中、小学教育督导评估和党建工作规范化建设指标，分值不少于 10%。全市各级团组织落实《关于加强和改进全团带队工作的若干举措》，各级团委主要负责人作为少先队工作第一责任人，市级团委负责人、县级团委主要负责人担任同级少工委主任，各级团的领导机关职能部门对少先队工作一体谋划、一体推进、一体考核。

二、辅导员队伍建设

1997 年，当年全市有少先队员 30 多万人，少先队辅导员 1.1 万人。

1999 年 6 月，团市委、市少工委、市教委评选表彰苏婉茗等 40 名辅导员为市优秀少先队辅导员。龙岩溪南小学少先队总辅导员陈煜熙被省委宣传部、团省委、省教委、省少工委评为省十佳少先队辅导员。

2003 年，各级团组织加强对少先队工作的领导，履行“全团带队”职责。当年全市有少先队员 32 万人，少先队辅导员 1.2 万人。吴四珍等 3 名辅导员被评为全国优秀中队辅导员，刘伟峰被评为省第五届十佳辅导员，许玉殿被评为首届省十佳志愿辅导员，5 名少先队工作者获得省星星火炬奖章。

2006 年，贯彻“全队抓基层、全队抓落实”工作要求，实施《少先队辅导员工作纲要（试行）》，加强辅导员队伍建设。

2007 年 7 月 3 日，2007 年龙岩市少先队辅导员第一期培训班在武平县开班。7 月 5 日，第二期培训班在连城县开班。

2009 年，加大少先队辅导员培训力度，604 名少先队辅导员参加全省网络培训，考试率位居全省第一位。2010 年，全省网络培训辅导员参训率位居全省前列。

2011 年，全市有 9 名优秀辅导员被评为省级优秀辅导员，8 名优秀志愿辅导员被评为省级优秀志愿辅导员，1 名辅导员、1 名少先队员和 1 个基层少先队组织分别获全国优秀少先队个人和先进集体荣誉称号。

2012 年，健全少先队辅导员基层队伍建设，提高少先队辅导员素质。组织全市新任少先队辅导员参加网络培训，及时下载全国少先队辅导员培训视频，组织少先队总辅导员进行观看学习。

2013 年，自筹资金 10 万元举办基层少先队和共青团干部培训，邀请省团校和市委党校专家和一线团队工作者授课，覆盖全市50余名基层少先队工作者代表，对接省少工委“送课下乡”活动，培训基层团队干部 500 多人。

2016 年，开展常态化培训，全市有 116 名少先队辅导员参加。这是近年来龙岩市开展的最大规模的少先队辅导员集中培训活动。

2017 年，共 100 余名少先队辅导员参加培训。培训邀请福建省少工委副主任、省少先队总辅导员陈晓华，福建省少先队工作学会副会长、省少学会辅导员专业委员会指导专家冯秋水为大家授课。

2018 年，龙岩市少先队骨干辅导员培训班在福建省团校举行，共 70 余名辅导员参加培训。培训采取课堂教学、实训活动展示与现场教学相结合的模式，让学员们真正掌握上好队课、做好少先队工作的方式方法，切实做到学有所得、学有所获、学以致用。

2019 年，全团带队格局不断优化，强化少先队辅导员队伍建设，配强配齐各县（市、区）总辅导员各 1 名，大队辅导员若干名。每年组织各县开展少先队辅导员培训班，提升少先队辅导员政治素养和业务素质。

2021 年，龙岩市自下而上开展少先队辅导员职业技能大赛，从各学校海选，再到各县（市、区）赛，最后市级决赛，全市少先队辅导员们通过少先队工作专业理论知识、少先队标志礼仪规范考核、现场说课、微队课展示等环节，展风采、亮技能、树形象，充分展现新时代少先队辅导员全面的综合素质和过硬的专业技能。此次大赛，覆盖全市学校少工委总数的 80% 以上。同年，7 名少先队辅导员被评为福建省级优秀少先队辅导员。

三、历届少代会

（一）第一次代表大会

1998 年 10 月 13 日，中国少年先锋队龙岩市第一次代表大会在龙岩召开，市领导张燮飞、黄坤明，老同志游梅耀、邱锦才到会。大会总结过去 3 年的少先队工作，交流少先队工作经验，确定此后 5 年少先队工作，进一步推进跨世纪中国少年“雏鹰行动”的开展。市委副书记邓保南代表市委、市政府作重要讲话。团市委副书记廖深洪代表团市委向大会致词。团市委副书记林勇作题为《面向新世纪，肩负起培养跨世纪人才的历史责任，做适应跨世纪的合格建设者和接班人》的工作报告。会议期间，少先队员们举办“跨世纪雏鹰”论坛和“手拉手迈向 21 世纪”联欢晚会。会议发出《闽西少年跨世纪宣言》。会议选举产生第一届龙岩市少先队工作委员会

（二）第二次代表大会

2005 年 5 月 22—23 日，中国少年先锋队龙岩市第二次代表大会在龙岩召开。171 名正式代表，10 名特邀代表参加大会。市领导刘晓东、余丽明、饶作勋、李汉槐、刘茂青以及相关部门的领导出席会议开幕式。团省委、省少工委以及各兄弟单位发来贺信、贺电。中共龙岩市委副书记刘晓东代表市委、市政府在开幕式上作发言，对新时期少先队工作提出明确要求。会议听取和审议市第一届少工委《加强思想道德教育，促进健康成长成才，为实现闽西全面建设小康社会宏伟目标做好准备》的工作报告，选举产生中国少年先锋队龙岩市第二届工作委员会。

（三）第三次代表大会

2010年10月11日，中国少年先锋队龙岩市第三次代表大会开幕式暨争当“四好少年”新生入队仪式观摩活动在龙岩市人民广场举行。团省委副书记徐姗娜，市领导陈万里、钟万福、张斯良、李新春及市直相关部门领导共同出席活动。来自全市各地的176名少代会代表和市直相关学校的1000余名少先队员参加活动。会议通过《中国少年先锋队龙岩市第三次代表大会关于第二届龙岩市少工委工作报告的决议》，选举产生由47人组成的新一届市少工委。

（四）第四次代表大会

2015年12月28日，中国少年先锋队龙岩市第四次代表大会召开。市委副书记黄进发、市人大常委会副主任赵汀生、市政协副主席张琼珊、团省委副书记兰明尚及市直相关部门领导以及来自全市各地的179名少代会代表参加。市委副书记黄进发代表市委、市政府对全市少先队工作给予充分肯定，并对全市少年儿童提出殷切希望；团省委副书记兰明尚代表团省委、省少工委到会祝贺。

第二节　少先队活动

一、活动阵地建设

1997年，龙岩市少工委加强红领巾实践基地、劳动实践基地建设与“小主人爱劳动”活动相互促进，构筑全市少先队劳动实践主旋律。是年，龙岩市青少年宫建成并投入使用。该少年宫位于南城隔后、登高山南侧，占地1.61公顷，主要建筑物有综合楼、旱冰场、室内游泳馆、武术健美体操馆、青旅步云楼、青云楼及艺术幼儿园等。其综合楼内有天文天象馆、电脑培训中心、武术健美培训中心等，其中天象馆开放后，成为市松涛小学、实验小学等市区少年观看天文演示、增长自然科学知识基地。

1998年，龙岩市青少年宫全年开设少儿书画、幼儿歌舞、声乐等各类培训班，培训学员348人，成为市区校外教育基地和青少年文化活动中心。

1999年，市青少年宫引进外资500万元兴建游泳馆，总建筑面积达4000平方米。青少年宫软件、硬件环境建设进一步完善。陆续开办音乐、幼儿舞蹈、少儿书画、天文天象等各种培训班，全部培训学员2000多人次。青少年宫天文馆每周六向社会开放，并在市区青少年中大力普及天文天象知识，被省科协、省委宣传部授予“科普教育基地”。

2000年，龙岩市青少年宫坚持双休日向全区青少年及市民开放，开展各种兴趣活动，被团中央、文化部联合授予“全国先进青少年”。是年10月，武平县筹建县青少年宫，该青少年宫设有科技展览室、青少年读书室、青少年活动室和培训中心，并与武平一中共同创建科技展览室，存放动植物标本达万余个，价值12万元。是年，团市委在市地税局、市环保局、市工商局、市卫生局、市电业局、市消防支队、市武警支队、市交警支队、市农行、联通公司等10个行业中建立校外雏鹰争章训练基地。

2001年，把雏鹰争章活动与学校兴趣组、家庭教育、学科教学、主题班队活动和“青年文明号”单位建设相结合，建立青少年宫、区环保局、消防二中队、联通分公司等一批校外雏鹰争章训练基地。其中，龙岩市青少年宫全年开设培训项目36项，164个教学班级，内外聘教师99人，培训人员近4000人次。其中，天象馆为1653名青少年演播20条场的天象知识教育片，2000多名师生参加青少年宫举办的各项活动。

2002年，省苏维埃政府旧址、共青团苏区福建省委旧址、闽西革命历史博物馆、长河县瞿秋白烈士纪念碑、武平县青少年宫等5个单位被命名为第二批省少先队“雏鹰训练基地”，上杭县公安消防大队被命名为第二批省少先队消防“雏鹰训练基地”。

到2003年，全市各中、小学基本上实现“一校一地”目标，有的学校还有多个不同类型的挂钩实践单位。在团市委指导协助下，各团县（市、区）均创办青少年宫。其中，龙岩市青少年宫、连城县青少年宫还被团省委和省少工委联合授予省批雏鹰训练基地。龙岩市青少年宫再被团中央、文化部联合授予“全国先进青少年”。该青少年官是团中央“千百万”行动青少年外语培训基站、全国青少年“千百万”少儿电脑培训基地、福建省科普教育基地、福建省小公民道德教育基地。开办有舞蹈、绘画等60个培训项目，年培训青少年5000人次。先后有566名师生作品在国际、国内各项比赛中获奖，485篇次的师生论文、文章在市级以上刊物发表。

2004年3月27—28日，福建省青少年宫协会第六次会员代表大会暨少年儿童校外教育研究会教改观摩会在龙岩市青少年宫召开。会议指出，青少年校外教育对推进青少年素质教育有重要的作用，要营造青少年成长的良好环境，丰富青少年的课外生活，促进青少年的全面发展。

2013—2014年，实施青少年关爱工程，新罗团区委与市青少年宫联合举办“放飞希望”第二课堂免费培训班6期，为贫困农民工子女提供学习机会。

2016年，龙岩市青少年宫举办“红领巾相约中国梦——关注十三五，创造新生活”少年主题教育实践活动及欢乐艺术节活动。

2017年，龙岩市青少年宫继续开设农民工及贫困家庭子女免费第二课堂，有158名少年儿童参加舞蹈、美术、书法等第二课堂学习。

2019年，全市3家校外培训基地签约挂牌“福建省红领巾校外基地”，开展研学、夏令营等少先队主题活动99场次，覆盖学生总数17325人。

2020年，全市90%以上团属青少年宫以及条件具备的青年之家等团属青少年活动场所建立“少先队室”或“少先队角”。龙岩市少工委以学校、家庭、社区、青少年宫4个阵地，开展“红领巾心向党，争做新时代好少年”学习实践活动，对全市少先队员展开爱国主义教育和革命传统教育。

2021年，开展第二批省级红领巾校外体验示范基地和首批市级红领巾校外体验示范基地评选，共评选出省级示范基地11个、市级示范基地10个。龙岩市青少年宫是辐射全市并为龙岩中心城区广大青少年课余提供公共产品和公共服务的一个公益性场所，每年有10多万名龙岩中心城市青少年参加课外学习、培训、活动。该少年宫是共青团中央“千宫百万”青少年外语培训站，共青团中央“千宫百万”青少年电脑培训基地，是福建省科普教育基地、福建省小公民道德教育基地、福建省少先队雏鹰争章活动基地、共青团关爱农民工子女第二课堂活动基地，也是龙岩市少先队先锋大队基地。

二、思想品德教育

1997年，清明节期间，全市各级少先队组织10多万名青少年前往革命烈士陵园、革命纪念馆址举行纪念活动。是年6月1日，团市委举办全市“迎回归、庆六一”万名少先队员鼓号队踩街等活动。

1998 年起，全市各少先队组织以体验教育为基本途径，开展“星星火矩、代代相传”主题教育活动。

1999 年 10 月 13 日，团市委、市少工委举行龙岩市少先队建队 50 周年纪念大会暨城区鼓号队大检阅，城区 3000 多名少先队员参加纪念大会，16 支鼓号队参加大检阅活动。是年 12 月 28 日，上杭才溪小学少先队员高晓金作为福建省唯一代表从北京取回世纪圣火火种；2000 年 1 月 7 日，团市委在才溪小学举行闽西少先队员新世纪火炬交接仪式。

2000 年 3 月 4 日，在市街心广场举行“盼祖国统一”龙岩市青少年签名仪式。是年 5 月 1 日，为贯初落实总书记江泽民关于青少年健康成长问题的重要谈话精神，深化青少年的思想、纪律、法治教育，团市委举行闽西青少年红色旅游线路开通仪式暨举办首期红色游夏令营活动。该活动旨在利用闽西丰富的革命传统教育资源及旅游资源，对青少年进行生动、直观的思想教育，市委、市少工委在龙岩市及周边地区开辟一条“闽西青少年红色旅游线路”，在节假日、寒假期间开展青少年“红色之旅”活动。

2001 年，全市少先队组织“星星火炬、代代相传”主题教育活动深入开展。长汀县少工委通过举办研讨和主题队会观摩，在评选“星星火炬、代代相传”主题队会活动的基础上，将优秀队会和队日活动方案汇编成册。

2002 年 4—10 月，全市各级少先队组织开展“新世纪我能行养成道德好习惯”体验教育活动。广大少先队员从“解决烦恼我能行”入手，从解决自身成长遇到的问题入手，以中队活动形式开展讨论，寻找解决“烦恼”好途径，从而养成良好的思想品格。团市委和市少工委还表彰一批先进集体和个人。其中，新罗区少工委、上杭县少工委等 18 个中队被授予“我能行”优秀中队，龙岩松涛小学陈丹等 31 名少先队员被授予“我能行”奖章。是年 5 月，为贯彻江泽民“依法治国同以德治国紧密相结合”的重要思想，根据中央、省委要求，共青团龙岩市委联合龙岩市委宣传部、龙岩市妇联、龙岩市教育局、龙岩市环保局、龙岩市广播电视局出台《关于实施中国小公民道德建设计划方案》。该实施活动计划从 2002 年开始用 4 年时间分步实施，2002 年是宣传与动员阶段。是年“六一”前夕，市、区城区小学举行“小公民道德建设启动仪式”，通过发倡仪书等宣传手段，广泛发动儿童、少年参与，在全市 7 岁至 14 岁的儿童中开展“我做合格小公民”的宣传教育、实践创造、评选展示活动。针对儿童特点推出“五小”行动，通过开展体现少年儿童助人、捐献、礼貌、仪表、着装、体态、表达等内容活动，增强儿童的理解和感受。

2003 年，全市各级少先队组织贯彻《共青团中央关于加强全团带队的意见》，配合素质教育，以加强对少年儿童进行思想品德教育、培养少先队员的创新精神和实践能力为主线。深化“养成道德好习惯”体验教育主题活动，举办“少年儿多元智能个性化教育”报告会，开展“手拉手，话小康”“红领巾心向党”等一系列主题教育活动，提高全市少年儿童综合素质。市少工委被评为全国少年儿童平安行动优秀组织奖，郭少毅被评为省第七届十佳少先队员，3 支少先队中队被评为全国优秀中队。是年 5 月 29 日，在全市少先队庆“六一”表彰会暨预防“非典”主题队会观摩会期间，龙岩师范、龙岩师范附小和新罗区溪南小学学生联合举办龙岩市少先队预防“非典”主题队会“最可爱的人——白衣天使”，少先队员用歌声、诗朗诵等形式表达对抗击“非典”第一线医护人员的敬爱之情，也用小品和漫画讽刺比“非典”还可怕的人和事，并在实践体验中得到深刻教育。是年，新罗区溪南小学少先队大队组织队员对社区和景区开展环境保护调查活动，通过活动让队员们自觉担负保护环境重任；武平实验小学开展“我当特殊教育学校一日班干”体验活动，让队员亲身体验弱势群体的学习和生活，在体验中更加成熟坚强，培养乐于助人的美德；长汀实验小学开展的“红土地雏鹰飞”体验活动。此外，还开展“体验小当家”“我是小导游”“和父母干一天农活”等体验活动。

2004 年是小公民道德建设全面实施阶段。全市中小学开展以编写儿歌、编身边故事、演戏剧小品等少年儿童喜闻乐见的形式，广泛宣传“小公民”的社会道德行为标准，并在电视广播、报刊、网络等媒体开辟专栏和论坛。

2006 年，在“六一”和建队节期间，开展社会主义荣辱观主题教育活动，举办少先队员迎省运主题队会活动。

2010 年，开展各类主题教育活动。学习贯彻总书记胡锦涛在全国第六次少代会上致少先队建队 60 周年贺信精神，开展“红领巾心向党”“祖国发展我成长”“民族精神代代传”等主题活动，引导青少年坚定社会主义信念，树立正确的世界观、人生观和价值观。

2011 年，先后开展“红领巾心向党”主题队会，争当“四好少年”、雏鹰争章、少年军校、红歌唱响青春校园、第三届少儿才艺大赛和“在光荣的旗帜下”等少先队主题活动，举行学习贯彻省委书记孙春兰回信精神的专题学习会，通过少年儿童喜欢的画报、游戏等，设计开展主题鲜明、形式多样的基层少先队活动，引导全市少先队员感受党的恩情、牢记党的嘱托，坚定永远跟党走的理想信念，促进少年儿童的健康成长。9 月 1 日新学年开学，举行国旗下的讲话、专题座谈、主题班队会等活动。10 月 13 日，在上杭县举行少先队“先锋大队”命名和授旗仪式。

2018 年，在全市各级少先队组织中推行标准化“入队”仪式，促使广大队员了解队史、掌握队仪，从而尊敬少先队，以培养少先队员主人翁意识、爱队意识，感受作为一名光荣的少先队员的神圣使命。

2019 年，开展研学、夏令营等少先队主题活动 99 场次，覆盖学生总数 17325 人。

2020 年，落实每周 1 课时少先队活动课 100% 进课表，制作 7 节“红领巾云课堂”主题云队课。

2021 年，学习贯彻《中共中央关于全面加强新时代少先队工作的意见》，以适合少年儿童特点的方式开展“红领巾心向党”学习实践活动，以少先队队课和主题队日为主要形式，组织开展实践体验、参观寻访、仪式熏陶、学习先锋、争做“红领巾讲解员”等活动，组织观看“红领巾爱学习”、《党史十课》等网上系列主题队课，帮助少先队员学习了解党史故事，感受党的伟大。在“六一”期间，全市各级少先队组织集中举行“红领巾心向党”主题中队会。广大少先队辅导员采用少年儿童易于理解的语言讲好党的故事。以学雷锋、清明祭英烈、劳动节、“六一”国际儿童节等重要节点为契机，结合党史学习教育，通过绘画、写作、朗诵、表演、短视频等形式开展丰富多彩的主题队日活动，展现新时代少先队员的风采，让红领巾更加鲜艳。

三、科技文化活动

1997 年起，团市委、市少工委每年都在“六一”、建队节期间举办庆“六一”、庆建队节系列文体活动。

1998 年，“六一”节期间，联合市教委举办“庆六一、手拉手”科技欢乐园活动。“八一”建军节期间，联合市教委、武警支队举办第二期少年警校培训班。

1999年，为纪念中国少年先锋队建队50周年，展示龙岩市少先队员精神面貌，全市各级少先队组织开展“六个一”活动。即在建队日——10月13日早晨举行一次升国旗仪式；举行一次“主题队会”、举行“我在队旗下成长”、“红领巾在我心中”等内容的大队或中队主题队会；向师长敬一次队礼，即邀请辅导员、志愿辅导员、课任教师及社会各界支持少先队工作的热心人士参加建队活动，并集体向他们行一次“谢师礼”，用敬队礼的方式向他们表达敬意和谢意；为队组织做一件好事，各少先队大队、中队组织队员们以“我为队旗添光彩”为主题，为队组织做一件好事；开展一次征文（画、照片）活动；向小伙伴发出一个倡议活动。同时，还举行纪念少先队建队50周年鼓号队大检阅活动，龙岩一中、城区及郊区16支少先队大队组成16支鼓号方阵，接受检验。

2001年，团市委、市少工委开展“六一”文艺科技活动、建队节颁章大会、主题队会观摩会等系列活动。

2005年，“五四”期间，举办“爱我闽西”少儿美术节、闽西少年“手拉手”庆“六一”游园活动。

2007年3月20日，首届龙岩市少儿艺术节活动在连城县实验小学正式启动。5月28日，团市委、市少工委联合市委宣传部、市教育局、市文化与出版局、龙岩电视台联合举办庆“六一”“少儿手拉手·城乡共和谐”艺术节文艺晚会。7月22日，龙岩市“爱贝通杯”少儿歌手赛在市文化艺术中心举行，80多名少年儿童参加比赛，40名少年儿童分别在幼儿组、儿童组、少年组、组合组中取得一、二、三等奖。9—11月，开展第三届全国少年儿童书信文化活动龙岩市选拔赛活动。

2009年，先后举办“蒙牛未来星”少儿才艺大赛、“歌唱祖国庆六一”纪念少先队建队60周年全国统一队日活动，全市21万少先队员积极参与。

2010年，举办第二届少儿才艺大赛，全市共有5300多名选手报名参赛，经过海选、复赛，一个多月的激烈角逐，共有47名小选手参与最后市级决赛。5月30日，由共青团龙岩市委、龙岩市电视台、龙岩市少工委联合主办的龙岩市第二届少儿才艺大赛颁奖晚会在艺典小剧场举行。全市300余名少先队员代表和观众代表现场观看晚会，20多万名青少年通过不同方式观看比赛。晚会在舞蹈《欢乐童年》中拉开序幕，获奖的舞蹈组和声乐组选手纷纷上台展示自己的才艺。是年，还组织开展少年儿童平安活动。

2011年，先后开展红歌唱响青春校园、第三届少儿才艺大赛和“在光荣的旗帜下”等少先队主题活动，开展少年军校活动。

2013年，开展“红领巾相约中国梦”系列活动，举办争创“中国梦好少年章”“我的中国梦绘画手工制作展”“我的中国梦征文、故事和演讲比赛”“美丽中国梦”中小学生文艺会演等，激励少年儿童为实现“中国梦”做好准备。

2014年，围绕“中国梦”时代主题，开展“少先队先锋行动——核心价值观记心间”“书香少年”“时间都去哪儿了”系列主题团队日活动及文体活动，培育和践行社会主义核心价值观。实施“珍爱生命，共享阳光”少儿夏令营。

2016年，联合龙岩市青少年宫举办“红领巾相约中国梦——关注十三五，创造新生活”少年主题教育实践活动及欢乐艺术节活动。

2020年10月6日晚，龙岩市举行闽藏青少年手拉手交流活动文艺晚会，来自西藏昌都和福建省70多名师生表演管乐合奏《我的中国心》、藏族舞蹈《青海谣》等精彩节目。

2021年，组织开展歌咏比赛、红色歌曲快闪和“党的故事我来讲——小小朗读者大赛”等活动。在歌声和讲述中表达广大少先队员的爱国爱党之情。开展“百名红色先锋人物”寻访活动，举办“建党100周年主题征画征文”大赛，用画笔、文字表达自己的爱国、爱党、爱社会主义之情。

四、手拉手结对与做好事活动

1997年，在全市少年儿童中扎实开展以讲礼貌、文明宣传示范等学习实践活动为主要内容的“雏鹰假日小队手拉手文明行动”和“手拉手情系贫困小伙伴”等活动，使少先队员在活动中受到熏陶，接受教育。永定大溪大联中心小学与厦门湖里区康乐小学结成“手拉手”联谊学校，此后每年暑期都组织学生参加“手拉手互访夏令营”，让少先队员互相交流、共同成长。

1998年，“手拉手”互动活动领域不断拓展，有3000多支“雏鹰”小队活跃在城市大、小巷做好事。

1999年，开展“跨世纪中国少年雏鹰行动”。在创卫活动中，龙岩城区近千支雏鹰小队走上街头，开展“我是小交警”“雏鹰小队环保大行动”，清除违规张贴物，擦洗宣传栏、灯箱、电话亭等。在“手拉手”互助活动中，全市有10多万名少先队员建立“手拉手”互助关系。2300多个红领巾互助服务队活跃在全市城乡，近500所学校结为“手拉手”联谊学校，建立“手拉手”书屋200多个，2000多名少先队员参加全国、全省“共话家乡50年手拉手书信赛”活动。龙岩松涛小学与龙岩江山小学、苏坂小学、上杭通贤多岭头小学、步云中心小学、连城山下小学、长汀修坊小学等结成联谊学校，连城实验小学与新泉小学结成“手拉手”联谊学校，形成队队、人人“手拉手”局面。龙岩师范附小红领巾助残小分队坚持开展慰问烈军属、五保户、为敬老院打扫卫生等活动，并连续多年帮助伤残学生。龙岩师范附小环保雏鹰小队在龙岩城区开展为城市美化添光彩活动。连城实小创办的《雏鹰队报》使家庭、社会、学校三方教育联成一体，扩大雏鹰行动的社会影响。

2000年，开展“保护母亲河——我与世纪林一起成长”活动，团市委、市少工委以主题队会为主要形式宣传这项活动的意义，围绕“保护母亲河、共创美好闽西”主题，在全市学校中开展“手拉手捡回一个希望，还母亲河一片绿色”“青少年绿色行动承诺”、认养绿地等活动，让少先队员从现在做起，从身边做起，参加到保护环境，共建人类美好家园的行动中去。在少先队中掀起保护母亲河、建设世纪林的捐赠高潮，以捡拾可回收的废旧物品为主要方式，组织少先队员定期将家里废弃的易拉罐、饮料瓶、纸箱和废旧报刊集中起来，以小队、中队为单位进行义卖，用义卖所得款项捐给“保护母亲河行动——福建省专项绿色希望工程基金”。是年10月20日下午，团市委举行青少年拯救华南虎活动捐款仪式，各县（市、区）团委，省、市属企事业单位，团委负责人及城区各大、中、小学校代表参加捐款仪式，共收到全市青少年捐款85809.3元。是年，在全市少先队组织中开展“城乡少年手拉手助学活动”，从这一年开始，将“城乡少年手拉手助学活动”转成“手拉手”互助活动常设项目，并根据贫困乡村少年儿童成长的需求状况，调整活动内容。

2001年，各级少先队组织开展城市和农村、富裕地区和贫困地区、健康和有残疾的少年“手拉手”，开展“手拉手”建书屋、“手拉手”保护母亲河、“手拉手”助学行动等实践活动。全市“手拉手”结对子6万对，加强少先队员之间信息交流、学习生活交流和情感交流。

2002 年 5 月 31 日，团市委、市教育局、市少工委联合举办龙岩市少先队“新世纪我能行”体验教育暨“新少年·长富情·助学行”主题活动启动仪式。市领导刘晓东、蓝其鉴、邱惠珍等出席，团市委、教育局、市文明办、龙岩一中、福建长富集团等单位领导，龙岩一中、龙岩师范、松涛小学、师范附小、实验小学、溪南小学的少先队员代表共 1000 多人参加活动。龙岩一中、溪南小学少先队举行“新世起我能行养成道德好习惯”主题队会，少先队员进行“新少年·长富情·助学行”签名活动。城区少先队大队组织少先队员举行为期一周的义卖长富牛奶活动，义卖所得款项全部捐给手拉手学校的少先队大队或资助贫困少先队员。

2003 年，开展“手拉手、话小康”等系列教育活动。

2006 年，先后开展关爱特殊少年“手拉手”活动和“中国少年儿童平安行动”，促进少年儿健康成长。

2010 年 5 月 30 日，在龙岩市第二届少儿才艺大赛颁奖晚会现场，获奖选手代表与中街、西安、东新小学的农民工子女代表结对，为他们送上书籍和祝福；全市各级青年文明号集体代表与各县（市、区）团委牵手成为关爱农民工子女成长的共建单位，加入共青团组织关爱农民工子女的行动中。

2013 年，龙岩市区各小学开展“学雷锋，手拉手”实践体验活动。各校少先队组织通过开展“知雷锋、爱雷锋、找雷锋、做雷锋”等活动，领悟雷锋精神内涵，促进常态化学雷锋活动的开展。其中，松涛小学少先队员通过“手拉手”结对，帮助农民工子女小伙伴、农村留守儿童小伙伴、身边需要帮助的小伙伴。

2017 年 3 月 17—18 日，松涛小学一（5）中队少先队员与龙岩市特殊学校开展“手拉手”系列活动。活动以“同在蓝天下、牵手共成长”为主题，先后开展家长进课堂、孩子走进特殊学校等活动，一（5）中队少先队员还向市特殊学校的哥哥姐姐送去自制贺卡、小本子、笔和课外书等小礼物。

2020 年 3 月，在宜昌、福建手牵手战新冠疫情攻坚阶段，龙岩市松涛小学与湖北省宜昌市伍家岗小学少先队开展主题为“缘系千里、牵手宜昌”的结对交流活动。松涛小学全校 30 个中队、500 多名队员报名参加。活动以线上线下相结合的形式开展结对交流互融，内容包括：辅导员结对交流少先队抗疫教育；少先队大、中队结对共享线上线下活动；少先队员结对，争做抗疫行动优秀队员。是年 10 月 1—7 日，为学习贯彻中央第七次西藏工作座谈会精神，庆祝中华人民共和国成立 71 周年、西藏昌都解放 70 周年，颂扬党带领全国各族人民实现中华民族伟大复兴的光辉历程，引导闽藏青少年学生听党话、跟党走、手拉手共成长，福建省第九批援藏工作队、福建省直机关党工委、兴业证券股份有限公司与龙岩市教育局、龙岩团市委、龙岩市民族宗教局、龙岩市少工委、昌都市教育局、昌都市卡若区第二初级中学、福建兴业证券慈善基金会共同在龙岩举办以“感党恩、爱中华、庆国庆、增团结”为主题的 2020 年闽藏青少年学生手拉手交流活动。来自昌都市卡若区第二初级中学藏族青少年学生代表、福建省青少年学生代表及少先队辅导员等 70 余人参加此次交流活动。30 名西藏昌都市少先队员与 30 名福建省少先队员结对子，手拉手开展龙岩红色、生态、客家文化之旅，举办闽藏青少年“手拉手”交流活动文艺晚会，增进民族团结，促进交流交往。

2021 年，为加强两地青少年交往交流，龙岩市各校少先队员与西藏昌都市 150 名少先队员和新疆呼图壁县 523 名少先队员开展“书信手拉手”结对。通过书信往来，增进少先队员们对各民族文化的了解，进一步增强少先队员们民族团结意识，使民族团结一家亲的观念根植于心。龙岩市师范附属第二小学、龙岩市教育科学研究院附属小学与帮扶学校共同开展网上主题队课，在书信交流的基础上，就如何开展好队活动进行深入交流。

五、雏鹰争章活动

1997年，团市委实施“跨世纪中国少年雏鹰行动”，推动全市少儿“自学、自理、自护、自强、自律”活动的全面展开。

1998年，按照全国少工委新修订的《中国少年雏鹰行动雏鹰奖章实施细则》，组织参加“福建省优秀少先队活动金、银、铜牌奖评选活动”，上杭县稔田学区刘耀奎和刘灿来指导的“雏鹰助残活动”，稔田镇远华小学五（2）中队林平指导的“红领巾与交通法规”获得铜奖。

1999年，全市各级少工委开展“少年雏鹰世纪论坛”活动，其内容是在少年儿童当中就和平、环境保护、网络、创新、“五自爱”、手拉手等6个主题开展演讲、展示、讲座活动，通过和平的主题引导少年儿童关注世界的和平发展；通过环境保护的主题引导少年儿童关注美好家园的建设；通过网络的主题引导少年儿童关注信息时代突飞猛进的社会发展；通过创新的主题引导少年儿童关注科学技术日新月异的进步和培养自身的创新精神与实践能力；通过“五自爱”的主题引导少年儿童关注自身成长，学会做人；通过“手拉手”的主题引导少年儿童帮助小伙伴，培养社会责任感。通过少年儿童对这些不同主题的共同探讨，展示当代少年儿童的思想、情操和全面发展的综合素质，以及人们对人类社会文明与进步的憧憬和热望。在“创建卫生城市”活动中，组织龙岩城区近1000支雏鹰小队走上街头，开展“我是小交警”“雏鹰小队环保大行动”，清除违法张贴物，擦洗宣传栏、灯箱、电话亭等。“六一”节期间，评选表彰一批优秀少先队辅导员、优秀少先队员、少先队红旗大（中）队。新罗区举行“雏鹰假日小队——‘手拉手’文明行动”宣誓仪式。“讲文明、树新风、为创建文明城市献爱心”活动，在城区各少先队组织中广泛开。新罗区溪南小学二（2）中队开展“啊，母亲，我要回来——迎澳门回归”主题中队会活动获省优秀少先队评选活动金奖；新罗区溪南小学二（4）中队主题队会开展“雏鹰少年共话21世纪”主题活动，让少先队员懂得他们是跨世纪的少年先锋，要学会认知，学会做事，学会共同生活，学会生存、学会做人，做跨世纪接班人。

2000年，团市委在全市青年文明号创建单位中开展少先队员校外雏鹰争章活动。在市地税局、市环保局、市工商局、市卫生局、市电业局、市消防支队、市武警支队、市交警支队、市农行、联通公司等10个行业中建立校外雏鹰争章训练基地。开展“税法宣传章”“环保章”“健康章”“理财章”“消防章”“消费章”“交通安全章”“国防章”“安全用电章”“通讯章”等10个项目的争章活动。全市有10万名少先队员建立“手拉手”互助关系，20多万名少先队员参加雏鹰争章活动，2300个雏鹰假日小队活跃在全市城乡，近500所学校结为手拉手联谊学校。上杭县少工委利用本地丰富的革命传统教育资源优势，在古田红军园设立雏鹰训练基地。新罗、连城等县利用青少年宫开展校外雏鹰争章活动。漳平少工委除规范社区少工委工作职责外，利用社区服务中心、校外德育基地、实践基地、培训中心等活动场所建立37个校外雏鹰争章训练基地。连城实小、中小等雏鹰小队进入社区为100多户“一助一”服务对象开展献爱心活动。武平、漳平、新罗等地学校环保雏鹰小队定时定期为社区开展植绿护绿、美化环境活动，50多支雏鹰小队活跃在冠豸山社区，被居民们称为“绿色文明小天使”。漳平实小与市青年文明号单位交警中队开展“走进红绿灯”活动。是年，漳平市获福建省少先队工作先进县（市）称号。龙岩市新罗区溪南小学、武平县实验小学、长河县实验小学、连城城关中心小学、上杭县实验小学获福建省少先队工作先进学校称号。王珏、董靓婧、罗洁琴、李佳佳、周睿、廖琛、赖逸、饶素芳、郭晨荣获福建省少先队优秀少先队小干部称号。林浩正、修艺、邱志成、魏佳、肖敏艳、王水华等28位荣获福建省“四星雏鹰奖章”。在全省优秀少先队“金、银、铜牌奖评选活动”中，新罗区纺织小学阙春华、陶国娣指导的“面向新世纪，学做新主人”获金奖，溪南小学汤瑜星、陈煜熙、谢月山指导的“星星火炬，代代相传”获银奖；上杭县稔田学区刘耀奎指导的“爱，再次滋润着她”、新罗区西安小学林莲花、黄捷、廖映红指导的“我们爱绿色的家园”获铜奖。

2001年3月14日，团市委在中国联通公司龙岩分公司举行全市青年文明号创建单位建立少先队校外雏鹰争章基地签约挂牌仪式。活动开展后，各县（市）少工委充分发挥青年文明号创建单位优势建立校外雏鹰训练基地，开展一系列富有特色的素质训练。各级少先队组织聘请校外争章基地单位的有关人员为志愿辅导员，校外争章辅导员队伍形成网络化。各校外争章基地单位纷纷派出相关专业人员参与校外争章活动。同时，团市委、市少工委开展全市少先队校外雏鹰争章基地授牌仪式。在市地税局、环保局等10个行业部门密切配合下，近万名少先队员参与少先队校外争章活动。市消防支队二大队建立雏鹰消防演练站，每月定期组织城区少先队员参观演练，学习消防安全知识；市电业局举办讲座，让少先队员掌握一定的安全用电知识和技能，提高安全用电意识。各县市区团组织纷纷因地制宜，结合实际，开展丰富多彩的少先队雏鹰争章活动。团市委联合市教委、市少工委授予陈海玲等30位同学“税法宣传章”，陈通等30位同学“环保章”、陈启成等30位同学“健康章”、林小情等30位同学“理财章”、马晓路等30位同学“消防章”、杨天炜等30位同学“消费章”、张聪等30位同学“交通安全章”、刘冰等30位同学“国防章”、李玮等30位同学“安全用电章”、林琪等30位同学“通讯章”。在少先队“雏鹰争章”学习实践、“手拉手”“体验实践教育”等活动中表现突出的少先队员荣获中共福建省委宣传部、共青团福建省委、福建省教育厅、少先队福建省工作委员会的表彰。龙岩市新罗区曹溪中心小学大队长汤淼获第六届“福建省十佳少先队员”、龙岩市松涛小学总辅导员戴曙光获第四届“福建省十佳少先队辅导员”、王小芳等34名荣获福建省优秀少先队员称号、赖世华等10名辅导员获福建省少先队导员称号、林群等5人获得福建省“星星火炬”奖章。是年，各基层少先队组织还开展以角色体验为主要内容的“新世纪我能行”教育活动。

2002年7月16—24日，长汀团县委组织城区各小学学生，利用位于水土流失严重的河田镇的福建省青少年生态教育基地，举办为期8天的“绿色之路”生态夏令营活动。30多名夏令营队员在军事教官带领下，在荒山岭接受军事体能训练，身临其境感受水土流失危害，通过学农艺做树木嫁接试验，到农家参加割子、给果林场果树施肥除草、学习水果拼盘等活动，体验生活，感受自然生态环境。是年，连城县委为配合县委旅游兴县战略，组织少先队员开展“旅游章”雏鹰争章活动。组织4.7万名少先队员开展“旅游章”雏鹰争章活动。是年，省苏维埃政府旧址、共青苏区福建省委旧址、闽西革命历史博物馆、长河县瞿秋白烈士纪念碑、武平县青少年宫等5个单位被命名为第二批省少先队“雏鹰训练基地”，上杭县公安消防大队被命名为第二批省少先队消防“雏鹰训练基地”。龙岩市少先队工作被团省委、省少工委授予“雏鹰争章”活动优秀组织奖和“省优秀少先队活动金银铜牌奖”优秀组织奖。

2003年，全市各级少先队组织通过灵活定章，自主设计争章内容，10个校外争章基地单位充分发挥各自优势，配合各校开展争章活动，向学校少先队提供业务咨询和培训服务，建立一支社会化的校外辅导员队伍。市消防支队在二大队建立雏鹰消防演练站，定期为城区少先队员参观演练，体验学习消防安全知识；电业局深入学校办讲座，让少先队员掌握一定的安全用电知识与技能，提高安全用电意识；地税局组织少先队队员开展税法知识竞赛，举办税法讲座，开展争当小小税法宣传员活动；交警支队组织干警到学校为少先队员开展交通宣传教育活动，少先队员在岗亭交警的指导下，学习道路交通安全指挥手势和交规知识；环保局组织少先队员开展城区环保调查活动，参观污水处理厂，举办主题队会观摩会，让少先队员从小树立环保意识。市少工委根据团省委办公室、省少工委《关于开展中国少年儿童平安行动》的通知精神，结合龙岩市实际提出以“平安与雏鹰同行”为主题的校外争章活动，进一步深化“交通安全章”“卫生健康章”“环保章”“消防章”“安全用电章”等5枚校外雏鹰章的争章活动。“六一”期间、市少工委、市委会同教育局、卫生局等部门举行一场较大规模的校外雏鹰争章观摩会，设计一次别开生面的全市少先队员抗击“非典”——“献给最可爱的白衣天使”主题队会。在市少工委的带动下，全市各（市、区）少工委纷纷在消防、卫生医疗、电力、环保、交通等5个职能单位建立少年儿童平安行动基地。广大少先队组织请基地单位有关人员作为校外志愿辅导员，使中国少年儿童平安行动辅导队伍网络化。市少工委动员少先队员参与《中国少年报》知识竞赛活动，开展“火眼金睛”大探索——少先队员社会调查活动，针对污水处理、消防隐患、交通安全、卫生饮食、公共车站秩序等问题进行调查，增强广大队员的自我保护和安全意识。在当年全省优秀少先队“金、银、铜牌奖评选活动”中，由新罗区溪南小学吴四珍、陈煜熙指导“最可爱的人”获得铜奖。通过加强基础工作，深化校外雏鹰争章活动，举办“少年儿多元智能个性化教育”报告会，推进中国少年平安行动，提高全市少年儿童的综合素质。市少工委被评为全国少年儿童平安行动优秀组织奖。

2005年，按照全国少工委《少先队辅导员工作纲要（试行）》，团市委对龙岩市雏鹰争章活动进行规划和调整：从小学一年级至初中二年级的8个年级中，设雏鹰奖章基础章17枚；平均每个学年2枚（五年级有3枚）。在小学六年级毕业时，对于获得小学阶段全部基础奖章的队员奖授“雏鹰奖章银章”1枚；在初中离队时，对于获得小学和初中阶段全部基础奖章的队员奖授“雏鹰奖章金章”1枚。同时，在完成好基本任务基础上，根据实际情况开展特色活动，增设特色奖章。

2013年3月，按照全国少工委颁布《少先队活动课指导纲要（试行）》，把“雏鹰奖章”纳入少先队活动课对少先队员的评价之中。“雏鹰奖章”分国家、地方、校本三级。其中，国家级奖章设雏鹰奖章年级章1枚、基础章6枚。每个年级少先队员争得4枚以上基础章即可获年级雏鹰奖章1枚。小学阶段获得全部6枚年级章可颁授雏鹰银章1枚，初中阶段获得2枚年级章可颁授雏鹰金章1枚。全市各级少先队组织每年均开展各种形式的“雏鹰争章”活动，表彰先进队员。

2020年，龙岩市以“红领巾奖章”争章为核心载体，逐步建立导向鲜明、形式多样、交织贯通、阶段上升的阶梯式成长激励体系。全市各级少工委利用少先队活动课每周一课时，开展好队前教育。

2021年，全面开展“红领巾奖章”争章活动，市、县、校三级少工委分别制定本级“红领巾奖章”具体实施方案，并分别开展一星章、二星章和三星章评选。三星章共认定28个少先队集体为“红领巾奖章”三星章大队，45个少先队集体为“红领巾奖章”三星章中队，110个少先队员为“红领巾奖章”三星章个人。

第八章　青少年维权工作

1997 年，全市各级团组织通过创建“优秀青少年维权岗”，切实维护青少年合法权益，预防和减少青少年犯罪。2001 年，成立龙岩市预防青少年违法犯罪工作领导小组及其办公室（设在团市委）。其后，各县（市、区）、各街道（乡、镇）也陆续成立预防青少年违法犯罪工作领导机构和工作机构，逐步形成使市—县—街三级预防青少年违法犯罪工作网络。此后至 2021 年，各级预防青少年违法犯罪组织机构主导开展青少年自我保护教育活动，在全市中小学配齐配强法治副校长、法治辅导员，结合“四五”“五五”“六五”“七五”普法工作，统筹推进公安、法院、检察院、司法局等特色法治宣讲，先后开展“6・26”禁毒日“四个一”活动、“未成年人零犯罪社区”创建活动、“社区青少年远离毒品行动”、整治校园周边治安秩序专项行动、“青少年远离毒品”活动、“为了明天——‘明辨荣辱，自强奋进’社区青少年系列主题教育活动”、“未成年人零犯罪社区（村居）”创建活动、“共青团与人大代表、政协委员面对面”活动等，开展网吧、迪吧、有害卡通画册及淫秽“口袋本”图书专项整治行动，整治校园周边治安秩序，净化青少年成长环境。团市委还联合组织综治、法院、工商等有关部门成立龙岩市“创建优秀青少年维权岗”活动组委会，重点打击侵害青少年合法权益及危害青少年健康成长的违法犯罪活动，切实维护青少年的合法权益。同时，依托“12355”青少年事务热线为青少年解决实际困难、办实事。

第一节　预防违法犯罪与法治教育

一、预防青少年违法犯罪

1997 年，全市各级团组织立足于日益开放的社会环境和改革后的利益调整实际，通过创建“优秀青少年维权岗”活动，切实维护青少年的合法权益，预防和减少青少年犯罪。

2001 年 6 月，市社会治安综合治理委员会成立预防青少年违法犯罪工作领导小组，市预防青少年违法犯罪工作领导小组办公室设在团市委。各县（市、区）也成立预防青少年违法犯罪工作领导小组，部分试点街道社区、乡镇也成立预防青少年违法犯罪工作领导机构和工作机构，使预防青少年违法犯罪工作网络逐步形成。此后，各级预防青少年违法犯罪组织机构主导开展青少年自我保护教育活动。

2002 年，进一步建立健全预防青少年犯罪工作机构和工作机制。中城街道成立以街道党工委书记为组长的青少年违法犯罪社区预防工作领导小组，下设预防青少年违法犯罪社区预防办公室，先后投入近 50 万元建立中城青少年活动中心，购置青少年活动中心专用的固定办公与活动场所，制作青少年活动社区网络图，将社区内龙岩一中、市新华书店、工商银行龙岩分行、市环保局等单位纳入社区青少年活动中心分基地。社区网络包括体育运动场所、网络教育、权益保护、少先队员校外“雏鹰争章”实践基地等许多具体内容。开展适合青少年成长的形式多样、丰富多彩的活动，形成“三建立、三组织、五评选”固定活动机制。创办青少年法治教育基地——青少年法律学校，健全学校管理制度，建立学员档案、学习制度、授课制度、通报制度等。结合“四五”普法授课，确保“四五”普法中学校法治教育经费、教员、课时、教材的落实。

2003年6月，联合市禁毒办、综治办开展“6·26”禁毒日“四个一”活动，分别在新罗中城、西城社区每个宣传栏出一期禁毒知识。在龙岩技工学校组织100多名学生参加网上禁毒知识竞赛活动。各县市区团组织也分别开展形式多样的预防教育活动。新罗区团委与区文化局、区教育局、区妇联等单位联合，在全区3万多名中小学生中开展“未成年人告别网吧大行动”，参与对网吧的监管工作。组织30位“重点”青少年进行对口帮教，为这些青少年组织4期各种技能培训班，送岗13个，受到帮教青少年与家长的肯定。组织社区志愿者深入社区调查摸底存在父母离异、家庭暴力、刑释解教、修炼“法轮功”、学生弃学停学等倾向的青少年住户基本情况，建立服务对象档案。以“有困必助、有难必帮、有诉必援、有信必复”服务原则，为社区青少年统一制作发放“青少年维权联系卡”。是年11月，新罗区中城街道被列为全国“青少年违法犯罪社区预防计划”试点单位。该街道各社区组织实施预防计划的基本工作队伍、志愿者队伍、社会监督员3支队伍，建立预防青少年违法犯罪工作目标管理、青少年信息调查、事务协调处理、跟踪帮教等工作责任制，利用青少年服务中心、学校、社区单位、网上宣传阵地，发展社会力量，整合社会资源，以未成年人为重点，加强教育，完善管理，净化环境，在较短的时间内建立较为完备的预防青少年违法犯罪工作网络和阵地网络。12月16—17日，团中央书记处书记杨岳一行到新罗区中城街道调研青少年违法犯罪社区预防工作时，对中城街道在预防青少年犯罪方面所做工作给予充分肯定。

2004年8月，龙岩市预防青少年违法犯罪工作经验交流暨学校周边环境整治工作会议召开。会议强调，要坚持“两手抓”，一手抓教育服务，把青少年的理想与信念教育始终放在核心位置；一手抓打击整治，通过采取专项整治行动，铲除社会环境中的不良诱因。要坚持把工作的落脚点放在基层，扎实实施“青少年违法犯罪社区预防计划”，坚持做好未成年人、闲散青少年、进城务工青年、罪错青少年等重点群体的预防工作。要加强领导，把预防青少年违法犯罪工作纳入各地社会治安综合治理的考评体系，同部署，同落实，同检查。各部门要认真履行职责，齐抓共管，形成做好预防青少年违法犯罪工作合力。

2005年，实施“为了明天——预防青少年违法犯罪工程”，开展“未成年人零犯罪社区”创建活动和“社区青少年远离毒品行动”。

2006年6月20日，市综治委预防青少年违法犯罪工作领导小组召开成员会议，部署在全市范围内集中开展整治校园周边治安秩序专项行动，开展“青少年远离毒品”活动、“为了明天——‘明辨荣辱，自强奋进’社区青少年系列主题教育活动”。启用全国青少年信息管理系统，建立社区青少年信息档案数据库。是年10月17日，市综治委预防青少年违法犯罪工作领导小组全体成员（扩大）会议召开，分析和探讨未成年人违法犯罪的成因及对策，明确各领导小组成员单位职责，完善预防未成年人违法犯罪齐抓共管工作机制。

2007年6—11月，开展“为了明天——全市强迫诱骗未成年人流浪乞讨和强迫拐骗聋哑青少年违法犯罪整治工作”。“闽西十大杰出青年”“十佳少先队辅导员”与20名留守少年儿童结对，为青少年学习成长创造良好条件。

2008 年，深化未成年人保护行动，实施“为了明天——预防青少年违法犯罪工程”，推进“未成年人零犯罪社区”和“为了明天工程示范县、市”创建工作。

2009 年，深化未成年人保护行动，联合市委政法委召开预防未成年人犯罪工作座谈会，建设一批预防青少年违法犯罪警示教育基地和学生心理健康咨询室，切实维护青少年合法权益。推进龙岩市青少年活动中心建设的前期各项准备工作。

2010 年，召开全市预防青少年违法犯罪工作领导小组成员（扩大）会议，启动“未成年人零犯罪社区（村居）”创建活动。开展以“网络游戏与未成年人健康成长”为主题的“共青团与人大代表、政协委员面对面”活动。开展闲散青少年群体排查摸底专项行动，切实掌握全市闲散青少年群体权益保护和犯罪预防的基本状况。

2011 年 8 月 31 日，全年预防青少年违法犯罪工作领导小组成员（扩大）会议召开，专题研究部署社会管理创新新形势下预防青少年违法犯罪的切实举措。

2015 年，推进五类重点青少年群体排查摸底和帮扶管教工作，摸排掌握全市五类群体 22741 人的基本情况。组织动员全市各级预防机构和成员单位参与青少年维权岗创建，开展青少年法治宣传教育活动。深化“共青团和人大代表、政协委员面对面”活动，健全青少年维权机制，落实基层预防青少年违法犯罪工作机构的工作经费。

2016 年，围绕青少年维权和预防犯罪，联合民政、财政、人社局等部门出台《关于进一步加强青少年事务社会工作的意见》，开展龙岩市首届十佳社工评选，推进团属青少年社工队伍建设。开展“向毒品说不”网络禁毒宣传活动，微信微博阅读转发量超 2 万人次，组织千名青年免费观看禁毒电影《湄公河行动》，挂钩长汀县大同镇做好涉麻涉毒整治工作。

2018 年，龙岩市“心回归”重点青少年群体关爱项目争取到省财政 20 万元资金补助。

2019 年，开展“共青团与人大代表、政协委员面对面”活动，共青团和青联界别向市、县两级共提供人大建议和政协提案 49 篇。

2020 年，针对社会闲散青少年服务管理存在“教育难、管理难、就业难、干预难、矫正难”五难问题，坚持以问题为导向探索出以法律法规警示教育为主，职业技术培训、社会主义核心价值观、红色乡土教育等为辅，线上线下相结合的“1+X”专门教育模式，先后在适中、红坊、西陂等 10 个镇街开办培训班，线上线下受教育对象近 2000 多人。

2021 年，在全市中小学配齐配强法治副校长、法治辅导员，统筹推进公安、法院、检察院、司法局等精心组建特色法治宣讲团队，开展反诈防骗等法治教育课堂，上好开学第一课、离校最后一课。同时，充分调动社会各界公益资源，加强对重点青少年群体的帮扶。通过“希望工程一堂课”“圆梦行动”“青联希望小屋”等活动，开展关爱未成年人心理健康辅导、困难帮扶、法治教育等各类活动 30 余场次，覆盖 5000 余人。预青专项组成员单位和各级团组织也纷纷依托资源特色，围绕重点青少年开展形式多样、内容丰富的个性化服务。市、县两级青少年事务社工共开展重点青少年群体服务项目 22 个，累计争取到各类服务项目经费 325 万元，覆盖青少年 2 万余人。

二、青少年法治教育

1997 年，市检察院、法院、司法局等单位团支部定期上街开展法律咨询活动，到各中小学上法治课。市交警与松涛小学、市交警一中队与溪南小学开展共建活动，在青少年中普及交通法规、治安条例等法律知识，受到学校师生的欢迎。

1998 年，团市委把有不良行为的青少年作为教育重点，通过建立法治宣传教育阵地，开展读书竞赛、展览、演讲、文艺演出等丰富多彩的教育活动，提高他们的法律意识，促使他们自觉学法、懂法、守法。

2002 年，深化“千校百万”进城务工青年培训计划，推进青少年法治教育和法治建设，贯彻落实《中华人民共和国未成年人保护法》《中华人民共和国预防未成年人犯罪法》，按照“四五”普法要求，针对青少年特点开展喜闻乐见的法律实践活动。

2003 年，新罗团区委在全区 13 所中小学校开展在刑人员做忏悔自白，“以案释法”警示教育活动，受教育师生达 2.3 万人。新罗区中城街道创办青少年法治教育基地——青少年法律学校，健全学校管理制度，建立学员档案、学习制度、授课制度、通报制度等。结合“四五”普法授课，确保“四五”普法中学校法治教育经费、教员、课时、教材的落实。漳平团市委成立预防青少年违法犯罪教育馆。教育馆以图片展的形式向参观者展示该市近年来在预防青少年违法犯罪所取得的成就和经验。图片展分社会关爱健康成长、违法犯罪发人深省、惩教结合标本兼治和展望未来任重道远 4 个部分 48 个版面展出。长汀团县委联合县检察院公安局、法院在县内 33 所中学建立 33 个“青少年维权岗联系点”。各联系点以共建形式开展内容丰富、形式多样的维权工作。各单位挂钩部室结合各自的职能，经常深入到所联系的学校，进行调查研究，把握学生动态，了解学生的思想学习、生活、遵纪守法、权益保障、违法犯罪等情况，配合学校进行遵纪守法、道德纪律、爱国主义等方面教育，开展法治宣传，增强学生的法治观念，提高学生明辨是非的能力。

2005 年 5—9 月，全市先后启动“律师普法进校园”宣传教育活动，引导青少年在行动中增长知识，自觉远离毒品、远离不良习气，维护青少年合法权益，预防和减少青少年违法犯罪。

2006 年 6 月，开展“青少年远离毒品”活动、“为了明天——‘明辨荣辱，自强奋进’社区青少年系列主题教育活动”。深化“律师普法进校园”活动，全年开办法治讲座 53 场，接受教育师生 26500 多人次。

2007 年 6—7 月，开展《中国人民共和国未成年人保护法》集中宣传教育活动。

2008 年，开展“未成年人保护法”集中宣传教育活动，推进“未成年人零犯罪社区”和“为了明天工程示范县、市”创建工作。

2011 年 10 月 25 日，在闽西职业技术学院团委举办“心灵相约‘12355’与您同行”系列宣讲进校园活动。12 月 12 日，在古田中学举行“崇法明理，远离犯罪”法治宣传专题讲座——“‘12355’与您同行”进校园宣讲活动。12 月 29 日，在龙岩一中举办“学法懂法　健康成长”预防青少年违法犯罪专题讲座——“‘12355’与您同行”走进龙岩一中专场活动。

2015 年，组织开展青少年法治宣传教育活动。

2016 年，开展“向毒品说不”网络禁毒宣传活动，微信微博阅读转发量超 2 万人次，组织千名青年免费观看禁毒电影《湄公河行动》。

2017 年，开展共青团与人大代表、政协委员“面对面”活动、“关爱明天・普法进校园”法治巡回讲座、“关爱明天、崇德尚法”市属学校法治辩论赛、“学习十九大，普法青春行”手绘比赛、“无毒青春　无悔人生”中职学生禁毒宣传等。

2018 年，新罗团区委牵头组织“龙津法声”未成年人教育宣讲团走进苏坂学校、铁山中学、华侨中学、龙泉小学、洋潭小学等学校开展以禁毒、防范电信诈骗、扫黑除恶、预防校园欺凌等为主题的普法讲座 9 场，覆盖学生 2000 余人。

2019 年，组建青年法治宣讲团、平安志愿者队伍开展防范电信诈骗、涉麻制毒宣传进学校、进社区、进企业宣传活动 30 余场，覆盖学生 1 万余人。

2020 年，围绕《中华人民共和国未成年人保护法》（修订案），深入推进青少年“七五”普法工作，以落实“谁执法谁普法”责任制为抓手，完善青少年法治教育内容，注重运用网络新媒体，创新青少年法治教育形式，切实增强青少年法治教育的针对性和实效性。利用大学生暑期社会实践、国家安全教育和校园欺凌综合整治等载体，开展各类法治宣传 60 余场，覆盖青少年 1 万余人次。

2021 年，注重充实法治队伍力量，为中小学、幼儿园聘请法治副校长、法治辅导员，成立志愿者服务队和法治宣讲团，广泛开展法治宣传教育。各级团委利用宪法日、国家安全教育日、禁毒日等契机，通过摆摊设点、法治讲座、以案说法、主题班会等形式，开展“健康人生、绿色无毒”“‘未’爱护航，守护成长”等法治宣传教育活动，普及法律知识，预防青少年违法犯罪，维护青少年合法权益。注重运用微信公众号等新媒体，强化阵地作用。新罗检察院团委推出由团支部书记上镜直播、“陈思姐姐小课堂”微视频，并在“学习强国”上发布上线，开设“知心说法”等栏目，拍摄网络宣传短视频，让法治宣传从线上到线下全面走进青少年。“上好开学第一课，筑牢校园禁毒‘防火墙’”“禁毒反诈齐步走　争做时代好少年”“陈思姐姐小课堂”主题宣传活动等一批亮点工作均被《人民日报》《学习强国》《福建禁毒 信息网》等新闻媒体宣传报道。

三、净化青少年成长环境

1997 年，全市各级团组织精心组织、统筹安排，开展《中华人民共和国未成年人保护法》宣传教育活动。由团干部和优秀团员青年组成的文化市场志愿者监督队参与扫黄打非等工作。各县（市、区）维护青少年合法权益中心参与农村社会治安综合治理工作。

2000 年 8 月 16 日，团市委、市工商局联合开展“为了明天——优秀青少年维权岗暑假行动”，对全市青少年生活用品质量进行专项执法大检查，加强对娱乐服务场所的巡查整顿。

2001 年，开展网吧、迪吧、有害卡通画册及淫秽“口袋本”图书专项整治行动，整治校园周边治安秩序。

2002 年 12 月，联合市公安、文化与新闻出版、扫黄办、教育局开展对网吧、迪吧和有害卡通画册及淫秽“口袋本”图书专项整治行动，共收缴“口袋本”6000 多册。

2003 年 1 月，团市委、市综治委预防青少年违法犯罪工作领导小组办公室联合有关单位开展对网吧、迪吧和有害卡通画册及淫秽“口袋本”图书专项整治行动。6 月，开展以“远离毒品、关爱未来”为主题的“社区青少年远离毒品”宣传周活动，举办青少年网上禁毒知识竞赛，进一步净化青少年成长环境。8 月，参与市综治委组织的整治校园周边秩序行动，对校园周边存在的无照经营违法广告欺诈经营和损害未成年人身心健康经营行为等进行查处，共收缴“口袋本”400 册，盗版光碟 60000 多片，赌博机 4 台。

2004 年 8 月 27 日，召开预防青少年违法犯罪工作经验交流暨学校周边环境整治工作会议。会议传达全省预防青少年违法犯罪工作会议精神，通报全市预防青少年违法犯罪工作和校园周边环境整治工作及平安校园工作开展情况，并提出贯彻意见，布置下一阶段工作，部分县（市、区）

就预防青少年违法犯罪工作作典型经验交流。

2006 年 6 月 20 日，市综治委预防青少年违法犯罪工作领导小组召开成员会议，会议部署在全市范围内集中开展整治校园周边治安秩序专项行动。

2010 年，召开全市预防青少年违法犯罪工作领导小组成员（扩大）会议，启动“未成年人零犯罪社区（村居）”创建活动。开展以“网络游戏与未成年人健康成长”为主题的“共青团与人大代表、政协委员面对面”活动。

2014 年，开展“护校安园”活动，排查校园内部安全隐患 516 处，排查、整改校园周边治安乱点 90 处，在校园周边建立治安岗亭 396 个，设立警务室 133 个、“护校岗”515 个，健全完善校园周边治安巡逻防控网络，为青少年创造良好的校园内部和周边环境。

2015 年，联合宣传、教育、文广新等部门先后组织“清源行动”“秋风行动”“绿书签行动”等扫黄打非行动，共收缴违法出版物 7356 件，查办扫黄打非案件 2 起。

2016 年，健全完善校园周边治安巡逻防控网络，对中小学校周边交通安全、乱摆摊设点、黑网吧、销售不健康食品、消防隐患、涉校盗抢敲违法犯罪等进行专项整治。

2020 年，发动预青小组成员单位和社会力量，合力加强青少年网络、少儿出版、网吧、文化市场等综合整治。教育、公安等部门开展校园治安综合治理和“护校安园”专项整治行动，切实形成防治校园暴力的工作合力，有效预防、依法依规处置学生暴力行为。全市公安机关共在中小学、幼儿园及周边设立警务室和护校岗 800 余个。

2021 年，结合政法队伍教育整顿工作，开展“打黄打非”专项行动，清查宾馆旅店、洗浴按摩场所、娱乐场所、出租屋共 5381 家次，发现和消除一批安全隐患。同时，联合各级文化旅游、市场监督等部门对全市经营书刊、影像制品的商家开展检查 4 次，排查印刷企业 63 家、音像批发零售点 27 家、打字复印店 119 家、图书馆 2 家，检查各类出版物零售书店、摊点、报亭 486 家，寄递业 201 家；共查缴淫秽色情出版物 5 件、非法报纸期刊 9 份，进一步净化未成年人成长环境，为青少年健康成长提供良好社会文化环境。

第二节 权益维护与办实事

一、维护青少年合法权益

1997 年，各级团组织立足于日益开放的社会环境和改革后的利益调整实际，通过学习贯彻保护未成年人有关法律法规，净化青少年成长环境，切实维护青少年合法权益。

1999 年，团市委组织综治、法院、工商等有关部门成立龙岩市创建优秀青少年维权岗”活动组委会，重点打击侵害青少年合法权益及危害青少年健康成长的违法犯罪活动，切实维护青少年的合法权益，预防和减少青少年犯罪，营造青少年健康成长的良好环境。9 月 29 日，召开龙岩市首批“优秀青少年维权岗”命名大会，龙岩市中级人民法院刑庭少年合议庭等 16 个单位首批被命名为“优秀青少年维权岗”。各县（市、区）也分别成立创建“优秀青少年维权岗”领导小组，命名一批县级“优秀青少年维权岗”。是年，龙岩市创建优秀青少年维权岗等获团省委优秀组织奖。

2000 年 8 月 16 日，团市委、市工商局联合开展“为了明天——优秀青少年维权岗暑假行动”，对全市青少年生活用品质量进行专项执法大检查，加强对娱乐服务场所的巡查整顿，保障青少年的合法权益。是年 12 月 6 日，开展第二届“优秀青少年维权岗”命名表彰电视大会，总结交流“维权”工作经验，并对创建优秀维权岗单位进行表彰。是年，团市委还开展“百企万人”外来务工青年培训，开展“为了明天——优秀青少年维权岗暑假行动”，联合闽西监狱开展“与书为友、重铸人生”失足青年读书活动。

2002 年，完善创建优秀“青少年维权岗”活动机制，拓展在教育、文化等系统和行业创建领域。

2003 年，逐步完善“优秀青少年维权岗”创建考评制度，开展“青少年维权受理中心”建设试点，确定中心的专职服务人员，分别从街道各职能部门抽派干部每星期集中星期三、星期六轮流到中心为社区青少年提供维权服务，建立维权服务专用橱，设立专用的青少年维权热线电话“2288148”，按社区常住青少年人口建立完整的计算机档案。各县市区均开展有特色、有针对性的青少年维权工作。新罗区团委在全区 3 万多名中小学生中开展未成年人告别网吧大行动，参与对网吧监管工作。同时，加大对制售假冒伪劣的青少年食品、用品行为的打击力度，维护青少年消费者的合法权益。长汀团县委联合县检察院、法院、公安局打击侵犯校园的犯罪活动，帮助有不良行为的学生认识并改正错误，对已构成犯罪的青少年进行教育、感化、挽救，切实为依法治校服务。

2005 年 4 月，全面启动“青春红丝带行动”，帮扶青少年弱势群体，构建社会主义和谐社会。

2006 年，推进优秀“青少年维权岗”创建活动，联合有关部门加大对侵害青少年权益犯罪的打击力度，武平岩前派出所被评为全国级优秀“青少年维权岗”。

2008 年 4 月 30 日，召开市创建优秀“青少年维权岗”活动组委会成员会议，审议通过《龙岩市市级优秀“青少年维权岗”管理办法（试行）》。组织评选第四批龙岩市优秀青少年维权岗。是年 11 月 3—6 日，对 2008 年申报市级优秀“青少年维权岗”单位进行检查，优化青少年成长环境。

2011 年 1 月 12 日，组织开展“2011 年共青团与人大代表、政协委员面对面”——新生代农民工社会融入专题座谈会，切实推动青少年普遍性利益诉求问题的解决。是年 3 月 30 日至 4 月 13 日，开展第五批市级优秀“青少年维权岗”考评命名工作，以评促创，命名表彰市级优秀“青少年维权岗”21 家，推动基层单位参与青少年权益维护工作。

2012 年，联合市人大、政协继续开展“面对面”活动，通过“12355”服务热线，为青少年提供免费公益服务。

2015 年，构建社会化维权工作体系，组织动员全市各级预防机构和成员单位参与青少年维权岗创建。深化“共青团和人大代表、政协委员面对面”活动，健全青少年维权机制，落实基层预青机构工作经费。

2018 年，开展“大手拉小手”关爱农村留守儿童暑期支教和周末素质拓展活动，服务农村留守儿童 1000 多人。支持主管的青年志愿者协会和非主管的义工俱乐部、正能量协会等社会公益组织开展活动。开展共青团与人大代表、政协委员面对面活动。2018 年两会期间，向市、县（市、区）两级人大、政协提供提案和建议 20 余篇，有效反映青年诉求。

同时，针对社会闲散青少年服务管理存在“教育难、管理难、就业难、干预难、矫正难”五难问题，坚持以问题为导向探索出以法律法规警示教育为主，职业技术培训、社会主义核心价值观、红色乡土教育等为辅，线上线下相结合的“1+X”专门教育模式，先后在适中、红坊、西陂等 10 个镇街开办培训班，线上线下受教育对象近 2000 多人。

2020年，利用宪法日、国家安全教育日、禁毒日等时间点，通过进校园、进社区、进机关开展普法宣传等活动，加强青少年依法教育；加强队伍建设，为中小学、幼儿园聘请法治副校长、法治辅导员，成立志愿者服务队等；充分运用网络新媒体开展青少年法治宣传教育，利用禁毒日、无烟日、宪法日、心理健康日等时间点，在微信公众号等平台，开展相关法律知识的宣传。

2021年，结合青少年寒暑假节点，组织各级团组织采取“线上＋线下”模式，通过课堂教育、公益夏令营、主题活动等形式开展教育活动。线上，充分运用微信公众号、微博等新媒体平台，分享发布安全自护知识宣传66篇。线下，发挥青年志愿者、寒暑假返乡大学生优势，加强与教育部门、河长办、红十字会等有关部门合作，开展“七彩假期”“情暖童心”等青少年自护教育活动167场，覆盖青少年9万人次。

二、为青少年办实事

2001年4月，龙岩市青少年自我保护教育活动全面实施，团市委联合市公安局、司法局、综治办联合下发《关于开展龙岩市青少年自我保护教育活动的通知》，各县(市、区)、各单位结合实际，因地制宜地开展丰富多彩的青少年自护教育活动。其中，漳平市开展青少年交通安全自护辩论赛，龙岩师范附小开展野外生存夏令营，龙岩实验小学在消防雏鹰争章基地开展火灾逃生演练、消防知识专题讲座等。

2002年，加强青少年活动阵地的建设和管理，未建青少年宫的县(市、区)团委将其建设列入当地社会事业发展计划或为民办实事项目。同时，深化“千校百万”进城务工青年培训。

2003年，全市各级团组织为推动青少年学习，建立各类读书小组1000多个，青少年读书角(屋)230多个，青少年读书俱乐部20个。4月12日，团市委联合市委宣传部、市教育局在龙岩一中举行全国优秀青少年读书俱乐部揭牌暨市青少年读书计划推进仪式，开设双休读书讲座，为青少年读书学习提供多渠道、多方面的服务。推进新一轮希望工程“爱心助学计划”，资助失学儿童近200名，募集资金20多万元。多方募集资金，建设贫困山区希望小学，永定高陂利宝嘉希望小学建成，永定岐岭中心小学立项。加强希望工程后续管理，建立已建希望小学信息库，构建面向全市城乡特困家庭的青年学生社会公益资助体系。4月29日，团市委与市电信公司联合举行“青春热线”开通仪式，开通“16800054”“青春热线”。

2006年，实施“进城务工青年发展计划”，开展“关爱留守孩子”行动，举办务工青年游园活动，发放维权联系卡和购书优惠卡，为务工青年免费体检，评选表彰优秀外来务工青年。

2007年3月30日，团市委、市卫生局、市疾病预防控制中心联合在闽西职业技术学院举办“飞扬红带·两岸四地高校行——走进闽西”预防艾滋病知识教育讲座。“飞扬红丝带”预防艾滋华夏万里行创始人白志艺，以多年从事防治艾滋病工作亲身经历为大学生宣讲防艾形势和防艾基本知识。5月14日，团市委、市疾病预防控制中心、龙岩经济开发区管委会联合举办“服务进城务工青年健康行”知识讲座，为龙岩经济开发区的200多名进城务工青年讲授劳动安全、职业卫生危害、劳动保护措施以及艾滋病等传染性疾病预防等方面的知识。

2010年，开展“共青团关爱农民工子女志愿服务行动”，通过爱心捐赠、亲情陪伴、自护教育等志愿活动完成农民工子女结对8182人。完成占地6.67公顷、总投资1.5亿元的龙岩市青少年发展中心项目预可研报告。

2011年年初，依托青少年宫成立龙岩市青少年事务中心，重新整合开通“12355”青少年事务服务热线，依靠 2 名专职志愿者前台服务和管理，由向社会招募的 52 名国家级心理咨询师、资深执业律师及就业创业导师为青少年提供心理辅导、法律咨询、志愿服务、就业创业指导、扶贫助学等公益服务。3 月 6 日，开展青年志愿者“心手相牵，关爱农民工子女”统一示范月行动，学校、企事业单位，机关单位团委组织的青年志愿者服务队深入农民工子女学校与家庭，围绕学业辅导、亲情陪伴、感受城市、爱心捐赠、自护教育等内容开展关爱志愿服务活动。7 个县（市、区）团委共组织 5000 多名青年志愿者深入敬老院、孤儿院、农民工子女学校，开展“关爱农民工子女、从我做起”行动、社区环境整治与美化行动、青年志愿者进社区公益服务等形式不一的志愿服务。5 月 27 日，团市委举行“我为农民工子女献一份爱”捐赠仪式。5 月 30 日，在红炭山农民工子弟学校举行“在阳光下快乐成长”——龙岩市关爱农民工子女行动。为农民工子女筹集捐赠款 114687.9 元，课外书籍 11346 本。开展共青团关爱农民工志愿服务，结对学校 39 所，结对农民工子女 10832 人，参与结对的青年志愿者组织（基层团组织）数 45 个，参与服务的志愿者 4420 人。招聘 30 名优秀大、中学生作为校外志愿辅导员与龙岩市区农民工子弟学校结对共建，为农民工子弟学校的农民工子女提供教育帮扶志愿服务活动。建立共青团关爱农民工子女第二课堂教育基地，为农民工子女免费提供参与特色课外学习的机会。8 月 4 日，市委书记张健深入市青少年事务中心进行专题调研，对该项工作表示肯定。

2012 年，团市委联合市人大、政协继续开展“面对面”活动，通过“12355”服务热线，为青少年提供免费公益服务，举办“轻松备考‘12355’与您同行”进校园系列宣讲活动和“决胜考场：父母如何做才能提高孩子应考能力”专题公益讲座。是年，深化关爱农民工子女行动，完成农民工子女结对 12797 人，新罗区红炭山学校、长汀县龙山中学、武平县平川中心学校获评福建省首批共青团关爱农民工子女志愿服务示范基地。

2013 年，依托“12355”青少年事务热线为青少年解决实际困难 100 多个；开展“轻松备考”活动 12 场，服务高考、中考学生近 5000 人；收集、认领和落实农民工子女“微心愿”700 个。

2014 年，重点开展青春同行助孤、阳光行动助残、关爱农民工子女和“12355”轻松备考等活动，覆盖孤儿和事实孤儿 460 人、残疾青年 1197 多人、农民工子女 1.8 万多人、考生 5000 多人，收集认领各种微心愿 1000 多个。

2015 年，构建社会化维权工作体系，依托“12355”青少年事务热线为青少年提供心理咨询等服务，重点开展阳光备考活动，累计服务高考、中考考生 1.6 万人次，解决青少年实际困难 200 多个。重点开展共青团关爱农民工子女、阳光助残、青春助孤和“微心愿”等活动，覆盖农民工子女 18335 名、残疾青少年 1197 人、孤儿和事实孤儿 1419 人，征集、实现“微心愿”2000 多个。

2016 年，开展“‘五心’走一线，送祝福”和关爱农民子女活动，发放慰问物资（折价）20 余万元。

2017 年，开展关爱农村留守儿童暑期支教和周末素质拓展活动，2300 多名留守儿童获助。开展“青春同行·助孤”行动，通过发放慰问金、圆梦微心愿等方式，资助事实孤儿 132 人，共青团永定区委开展“助孤”入户走访 6 次，覆盖 86 个孤儿家庭，资助金额 6 万余元。是年，承接 5 项上级团委重点青少年群体社会工作项目，总金额 13 万元，为 200 名重点青少年提供专业社工服务。承办全省青少年事务社会工作培训班，加强平安、普法和禁毒青年志愿者队伍建设。

举办首届“益青春”希望公益项目大赛，资助青年公益项目10个，总金额10万元，受益对象覆盖五类重点青少年、创业青年、中小学生等。服务青年婚恋交友，近1000名单身青年参加全市各级团组织开展的“青亲岩城·文明相约”等青年交友联谊活动。

2018年，发展青少年事务社工队伍，全市共承接8项上级部门社工项目，争取资金50余万元，为500余名重点青少年群体提供专业社工服务，间接覆盖青少年3000余人。是年，“心回归”重点青少年群体关爱项目争取到省财政20万元资金补助。开展“大手拉小手”关爱农村留守儿童暑期支教和周末素质拓展活动，服务农村留守儿童1000多人。

2019年，龙岩市青年志愿者协会开展“大手拉小手”暑期支教和周末素质拓展活动，覆盖农村小学7所，留守儿童近千人。聘用专职社工15人，承接6项上级团委重点青少年群体社会工作项目，争取资金20余万元，为200余名重点青少年提供专业化的社工服务。投入专项工作经费10万元购买“困境青少年群体”社工关爱项目，帮扶特殊困境青少年20余人。是年，还开展“共青团与人大代表、政协委员面对面”活动，共青团和青联界别向市、县两级共提供人大建议和政协提案49篇。

2020年，借助“12355”青少年服务热线，为青少年提供心理咨询、关爱帮扶等服务。“线下”建设青少年事务社工服务中心、青年志愿服务驿站、青少年维权岗等实体化阵地，累计开展志愿活动100余场次，服务青年1万余人次。

2021年，在新罗区适中镇开展“工匠计划”试点，区财政每年补助每个学生3600元，当年该镇99%的初中毕业生进入高一级学校就读。同年，全市各级团组织以“12355”青少年事务热线为纽带，以中、高考学生群体为重点，深入开展“轻松备考 12355与你同行”系列活动，累计开展各类活动129场次，接听咨询考前减压电话609次，覆盖青少年2万余人。

第九章　青年志愿者

第一节　社区和基层治理志愿服务

1997年，团市委先后开展“97新春热心行动”“3月青年志愿者献爱心”“送温暖活动和青年志愿者科技文化下乡活动”，为广大人民群众解决一些实际困难。连城电力公司青年志愿者服务队义务帮助城区居民修理家用电器、照明线路，被誉为冠豸山下的一群小“徐虎”。团市委及时推出这一典型，掀起龙岩市青年志愿者活动新高潮。同时，团市委联合民政、公安、建委、工商等部门下发《关于在全市开展城市青年文明社区活动》的实施意见，得到社会各界充分肯定。各级团组织不断探索共青团组织参与城市社区精神文明建设的新途径和新方法，龙岩师专、连城、长汀、龙岩师范等团组织把青年文明号优质服务从岗位延伸到社区，延伸到家庭。龙岩师专团委以“进千家门、知千家情、解千家忧、暖千人心”为主题，组织全校500多名青年志愿者深入所在社区凤凰居委会，入院入户，从小事做起，从“一助一”做起，以重点对象、重大活动、重要急需的服务为目标，解决社区居民的实际问题。连城县团委组织城区学校团组织与15个居民小区结对，签订文明安全小区社区援助协议书，制定援助的目标和细则。长汀县团委组织城区中学和长汀师范的青年志愿者服务队深入县城3个小区，开展家教、家电维修、美化环境、敬老家庭服务等活动。龙岩师范团委组织青年志愿者义务讲解员到社区内闽西革命历史博物馆，担任义务讲解员。广泛开展大、中专学生“三下乡”活动、万名青年读好书活动、农村青年精神文明建设“五个一”活动，推动青年文化园建设。在全市少年儿童中扎实开展以讲礼貌、文明宣传示范等学习实践活动为主要内容的“雏鹰假日小队手拉手文明行动”和“手拉手情系贫困小伙伴”等活动，使少先队员在活动中受到熏陶，接受教育。

1998年，各级团组织广泛动员青年志愿者投身城市社区公益服务和农村扶贫开发，进一步加强青年志愿者服务站（队）网络建设。全市共有11万名青年志愿者深入群众生产、生活急需的各方面。3月份，全市共组织万名志愿者在城市、社区、农村开展各种服务活动；举行青年志愿者“三下乡”活动暨授旗仪式，组织龙岩市汉剧团、龙岩“120”急救中心、龙岩农校、龙岩卫校的青年志愿者前往古田镇开展“三下乡”活动。组织“一助一”志愿者服务队，为市直100多名副厅以上离休老干部提供服务；龙岩师范、长汀师范的青年志愿者义务讲解员、青年志愿者家教服务队等各具特色。12月底，团市委组织大中专学校、机关企事业单位等市、区5000多名青年志愿者上街头清运垃圾、清除非法张贴物、维护交通秩序等。青年文化园活动进一步开展。龙岩师范、市直团工委多次组织龙岩市汉剧团、学生文艺队到农村开展文化下乡活动。暑期开展以支教扫盲、文化服务和文艺演出队下乡为主要形式的“三下乡”服务，开展为农村青年科技图书站捐书添光彩活动。青年文明社区创建活动进一步加强。年初，龙岩师专召开大学生志愿者社区援助工作会，漳平市成立“青年文明社区服务中心”，连城县成立北片社区“职业介绍所”，新罗、永定成立社会治安治理青年志愿者巡逻队，较好地发挥社区团组织作用，推动城市社区精神文明建设。

1999年3月，全市开展形式多样的青年志愿者学雷锋服务活动。在农村，青年志愿者们深入敬老院、五保户家中，深入田间地头，开展帮耕助插、清理卫生、兴修水利等志愿活动。在企业，青年志愿者们上门为离退休干部、下岗职工修理电器、打扫卫生等志愿服务。至年底，龙岩市共有15支青年志愿者服务队260多人分别与150名老干部结成“一助一”服务对象。在学校，青年志愿者走上街头，开展清洗非法张贴物、义务家教、法律法规咨询活动。11月25日，团市委召开城区青年志愿者与离退休干部结对服务座谈会，面对面听取老同志意见和建议。推进创建“青年文明社区”活动。1999年年初，以龙岩师专、新罗、漳平为试点，围绕社区团建、服务、文化3个主体项目，加大青年文明社区创建力度。以街道为重点，配齐专职团干部，并在全国创建示范点中城街道成立共青团中城街道创建青年文明社区工作委员会。随后在全市创建“青年文明社区示范点”，开展“组织、网络、服务、阵地”4大项目建设，要求各示范点都必须成立领导小组或团工委、联谊会，形成组织和服务网络，建立各项制度，围绕9大服务项目，结合当地实际，有针对性地开展社区服务。同时加大志愿者服务卡、青年文明号优质服务卡发放力度，加强阵地建设，每个示范点都有非常设办公活动地点，各个大项目的建设有基地。至年底，全市已确立全国、省级青年文明社区创建示范点10个，即新罗区中城青年文明社区、漳平市菁城社区、永定县金凤社区、永定县土楼社区、连城县莲峰镇北街青年文明社区、长汀县汀州镇中心坝青年文明社区、上杭县蛟洋青年文明社区、武平县平川镇南门段青年文明社区、龙岩师专凤凰青年文明社区、漳平市芦芝乡青年文明社区。

2000年8月，在抗击第十号台风中，2万多名青年志愿者组成1000多支“青年志愿者突击队”“青年志愿者服务队”和“青年志愿者巡逻队”投入抢险救灾，并积极为灾区捐款捐物。至当年年底，全市青年志愿者达8万人。

2001年，各级团组织以2001年国际志愿者年为契机，开展“新世纪从做志愿者开始”主题活动。3月2日，团市委召开龙岩市青年志愿者行动表彰大会，表彰34个先进集体和60名先进个人。市、区团委在3月3日统一行动日组织200多家单位在龙岩城区开展学雷锋为民服务一条街活动，龙岩师专青年志愿者排起长队参加无偿献血。引导农村青年移风易俗，弘扬新风。1月9日，团市委在永定县湖雷镇举行“三下乡”活动暨第三届乡村青年文化节、第二届社区青年文化节推进仪式。以开展“青年文明社区大家乐”活动为内容，创建青年文明社区。团市委制定下发《关于在全市开展“青年文明社区大家乐”活动的通知》，开展社区青年志愿者科技、教育、文化“三进巷”活动，并于4月27日开展青年文明社区命名仪式暨“党在我心中”社区大家乐活动。《公民道德建设实施纲要》颁布后，团市委下发《关于加强青年文明社区青少年道德建设工作的通知》，规范青少年思想观念和道德准则，开展社区青少年公民道德实践。

2002年，继续组织开展“新世纪从做志愿者开始”活动，3月3日为全市统一行动日。团市委组织100多家单位在街心广场开展学雷锋为民服务一条街活动。开展以“诚实守信”为主题，以“一卡通”为载体，以“送温暖、献爱心”为主线的信用建设活动，健全公示监督制度，坚持负责人培训制度。开展“乡村青年文化节”和“青年文明社区”创建活动。在长汀河田镇举办“学讲话、颂党情、跟党走”第四届乡村青年文化节和第三届社区青年文化节推进仪式。市、区团委在中城街道凤凰社区举行青年志愿者科教、文体、卫生、法律“四进社区”活动启动仪式以及在街心广场、闽西交易城举行“永远跟党走”青年文明社区大家乐文艺活动。

2003 年 1 月 18 日，团市委在武平县十方镇举行第五届乡村、第四届社区青年文化节推进仪式，各级团组织也因地制宜地举办各种科技、文体、卫生活动。2003 年 3 月 2 日，各级团组织开展以“发扬雷锋精神，参与志愿服务，建设精神文明”为主题的学雷锋统一行动日活动，纪念学习雷锋 40 周年暨青年志愿者行动实施 10 周年。团市委组织市直机关单位、红炭山实业公司、龙岩师范（高中）、龙岩职业技能学院、龙岩工业学校等省（市）属企事业单位和大、中学校的青年志愿者走上街头，走进社区，走进困难家庭，提供义务劳动、医疗义诊、科普宣传、家电维修、美化环境等志愿服务；青年志愿者服务队深入干休所、光荣院、敬老院、福利院离退休教师家庭、特殊教育学校，全面实施青年志愿者敬老金晖行动和青年志愿者助残活动。新罗、上杭、漳平、连城等县（市、区）团委组织青年志愿者服务队深入农村，宣传方针政策和法规，开展送医下乡、文艺演出、农业科技成果信息发布、打击“六合彩”宣传等活动；深入福利院、光荣院、“一助一”结对离（退）休老干部家中开展“送温暖、献爱心”入户活动；深入社区开展社区文化活动、就业指导、公益活动、便民服务等形式的社区志愿服务。3 月 4 日，召开学习雷锋活动 40 周年纪念大会暨十佳青年志愿者集体（个人）表彰大会，以表彰促活动。基层团组织还利用毛泽东诞辰 110 周年暨才溪乡调查 70 周年、“五四”运动 84 周年等纪念日的时机，开展各具特色的文化活动。组织中共十六大精神宣讲团下乡，举办文艺会演、优秀电影展映周等，丰富广大青年业余文化生活，增强团组织活力和凝聚力。响应市委、市政府提出的“举全市之力，创办龙岩学院”的号召，团市委从 10 月起在全市团组织中开展“我为龙岩学院尽一份心”主题系列活动，组织青年志愿者利用节假日开展义务宣传，征集“我为办好龙岩学院献计策”金点子，并开展捐赠活动，募集资金 14 万余元，在全市营造人人为创办龙岩学院做贡献的良好社会氛围。

2004 年 3 月 5 日为全市青年志愿者统一行动日。活动以“我志愿、我奉献”为主题，以“热心献社会、真情暖闽西”为口号。全市青年志愿者统一行动日主要活动有：广泛开展青年志愿者城市公益服务。组织广大青年志愿者在城市中心和重点社区开展法律援助、科普宣传、科技推广、医疗护理、环境保护等活动；组织有一技之长的青年志愿者队伍赴乡村开展“科技、文化、环保”等活动，切实为当地的人民群众办实事；开展青年志愿者“一助一”献爱心服务活动。组织青年志愿者到敬老院、干休所、光荣院、下岗工人、离退休教师和干部职工家中、特殊学校等特殊困难群体中开展献爱心活动；开展青年志愿者“保护母亲河”植绿护绿活动，宣传和倡导绿色文明意识，推进国土绿化事业；做好注册青年志愿者的招募、管理工作，大力贯彻实施《福建青年志愿服务条例》。团市委组织城区学校、企事业单位青年志愿者到街心花园开展青年志愿者服务一条街活动，掀起青年志愿者以实际行动学雷锋的高潮。新罗团区委启动“请让我来帮助你”春季志愿者集中行动，组织龙岩四中、七中等青年志愿者深入福利院、光荣院、军休所、西安社区、凤凰社区送温暖献爱心。漳平团市委启动“真情服务溢满菁城、青春奉献播撒社会”主题活动，组织青年志愿者开展预防艾滋病宣传和学雷锋便民服务，与漳州华安团县委在漳华公路举行“同饮一江水，共护母亲河”植绿护绿活动。连城团县委启动“特别的爱给特别的你”青年志愿者“一助一”活动，在全县为 500 户军烈属和残疾人志愿服务；组织 3000 多名青年志愿者服务队员以“扶贫帮困”的形式开展“农村科技传播活动”，投入春耕备耕之中；组织百名青年志愿者参与冠豸山旅游服务。武平团县委启动“我是今日活雷锋”和“请跟我来，天天环保”绿色行动，在乡（镇）组织青年志愿者进村入户开展禽流感预防宣传和农村新技术推广咨询活动。上杭、长汀、永定团县委深化青年志愿者助万家活动，组织有一技之长的青年志愿者队伍深入社区和农村，切实为人民群众办实事。

2005年3月，以“爱我闽西，让‘三平’精神在志愿服务中闪光”为主题开展青年志愿者服务月活动。7月，实施“福建省大学生志愿服务欠发达地区计划”，28名大学生志愿服务龙岩教育、卫生、医疗事业。开展“青年文明社区大家乐”活动，开展社区援助活动，不断探索共青团组织参与城市社区精神文明建设的新途径和新方法。

2006年1月20日，在永定县湖坑镇举办第八届乡村、第七届社区青年文化节推进仪式，深入挖掘地方独有的乡村青年文化，突出浓郁地方特色的青年社区文化。2006年3月起，团市委先后组织85支市、区直机关、企事业单位、学校青年志愿者服务队，深入社区、农村，积极开展扶贫、尊老敬老、帮孤助残、法律援助、义诊义治、义务家教、文化宣传、普法科普宣传、环境保护等志愿服务活动。

2007年3月4日，龙岩市万名青年志愿者积极开展“敬老助残暖闽西”为主题的青年志愿者服务统一行动。3月22日，在上杭县古田镇银行业金融机构青年志愿者“送金融知识下乡”活动。继续开展大、中学生暑期社会实践“三下乡”活动，7月23日，由团省委和省发改委主办的清华大学“关注海西、关注6·18”博士生实践服务活动在长汀县三元阁广场启动。30名志愿者参与福建省欠发达地区志愿服务工作，龙岩学院4名毕业生参与服务西部工作。推进闽西青年文化行动。2月8日，市第九届乡村文化节、第八届社区文化节暨慰问进城务工青年文化演出在长汀开发区举行，开展送书、法律咨询、维权服务、义诊、慰问贫困进城务工青年等活动。7月19日，龙岩团市委、龙岩电视台联合召开第二届闽西青春形象小姐大赛暨第四届房车展形象大使选拔赛组委会成员会议，正式拉开活动序幕，10月1日晚，总决赛在市体育公园综合馆举行，从30名入选选手中评选出冠军、亚军和季军各1名和10名佳丽及最佳人气奖、最佳潜质奖、最佳上镜奖、最佳亲和力奖等4个单项奖。

2008年3月，团市委在全市范围内组织开展“迎奥运、促和谐、做先锋”青年志愿者“六走进”示范月行动。3月2日全市统一行动日，在龙岩一中举行龙岩市“迎奥运、促和谐、做先锋”青年志愿者“六走进”行动启动仪式。示范月期间，2万多名志愿者和500多支志愿服务小分队走进中心城区社区，走进重点工程工地，走进新农村和雨雪冰冻灾害乡村，走进困难老人家庭，走进外来务工青年集中的工业集中区，走进残疾和留守少年儿童弱势群体，为和谐社会做贡献。3月17日，团市委在龙岩市中心血站举行全市首个志愿者义工之家授牌仪式。持续推进欠发达地区和西部计划青年志愿者招募和组织上岗工作，在注册志愿者方面进行成功的探索和尝试。开展“建设先行区，青年要先行”为主题的青年文明号优质示范月活动，21家青年文明号集体分获全国和省级青年文明号荣誉称号。

2009年，以“争做志愿者，创造新生活”为主题活动，开展“蓝天青山碧水”青年志愿者环保行动、“我为旅游产业做奉献”志愿者行动、“志愿者之家”注册志愿者推进行动、“春暖人心”志愿者广场服务和入户行动等系列活动。深入推进青年文化行动，组织团员青年广泛参与

“三下乡”等群众性精神文明创建活动。

2010年，继续做好“志愿服务欠发达地区计划”志愿者招募、管理工作，共90名志愿者到县（市、区）服务工作。

2013年，总结推广“12310”社区志愿者服务体系，以社区团支部为1个核心，围绕服务社区建设和服务社区青年两大任务，依托党支部、居委会、青年团建联席单位等3个平台，建立服务队伍开展思想引导、学业辅导、社区托管、心理咨询、就业帮扶、文体科普、绿色环保、双拥共建、平安和谐和幸福家庭等10项团员青年服务活动，为城市社区青少年解决亲情缺失、安全失保、生活失管等突出问题。该模式已在龙岩中心城区和各县（市、区）城关镇推广，部分街道和社区已经开始探索将该模式延伸至非公团建、楼宇团建等领域。丰富志愿服务内涵。动员青年文明号、突击队等集体创建“青年驿站”55个，发展注册青年志愿者7050人，开展“青心同行”活动辐射一线青年职工4182名。

2014年，重点开展共青团关爱农民工子女和“微心愿”活动，组织74家单位5867名志愿者结对80所学校18335个农民工子女，收集、认领和落实农民工子女“微心愿”600个。开展青年志愿者助残“阳光行动”，发动1197名青年志愿者于“全国助残日”期间志愿结对、走访慰问残疾青少年203户，征集心愿197个，完成112个，开展微活动21次。发起“青春同行”爱心助孤活动，倡导建立“政府扶孤、党员联孤、企业帮孤、社会助孤、学校育孤”五位一体工作体系，覆盖孤儿和事实孤儿1419人。

2015年，发展网络文明志愿者24700多名，开展“树清风，我先行”清明网祭活动、“青年楷模”奖章和“少先队网络先锋章”网络争章、为连城“7·22”洪灾捐款等微活动。线上线下引导青少年自觉践行社会主义核心价值观。

2016年10月26日，在街心广场举行“青亲岩城，文明有你”——“关爱环卫工人·共建爱心饮水站”授牌仪式，共同营造和维护好的市容市貌，为争创全国文明城市尽一份力。

2017年，将纪念建团95周年和动员青少年积极参与争创第五届全国文明城市结合起来，以“青亲岩城·文明有你”为主题，在“五四”大会上通报表扬一批优秀青年志愿者；助力乡村振兴战略，组织55名大学生志愿者到乡（镇）从事支教、支农、支医、扶贫、青年工作等志愿服务。大力推广“志愿汇”系统，注册志愿者超27万人，活跃志愿者超1.5万人。

2019年，龙岩市“志愿汇”实名注册志愿者超30万人，服务时长超85万小时。组建100支新时代文明实践服务队，开展知识宣传、扫黑除恶、文艺演出等志愿服务活动近200场。组织200多名青年到长汀青年生态·世纪林开展“大美龙岩·青春护绿”植树活动，带动全市3000多名青少年植树8000余株。“心肺复苏”“大手拉小手”等志愿服务品牌知名度和活跃度进一步提升，青年志愿服务驿站建设不断提升。组织55名大学生服务欠发达地区志愿者开展为期2年的支农、支教、支贫服务。

2020年，主动探索志愿服务进社区、进农村，在新罗区7个社区开展社区志愿服务试点，在全市134个乡镇（街道）成立青年志愿服务队，助力“近邻党建”和新时代文明实践。招募52名服务欠发达地区大学生志愿者到龙岩市开展为期两年的支农、支教、支贫志愿服务。

第二节 文明城市创建志愿服务

1997年8月以后，围绕市委提出的“创建城乡卫生文明环境月”活动，在全市青少年中广泛开“讲文明、树新风”活动，先后以“让世界清洁起来”为主题，开展“青年志愿者环境保洁行动”“青年志愿者文明言行劝导行动”“青年志愿者与安全文明小区同行”等志愿服务。全市各大、中学校团组织把社区援助活动纳入创建文明城市整体工作中，进行“一助一”长期结对，定期设点，预约上门，助残济困，保护美化环境，敬老爱幼等志愿服务活动，为文明城市的建设，为净化社会风气做出贡献。

1999年3月，团市委围绕市委创建全国卫生城市活动，组织市区大、中、小学校，机关企事业单位青年志愿者在城区开展宣传《中华人民共和国环境保护法》、清除非法张贴物、维护交通秩序、净化美化城市活动。还组织开展全市青年志愿者爱心献血活动，仅3月7日，千名志愿者就踊跃献血60900cc。

2000年，龙岩市各级团组织围绕“爱闽西·建龙岩·美家园”这一主题，组织青年志愿者开展多项活动。3月，组织开展青年志愿者“学雷锋行动月”活动。3月4日是青年志愿者统一行动日，团市委组织城区省(市)属企事业单位，大、中专学校3000多名青年志愿者参加开展便民利民、“保护母亲河行动”宣传活动，组织献血团义务献血。4月1日，龙岩省属煤矿管委会青年志愿者协会正式开通专为老年人服务的“110”专线——“阳光通道”，将所有志愿者的姓名、服务项目、联系方式及监督电话印制成服务卡分发到每一位老年人手中，实行24小时全天候服务。首次“阳光通道”宣传活动共为600余名老人提供各种服务2660件次。

2003年1月，团市委组织龙岩城区的5000多名青年志愿者开展为创建省级文明城市做贡献活动。来自龙岩师专、闽西职大、龙岩一中、龙岩二中、龙岩第一技校等10多所学校的青年志愿者组成100多支志愿分队、深入龙岩城区重点路段和交通站点、景区，擦洗道路栏杆、清除非法张贴物、捡白色垃圾及劝导交通文明安全。

2015年，团市委在职党员与全市6000多个团支部、20万团员青年以开展“在职党员进社区”“共青团员义务星期六”等活动，为创建全国文明城市增光添彩。仅2015年12月5日，第三十个国际志愿者日期间，团市委机关党(团)支部等1850多个团组织、25000多名团员走上街头、走进社区、走进学校，开展活动3162场次。

2016年10月26日，由共青团龙岩市委主办，市义工协会、市青年志愿者协会承办的大型公益活动“青亲岩城，文明有你”——“关爱环卫工人·共建爱心饮水站”授牌仪式在街心广场举行。市委文明办、龙岩电视台、闽西日报社、团市委、市广播电台、市环卫处等单位领导和环卫工人、爱心商家、义工和青年志愿者等300多人参加仪式。参加活动的部门单位领导为200家“爱心饮水站”网点代表授牌。“爱心饮水站”代表发言并集体承诺，合法经营，文明守信，爱护市容市貌，关爱环卫工人，共创文明城市。环卫工人代表在发言中表示，要将社会各界的关心关爱转化为动力，更好地为全体市民服务。市青年志愿者协会、义工协会会长殷世龙代表志愿者向广大市民发出倡议，共同营造和维护好的市容市貌，为争创全国文明城市尽一份力。

2017年，将纪念建团95周年和动员青少年积极参与争创第五届全国文明城市结合起来，以“青亲岩城·文明有你”为主题，在“五四”纪念大会上通报表扬一批优秀青年志愿者。广泛动员团员青年参与文明城市建设志愿服务，全市注册青年志愿者超3万人，全年累计服务时长约20万小时。

2018年，起草关于加强志愿服务的一揽子建议并提交市委，提议以“政府购买服务”形式支持志愿工作，列入全市创城机制常态化工作。率先在新罗区试点成立“壹公益”组织服务社，每年由市、区两级财政按1:1比例总投入100万元购买中心城区志愿服务。

2020年，共青团龙岩市委结合全国文明城市创建活动，以“青亲岩城·文明有你”为主题，开展关爱一线工作者、生活垃圾分类、公益骑行、环境保洁、文明劝导、基层宣讲、光盘行动等志愿服务接力活动，为创建全国文明城市做出青春奉献。

第三节　重大赛会志愿服务

1998年下半年，团市委开展“为重点工程献青春”活动，在永定县举行青年志愿者授旗仪式，为棉花滩水电站和梅坎铁路的征地、拆迁、移民建房、搬迁新居及治安巡逻开展志愿服务活动。

1999年，为迎接省委举办的“纪念古田会议70周年”活动，组织近百名青年志愿者清理古田会议旧址的环境卫生，组织开展古田会议历史讲解、接待来宾和维护秩序等活动的培训。在“99中国冠豸金秋”活动中，连城团县委对青年志愿者进行培训，承担迎送客人、搬运器械等任务。在“9·18”中国漳平花卉节活动中，漳平市百支“雏鹰”假日小队和千名志愿者冒雨上街清理非法张贴物、清除白色垃圾和劝导文明等。

2000年11月15日，在人民广场举行“龙岩市青年志愿者服务世界客属第十六届恳亲大会宣誓大会”，1500多名团员青年协助做好来宾报到、引导、治安、交通维护等工作，在世界客属心中塑造闽西青年良好形象。

2006年7月始，团市委利用省运会、省老运会契机，开展“青年同心、服务省运”和“青春辉映夕阳红、志愿服务老运会”主题系列活动。9月15日，团市委举办服务省运会青年志愿者培训班，发放《志愿者工作手册》和《省运会青年志愿者工作指南》。9月16日，举行全市青年志愿者服务省运会誓师大会。10月15日，召开省运会青年志愿者再动员大会，举办医疗急救常识培训班。11月10日，举办青年志愿者服务省老年运动会启动仪式。近4000名志愿者活跃在各个赛场、宾馆驻地，为省运会、老运会提供安保、交通、礼仪、辅助裁判等服务，赢得社会各界的一致好评，55名志愿者个人和6个集体被省青年志愿者协会表彰。这次全市性的志愿服务活动是历年来志愿者活动中投入人数最多、服务时间最长、社会反响最好的一次活动，全面展示了红土地青年的风采，扩大志愿服务在社会上的影响。

2007年，全市青年志愿者积极参与建市10周年志愿服务。发动广大志愿者开展形式多样的“迎奥运，讲文明，树新风”志愿服务活动，做好奥运志愿者申报、推荐和组织工作，113人申请成为奥运志愿者选拔候选人，1人录用。

2008年4月初，团市委启动“奥运火炬接力闽西青年志愿者行动”，成立办公室。4月6日，下发《关于做好迎奥运火炬接力（龙岩站）青年志愿者行动有关工作的通知》，并召集城区部分大、中专院校和机关、企事业单位团委负责人召开志愿者工作座谈会，就有关招募时间、招募对象和条件、服务内容、推荐方式等具体问题进行部署。4 月 8 日至 15 日，在经过基层组织推荐、单位党组织初步政审和组委会安保部门的最终审定后，确定 208 名奥运火炬接力志愿者名单。4 月 27 日，团市委、市体育局举办迎奥运圣火龙岩市青年志愿者培训班，对志愿者就奥运火炬接力志愿者服务内容、服务注意事项、安全救护等相关内容进行岗前培训。5 月 4 日，团市委组织 208 名奥运火炬接力志愿者举行志愿者集体上岗宣誓仪式，市委副书记陈万里等市领导到场慰问并检阅了青年志愿者的风采。5 月 11 日，50 多名志愿者们为奥运火炬手报到提供志愿服务。5 月 12 日，在奥运火炬手接待会现场，20 多名志愿者们协助市组委会工作人员参与会务工作。5 月 13 日，在火炬传递期间，志愿者们配合组委会工作人员及安保部门做好协助火炬手传递火炬、维护现场秩序、简单医疗救护工作及相关会务等有关志愿服务工作。

2009 年，成立大学生青年志愿者服务团，100 名优秀大学生志愿者为龙岩市“11・18”、纪念古田会议 80 周年等活动提供酒店接待、会场引导等相关志愿服务。

2010 年 3 月，组织 3 万多名青年志愿者开展以“为特奥添彩，让青春闪光”为主题的青年志愿服务活动。9 月，第五届全国特奥会火炬传递活动在龙岩进行，团市委作为具体牵头单位，通过两个月的筹备，圆满完成任务。11 月，招募 130 名青年志愿者为首届海峡机械博览会提供服务。

2012 年，组织百名大学生志愿者先后为第三届海峡两岸机械产业博览会、第四届海峡巾帼健身大赛、龙岩市千名企业家大会和第五届福建艺术节等重大活动提供优质的志愿服务。

2014 年，完成第五届海峡两岸机械产业博览会等重大活动志愿服务工作任务。

2015 年，选送 195 名优秀青年志愿者参与第一届全国青年运动会（龙岩赛区）志愿服务（其中 10 人获明星志愿者称号，75 人获全国优秀志愿者称号），选送 50 名青年志愿者参与“11・8”志愿服务。

2019 年，组织青年志愿者为“龙津湖闹元宵”、海峡两岸机械产业博览会等活动提供志愿服务 132 人次。

第四节　志愿服务活动品牌

2011 年 3 月 6 日，开展青年志愿者“心手相牵，关爱农民工子女”统一示范月行动，学校、企事业单位、机关单位团委组织的青年志愿者服务队深入农民工子女学校与家庭，围绕学业辅导、亲情陪伴、感受城市、爱心捐赠、自护教育等内容开展关爱志愿服务活动。7 个县（市、区）团委共组织 5000 多名青年志愿者深入敬老院、孤儿院、农民工子女学校，开展“关爱农民工子女、从我做起”行动、社区环境整治与美化行动、青年志愿者进社区公益服务等形式不一的志愿服务。5 月 27 日，团市委举行“我为农民工子女献一份爱”捐赠仪式。5 月 30 日，在红炭山农民工子弟学校举行“在阳光下快乐成长”——龙岩市关爱农民工子女行动。为农民工子女筹集捐赠款 114687.9 元，课外书籍 11346 本。大力开展共青团关爱农民工志愿服务，结对学校 39 所，结对农民工子女 10832 人，参与结对的青年志愿者组织（基层团组织）数 45 个，参与服务的志愿者 4420 人。招聘 30 名优秀大、中学生作为校外志愿辅导员与龙岩市区农民工子弟学校结对共建，为农民工子弟学校的农民工子女提供教育帮扶志愿服务活动。建立共青团关爱农民工子女第二课堂教育基地，为农民工子女免费提供参与特色课外学习的机会。12 月 24 日，举办我们在一起——

志高神州欢乐园“圣诞嘉年华”活动，丰富进城务工青年精神文化生活。

2013 年，丰富志愿服务内涵。开展青春同行送温暖行动，服务青少年 44817 人，加强“12355”青少年事务管理热线建设，为青少年解决实际困难 100 多个，开展“12355 轻松备考”活动 12 场，服务考生近 5000 名；收集、认领和落实农民工子女“微心愿”600 个，总价值 5 万余元。

2014 年，营造“蓝色”成长空间，强化青年志愿活动。重点开展青春同行助孤、阳光行动助残、关爱农民工子女和“12355”轻松备考等活动，覆盖孤儿和事实孤儿 460 人、残疾青年 1197 多人、农民工子女 1.8 万多人、考生 5000 多人，收集认领各种微心愿 1000 多个。

2015 年，“从心启航”心肺复苏全民公益行动开展公益活动 16 场，受益人数 5300 多人，获得中央文明办、团中央、民政部等 6 部委联合举行的第二届中国青年志愿服务项目大赛铜奖。

2017 年，广泛开展“走进龙岩火车站，感受中国速度”“弘扬雷锋精神，建设美丽龙岩”“从心启航”心肺复苏全民公益行动等志愿服务。开展关爱农村留守儿童暑期支教和周末素质拓展活动，2300 多名留守儿童获助。

2018 年，帮扶青少年成长发展，开展“大手拉小手”关爱农村留守儿童暑期支教和周末素质拓展活动，服务农村留守儿童 1000 多人。

2019 年，共青团服务春运“暖冬行动”服务时长近 8000 小时，全团排名前 30 名。“心肺复苏”“大手拉小手”等志愿服务品牌知名度和活跃度进一步提升，青年志愿服务驿站建设不断提升。

第十章 希望工程

第一节 希望工程学生资助

1997年，团市委与市关工委等11家单位联合发起的“积极参与扶贫行动，捐助万名失学儿童”活动在全市广泛开展。在8月12日市直机关的捐款仪式上，市五套班子在家领导参加，并带头捐款。全市收到捐款84万多元，结对救助失学儿童1500多名。龙岩卷烟厂现场认捐金额最多，共捐款3万元。漳平电厂捐款3.19万元，直接资助58名失学儿童。各县（市、区）组织捐款活动。龙净集团公司党团联手，收到公司职工个人捐款9547元。龙钢企业集团公司800多人参加活动，捐款5000多元。1997年2月，团市委希望办被团中央、中国青少年发展基金会授予希望工程建设奖，长汀团县委书记涂乃通获全国希望工程建设奖，团市委赖杭南获福建省希望工程建设奖。

1998年，希望工程事业稳步、健康发展，筹资渠道拓宽，资助面扩大，管理日趋完善。全市4位教师获得全国希望工程园丁奖，11位受希望工程资助的学生获得全国“希望之星”奖学金。4名孤儿被选送到山西大同希望小学接受免费教育。11月，团市委联合市关工委召开龙岩市希望工程志愿者劝募行动工作会议暨首批希望工程志愿者颁证仪式，动员社会各界积极参与“’98希望工程志愿者劝募”行动。全市筹集资金近25万元。1998年，全市累计筹资180万元，新增资助贫困学生3215名，新建希望书库3套、三晨影库2套。是年，团市委编辑出版大型画册《闽西希望工程》，对全市开展希望工程活动以来的各项工作进行总结，向社会公布希望工程实施的成效和希望小学建设情况。

1999年是希望工程攻坚冲刺的最后一年，也是实施劝募的最后一年。团市委在龙岩电视台、《闽西日报》开辟专栏，向社会展示龙岩市希望工程实施8年多来的丰硕成果，再次掀起为希望工程献爱心高潮。5月7日，联合市委宣传部、市文联举办以“希望的圣火”为主题的’99龙岩市希望工程义演晚会。此次晚会是龙岩市实施希望工程以来收到捐款最多的一次，被团省委评为创新金奖。主题歌《希望的圣火》荣获1999年福建省青年十大新创歌曲奖，闽西首届原创歌曲奖，参加全国“五个一工程”的评比。1999年，团市委、市希望工程领导小组授予市直团工委、上杭团县委、漳平团市委、连城团县委、武平团县委、龙岩卷烟厂团委、龙马集团公司团委、漳平电厂团委、龙净股份有限公司团委、龙岩市电信局团委、龙岩包装食品总厂团委、龙岩一中团委12家单位“’99希望工程工作先进单位”荣誉称号。团市委及团市委书记邱萍均被团中央、中国青少年发展基金会授予全国“希望工程”攻坚奖。

2000年以后，全国希望工程工作重点进行调整和转移，主要是对已受助的学生进行跟踪培养；对希望小学的教师进行培训，提高希望小学的教育教学水平，加强希望小学后续扶持和继续援建希望小学。2000年，全年资助学生2065人，资助款项20.65万元。

2001年下半年，市希望办下拨53600元贫困学生资助结对款，资助536名贫困学生重返校园。这批资助款主要来自希望工程志愿者、北京闽西老促会及北京的老同志、扶贫办、市领导的结对捐助款。

2002年，厦门嵩屿电厂与虎岗乡20名小学生结成对子，市希望办全年共资助100多名学生，资助款6万多元。

2003年7月，为纪念希望工程实施10周年，团市委开展希望工程有偿义卖活动，从市卫校招30名青年志愿者勤工俭学服务队，7个县（市、区）各组织一支青年志愿者，采取有偿捐赠的劝募方式，募集希望工程基金。由厦门万福堂公司提供价值20万元保健品进行义卖，在义卖所得中捐献10万元给龙岩希望办。8月，团市委、市希望工程领导小组、市青年联合会、市青年企业家协会开展希望工程“爱日捐”活动，动员全市劳动者捐出一日工资(10～50元)给希望工程，资助全市贫困大、中、小学生。同时，动员部分青联委员、青企协会员以单位或个人的名义按标准结对资助贫困大、中、小学生。9月，团市委在闽西宾馆召开纪念希望工程实施10周年座谈会，邀请市委领导、捐建希望小学单位代表、捐资助学热心代表、被助学生代表、希望小学校长、新闻记者等参加。2003年，希望工程资助失学儿童近200名，募集资金20多万元。同时，构建面向全市城乡特困家庭的青年学生社会公益资助体系。2003年，福建省希望工程领导小组设立“福建省希望工程10周年希望工程建设奖、贡献奖、热心奖、园丁奖”，永定团县委、长汀团县委获福建省希望工程10周年希望工程建设奖；胡长松、项纪福获福建省希望工程10周年希望工程建设个人奖；龙岩电视台、漳平电厂、龙岩市关心下一代工作委员会、龙岩卷烟厂、龙岩市国税局、中国人民保险公司龙岩分公司获福建省希望工程10周年希望工程贡献奖；许沂炎、林荣达、李新炎、廖泮聪、邱慧颖获福建省希望工程10周年希望工程贡献个人奖；谢海波、曾为民、钟小明、曾纪平、廖仁其、黄修桂、廖深洪、魏冬梅、韩军获福建省希望工程10周年希望工程热心奖；罗树升、钟新生、赖汉彬、吴坤宝获福建省希望工程10周年希望工程园丁奖。

2004年4—8月期间，团市委、市希望工程领导小组发起希望工程“爱心助学计划”系列活动，资助千名以上家庭经济困难的龙岩市城乡大、中、小学生。包括大、中专学校济困助学行动、青年文明号济困助学行动、青联委员青企协会员济困助学行动、共青团组织济困助学行动。在龙岩学院（筹）、闽大、技能学院、财校等学校开展大、中专学校济困助学行动，减免贫困生部分学费、对本校贫困生资助或提供勤工俭学岗位等形式资助部分大、中学校家庭经济困难的学生。在市级以上青年文明号集体开展资助1名以上贫困大、中、小学生青年文明号济困助学活动。青联委员、青企协会员以“一助一”“多助一”或“一助多”的形式资助家庭经济困难的学生。发动全市各级团组织和团员青年开展希望工程“爱心助学计划”济困助学活动，捐款资助家庭经济困难的学生。共资助学生1000多人，金额近50万元，修建小学14所，金额近10万元，并成立希望工程“爱心助学计划”——希望班团总支。

2005年11月8日，与福建合信隆房产有限公司联合在龙岩学院设立共青团龙岩学院助学基金，首期注入资金100万元;11月上旬，福建阳光集团十周年庆典资助龙岩20名“宏志班”学生，高层管理人员结对资助20多名贫困生。市希望办全年接受社会各类资助款40多万元，全部下拨用于资助1000多名大、中、小学生。

2006年，团市委、市希望办建立待救助贫困大学新生数据库，向社会各界发出“为了灾区孩子——希望工程爱心助学行动”的倡议书，发动社会各界热心人士以及港澳台同胞、海外侨胞关心支持闽西教育和灾区贫困家庭学生子女。在中央、省、市电视台报道“希望工程——圆梦大学”系列专题片8期，其中反映永定县陈东乡蕉坑村高三学生卢春华兄妹的纪录片《兄妹》在中央电视台“共同关注”栏目播出后，引起包括中央领导在内的海内外各界的广泛关注。全市共筹集128万元，帮助230名贫困大学新生入学，资助贫困高中生135名，初中生106名，小学生237名。市、县（市、区）希望工程工作机构加强规范化管理，修订《龙岩市希望工程实施办法》，自觉接受捐赠者监督、社会监督和新闻媒体监督，全市统一将“希望工程——圆梦大学”资助家庭贫困大学新生名单在《闽西日报》上公示。8月22日，举办“大手拉小手——希望工程圆梦大学”捐赠仪式，市领导刘晓东、李天喜、李汉槐，市关工委主任谢克金出席。

2007年度“希望工程·百名贫困大学新生圆梦行动”，通过报纸、广播、电视、网络多渠道宣传，制作30集的电视专题片，引起社会各界的广泛关注。此次行动募集资金162.1万元，资助人352名，并在龙岩学院设立10万元专项助学金，创下希望工程单项活动筹资数额最高、资助人数最多的纪录。7月14日，“星火燎原”普法助学红色驿站大行动（福建站）启动仪式在龙岩举行。此项助学行动是由《基建优化》杂志社和《中国经济法治》编辑部共同发起的，将从2007年开始携手北京等地的爱心企业向龙岩市“希望工程”专项基金捐赠80万元，分4年连续资助龙岩市200名贫困大学新生，每人一次性4000元。8月29日，团市委、市希望办举行“希望工程·百名贫困大学生圆梦行动”捐赠仪式。9月29日，在龙岩学院举行“希望工程·圆梦行动——‘星火燎原’龙岩学院专项助学金发放仪式”。另外，争取上海金光集团西部助学爱心资金2.5万元资助中小学生。“闽西十大杰出青年”“十佳少先队辅导员”还与20名留守少年儿童结对，为青少年学习成长创造良好条件。

2008年，“希望工程”累计筹集资金444.83万元，超额完成229.83万元。其中，“希望工程2008·圆梦行动”项目累计筹集善款184.2万元，超额完成84.2万元，按照每人一次性资助4000元的标准共资助贫困大学新生391名，超额完成141名，并举办“希望工程2008·圆梦行动”捐赠仪式。8月25日，团市委、市希望办举行龙岩市“希望工程2008·圆梦行动”捐赠仪式。市领导陈建寿、林乔城、郑立明，市关工委常务副主任张秋炯出席捐赠仪式，并为捐赠方代表颁发捐赠证书，向受资助的学生代表发放助学金。在运作方式上实现由单一渠道向多元化筹资格局的模式转变，促成市委、市政府首次将“希望工程2008”系列助学公益活动列入为民办实事项目，联合主流新闻媒体做好宣传工作，与龙岩网合作开通网络视频，创造性地在标致桶（瓶）装饮用水的贴标上融入希望工程标志，聘请10名希望工程爱心宣传大使，与米兰春天等企业合作探索设立“冠名留本助学基金”。

2009年，希望工程系列助学公益活动再次入选市委、市政府为民办实事项目。“圆梦行动”项目筹集善款233.6万元，资助贫困大学新生458名；“冠名留本助学基金”项目筹集善款100万元，设立龙岩市希望工程“红军爱心资助奖学基金”；成功开办“东源环保技师希望班”，该班30名学生学费予以全免。

2010年8月24日，团市委、市希望办、龙岩电视台联合举办龙岩市“希望工程2010圆梦行动”捐赠仪式。市领导杜乔元、林乔城、林兴禄等出席捐赠仪式。21家爱心企业和爱心个人代表以及7个县（市、区）团委代表社会各界向龙岩市“希望工程2010圆梦行动”进行举牌认捐。福建标致食品饮料有限公司与市希望办续签希望工程公益宣传合作协议，并从2011年到2013年每年从标致公司的收益中提取10万元捐赠给希望工程。2010年“希望工程 圆梦行动”公益助学活动，共收到社会各界捐款245.2万元，筹集款创历史新高，资助498名贫困大学新生圆梦大学。

“希望工程2011”系列助学公益活动再次取得显著成效，共筹集善款411.05万元，其中205万元用于资助463位贫困大学新生，资助标准每人一次性4000元以上；16.05万元用于帮助126名品学兼优的贫困高中生继续学业，资助标准每人一次性1000元。

2012年，筹集善款511.96万元，资助830名大中小学生。

2013年，全年累计筹集善款777.92万元，其中508.18万元用于资助677名贫困大学新生，11.2万元用于帮助112名贫困高中生。

2014年，建立全省首个地市级希望工程网站，全年累计筹集善款651.45万元，资助贫困学生1009名。

2015年，筹集圆梦大学善款387万元，资助贫困学生704名。

希望工程2016圆梦行动筹集善款386.12万元，资助674位建档立卡贫困大学新生，基本实现人员全覆盖。

2017年，实施希望工程为民办实事项目，全年累计筹募善款419.37万元，资助贫困大学生798名，小学、初中生246名，高中生113人继续完成学业，帮助农村青少年特别是困难青少年成长成才。

2018年，率先在“e龙岩”设立公益助学栏目，开通建档立卡贫困学生网上助学直通车，2018年“希望工程·圆梦行动”累计筹募善款418.39万元，资助贫困家庭大学新生761人，助学成效连续9年位居全省前列。

2019年，龙岩市“希望工程·圆梦行动”募集善款375.7万元，资助贫困大学新生754人。资助建档立卡贫困中小学生62人。国家电网龙岩供电公司原创的纪念希望工程30周年音乐微电影《你就是爱》在新华社APP首发，网络阅读量超过100万人次。

2020年，共青团龙岩市委深化希望工程为民办实事项目，希望工程·圆梦行动募集善款358万元，资助贫困大学新生723人，其中建档立卡贫困学生310人，整体工作水平稳居全省前列。

2021年，继续开展“希望工程圆梦行动”系列公益助学活动，筹集善款448.78万元，资助667名家庭经济困难大学新生。

第二节　希望小学建设

1997年，团市委积极响应中国青少年发展基金会开展“希望工程最后一轮劝募活动”，拓宽筹资渠道，扩大资助面，健全管理机制，加强宣传工作，先后争取福建省青联副主席、澳门金龙电业集团有限公司总裁陈明金、菲华石狮各乡联合会理事长施学坛、台湾兴田健康产业国际机构、省电力工业局等单位和个人的支持，分别在永定、武平、上杭、长汀、漳平等贫困山村兴建6所希望小学。团省委、省希望办领导多次到龙岩参加希望小学的落成剪彩活动。团市委与市关工委等11家单位联合发起的“积极参与扶贫行动，捐助万名失学儿童”活动在全市广泛开展。

1998年，新建希望小学8所。长汀县宣城乡希望小学荣获全国希望小学荣誉称号。

1999年5月7日，联合市委宣传部、市文联举办以“希望的圣火”为主题的’99龙岩市希望工程义演晚会。义演晚会共收到捐款150多万元，在7个县（市、区）兴建8所共青希望小学。

2000年，全市共建的8所希望小学大多建成并使用。团市委及漳平团市委、希望工程领导小组积极响应市委、市政府号召，以实际行动支持西部大开发战略，支援新疆建设，联合开展援建新疆希望小学活动，共募集资金40万元，在新奇台县援建2所希望小学，即东湾乡大泉回民希望小学和二马场哈萨克希望小学。

2002年，上杭溪口、新罗白沙电力希望小学、上杭蛟洋希望小学、长汀秀凤希望小学相继落成。至2002年为止，全市已有希望小学71所。

2003年，永定高陂利宝嘉希望小学建成，永定岐岭中心小学立项。加强希望工程后续管理，建立已建希望小学信息库。从1992年由台湾叶明寿援建的全省第一所希望小学——永定湖坑希望小学校算起，到2003年12月31日，全市共兴建希望小学74所，帮助10多所小学改善教学条件，建希望书库100多套，三晨影库3套，远程教育设备1套。

2005年7月23日，开展“献爱心播希望”——中恒兴广场募捐晚会，筹集资金10万元用于改善贫困中小学校软硬件设施。

2006年，争取中国联通福建公司援建上杭蛟洋希望小学宿舍楼建设款50万元、福建希望工程香港基金会援建武平伏虎小学建设款25万元和北京（美国）菲莫公司援建下洋希望小学建设款20万元。

2007年，争取龙岩移动分公司、福鑫工贸有限公司、三星电子有限公司共85万元援建4所希望小学。配合省希望办帮助农村小学配套课桌椅1960套，11月9日，“阳光伴你同行”爱心课桌椅发放仪式在上杭古田中心小学举行。

2008年，“希望工程2008·希望小学建设”项目累计筹集195万元，超额完成95万元，完成援建上杭白砂红军希望小学等5所希望小学的筹资任务；“希望工程2008·快乐体育园地”项目累计筹集善款30.5万元，为新罗区白沙电力希望小学等18所农村小学各配备一套价值1～2万元的体育器材，并举办“希望工程·乔丹快乐体育基金公益中国行”走进龙岩活动。

2009年，“希望小学建设”项目筹集善款90万元，资助3所希望小学建设。

2010年1月27日，“福建龙岩全球通永丰希望小学”揭牌仪式在四川省彭州市隆丰镇希望小学所在地举行，龙岩市委副书记、组织部长陈万里，彭州市委副书记、市长韩轶为希望小学揭牌；福建省前方指挥部副指挥长王知瑞，龙岩市政府副市长严金静，以及彭州市委、市政府、人大、政协等领导及嘉宾出席仪式。捐建“福建龙岩全球通永丰希望小学”活动由共青团龙岩市委、闽西日报社、中国移动龙岩分公司于2008年联合发起，市四套班子成员及全球通客户踊跃参与，以捐赠全球通积分的形式支持灾区重建。全市8000余位全球通客户共捐出爱心积分546.023万分，折合人民币54.6万元，中国移动龙岩分公司员工捐赠35.4万元，龙岩市希望工程办公室捐出10万元，合成100万元。通过希望工程基金会捐赠至四川彭州灾区，对口援建“福建龙岩全球通永丰希望小学”的教学楼、图书室，并购置计算机网络设备及体育器材等教学设施。项目于2009年4月开工建设，12月竣工。是年，新罗区万安中心小学、小池中心小学等2所国家电网爱心希望小学建设进展顺利，永定金砂明欣希望小学落成剪彩。

2011年，筹集善款180万元用于帮助新罗适中中溪小学、武平桃溪小兰小学、漳平新桥联兴小学、长汀古城南岩小学和大同南里小学等5所小学改扩建教学楼，该项工作得到团省委、省希望办的高度肯定。

2012年，援建3所希望小学。

2013年，全年累计筹集善款777.92万元，其中120万元用于援建4所农村小学改扩建教学楼，138.54万元用于援建四川雅安地震灾区希望小学。

2014年，援助永定湖山中心小学、连城新泉中心小学和连城四堡乡马武小学改善办学条件。

2015年，筹资40万援建长汀县新桥中心校教学楼，筹资20万援建新疆呼图壁县第四小学少先队教育实践活动基地，实现全省八连冠。

2017年，资助7所农村学校改善办学条件。

2019年，争取南派希望小学等项目资金40万元，援建希望小学1所，帮助多所农村小学改善条件，市希望工程继续走在全省前列。

2021年，筹集154万元用于帮助6所农村小学校改善办学条件。其中，50万元用于漳平市永福镇中视同成希望小学援建教学楼；60万元用于长汀县宣成中心学校购买一批液晶触控一体机、电脑等教学设备以及开展“铸魂筑梦、红色熏陶、童心向党”红色教育系列活动；30万元用于资助和奖励连城北团电力希望小学、上杭溪口电力希望小学等6所电力希望小学困难学生、改善教学条件；11万元用于连城实验小学、漳平市芦芝中心学校改善体育教学环境；3万元用于连城县宣和乡兴业信托希望小学、连城县朋口镇张家营希望小学按捐赠合同购买希望工程红色文化阅读包等物资。录取5名福建省服务欠发达地区志愿者到永定、上杭、武平、长汀、连城支教两年。组织105名大学生到漳平市永福镇毓秀小学、漳平市教师进修学校附属小学（西园校区）、连城县莒溪中心小学、连城县城关第二中心小学等学校开展暑期支教活动。

第十一章　青年群众组织与团办实体

第一节　青年联合会

一、组织机构

1997 年 12 月 28—29 日，龙岩市青年联合会第一届委员会第一次全体会议召开，宣告龙岩市青年联合会成立。会议选举产生龙岩市青年联合会第一届委员会常务委员会，邱萍当选为主席，林勇、章敏、林荣欣、孙灿金等当选为副主席。

1999 年年初，在龙岩市青年联合会一届二次常委会上，增选市青联常委若干名。

2000 年年初，在市青联一届三次常委会上，增补副主席 1 名，常委 18 名，改选秘书长。

2002 年上半年机构改革，市青年联合会秘书处核定机关事业编制 1 名。

2003 年 4 月 23—24 日，龙岩市青年联合会第二届委员会第一次全体会议选举产生龙岩市青年联合会第二届委员会常务委员会，严志铭当选为主席，何媚、谢兴权、林荣欣、林坚、黄剑忠、王云、石小琼当选为副主席。

2007 年 2 月 28 日，在龙岩市青年联合会二届三次常委（扩大）会议上，改选陈厦生为市青联二届委员会主席，增选王永忠、章聪颖等 2 人为副主席。

2017 年 11 月 16 日，龙岩市青年联合会第三届委员会第一次全体会议选举产生龙岩市青年联合会第三届委员会常务委员会，郭昊瑜当选为主席，饶英华、袁俊、綦鹏、丘思沛、缪谨枫、张晨炼、熊俊当选为副主席。

2020 年 12 月 22 日，在龙岩市青联常委会三届二次常委（扩大）会议上，改选李小飞为青联三届常委会主席。

二、历次大会

（一）一届一次会议

1997 年 12 月 28—29 日，龙岩市青年联合会第一届委员会第一次全体会议在龙岩市政府原礼堂（和平路）召开。来自全市各条战线 8 个界别的 111 名青年联合会委员参加会议。市五套班子领导、团省委领导及老同志、有关部门领导应邀出席会议。开幕式上，市委书记赵觉荣发表热情洋溢的讲话。团市委书记邱萍代表龙岩市青年联合会一届一次会议筹委会作《高举邓小平理论旗帜，聚闽西各界青年，为推进新一轮创业奉献青春》的报告。报告总结近几年青年工作所取得的成绩，并提出市青联工作的主要任务是认真学习，深刻领会中共十五大精神，开展爱国主义、社会主义教育；发挥青联人才智力优势，为闽西新一轮创业贡献力量；代表青年利益和愿望，为青年健康成长成才服务；开展海外青年联系工作，为实现祖国统一大业贡献力量；加强青联组织的自身建设，增强青联组织活力。会议选举产生第一届常委会，选举邱萍为主席，林勇、章敏、林荣欣、孙灿金等为副主席。会议向全市青年发出《关于动员引导全市广大青年为闽西新一轮创业奉献青春的倡议》。

（二）二届一次会议

2003 年 4 月 23—24 日，龙岩市青年联合会第二届委员会第一次全体会议召开。会议总结回顾市青联一届一次全委会以来的工作，制定市青年联合会此后 5 年工作方针和任务。大会听取并审议通过团市委书记、市青联一届副主席严志铭所作《坚持爱国团结进步，凝聚全市青年力量，为全面建设闽西小康社会奉献青春》的工作报告，选举产生市青年联合会第二届委员会主席、副主席、常委，严志铭当选为主席，何媚、谢兴权、林荣欣、林坚、黄剑忠、王云、石小琼当选为副主席。

（三）三届一次会议

2017 年 11 月 16 日，龙岩市青年联合会第三届委员会第一次全体会议召开，来自全市各行各业的 200 多名青年代表参加会议。会议审议通过市青联第二届常委会工作报告，选举产生市青联第三届常委会、主席、副主席。郭昊瑜当选为主席，饶英华、袁俊、綦鹏、丘思沛、缪谨枫、张晨炼、熊俊当选为副主席。

三、青联工作

1997 年，龙岩市青年联合会成立后，随即在资助各界青年致富成才、发展对港澳台及对外交流、联谊方面开展工作。

1998 年，龙岩市青年联合会建立健全青联工作制度，组织青联委员参与“学习厦门献计策、奉献青春促发展”调研活动。接待菲律宾菲华石狮市各乡联合会访闽团到龙岩市参加长汀伯湖、河梁希望小学落成典礼。筹集资金创办龙岩市青年旅行社。开展青年学生跨世纪科技行动主题团日活动，通过举办科技讲座、知识竞赛、科技服务，激发他们爱科学、学科学、用科学的热情，提高综合素质。推动青年文化园活动进一步开展。与龙岩师范、市直团工委联合组织龙岩市汉剧团、学生文艺队到农村开展文化下乡活动。暑期开展以支教扫盲、文化服务和文艺演出队下乡为主要形式的“三下乡”服务，开展为农村青年科技图书站捐书添光彩活动。

1999 年年初，召开市青联一届二次常委会，增选市青联常委。是年 7 月 23 日，参加各界青年代表座谈会，深入揭批李洪志及“法轮大法”反动本质和歪理邪说，促使全市 30 多名“练功”团员、青年全部脱离法轮功组织。是年 8 月，组织市部分青联委员赴中共港、澳地区以及泰国参观考察，进一步增强与港、澳青年社团的交流，推动青年社团工作。同时，市青年联合会发挥闽、台两岸地缘相近、血缘相亲、文化相通优势，做好闽西籍台胞后裔来访接待和交流工作，引导他们爱国、爱乡，推进祖国和平统一。12 月，联合团市委举行全市各界青年迎澳门回归报告会，激发广大青年爱国热情。

2000 年 4 月 5 日，市青联与团市委在永定县高陂镇举办“三个代表”重要思想宣教活动。10 月，市青联派出一名副主席参加省青联组织的“福建省赴香港、澳门访问团”活动。12 月，市青联接待香港福建希望工程基金会访闽团和由香港国际青年文化交流中心组织的 40 名中学师生参观访问团。是年，市青联在重点推广抛秧、旱育秧、食用菌等项目基础上，着力抓好典型辐射示范工作，为上杭古田吴地村青年蔬菜协会、漳平永福龙车村青年西红柿示范场解决扶持资金。市青联投资 10 万元，与市农业局联合推广食用菌新品种，并建立基地。同时依托科技领办项目基地培训青年农民 2 万人次，培养出市、县、乡级青年星火带头人和青年致富能手 5000 多人。

2001 年，召开市青联一届三次常委会，进一步完善市青联领导机制和工作制度。同时，聘请专家开设讲座，组织部分青联委员到东、西部学习考察。市青联主动与港、澳、台社团及青年组织建立联谊关系，接待香港福建希望工程基金会访闽团等社团到龙岩市参观考察，选派青联委员参加省青联赴台访问团到台湾参观学习，增进与港、澳、台之间的了解和沟通。

2002 年 4 月 5 日，接待由金门县音乐协会理事长许能丽率领的金门县青少年校外教育机构负责人一行。陪同他们到龙岩市青少年宫参观考察。

2003 年 9 月 1—9 日，市青联组织交流团前往陕西、甘肃、新疆等西部地区考察学习，并与乌鲁木齐市青联进行座谈。

2005 年 6 月 18 日，龙岩市青年联合会与台湾“中华青年交流协会”创始人、博士李钟桂率领台湾青年代表团一行 14 人，开展交流活动。7 月，部分市青联委员前往河南、山西等地开展考察学习。8 月，“情系八闽”第五届“闽南风·海峡情”“两岸六地”少儿文艺交流系列会演活动在龙岩举行，两岸六地青少年朋友们进行丰富多彩的交流活动。是年，武平县举行首届闽粤赣边县域青年创业论坛，邀请知名教授学者到龙岩讲学授课，吸纳各类创业兴业青年参与论坛交流。还组织青年企业家代表参加海峡青年论坛和第四届“中国·福建项目成果交易会”、第九届中国国际投资贸易洽谈会、“投资龙岩”项目洽谈会等。

2006 年 2 月 28 日，召开市青联二届二次常委（扩大）会议，会议要求市青联要发挥青年社团作用，强化青年社团的服务功能。是年 6 月 8 日，中国青年国际交流中心主任邓亚军一行到龙岩调研并向龙岩市受灾群众捐款，与团市委、市旅游局就青少年交流、旅游资源合作问题进行座谈。8 月 1—3 日，香港青少年红色之旅福建行参观团 300 名大、中学生到龙岩市参观学习。团中央、团省委、省委统战部领导和香港国民教育促进会、香港福建社团联会领导以及市领导出席在古田会议旧址举行的开幕仪式。参观团成员参观考察上杭、连城、永定等地的风土人情，听取闽西革命老区历史讲座，并与龙岩武警部队官兵举行“八一建军节联欢晚会”。

2007 年 1 月 18 日，市青年联合会、团市委联合在龙岩学院开展“中国十大杰出青年农民吴哲彦”先进事迹报告会暨“创业海峡西岸·成功人士百校行”活动。2 月 28 日，龙岩市青年联合会二届三次常委（扩大）会议在龙岩召开，会议改选团市委书记陈厦生为市青联二届主席，增选团市委副书记王永忠、龙岩移动通信分公司总经理章聪颖等 2 人为市青联二届委员会副主席。是年，参与帮扶结对的青联委员为“共青村”做好捐赠帮扶资金、转移劳动力、开通电子阅览室等实事。是年 3 月 29 日至 4 月 1 日，台湾客家党青年团一行到龙岩参观考察、交流访问。访问团一行参观世界文化遗产——振成楼，与长汀县、永定县青年代表开展两岸客家青年座谈。到市中心血站志愿者义工之家、安利城市活力俱乐部以及米兰春天量贩有限公司考察，并与青年代表和青年企业家交流。两地青年针对青年创业、义工服务以及两地经贸往来等活动话题开展讨论和交流。双方表示将进一步加强两地客家青年交流，弘扬中华文化，共同携手开创美好未来，为推动两岸关系和平发展贡献力量。

2008 年，尝试在城市青年聚集的地方和青年自组织中成立城市青年活力俱乐部，龙岩市新政中心区域的安利（中国）龙岩分公司活动中心，龙岩兄弟连野战俱乐部率先在全省成立“城市青年活力俱乐部”。

2010 年，组织 38 名创业青年参加海西青年创业培训班，40 名大中专院校学生参加海西大、中专学生就业能力训练营，举办 2 期海西青年创业大讲坛、2 期项目评审会，帮助 13 位创业青年成功通过全国办、省办复审，申请贷款金额 65 万元（无息免担保）。是年，举办龙岩市青年歌手大赛、大学生“青马工程”培训班，引导青少年坚定社会主义信念，树立正确的世界观、人生观和价值观。

2011 年 6 月 12—17 日，组织人员参与第九届海峡青年论坛活动，与台湾各界青年开展广泛交流。5 月 14 日，科技部 21 世纪议程中心和团市委联合召开“青年的社会责任”座谈会，双方团员青年代表畅谈感受。12 月 8 日，在龙岩学院举行共青团昌吉州、县（呼图壁）两级委员会驻龙岩市工作委员会成立暨“大美新疆”青年宣传队授旗仪式。

2012 年，市青联开展两岸交流活动，组织人员参加海峡青年论坛活动和海峡客家高峰论坛活动，接待多批台湾青少年团队到龙岩参观考察、交流访问，形成常态化、民间化交流态势。

2014 年 11 月 15—20 日，应台湾高雄市“中华两岸关系发展促进会”的邀请，团市委副书记、市青年联合会负责人罗露露率龙岩青联代表团一行 10 人到台湾开展为期 6 天的交流考察，学习台湾青年在发展现代农业、电子商务、文化旅游等方面的先进经验，以及台湾青少年社团发展运作及其在承接政府公共服务等方面的有效做法。其中，11 月 19 日，龙岩青年联合会与桃园青年创业协会签署“双方建立长期交流合作”协议书。随后，龙岩青联委员及台湾各界青年代表 30 余人开展座谈会，双方就推动闽台青年开展多内容、多形式交流互访，推动闽台创业青年交流与合作，支持两地相关团体协会组织创业人员互访交流，依托青年交流推动闽台经贸往来，建立对口联络机制等方面达成共识，为龙台两地青年交流合作搭建常态化机制。是年，市青联依托海西青创平台，多次举办龙岩青年大讲坛、创业培训班、项目推介会等活动，覆盖创业青年上万人。

2016 年 11 月 8 日，海峡两岸机械产业博览会期间，由龙岩市人民政府、福建省闽台交流协会、福建省青年联合会共同主办，龙岩市台办、共青团龙岩市委和 7 家台湾社团联合承办的 2016 海峡两岸（龙岩）青年创业合作发展论坛在龙岩市举行。中共龙岩市委副书记何明华、福建省闽台交流协会副会长韦忠慈、福建省青年联合会常委陈怡和 260 多名来自台湾和龙岩两地的青年代表参加论坛。受市委书记李德金，代市长林国耀委托，中共龙岩市委副书记何明华出席论坛并致辞。台湾“橘二代”创办人黄文诣、龙岩惠生会计学校校长廖津茂、台湾青年创业合作论坛会员宋民惠、龙岩远山电商创始人刘凌、福建漳平来福茶叶有限公司总经理张朝渊等 5 位青年企业家在论坛上作主题发言，向现场青年嘉宾分享自己职业生涯和创业历程中的成败得失、经验与教训，引起现场强烈共鸣。此次论坛是龙岩市首次举办大型海峡两岸青年论坛。论坛结束后，台湾青年们前往漳平等地，走访在龙岩台商，实地解龙岩市对台优惠政策，和当地青年进一步交流。

2017 年，开展龙岩青年大讲坛、创业沙龙、培训等活动 28 场，覆盖青年 2000 多人次。举办第三届龙岩市十佳青年电商评选活动，带动全市广大青年投身电商创业大潮。开展海峡两岸（龙岩）青年文化创意产品比赛，入选作品 80 余件，促进海峡两岸龙台文创产业携手共进。

2018 年，评选“大美龙岩·青承匠心”传统工艺十佳青年传承人和优秀传承人，多项传统技艺被市文广新局认定为非物质文化遗产。与网易合作开展十大群众文化活动“青年声态度”歌唱比赛，网络直播总阅读量超 12 万次。

2020 年开展“青春·奔跑·追梦”主题活动 9 场，汇聚机关、企事业单位引进生等优秀青年、青年企业家、新阶层代表人士等优秀青年群体，开展学术讨论、技能提升、学习培训等文化交流活动，立项“乡村振兴”“数字产业”等“杰出青年课题”66个。是年，共青团龙岩市委联合市台办举办“谋发展·促融合”海峡两岸青年创业就业论坛，全国各地优秀青年代表近150人参加论坛。邀请台湾青年参加“两岸一家亲　同创文明城”活动，对接龙岩市优秀企业和青年社工机构，征集台湾青年工作岗位14个，实习岗位7个。举办2020年在龙岩优秀台籍青年培训班，30多名台籍青年参加培训。

2021年4月16—18日，全国各级青联委员代表、新兴青年群体骨干共60余人参加龙岩市青年联合会承办的“庆祝建党100周年教育实践活动暨学党史培训班”，并深入长汀中复、连城朋口、上杭古田等党史重要事件发生地学习参观。11月27日，在闽西职业技术学院大匠堂举行“两岸同心　共唱青春”2021年海峡两岸（龙岩）青春歌会，两岸青年共300余人欢聚一堂，共品两岸文化精粹，互叙两岸同胞情深。

第二节　学生联合会

一、组织机构

2020年11月21日，龙岩市学生联合会第一次代表大会在龙岩学院召开，宣告龙岩市学生联合会正式成立。大会选举产生龙岩市学生联合会第一届委员会团体（30席）。随后，龙岩市学生联合会第一届委员会第一次全体会议，选举产生市学联第一届主席团（4席），聘任市学联秘书长。其中，主席团团体为：龙岩学院学生委员会、闽西职业技术学院学生委员会、龙岩市第一中学学生委员会、龙岩技师学院学生委员会。秘书长为曾秋招。

二、历次大会

2020年11月21日，龙岩市学生联合会第一次代表大会在龙岩学院召开。大会出席代表共90名，其中正式代表77名，列席代表13名。市委常委、市政法委书记毛高良出席大会开幕式并讲话，团市委书记李小飞致闭幕词，省学生联合会主席李雨潼代表省学联致辞。会议审议通过《龙岩市学生联合会章程》和工作报告，选举产生龙岩市学生联合会第一届委员会团体（30席）。随后，龙岩市学生联合会第一届委员会召开第一次全体会议，选举产生市学联第一届主席团（4席），聘任市学联秘书长。

三、学联工作

2009年5月23日，共青团龙岩学院第一次代表大会选举产生龙岩学院第一届学生会委员。

2018年7月12日上午，共青团龙岩学院第二次代表大会暨龙岩学院第二次学生代表大会选举陈凯强、卢垚、陈婕、陈琳、曾虹、王舒妍、林庆智、张浩耀、黄志伟、徐加意、陈鹏、郑仲兴、辜佳圣、林谢颖、李华彪等15人组成龙岩学院第二届学生委员会。在学生会二届一次全委会上，陈凯强当选为校学生会主席。

2020年，龙岩市学生联合会成立后，2021年，即推动高校学生会、社团改革，建设服务型、学习型、创新型高校学生会组织，龙岩学院学生委员会、闽西职业技术学院学生委员会2所高校精简学生社团9家，数量控制在学生总数的0.4%以内。

第三节　青年企业家协会

一、组织机构

1999年年初，龙岩市青年企业家协会第五届会员大会选举产生龙岩市青年企业家协会第五届理事会。

2003年9月19日，龙岩市青年企业家协会第六次会员大会选举产生龙岩市青年企业家协会第六届理事会。雷焕文当选为会长，王永忠、林荣欣、黄炜、黄德根、陈贺、吴华德、黄种时、廖仁其、郭建平、陈火财当选为副会长，王永忠兼任秘书长。

2007年7月13日，龙岩市青年企业家协会第七次会员大会选举产生第七届理事会会长、副会长、常务理事、理事、秘书长和副秘书长。章聪颖当选为会长，王永忠当选为常务副会长。协会还聘请协会顾问、名誉会长、名誉副会长和法律顾问。

2010年9月1日，龙岩市青年企业家协会第八次会员大会选举产生龙岩市青年企业家协会第八届理事会。

2018年，龙岩市青年企业家协会第九次会员大会选举产生龙岩市青年企业家协会第九届理事会。

二、历次大会

1997年，龙岩市青年企业家协会有会长1人，副会长若干人，秘书长1人。

1999年初，龙岩市青年企业家协会第五届会员大会选举产生龙岩市青年企业家协会第五届理事会。

2003年9月18日，龙岩市青年企业家协会第六次会员大会召开。大会选举产生龙岩市青年企业家协会第六届理事会。福建移动公司龙岩分公司总经理雷焕文当选为会长，团市委常委、宣传部部长王永忠当选为常务副会长。

2007年7月13日，龙岩市青年企业家协会第七次会员大会召开。大会审议通过王永忠代表第六届理事会所作工作回顾报告和章聪颖代表第七届理事会所作此后工作安排报告，向全市青年企业家发出《凝聚全市青年企业家力量，履行社会责任，为龙岩新一轮又好又快发展再立新功》的倡议书，选举产生第七届理事会会长、副会长、常务理事、理事、秘书长和副秘书长。中国移动福建公司龙岩分公司总经理章聪颖当选为会长，团市委副书记王永忠当选为常务副会长。协会还聘请协会顾问、名誉会长、名誉副会长和法律顾问。会议还表彰丁清展等18位优秀青年企业家。

2010年9月1日，龙岩市青年企业家协会第八次会员大会召开。市领导陈万里、林乔城、温锡浩、郑立明出席。大会审议通过第七届理事会所作工作报告，选举产生龙岩市青年企业家协会第八届理事会。随后，市青企协第八届理事会举行第一次会长办公会议，通过《龙岩市青年企业家协会副会长轮值制度》和《龙岩市青年企业家协会会员片区联系制度》，并开展青春大讲堂活动。

2018年，龙岩市青年企业家协会第九次会员大会召开，有200多名青年企业家、电子商务青年从业者新加入协会。大会审议通过第八届理事会所作工作报告，选举产生龙岩市青年企业家协会第九届理事会。

三、协会工作

1997—1998年，龙岩市青年企业家协会开展着力推进“振兴千家中小企业行动”和“下岗青工创业行动”，开展“为重点工程献青春”竞赛活动，调动企业团员青年积极性，发扬敬业、奉献和协作精神，从全局出发，在帮助亏困企业发展中实现自己和企业更快发展。扶持引导一批下岗青工通过创业实现再就业。

1999年4月，青企协会与团市委、市青联组织好迎接福建省青年博士团到龙岩市开展科技传播活动。组织城区企业家厂长经理听取博士康善招主讲的《企业改革与发展》专题讲座。7月23日，参加团市委召开的全市各界青年代表座谈会，揭批李洪志及“法轮大法”反动本质和歪理邪说。

2001年，市青年企业家协会和市青联聘请专家开设讲座，组织部分青联委员和青年企业家到东西部学习考察，市青企协还建立项目储备库。

2003年6月16日，市青年企业家协会和团市委组织30位青年企业家到福州参加由团省委、省企业家协会、省青年商会举办的海峡青年论坛活动。6月18日，全市企业青年工作论坛在漳平电厂举行，来自7个县市区和省市属企事业单位的60多名青年工作者参与论坛活动。与会代表围绕“工业化与企业青年工作”主题开展交流和研究，同时，就闽西工业化进程中发挥职工人力资源优势等7个热点问题进行专题讨论。7月4日，团市委、市青联、市青年企业家协会联合召开龙岩市各界青年为加快闽西发展献策座谈会，与会人员就围绕加快闽西发展话题，就搞好农产品综合开发利用、加速农业产业化、加强乡镇规划、搞好农村城镇化建设、加快闽西旅游发展、整合青年资源、实施人才工程、提高市民素质，特别是提升机关和窗口部门工作人员素质等问题，畅所欲言，提出许多建设性意见。9月18日，团市委与市青年企业家协会联合举办 第一届青年企业家创新发展论坛，邀请中国著名企业管理咨询专家、人力资源专家甄源泰到龙岩作题为“企业生命周期与人力资源管理”的讲座。12日18日，团市委与市青年企业家协会在龙岩一中举办第二届青年企业家创新发展论坛，邀请来自北京的世界贸易组织研究会理事、对外贸易大学教授徐进亮博士作题为“开放形势下企业家必备的素质”的讲座。此外，市青企协还组织会员参加市政府组团参加在厦门召开的中国国际贸易投资洽谈会。12月24日，组织代表团参加省海峡青年论坛活动和外出考察交流活动。

2004年，“五四”期间，举办闽西青年企业家创新发展论坛。

2005年4月，市青企协组织青年企业家赴广东梅州与梅州团市委和青年企业家协会交流。是年，市、县两级发挥青年企业家协会平台作用，共举办龙岩市青年企业家创新发展论坛4期。其中，武平县举行首届闽粤赣边县域青年创业论坛，邀请知名教授学者到龙岩讲学授课，并吸纳各类创业兴业青年参与论坛交流。组织青年企业家代表参加海峡青年论坛和第四届“中国·福建项目成果交易会”、第九届中国国际投资贸易洽谈会、“投资龙岩”项目洽谈会等。

2006年4月18日，召开全市青年创新创效活动推进会，4月20日至6月20日，举办“e代天骄”青年网络创业大赛。6月，组织30多名青年企业家参加“6·18”中国福建项目成果交易会和第四届“海峡青年论坛”，市青年企业家协会获2006年度省青年企业家协会授予的“建设成就奖”。11月17日，团市委主动对接“11·18”中国龙岩投资项目洽谈会，举办海西青年企业家（龙岩）高峰论坛暨福建青年企业家闽西行活动。团省委副书记赖军，市领导刘晓东、饶作勋、林乔城、徐继武、邱惠珍、郭丽珍出席论坛开幕式。市委书记刘赐贵、市长雷春美会见与会重要嘉宾。论坛期间，北京大学光华管理学院院长助理何志毅和格兰仕集团副总裁兼新闻发言人赵为民分别作题为“孙子兵法与企业战略”“格兰仕营销战略——10年做到100亿”的主题演讲。30多名省内优秀青年企业家“走进龙岩”，相聚论坛，共商发展。

2007年6月17—18日，组团20多人参加第五届海峡青年论坛及省“6·18”项目成果交易会。8月11日，举办第八期青年企业家创新发展论坛，8月17—20日，组团13人参加第五届西藏林芝地区投资贸易洽谈会，同时还组团参加“9·8”“11·18”等经贸交流活动，为青年创业搭建平台。是年，帮扶结对的青年企业家为“共青村”做好捐赠帮扶资金，转移劳动力、开通电子阅览室等实事。实现对“共青村”贫困大、中、小学生希望工程全面覆盖资助。

2008年6月20日，共青团福建省委、龙岩市人民府、省青年企业家协会联合在福州举行福建省青年企业家投资龙岩见面座谈会。团省委副书记郑霞，省青年企业家协会会长、福建阳光国际集团董事长林腾蛟及省青企协20位省内知名青年企业家出席座谈会。团市委，市政府办、市发改委、市外经局、市国土资源局、市项目开发中心、市开发区管委会等单位领导与企业家展开沟通交流。6月29日，举办“坐享财富，投资未来——龙岩市青年企业家创新发展（第九期）论坛”，邀请香港著名股票分析师黄玮杰作题为“香港金融市场投资展望”的演讲，香港资深投资专家刘智明、郑江伟分别作“资本管理及投资入境计划”“香港指数期货、黄金投资”的演讲。8月3—5日，由省青企协会长、福建阳光国际集团董事长林腾蛟，省青企协名誉副会长、七匹狼集团董事长周永伟一行8人组成的省青年企业协会考察到龙岩进行项目考察。8月23日，团省委、龙岩市委和市政府及省青年企业协会联合举办“福建省青年企业家闽西行”经贸考察座谈会暨项目签约仪式。市委书记张健，市委副书记、团省委副书记赖军，团省委副书记、省青年企业协会名誉会长郑震，市领导陈万里，黄福清、张斯良参加座谈会并出席签约仪式。座谈会后，省青企集团和拓福集团分别与新罗区政府和永定县政府就江山中心区开发项目和永定县水泥物流中心项目签订合作框架协议，考察团一行考察龙岩经济开发区龙马专用车和龙工等企业和永定金丰工业集中区和永定客家土楼以及龙岩中心城市规划建设情况。经过团市委牵线搭桥，永辉集团、舒简集团等一批省内知名企业进驻龙岩，项目前期工作进展顺利。是年，市青企协还组团参加海峡青年论坛及省“6·18”项目成果交易会和“9·8”“11·18”等对外经贸交流活动，促成一批项目落户龙岩市。开展“闽西青年创业行动”，在重点项目中开展青年突击队竞赛活动。

2010年，通过《龙岩市青年企业家协会副会长轮值制度》和《龙岩市青年企业家协会会员片区联系制度》，开展“青春大讲堂”活动，进一步拓展活动形式和载体。是年，接待以沈伯璋为团长的台湾青商总会一行到龙岩考察、参加第四届海峡客家高峰论坛。

2011年6月12—17日，组织人员参与第九届海峡青年论坛活动，与台湾各界青年开展广泛交流。是年，还举办青春大讲堂，邀请清华大学客座教授王于蓝作“超竞争时代与自主创新”专题讲座，邀请清华大学经济管理学院会计系教授周立作“青春大讲坛——资本运作之中小企业如何上市”大型讲座。

2012年，开通龙岩市青企协手机报，组织青年企业家协会会员分批次到西藏米林农场开展考察交流活动。

2018年，完成市青年企业家协会换届，组织青年企业家学习“晋江经验”，并与石狮青商会开展合作交流。

2019年6月14—15日，共青团龙岩市委副书记岳绍峰带领龙岩市青年企业家协会会长马杰等11名优秀青年企业家代表赴宁德市开展“不忘初心 牢记使命，红色基因代代相传”交流学习活动。龙岩市青年企业家学习团一行先后实地参观宁德市第十届海峡两岸电机电器博览会、宁德时代新能源科技股份有限公司、青拓集团总部及有关子公司、宁德新能源科技有限公司、福建亚南电机集团。学习团参观企业的品牌展示厅、科研基地及生产车间等，每到一处学习团各青年企业家边看边学习，亲身感受宁德日新月异的发展面貌和宁德企业在技术创新、产品转型等方面的好做法。是年，共青团龙岩市委开展首届“十佳青年企业家”评选，激励青年企业家坚定发展信念信心。

2020年，引导青年企业家在疫情防控和复工复产方面服务大局、回馈社会、积极作为，动员青年企业家和青少年捐款235.23万元，捐赠一次性口罩83695个、额温枪345把。市青年企业家协会被全国工商联评为抗击新冠肺炎疫情先进商会组织。是年，市青年企业家协会还举办“谋发展·促融合”海峡两岸青年创业就业论坛，全国各地优秀青年代表近150人参加论坛。邀请台湾青年参加“两岸一家亲、同创文明城”活动，对接龙岩市优秀企业和青年社工机构，征集台湾青年工作岗位14个，实习岗位7个。举办2020年在龙岩优秀台籍青年培训班，30多名台籍青年参加。

第四节 青年电子商务协会

一、组织机构

2014年11月14日，龙岩市青年电子商务协会成立，有会员近300人。

2015年，成立市、县（市、区）两级青年电商协会，吸收会员1800多人，带动青年5万多人创业就业。

2018年，召开龙岩市青年电子商务协会第二次会员大会，新增青年企业家、电子商务青年从业者为协会会员200多人。

二、历次大会

2014年11月14日，龙岩市青年电子商务协会成立大会暨首届电商峰会在龙岩人民会堂召开。市委书记梁建勇、团省委书记何明华、中国社科院信息化研究中心主任汪向东、市委秘书长严志铭、市政府副市长张斯良、阿里巴巴研究院院长陈亮、中国新农人联合会创始人毕慧芳、团市委副书记罗露露出席会议。各县（市、区）人民政府分管领导，市直单位有关领导及青年电子商务协会会员近300人参加。会上，市委书记梁建勇为市青年电子商务协会授牌，团省委书记何明华、市政府副市长张斯良分别做讲话。张斯良代表市委、市政府寄希望全市青年以青年电子商务协会成立为新起点，凝聚共识，把握规律、有效作为，抱团发展，集团出击，开启龙岩市青年电子商务事业新征程。

2018年，龙岩市青年电子商务协会第二次会员大会暨跨境电商分会成立大会召开。

三、协会工作

2014年，龙岩市青年电子商务协会成立大会后，由淘宝特色中国厦门馆馆主罗庆隆主持龙岩市首届电子商务峰会，特邀来自全国的8位电商界知名专家学者对在座人员进行电商主题宣讲交流。邀请中国社科院信息化与网络经济研究室主任汪向东等专家为龙岩市电子商务发展出谋划策，为全市青年电子商务从业者传经授宝，为协会会员争取到中国银行龙岩分行总授信5亿元的专项信贷服务和百度公司提供的搜索结果优先显示及相关推广费用5折优惠政策。

2015年，配合市委、市政府引进了阿里巴巴、京东农村电商项目。邀请中国社科院、农业部、阿里研究院专家和电商能手、电商新锐到龙岩举办高峰论坛11期，举办大学生电商文创大赛和跨境电商大赛。青年电商每周举办沙龙活动1场，覆盖青年5000多人。重帮扶，为青年电商争取10亿元银行授信，同时将青年创业小额贷款等资源向青年电商倾斜，培斜淘宝村“村民”可凭电商销售流水申请免抵押创业贷款；开展龙岩市“十佳青年电商”评选活动，获奖电商得到建设银行物质奖励及贷款优惠政策。8月14日，团中央书记处第一书记秦宜智到新罗区培斜淘宝村调研青年创业工作。

2017年，举办第三届龙岩市十佳青年电商评选活动，带动全市广大青年投身电商创业大潮。

2019年，龙岩市开展“培育青农创客，助力乡村振兴”农村青年电商培训5场，培训农村青年电商近300人次，带动县级团委以培育本地青年和返乡大学生为重点，开展培训班33场，覆盖农村青年和返乡大学生1843人。

2020年，举办“培育青农创客，助力乡村振兴”培训4场，帮助200多名农村青年提升直播带货技能。联合市商务局、大数据局举办“全闽乐购·幸福龙岩”电商直播带货系列活动，首场直播带货交易额超265万元。

2021年，龙岩市青年电子商务协会以“一个定位，二点思维，三大品牌，四项措施”为工作思想，聚焦“小而美”，会员互动、政府协会结合，打造“会员约茶”“青年品学”品牌，落实“培育农村主播，助力乡村振兴”工作。

第五节　青年志愿者协会

一、组织机构

2013年4月7日，龙岩市青年志愿者协会初步成立，当年有志愿团体正式成员137人。

2016年2月29日，龙岩市青年志愿者协会正式成立，其主管单位为共青团龙岩市委，正式登记注册会员165名，注册登记志愿者上万名，会员来自机关企事业，私营个体经营户，大、中专院校，自由职业等各个阶层群体，覆盖龙岩市各个县（市、区）。

2017年，全市注册青年志愿者超3万人。

2019年，龙岩市“志愿汇”实名注册志愿者超30万人，组建新时代文明实践服务队100支。

2021年，龙岩市“志愿汇”实名注册志愿者超31万人。

二、历次大会

2016年2月29日，龙岩市青年志愿者协会成立大会召开，宣告龙岩市青年志愿者协会正式成立。龙岩团市委、市民政局、市文明办等有关部门领导和全市优秀志愿者100多名代表参加成立大会。

三、协会工作

2013 年来，龙岩市广大团员青年积极弘扬“奉献、友爱、互助、进步”志愿精神，以“共青团义务星期六”为主题，开展扶贫济困、敬老护幼、文明劝导、助学助医等线上线下志愿服务活动，为创建全国文明城市、卫生城市等做出积极贡献，志愿者队伍逐步壮大，志愿者服务领域不断拓宽。

2016 年 2 月 29 日，龙岩市青年志愿者协会正式成立后，动员团员青年参与文明城市建设志愿服务。2017 年，龙岩市注册登记志愿者累计服务时间超过 20 万小时。

2016—2021 年，龙岩市“志愿汇”实名注册志愿者超 33 万人，服务时长超 220 万小时，组建志愿服务团队 1800 多支，“暖冬”“心肺复苏”“大手牵小手”等品牌工作得到广泛认可。。

第六节　青年艺术协会

一、组织机构

2019 年 4 月 11 日，龙岩市青年艺术协会成立暨第一次会员大会召开。宣告龙岩市青年艺术协会成立。大会选举产生龙岩市青年艺术协会第一届理事会、监事会，徐少文当选理事会会长，卢启聪当选为执行会长，张晨炼、邱乔宜、方桥、陈超超、郭仙明当选副会长，陈珊丹当选秘书长，滕卫卫当选监事会监事长。该协会由音乐、书法、美术、影业、舞蹈、戏曲、摄影、文学创作、文艺评论、手工艺等领域优秀青年组成，主要为会员开展调查研究、理论研讨、活动交流、演出培训服务。

2021 年，市青年艺术协会共有会员 119 名，其中包括会长 1 名，执行会长 1 名，副会长 4 名，理事 21 名，监事长 1 名，监事 2 名，普通会员 89 名。

二、历次大会

2019 年 4 月 11 日，龙岩市青年艺术协会成立暨第一次会员大会召开。会议由团市委书记罗露露主持。团市委、市民政局、市文联有关领导出席会议。受市委书记许维泽委托，市委副书记、新罗区委书记代表市委对大会的召开表示祝贺。他指出，新成立的市青年艺术协会要紧扣习近平总书记对文艺工作的重要指示和要求，按照市委五届八次全会提出的“坚持以融合发展繁荣活跃闽西文化”目标，继续为新时代新龙岩建设凝聚力量。希望广大青年艺术工作者要做到胸中有大义、心中有人民、肩上有责任，坚定文化自信，与新时代同行，践行艺术使命。他强调，全市各级党组织要在政治、思想、工作、生活上关心和照顾青年艺术工作者；共青团要以市青年艺术协会为抓手，不断加强协会自身建设，团结带领广大青年艺术工作者践行社会主义核心价值观，与时代同步伐、以人民为中心、以精品奉献人民、用明德引领风尚，为奋力推进闽西各项事业迈上新台阶，以优异成绩迎接新中国成立 70 周年凝聚更广泛力量，做出新的更大贡献。大会选举产生龙岩市青年艺术协会第一届理事会、监事会，徐少文当选理事会会长，卢启聪当选为执行会长，张晨炼、邱乔宜、方桥、陈超超、郭仙明当选副会长，陈珊丹当选秘书长，滕卫卫当选监事会监事长。第一届理事会先后于 2019 年 6 月 26 日、2019 年 11 月 29 日、2020 年 11 月 6 日和 2020 年 11 月 27 日召开会长办公会。

2020 年 12 月 18 日，龙岩市青年艺术协会于青年创业大厦 20 楼大会议室召开第二次会员大会。

理事会先后于2021年3月26日和2021年10月29日召开会长办公会。

三、协会工作

2019年4月11日，龙岩市青年艺术协会成立大会召开后，随即举办以“龙岩青年‘艺’起来”为主题的联欢活动，市青年艺术协会会员纷纷登台演出，以精彩纷呈的艺术盛宴展现各自艺术才华和激动之情，共同庆祝市青年艺术协会的成立。是年4月29日，由中共龙岩市委、共青团福建省委主办，龙岩市青年艺术协会承办的“青春心向党，建功新时代”福建省各界青年纪念“五四”运动100周年主题会演，在古田会议址举行。5月5日，协会在连城县朋口项南纪念馆组织参与“百支新时代文明实践服务队、百场文艺下乡活动”的启动仪式。会员同时参观纪念馆，重温老一辈无产阶级革命家的革命史、奋斗史。5—9月，在中共龙岩市委宣传部指导下，共青团龙岩市委、市文化和旅游局、龙岩文旅汇金发展集团有限公司联合举办红古田杯“声动龙岩”歌手大赛。10月18—19日，协会组织会员分别在新罗区、连城县观看爱国主义（励志）电影。12月20日，为增强会员之间的交流与学习，会长徐少文带领会员走访武平籍会员。

2020年初，为齐心协力抗击新冠疫情，龙岩市青年艺术协会会员捐款购买当时稀缺的口罩，捐赠给奋战在抗疫一线的乡镇基层工作者。是年1月13日，协会参加2020年龙岩市文化科技卫生“三下乡”首场活动，为人民群众带去精彩的文艺演出。9月18日，协会组织会员前往革命圣地古田会议遗址采风，共同前往的还有福建省流行音乐学会及厦门、泉州、南平等八闽各地市的流行音乐学会会员。11月20日，协会参加由共青团龙岩市委、龙岩希望工程服务中心主办的“希望工程一堂课·点亮多彩梦想”，为乡村小学的小朋友带来丰富多彩的音乐课以及精彩的表演。12月18日，协会举办2020年度“青春同行，砥砺奋进”青春年会，回顾一年的工作历程、表彰部分优秀会员。12月，为了更好地发挥党的领导作用，协会向主管部门提请党支部书记、组织委员、宣传委员人选。

2021年4月8日，龙岩市青年艺术家协会组织会员到人民会堂北区参加“学党史、强信念、跟党走”主题宣讲活动。是年5月14日，由福建青创、龙岩青创主办，龙岩市青年艺术协会协办的“展·青春风采，赢·创业未来——知识产权沙龙会”活动在东肖经济开发区天隆商务区2号楼4层青年众创空间会议室开展。6月24日，由福建海西青年创业基金会、共青团龙岩市委、龙岩市人力资源和社会保障局主办，龙岩市青年艺术协会等协办的“凝聚青春力量 助力青年创业”2021年龙岩市青创“育苗计划”暨福建青创培训班151期在东肖经济开发区天隆商务区2号楼4层青年众创空间会议室开班。6月28日，由龙岩电视台、龙岩电视艺术家协会主办，龙岩青年艺术协会、龙岩娇燕文化传媒有限公司承办的“庆祝中国共产党建党100周年古筝音乐会”在古田会议址前广场举行。11月27日，由共青团龙岩市委、龙岩市青年联合会主办，闽西职业技术学院、龙岩市青年艺术协会协办的“两岸同心、共唱青春”2021年海峡两岸（龙岩）青春歌会在闽西职业技术学院大匠堂举行。龙岩电视台、《龙岩青年》、中国青年网均报道此次活动盛况。12月3日，由共青团龙岩市委、龙岩市青年联合会主办，共青团龙岩市新罗区委、新罗区检察院、龙岩市青年艺术协会承办的“青联希望小屋”建设活动暨“青联歌声”“法治宣传”进校园活动在龙岩市万安中心小学举行。协会捐赠爱心图书，并给学生带去精彩的音乐课堂。

第七节　青少年工作研究会

一、组织机构

1997年，龙岩市共青团工作研究会和龙岩市少先队工作研究会均为团市委下属青少年群众组织。

1999年4月，经市社团办批准，龙岩市青年工作研究会与龙岩市少先队工作研究会合并，更名为龙岩市青少年工作研究会。

二、历次大会

1997年撤地建市后，龙岩市共青团工作研究会和龙岩市少先队工作研究会每年各自召开年会，开展工作业务研究。

2001年，团市委与市青少年工作研究会开展“四个专题”调研活动，即着力研究如何更好地培养和造就一支合格的青年人才大军，解决共青团和青年工作发展的后劲问题；着力研究如何科学地探讨青年思想行为发展的走向，解决增强青年思想政治工作的实效问题；着力研究如何贴近青年群众的现实需求，解决提高为青年服务的质量问题；着力研究如何适应“四个多样化”新情况，探讨团的思想、组织、作风建设，解决增强团组织活力问题。最终形成4个专题调研报告。是年11月23日，市青少年工作研究会召开市青少年工作研究会2001年年会。会议交流调研成果，表彰优秀论文，并出版《龙岩市青少年工作研究会2000年优秀论文集》。

三、研究会工作

1997年，龙岩市共青团工作研究会向各级团组织下达当年共青团工作研究重点课题，布置各级团组织开展调查研究和论文撰写、评比工作。

1999年1月22日，团市委组织召开龙岩市青年工作研究会会员代表会议暨第一次论文研讨会议。议题是总结1997—1998年全市青年工作研究会工作，对1998年度的调研论文进行交流、评选。

2001年，召开市青少年工作研究会2001年年会，完善研究会的领导机制和工作制度。全市广大团干和青少年工作者开展“共青团和青年工作发展的后劲问题、青年思想工作的实效问题、为青年服务的质量问题、团组织的活力问题”调查研究，撰写出调研论文86篇。

2002年，聚焦重点群体，牵头完成《加强我市未升入高中和职业技能院校就读的初中毕业生管理、教育和就业服务》课题调研报告，参与完成《未被高中录取的初中毕业生就读中职院校的实施方案》。是年，市青少年工作研究会出版青少年工作《优秀论文集》等。团市委邀请省青少年工作研究会会长、省团校副教授王章煌作十六大精神辅导讲座。

第八节　青年创新创业服务中心

一、组织机构

2016年12月30日，龙岩市青年创新创业服务中心成立暨第一次会员大会召开。大会选举产生龙岩市青年创新创业服务中心第一届理事会、监事会，魏林海当选理事会理事长。

2021 年，龙岩市青年创新创业服务中心有秘书长 1 人，秘书处人员 3 人（含兼职），省级创业导师 20 多人。

二、主要活动

2016 年 12 月 30 日，龙岩市青年创新创业服务中心成立后，组织会员参加由德行天下导师陈玟龙先生主讲的题为“创新才能创业，厚德才能载物”的创新创业沙龙讲座。此后，中心整合多种创新创业元素资源，增强自身服务能力，先后与省内多所高校及科研机构、投资融资机构、金融法律等创业相关服务机构签订合作协议，为创新创业者提供项目诊断、资源对接、孵化培训等创新创业服务。

2017 年，中心举办乡村振兴主题论坛，邀请到“三农”专家、中国人民大学教授温铁军、台湾朝阳科技大学教授陈茂祥、福建农林大学博士邱建生等专家参与论坛。组织专家对龙岩乡村振兴开展为期 2 天的调研，形成调研报告。

2018 年 5 月 10 日，在中国品牌日当天举办以“讲述龙岩品牌故事，传递中国品牌声音”为主题的龙岩首届品牌创新发展论坛，超过 300 家的企业参与。

2019 年，中心举办龙岩市打造特色载体推动中小企业创新创业大赛，以选拔一批具有高成长性、高技术含量的创业项目和科技创业团队到龙岩高新落户区。大赛以“科技创新”为主题，推选 60 多组项目进入总决赛，共争取上级科技奖励资金 80 多万元。是年，成立青年众创空间，作为青年专门的创业服务载体，同时，向政府部门争取资金免费为青年创新创业者提供办公场地、培训室、网络服务及提供企业注册，咨询、商标、法务、导师等各种创业相关的软硬件创业资源，吸引 38 家青年企业入驻。其中，17 家企业通过科技型中小企业认定，获得专利 19 项，软件著作 70 多项。

2020 年 5—8 月，中心理事长魏林海及秘书处人员同省青创导师分别带领巡诊组赴龙岩各地开展乡村青年追梦人实地巡诊，挑选 4 位具有代表性、有发展潜力的创业青年给予“F5 帮扶模式”，提供导师一对一创业扶持，签署“一对一”辅导制度。是年，中心与龙岩市青年企业家协会联一道组织青年企业家发扬“一方有难、八方支援”精神，为防控新冠疫情捐款 15 万元。

2021 年 3 月，中心理事长带领秘书处人员先后走访龙岩市人社局、新罗大池百香果产业基地、长汀丘姜君及客家红创业基地、连城鹰巢众创空间、上杭科创园汉晶科技及闽艾堂种植基地、漳平岳山嘉茗，为创业青年提供创业或资源整合，让初创青年在创业途中少走弯路。是年 6 月，中心联合福建青创、龙岩团市委、龙岩市人社局举办一场为期 4 天的“育苗计划”创业培训活动。11 月，中心人员受主办方新罗区退役士兵事务局邀请出席龙岩市新罗区 2021 退役士兵适应性技能培训班，并为退役士兵授课。12 月，中心成功举办闽西职业技术学院 2021 年“我敢想·我会创·我乐创”大学生创业实验班。是年，中心还举办创业沙龙 6 场，共有 150 人参与。全年培育 4 家企业获得国家高新技术企业认定。

第九节　团办实体

一、市属团办实体

龙岩市青年发展中心。2008 年，依托龙岩市青年书画家协会和市青少年宫成立龙岩市青年发展中心。该中心由龙岩青年书画家协会秘书处、青年创业培训中心等10多个青年社团、青年自组织组成，以“中心服务协会，协会服务青年”为宗旨，为青年创业发展服务。

龙岩市青年创业大厦。2010年，共青团龙岩市委在新罗区西陂华莲路53号投资兴建龙岩市青年创业大厦。2011年9月底，大厦封顶。2012年，主体完工。2013年6月，通过验收正式投入使用。该大厦总高92米、22层，总建筑面积4万平方米，是全省首幢青年创业大厦，总投资1.5亿元。大厦定位为龙岩市青年创业孵化基地。

龙岩市青年创业孵化基地。2013年11月，龙岩市青年创业孵化基地成立。该基地办公地址设在龙岩市青年创业大厦19～20层，有办公室、会议室、健身房、交流厅等，共14间办公用房，总建筑面积2000平方米。基地通过租金减半和免费提供政策、法律、财务、推广、交流、培训等相关服务方式，吸引10家高成长性企业入驻孵化，同时为市青企协、海西青创工作站、青年电子商务协会等青年社团提供办公场所，为创业青年免费提供会议、交流、娱乐、健身等服务。2017年，青年创业孵化基地和青年众创空间有入驻青年创业企业11家，创造就业岗位100余个，年营业额3516.8万元。

龙岩市青年广告公司。前身为1993年成立的龙岩地区青年广告公司。1997年后改为龙岩市青年广告公司，为集体所有制企业，股东为龙岩市青年联合会，公司主营商务服务业，承办代理国内广告业务。

福建龙岩市青年旅行社有限公司。1998年11月，福建龙岩市青年旅行社有限公司成立，为龙岩市青年联合会参股企业，其中，龙岩市青年联合会持股比例10%，龙岩豪都大酒店有限公司持股比例90%。公司主要经营国内旅游、入境旅游等业务。2021年有职员30人，经理为吴廉，监事为黄洁静，办公地址为新罗区登高东路56号。

龙岩市青年农村发展中心。2001年2月2日，龙岩市青年农村发展中心成立，为团市委主办独立核算、自收自支、自负盈亏的集体所有制企业，主要开展农业新技术培训与推广、科技文化传播和农村信息咨询服务、农村青年职业技术培训等服务。

二、县属团办实体

1997年以后，各县（市、区）均有团办实体。其中，连城县有宣和乡团委自筹经费创办的珠帘厂。长汀县有团县委办的长汀县青年服务中心，该中心为青年提供技术培训、劳动就业、经济开发、文化娱乐等系列有偿服务。永定县有团县委办的永定县青年经济开发公司。漳平市有漳平团市委办的漳平市青年家用电器经营维修部。新罗、连城、武平、上杭等县（区）团委还利用青少年宫和其他场所开展有偿服务创收经费。

2019年，永定区团委对永定团代会会址（中央红色交通线合溪交通中站旧址）进行展陈，展现周恩来当年参加永定团代会情景，打造永定团史教育基地。“五四”期间，承办全市“青春心向党，建功新龙岩”特别主题团日活动，同时吸引多家市直企事业单位党团组织前往合溪乡开展党团日活动。

第十二章　团县（市、区）委

第一节　共青团新罗区委员会

一、青年思想引领

1997年—1999年11月，新罗团区委组织开展学习邓小平理论、中共十五大、十五届三中、四中全会及团十四大会议精神活动，开展“认真读书学习，争当跨世纪青年人才”的竞赛活动、“学理论、促发展”的研讨活动。深入贯彻《爱国主义教育实施纲要》，发挥老区优势，组织团员青年参观革命历史博物馆，瞻仰革命纪念碑，祭扫老红军、烈士墓等。团区委还组织老红军、老同志到各中、小学举办革命传统教育讲座。三年来，团区委先后开展知识竞赛、演讲比赛、“18岁成人宣誓仪式”、迎香港回归、组织悼念邓小平同志、谴责北约野蛮行径座谈会、庆祝建国五十周年、纪念“五四”火炬接力赛、农村青年科技文化节等教育活动，增强青少年的历史责任感和使命感。广泛开展十佳青年岗位能手、致富能手、晚婚晚育致富好青年、优秀团员等评比活动，树立全国优秀青年星火带头人陈明辉、全国青岗能手江巧蓉、舍己救人好青年赖茂荣、侨中承锋、继锋青年志愿者服务队等先进典型。

1999年11月—2002年9月，坚持用邓小平理论和江泽民同志“三个代表”重要思想武装青少年。以纪念“五四”运动八十周年、庆祝中华人民共和国成立五十周年、建党八十周年、建团八十周年等为契机，组织全区团员开展“致富思源，富而思进”“祖国在我心中”“青春为党旗争辉”“永远跟党走”等宣传教育活动。开展新罗区“十佳青年公仆”“十佳晚婚晚育致富好青年”、优秀团干、优秀团员、优秀少先队辅导员、优秀少先队员等评选表彰活动。开展抗议以美国为首的北约袭击中国驻南使馆的野蛮暴行、揭批邪教的反动本质，谴责李登辉分裂祖国的罪恶行径，打击“六合彩”骗赌活动。

2002年“五四”青年节前夕，以“永远跟党走”为主题开展建团八十周年系列活动，开展学习游卫东、林红等模范人物，组织开展18岁成人宣誓仪式、中学生“迈好青春门，走好成人路”和手拉手等活动。2003年，开展学习郑培民先进事迹。在团市委举办的学习“三个代表”重要思想知识竞赛中，新罗区代表队获第一名，并获得优秀组织奖。2004年，开展先进性教育。4月24日，在闽西大学举办新罗区纪念“五四”运动“动感地带”校园歌手赛，133名大、中学生参加。2005年，突出理想信念教育。在中等院校开展“迈好青春门、走好成人路”主题竞赛活动，在中小学开展“少年雏鹰行动”“民族精神代代传”“诚信从娃娃抓起”等主题教育活动。

2005年11月—2008年12月，举办党的十七大精神辅导报告会、团十六大精神讨论会及青年干部素质拓展培训班，在全区团干和团员青年中掀起理论学习热潮。以重大节日和重要事件为契机，举行青少年入队、入团、入党及18岁成人仪式等教育活动，开展“我与祖国共奋进”“民族精神代代传”“迎奥运、促和谐、做先锋”“纪念长征胜利70周年”及新罗区十佳青年歌手赛、“感动新罗”青年人物评选等主题活动。以社会主义荣辱观教育为主线，在广大青少年中开展“知荣明耻、从我做起”主题宣教活动。

2009年3月开始，以开展“团建创新发展年”主题实践活动为载体，开展学习实践科学发展观活动。4月，组织全区2万多名团员青年开展“缅怀革命先烈，争当先进青年”青少年革命传统教育主题实践活动。2010年，部署以“服务青年、服务社会、服务大局”为总体思路的“团建发展年”活动。开展“红领巾心向党”“民族精神代代传”“祖国发展我成长”、手拉手争当“四好少年”等青少年成长主题系列活动。7月1日，团区委、区文明办等单位联合在中、小学生中开展“做一个有道德的龙岩人”为主题的道德实践活动。2011年，开展“永远跟党走，青春促跨越，新罗当先行”“学党史、知党情、跟党走”系列主题教育活动。开展“青春中国红”红色经典音乐会活动，同龙岩学院团委合作开展“走进革命基点村”活动，加强青少年革命传统教育。

2011年12月—2014年11月，围绕“红领巾心向党”“红领巾相约中国梦”“少年先锋行动——核心价值观记心中”等主题持续开展活动。评选各行各业“奋斗的青春最美丽——青年创业典型”“身边好青年”“城市青年活力之星”“乡村好青年”等，为青年成长注入“正能量”。拓展微博平台、开通微信平台，开展“新罗团区委微博微信关注宣传”“普法微视频——获奖作品展播”“七彩微心愿”“少先队辅导员网络培训”等线上线下活动，传递青春正能量。重点实施“掌上共青团工程”。推出“龙岩版公益小苹果”歌舞、“阿新·罗萝”新罗青年动漫形象、“为梦而生”励志微电影等“青春产品”。

2014年11月—2017年8月，利用新罗青年网、微信、微博、青年之家等团属宣传阵地，学习习近平总书记系列讲话精神、党的十八大以及十八届历次全会精神。北城街道团工委开设社会主义核心价值观“流动讲堂”。在全团上下集中开展“一学一做”主题教育实践活动。开展“我的梦·中国梦”“红领巾相约中国梦”等中国梦主题团（队）日活动，激发青少年奋力实现“中国梦”的历史使命感。东城街道团工委以“党建带团建，团建促党建”为主题开展巡回讲座10余场。

2017年8月—2021年10月，牢记“坚定不移跟党走”的永恒使命，把学习贯彻党的十九大和十九届历次全会精神，以及习近平新时代中国特色社会主义思想作为重大政治任务抓紧抓实。围绕“两学一做”“不忘初心、牢记使命”、党史学习教育等主题，依托大池红军学校、山塘兵工厂、后田暴动旧址、三打龙岩城旧址等红色教育基地，推出《百年华诞·青春献礼》主题宣传片和“团小新、团小萝”吉祥物，开展庆祝建党100周年“学党史、强信念、跟党走”主题活动600余场，基层少工委开展“红领巾心向党”学习实践活动1300余场，引导广大青少年从党史学习中汲取养分，强化团员思想政治引领。

二、服务成才发展

1997年—1999年11月，实施跨世纪青年人才工程。团区委下发《关于实施龙岩市新罗区“下岗青工创业行动”的意见》，建立下岗青工劳动力资源信息库。1998年、1999年，举办3期电脑培训班，免费培训120多名下岗青工。组织青年文明号、青年企业家协会与下岗青工结对，提供用工信息，为青工解决就业。1998年5月28日，省委书记陈明义，省委常委、秘书长黄瑞霖看望正在参加免费电脑培训的下岗青工，听取团区委关于开展“下岗青工创业行动”的汇报。围绕企业发展，开展青年岗位能手竞赛活动。有38位青年岗位能手获得表彰，涌现出全国青岗能手江巧蓉、省级青岗能手麻卫芳等优秀青年岗位能手典型。实施中国青年科技创新行动。先后开展“人保杯”跨世纪青年科技知识竞赛、青少年科技游园、中学生科技夏令营、为企业增产创效科技创新等活动。外来务工青年培训。制定《新罗区外来务工青年培训活动的意见》，建立外来务工青年培训学校，完成全区3000多名外来务工青年的培训。1999年3月，团区委被团中央、公安部等八家单位表彰为全国外来务工青年培训工作先进单位。服务万村行动。三年来，团区委开展“扶贫帮困”城乡结对服务，安排25个区直机关单位与农村团支部挂钩结对，支持创办科技推广项目。三年举办214期技术培训班，先后培养965名“青年星火带头人”和2846名“青年致富能手”。树立省“五四”青年奖章获得者陈扬云、省新长征突击手吴立平、市首届杰出青年农民陈明辉、廖礼南等农村青年先进典型。1998年，团区委领办水稻抛秧与旱育稀植两项现代农业科技推广项目。是年，团区委与新华书店协作，挂牌成立大池、适中、红坊等科技图书站。1999年，大池镇科技图书站被评为“福建省优秀青年科技图书站”。团中央《团情快报》对团区委创建青年科技图书站这一做法专门推广介绍。全面启动“青年绿色行动”。1999年，开展“保护母亲河行动”，发动全区青少年为整治龙津河义务植树。全区建立青年绿色文明园和示范园14个，青少年示范林15个，示范果园20个。龙岩市新罗区红领巾劳动基地、龙岩市溪南路文化广场绿地被授予省级“青（少）年绿色文明园”称号。青年统战工作。1997年9月，接待马来西亚槟城会馆青年旅行团。1998年11月，青企协举行换届选举，产生第二届青年企业家理事会。

1999年11月—2002年9月，围绕服务企业改革，广泛开展青工创新创效活动、青年岗位能手活动和青年创业行动。棉纺厂、东宝山水泥厂、氨厂等企业开展青工岗位技能比武、“五小”竞赛活动，创建青年文明号生产线。配合全区再就业工程，对1000多名下岗青工进行技能培训。开展“百万农村青年致富奔小康行动”，建立雁石镇“优质龙葛”、适中镇“优质种鸡场”、小池镇“培斜竹凉席加工”、白沙镇南卓村“花卉种植”、万安镇红光村“牛蛙养殖”、苏坂乡易家邦村“密柚种植”等青年致富示范基地。推出全国星火带头陈明辉、省星火计划带头人宋文胜、市十佳农村青年致富能手等典型。开展“科技、文化、卫生三下乡暨乡村青年文化节”活动，三年共为民义诊1500多人次，科技培训1.6万多人次。

2002年，召开青年职工创新创效成果发布会。开展以“五小”、QC和青年岗位能手创新活动。10月21日，联合举行新罗区人力资源交流会暨下岗青年再就业会，达成就业意向1500个。表彰优秀共青团干部57人，优秀共青团员99人，张以金等10位“十佳青年公仆”和谢阳山、谢婉珍等10对“十佳晚婚晚育致富好青年”。2003年，团区委参加区委非公经济组织联席会，引导非公团组织服务青年成长成才工作。宣传推介“16800054”青年综合服务热线。曹溪镇团委副书记刘斌被评为福建省优秀共青团干部，小池镇团委副书记刘旭被评为福建省优秀共青团员。2004年，全面实施城乡互动百千万工程活动，团区委坚持“一乡（镇）一重点”“一乡（镇）一典型”做法得到上级肯定。9月，举办“创业新罗、百千才俊面对面公益招聘会”。先后开展种养殖等培训班12期，培训人数386人。树立养鸡能手陈月红等种养大户和福建省米兰春天量贩有限公司董事长林福来、适中镇三虹超微细碳酸钙厂厂长林武等工商创业致富带头人为典型。向上级团委等部门推荐省青年致富带头人林武、谢礼怡，省致富能手陈月红等先进典型。2005年5月，举办“创业海峡西岸，厦门—新罗项目推介会”。

2005年11月—2008年12月，坚持引导广大团员青年发挥生力军和突击队作用，服务全区经济建设。2007 年，召开青年企业家协会第四次会员大会，会员企业数 220 多家；举办“财智论坛”系列讲座，发动青年企业家在救灾、扶贫、助学等方面共捐善款 130 多万元。建立“好工作人才网”用工、就业服务平台，累计提供就业岗位 11600 多个。广泛开展“青春建功新农村行动”，实施“协会兴团、典型兴团、创业兴团、文化兴团”工程，抓好适中镇中溪村市级“共青村”和 10 个区级“共青村”试点工作；开展保护母亲河、家园清洁青年行动，美化亮化村居环境；举办农村青年自主创业、农村实用技术培训班 120 期，创建农村青年创业示范（实践）基地 20 个。2007 年 12 月，承办“海峡西岸制造业发展（新罗）论坛”。2008 年，团区委被评为福建省服务农村青年增收成才先进集体。

2009 年，实施农村青年自主创业“星火燎原”培训工程。宣传推广海西青创项目（中国青年创业国际计划）。是年，在全区开展“学经济、知团务、促发展”“创业新罗”主题活动。2010 年 6 月 24 日，团区委号召组织团员青年突击队投身抗洪抢险工作。7 月，适中镇 5 支青年突击队在抗击龙厦铁路象山隧道发生岩溶突水地质灾害中发挥重要作用。2011 年，开展“青春奋进促跨越”主题实践活动，推动青年服务“五大战役”。开展服务青年工作。2009 年 10 月 13 日，团区委授牌安利（中国）龙岩分公司活动中心成立全省首家“城市青年活力俱乐部”。团区委与区农村信用合作联社合作，在曹溪、东肖、大池、小池、白沙等 5 个试点乡镇启动农村青年小额贷款工作。全年有 107 位农村创业青年总计获得 53.12 万元的信贷支持。2010 年，实施团建工作“联动工程”。团区委承办团中央关于青年自组织、城市组织格局创新试点工作。是年，成功举办第八届财智论坛。2011 年，开展进城务工青年“订单式”培训，探索建立用工企业、培训机构相衔接的工作机制。

2011 年 12 月—2014 年 11 月，围绕党政中心工作，推动青春创业战役多方位开展。实施“银团合作”，评选 32 名农村青年信用示范户，选派金融干部挂职镇街团组织，266 名青年实现小额贷款 1346.5 万元。推动实施青年创业和东风帮扶大学生村官项目，建立小池培斜、曹溪浮蔡和岩山山前村级海西青创服务站，开展创业分享和招聘宣传 15 期，44 家新建见习基地实现就业对接 153 人，打造“闽西淘宝第一村，托起青年创业梦”典型。推出新罗青年社会组织培育规范化发展计划，在素质拓展运动、青年群体交流、青少年活力展示等社会领域新建 9 家新罗区城市青年活力俱乐部，探寻共青团参与社会建设的新路径。

2014 年 11 月—2017 年 8 月，搭建青年创业交流平台。提供创业指导。依托腾云众创空间，举办 10 余期“青学堂”创业创新培训。开展农村青年电商“啄木鸟计划”“银团合作”，共扶持创业青年 277 名，发放信贷资金 3300 万元。搭建交流平台。连续 3 年举办十佳青年电商评选活动。承办“云顶创新论坛”“龙津讲坛”4 期，将电商、“物联网 +”等前沿领域与新罗区实际相结合，为新罗区经济建设发展出谋划策。在 13 个镇街成立青年互联网创业中心。白沙镇团委创立“忆白沙”青年电商品牌，成立白沙镇青年互联网创业中心。围绕“脱贫攻坚战役”，开展“青春扶贫行动”，助力实现脱贫梦。联合区人社局，举办脱贫攻坚专场招聘会 4 场，为贫困户提供 1000 多个就业岗位。围绕“生态环保战役”，开展“青春家园行动”，助力美丽新罗建设。持续开展龙津河畔清洁行动，荣获福建省第一届“保护母亲河奖”。全区 13 个镇街组建青年环保突击队，全面推进养殖业污染整治工作。助力全国文明城市创建，开展“助力创城·青春同行”系列活动。

2017年8月—2021年10月，成立创业服务基金会，实施“导师招募计划”“雏鹰计划”和“乡村青年创业扶持计划”，银团合作项目为14个青创项目提供贷款资金100万元，培育32名农村青年致富“领头雁”，返乡大学生江成渊连续在全省创青春大赛中获奖，陈益荣获得首届“全国乡村振兴青年先锋”。助力适中镇青年创业商会吸纳会员208人，引进15个创业项目带动3200多名青年就业，获得团中央书记徐晓和团省委书记肖华鑫的肯定批示。举办青春风尚节青年交友联谊活动，帮助900多名青年拓宽朋友圈。

三、青年文明建设

1997年—1999年11月，实施跨世纪青年文明工程。青年志愿者活动围绕“讲文明、树新风”主题，突出抓好城市公益志愿服务和农村扶贫开发服务，开展“新春献爱心”“使世界清洁起来”“科技服务”“植绿护绿行动”等志愿服务。城区团组织深化“一助一”长期结对服务和青年文明社区活动，农村团组织围绕农村扶贫开发、计生、综治等中心工作开展志愿服务，全区共有婚前教育青年志愿者服务队19支，青年志愿者治安巡逻队26支，科技服务队22支，落实“一助一”服务对象1000多对。举办以“传播文明、推广科技、树立新风”为主题的首届农村青年科技文化节活动。1999年，团区委先后组织深入万安、适中开展三下乡活动。青年文明号活动。大力推广“青年文明号服务卡”，开展“行业树新风，敬业在岗位”活动。开展“号、户”结对活动，与贫困户、下岗青工挂钩结对，为下岗青工、贫困户排忧解难。团区委还推出九一路龙州岗、国税中城分局等在创新活动中的标杆单位。全区共有省级青年文明号12个，市级青年文明号32个，区级青年文明号96个。青年文化园建设和青年文明社区建设。开展“读好书、唱好歌、看好片”活动，通过学校音乐周、艺术节等系列活动，倡导健康向上的校园文化。乡镇团委开展创建青年园地、青年科技图书室活动，丰富农村团员青年的文化生活。街道团委重点开展青年文明社区建设。中城街道团委被列为全省首批青年文明社区创建示范点之一。

1999年11月—2002年9月，团区委先后开展“新春献爱心”“青年志愿者奉献月”“植绿护绿行动”“城市保洁行动”“青年志愿者助残活动”“我为溶洞会议做奉献”“党在我心中”为奉献者奉献志愿行动等。全区建立残疾人联络点30处；全区有科技、治安巡逻、环保、婚前教育等志愿者服务队93支，全区落实“一助一”服务对象1000多对。新罗区检察院青年法治宣讲团被团省委授予“福建省新长征突击队”。推进青年文明号创建活动。成立青年文明号创建组委会，涌现出14个省级青年文明号、40多个市级青年文明号、100多个区级青年文明号。青年文明社区建设。在城区全面展开“青年文明社区”创建工作，丰富社区文化、优化社区服务、美化社区环境和提高社区管理。2001年，西城青年文明社区被团中央授予“全国青年文明社区”，西城、中城青年文明社区被授予龙岩市首批青年文明社区创建示范点。深入开展保护母亲河行动。树立“关注生态环境，共建美丽家园”理念，开展植绿护绿实践活动，组建“保护母亲河”绿色行动营，组织青年志者在“青少年世纪林”义务植树。2002年，新罗团区委被授子“福建省保护母亲河行动先进集体”。

2002年，开展“新世纪从做志愿者开始”活动，围绕大型活动、节假日、社会公益事业开展常规性青年志愿服务。2003年，青年志愿者组织赴往抗击非典第一线，全天候配合卫生、交管部门做好非典防治工作。2005年4月，启动防治艾滋病志愿者“面对面”宣传教育活动。“青年文明号”创建。2003年，出台“青年文明号”创建工作管理办法，当年全区创建市级“青年文明号”4个，区级“青年文明号”8个，福三线铁山收费站为省级“青年文明号”，农行新罗支行为全国级“青年文明号”。2005年，结合先进性教育，开展“‘三平’精神在青年文明号闪光”岗位创优示范月活动。全区创建区级“青年文明号”2个。“青年文明社区”创建活动。2003年，建立西城、中城2个全国级青年文明社区。参与生态公益行动。开展以“节约用水、爱护水资源”“同饮一江水，同护母亲河”“爱我新罗，建设青少年绿色家园”为主题的保护母亲河环保活动。团区委与东宝山农场联合建立青年绿色基地，组织青年到青少年世纪林进行植绿护绿，开展“弘扬谷文昌精神，绿化美化我家园”和保护母亲河统一行动日等活动。

2005年11月—2008年12月，围绕敬老助困、便民利民、环境整治、绿色环保等志愿服务内容，开展各类社会公益活动。以“和谐海西立新功”为主题，深入开展“青年文明号”优质服务和“诚信建设”示范行动，全区涌现出各级“青年文明号”92家；以建立优美的社区环境、和谐的人际关系、完善的社区服务和良好的社区秩序为目标，开展青年文明社区创建活动，涌现出一批国家级、省级“青年文明社区”；以先进文化创建活动为载体，开展乡村、社区青年文化节活动。2007年，新罗区被授予全国乡村青年文化先进县(市、区)荣誉称号。

2009年，在全区集中开展“争做志愿者，创造新生活”主题活动。2010年3月，在全区集中开展第五届特奥会志愿服务主题活动。2011年，完善青年发展中心功能。开展“心手相牵，庆六一，未来星关爱农民工子女”志愿服务活动，加强对农民工子女帮扶。青年文明号创建。2009年，推进“青年文明号”组委会的管理和监督机制建设。全区有10多个行业，30余个集体参与创建活动，涌现出国家级“青年文明号”1家、省级5家、市级26家、区级43家。2010年4月，在全区公安、税务、工商等行业和100多个青年文明号集体中开展以“建设先行区·青年要先行”为主题的青年文明号优质服务示范月活动。文明城区创建。2008年，开展以“倡导文明新风、争做文明市民、共建文明城区”为主题的系列活动。2010年，区直各单位及城区各街道团组织参与“闽西文明风‘激情广场大家唱’展演”活动。2011年5月，投身创建省级文明城区活动。参与生态公益行动。2009年，纪念开展保护母亲河行动10周年，组织开展青少年生态环保宣传实践活动。实施“保护母亲河·家园清洁行动”，启动“蓝天、青山、碧水”青年志愿者环保行动。2010年3月23日，开展以“绿色闽西，青年当先”为主题的“保护母亲河·家园清洁”青年植绿护绿活动。2011年，开展“节约资源，从我做起”“节约资源四个一”活动，组织青年参与“森林龙岩”建设。

2011年12月—2014年11月，发挥青年在经济社会建设主战场的生力军作用，以“美丽新罗我先行·青春奋进中国梦”和“城市建设年·千人大会战”为主题，依托“青年突击队”“青年文明号”“青年志愿者”，引导青年立足岗位、创先争优、服务为民。组织各类青年突击队奋战在五大战役、抢险救灾、养殖业污染治理一线，呈现出“西陂效率”和“曹溪速度”等先进典型，开创青年建功战役良好局面；新涌现的30家各级青年文明号集体在服务行业、服务窗口开展优质服务示范活动，用青春打造优质软环境；组织青年志愿者完善公益志愿服务体系，持续性开展学雷锋志愿服务、助残“阳光行动”和关爱重点青少年志愿服务等公益志愿活动。实施保护母亲河行动、爱家园青年环保志愿服务、青春家园清洁行动和青春光盘行动，为推进生态区建设发光发热，打响青春家园战役。

2014年11月—2017年8月，拓宽青年服务渠道。在全区推广建设21家“青年之家”青少年综合服务平台。组建在京大学生返乡志愿服务队等队伍，开展暑期社会实践活动。延伸青年服务内容。连续举办四届单身青年交友联谊活动，将服务“面对面”推送给青少年。南城街道团工委开展“传承乡音 乐在莲东”新罗方言文化系列活动，让更多青年不忘乡音，记住乡情。

2017年8月—2021年10月，发扬“党有号召，团有行动”的优良传统，主动融入高质量发展大局。组织“志愿汇”6.8万名志愿者常态化开展文明城市创建、社区治理、环境保护、公益助残、关爱留守儿童等各类志愿服务活动。在全市率先建立疫情防控志愿者储备库，2300余名青年战“疫”突击队员投身疫情防控一线。宝泰、御佳园、华莲社区入选全省首批“青春社区”试点，创建社区青年智汇团和青年议事厅工作品牌，展现“团旗在社区飘扬、团徽在社区闪耀、青年在社区建功”的青春风采。

四、维护青少年合法权益

1997年—1999年11月，健全希望工程的管理制度，做好希望工程的宣传发动、资金募集、贫困失学儿童建档、助学金发放和希望小学申报等工作。1997年，在“积极参与扶贫行动，捐助万名失学儿童”捐款活动中，全区共捐款13.8万元。1998年，希望工程青年志愿者劝募活动共劝募资金40605元，发动驻军官兵与106名失学儿童结对资助。与此同时，发动全区团员青年为南平灾区、长江灾区、台湾灾区捐款捐物，奉献爱心。全区共有516名儿童得到希望工程助学金的救助。建成白沙镇营边“八一”希望小学、新罗区苏坂乡福和希望小学。服务学校教育与改革，推进素质教育。下发“雏鹰奖章实施细则”，全区团队工作逐步走上科学化、规范化、制度化的轨道。坚持开展18岁成人宣誓仪式。深化“迈好青春门”成人意识教育活动。开展跨世纪科技行动，增强青年学生的科技意识。每年都举办中、小学生电脑比赛、小制作、小发明竞赛等活动。少先队雏鹰行动深入实施，开展“五自”训练和达标争章活动，“手拉手”活动朝深入化、制度化发展，全区“手拉手”小朋友6000多对，结对学校14所。1997年8月28日，龙岩市青少年宫开宫。

1999年11月—2002年9月，希望工程工作成绩显著。三年来，希望工程接受社会各界捐款90多万元，新建希望小学3所、三辰影库2套，捐赠新疆希望小学6041元，对新罗区523名贫困生实施“1+1”结对助学，拨出专项助学资金9.4万元。青少年维权工作。2002年，联合全区13所中小学开展“以案释法”警示教育活动。素质教育稳步推进。重点开展“迈好青春门，走好成人路”主题教育活动，实施新世纪青少年读书计划、中学生素质拓展计划、科技创新行动，丰富青少年的业余文化生活。2002年，新罗团区委被省评为“迈好青春门，走好成人路”主题教育活动优秀组织奖。龙岩市青少年宫拓展培训空间，三年共培训学员近万人。2000年，被团中央授予“全国先进青少年宫”,2001年，在全省县级宫评估检查中荣获全省第一名。少年雏鹰行动，建立龙岩市青少年宫、区环保局、消防二中队、联通公司等一批校外雏鹰争章基地。2001年，在溪南小学隆重举行纪念少先队建队52周年暨校外雏鹰争章颁章大会,180位同学获“环保章”“消防章”“理财章”等10种奖章。“手拉手”互助活动和“五自”学习活动领域不断拓宽，“星星火炬、代代相传”主题教育活动纵深开展。重点开展“新世纪我能行”——少先队体验教育成果活动。2001年，新罗区少工委被团市委、市教委、市少工委联合授予“优秀组织奖”。

2003年，做好“希望小学”和“希望工程”资金规范管理，在各乡镇开展贫困生摸底调查，构建多层次扶贫助学体系。2004年，区希望工程结对资助中小学贫困生150人，资助金额8万多元，资助贫困大学生10名，资助金额6万多元。2005年，区“希望工程”结对资助中小学贫困生130人，资助金额 4 万多元，资助贫困大学生 9 名，资助金额 4 万多元。青少年权益保护。2002 年 5 月，结合校园周边环境重点整治工作，在全区中学生中开展法律实践活动。团区委联合区关工委、教育局在全区 13 所中小学校开展“以案释法”警示教育活动，受教育师生 2.3 万人。2003 年，对城区院校周边环境和曹溪镇、龙门镇集镇进行针对口袋书、游戏厅、非法音像制品重点清理整顿。是年 12 月 16 日，团中央书记杨岳一行 3 人到新罗区调研，对中城街道预防青少年犯罪和“女子 110”等工作给予肯定。2004—2005 年，重点开展“社区零犯罪计划”、网吧整治、校园周边环境专项整治、打击非法文化出版物等系列活动。

2005 年 11 月—2008 年 12 月，坚持以青少年为本，维护青少年权益、服务青少年成长成才。扎实推进希望工程，全区累计发放希望工程资助款 107 万元，建成希望小学 1 所、希望书屋 3 所，共资助贫困学生 165 人；通过授权使用希望工程标志，与标致食品饮料有限公司进行战略合作，设立标致爱心助学基金。深入实施“为了明天——预防青少年违法犯罪工程”，开展“未成年人零犯罪社区”和“优秀青少年维权岗”创建活动，团区委连续三年被评为全区综治工作先进单位。开展农村关爱工程，实施进城务工青年发展计划，弱势青少年群体利益得到有效保障。推进龙岩市青少年宫、新罗区中小学生社会实践教育基地和城乡青年中心建设。筹建全市第一家青少年心灵彩虹服务中心。

2009 年，启动“渝家仔‘圆百名学子大学梦’行动”，计划通过 10 年时间资助 100 名贫困学子。组织 40 多位青年企业家捐资 100 多万元资助优秀贫困大学生 144 人。是年，“希望工程，圆梦行动”项目筹集善款 23 万元，资助贫困大学新生 65 名。2010 年 9 月 28 日，国家电网援建的爱心希望小学万安中心小学食堂宿舍楼建设项目举行开工仪式，该项目总投资 150 万元。2011 年，推进适中中溪希望小学、小池中心希望小学、万安中心希望小学的援建工作。青少年维权行动。创办心灵彩虹——青少年心理、法律咨询网站，建立新罗“12355”青少年事务官方微博。以“新罗检察知心姐姐联络站”为载体，开展青少年网络维权工作。区检察院筹建“新罗检察知心姐姐联络站”。2010 年 7 月 28 日，共同开创预防犯罪工作新格局。开展司法系统青年法律宣讲团送法进校园活动，作法治报告 15 场次。11 月 16 日，龙岩市检察院、铁山镇综治委、铁山镇团委联合在铁山镇溪西村开展创建“未成年人零犯罪村居”活动。建立共青团与人大、政协和政府之间经常性沟通机制，及时反映青少年意愿和呼声。

2011 年 12 月—2014 年 11 月，在青少年宫建立青少年综合服务平台，集青年志愿者中心、KK 网络宣传阵地和红领巾大本营于一体，开展 “关爱自然、更关爱你”阳光活动、“儿童心理健康”公益讲座、“美丽乡村欢乐亲子”等主题活动。与好工作人才网合作开拓“见习助就业·牵手毕业生”求职平台，为大学生提供职场“初体验”，通过暑期“三下乡”“青年学子进村居”等社会实践活动引导大学生服务基层社区。开展机关、企业青年交友联谊活动，为解决青年婚恋交友需求充当“红娘”，帮助他们实现“婚恋梦”。坚持办好希望工程，推进“林斌”“渝家仔”和“万阳”爱心助学等行动，三年累计筹资 137.5 万元，帮助 270 名学子实现“学习梦”。开展“珍爱生命，共享阳光”少儿夏令营、“青春美·爱相随”为农民工子女送毛毯和“青春同行”助孤助医等活动。新罗区成为全国首批重点青少年群体服务管理和预防犯罪试点城市。

2014 年 11 月—2017 年 8 月，创新服务模式，助推和谐新罗建设。持续开展“希望工程·圆梦行动”，三年共向社会各界爱心人士募集希望工程爱心捐款 95 万元，资助 216 名高中应届毕业生。

资助困难中、小学生 120 名，资助金额 9.3 万元。在龙岩市青少年宫，为 592 名农民工和建档立卡贫困户子女，提供第二课堂免费学位。探索青少年维权新途径。与新罗区法院、检察院合作共建司法帮教基地，三年共接洽重点青少年群体 233 人，服务社区、学校、机关等领域青年 1241 人次。创新社工服务新模式。在西湖社区、侨中、财校、检察院分别成立社工服务站，直接服务青少年 758 名。

2017 年 8 月—2021 年 10 月，根据“党的助手和后备军”的发展定位，制定《新罗区青年发展规划（2020—2025 年）》，拓宽服务领域、丰富服务内容，提升共青团服务青年的水平。“情暖童心·流动少年宫”活动关爱 2200 名困难少年儿童，希望工程“圆梦行动”和“爱心助学”行动筹集 320 万元资助 1486 名学生，“扬帆计划”行动招募 205 名在校大学生投入社会实践。创建检察院“知心姐姐”联络站，服务青少年群体 5.5 万名，获评“省级青少年维权岗”。组建“龙津法声”青年法治宣讲团进学校举办普法讲座 200 余场，源梦社工申报的禁毒项目获“2020 年度团中央禁毒防艾项目优秀奖”，新罗区预防青少年违法犯罪工作连续四年位列全市第一。

五、团组织创新建设

1997 年—1999 年 11 月，新罗团区委紧跟创建党组织先进（县）区的步伐，把基层团组织建设纳入党组织建设的总体规划。建立健全团组织各项制度，三年共发展新团员 14488 名。规定每年 10 月 10 日为中学毕业生团组织关系接转日。做好推优工作，三年共推优 3715 人。加强团干队伍建设。举办 3 期团干培训班，同时选送 32 名团干加省团校的培训。在村级班子换届选举中，注重“三位一体”配置，全区“三位一体”配置率为 82%。1999 年，19 个乡（镇）、街道均配备一至两名专职团委副书记（团干）。1999 年，有 8 名专（兼）团干被选拔到领导岗位。深化“创优争先”意识。大池团委被列为首批全国“五四”红旗团委创建单位。后进团支部整顿工作。至 1999 年 10 月底，全区共有 40 个后进团支部得到转化，转化率为 100%。非公有制经济组织团建工作。三年来，团区委按照因地制宜、灵活设置的方式，依据“双维护、双提高、双促进”的原则，先后在三德水泥有限公司、龙岩工程机械厂、标致食品饮料公司等单位建立团组织。全区共建立非公有制经济团组织 35 个，建团率 85.4% 以上 ,1999 年 8 月，新罗区被团省委列为全省十个非公有制经济团建示范县（市）之一。

1999 年 11 月—2002 年 9 月，在全区深入开展创建“五四红旗团委”“五四红旗团支部”活动。大池镇团委被评为省级“五四红旗团委”，适中镇、雁石镇、东肖镇、二中、侨中、万安镇等团委被评为市级“五四红旗团委”。2001 年 11 月，召开新罗区农村团建工作现场推进会，推动新罗区“三级联创”工作。团的队伍建设。三年举办各类培训班 200 多期。做好“推优”工作，共有 2600 多名团员加入党组织，发展新团员 13000 多名。非公团建取得突破。抓住 2001 年“非公团建年”契机，各基层团委均建立非公企业团建登册。同时，以“强镇带企”为龙头，加强非公有制经济组织团建工作。2001 年，全区新建非公经济团组织 30 多个。

2002 年，实施“非公有制经济组织团建拓展计划”。当年全区有基层团委 62 个，团总支 50 个，团支部 656 个，非公有制经济团组织 20 个，团员 23233 人。举办基层团干培训班 3 期。选派 5 名团干参加中央团校培训，选派 11 名团干参加省团校培训。2003 年，龙岩津虎油缸厂团支部、豪斯顿酒店团总支、聚象矿泉水厂团支部相继成立。2004 年，出台《关于进一步加强非公有制经济组织团建工作意见》文件。2005 年，全区共有基层团组织 120 个，团员 24332 人。推优工作，四年推优 2475 人。

2005 年 11 月—2008 年 12 月，基层组织覆盖面持续扩大，工作领域进一步拓展。挂牌成立 4 个街道团工委，成立龙州工业园区团工委，新组建恒亿集团团委、紫金集团团委等 14 家非公企业团组织；建立青少年事务联席会议制度；成立区直机关团工委。大力实施“能人工程”，选举青年能手担任村团支部书记，或吸收进入乡镇团委委员。曹溪镇团委、东肖镇团委在全国率先建立在校大学生干部挂职农村团支部副书记的工作机制，在安利龙岩分公司成立全省首家“城市青年活力俱乐部”的青年组织。开设团干部培训班 15 期，培训团干部 700 多人次。三年共有 11 名团干部被列为区管后备干部。截至 2008 年，全区团员总数 22300 人，团青比例为 17.2%；坚持做好“推优”工作，共推荐 1121 名优秀团员加入党组织；加强团队衔接工作，广泛开展“手拉手”“雏鹰争章”和“民族精神代代传”等主题活动。2006 年，新罗区被授予全国团建先进县（市、区）荣誉称号。

2009 年，继续探索协会建团、网络建团等团建模式，在大池镇生猪协会成立新罗区首个行业协会团组织，11 月，在好工作人才网成立新罗区首个网络行业团支部。干部队伍建设。2009 年，全面推行大学生兼任农村基层团干部工作，全区 22 名选聘生全部兼任村团支部第一书记或副书记。落实好团干部政治待遇和经济待遇，其中村团干每人每月补助 100 元。2010 年，公推选拔街道团工委编制外副书记。2011 年，把大学生志愿者、大学生村官等纳入团的工作体系，畅通进人渠道，选拔优秀青年干部进入团干队伍。发展团员。2011 年，全区有团员 17923 人。三年推优入党 559 人。

2011 年 12 月—2014 年 11 月，实施“两新”组织、镇（街）组织格局创新、实体化“大团委”建设和城市“区域化大团建”等青春活力战役，三年累计新建“两新”团组织 90 家，直属团组织 407 个，凝聚团员青年 4982 人。2013 年起，在全区实施“新罗区镇（街）直属团组织激励计划”，每季度重点支持结合镇（街）中心工作开展的直属团组织活动项目，2014 年，将“计划”扩展到学校和社会组织。在厦门设立共青团新罗区委驻厦门市思明区工作委员会。分级分类培训团干部，举办团干培训 10 多期，累计培训 600 人次。坚持大学生村官兼任基层团支部书记的制度，完善“四下基层”联系点、结对帮扶等做法，开展群众路线教育实践活动。

2014 年 11 月—2017 年 8 月，夯实基础，健全机制，增强自身发展的内生力。强化组织凝聚力。“1+100”团干部直接联系青年做到“线上”和“线下”相结合，形成密切联系青年的长效机制。探索商圈团建和两新组织团建工作，推动建成众创空间团支部 2 个、小微企业联合团支部 2 个、商圈团支部 1 个。规范星级团支部创建工作，全区共有四星团支部 2 个，二星团支部 17 个，一星团支部 49 个，达标团支部 43 个。西陂街道团工委打造“书香华莲”社区团建品牌，成立全市首个社区少工委。三年来，全区共青团共获评“全国优秀共青团干部”1 名；福建省“五四红旗团委”1 个、“五四红旗团支部”3 个，“青年五四奖章个人”1 名、“优秀共青团干部”2 名、“优秀共青团员”2 名；龙岩市“青年五四奖章集体”5 个，“五四红旗团委”5 个、“五四红旗团支部”11 个，“青年五四奖章个人”9 名，“优秀共青团干部”14 名、“优秀共青团员”20 名。严格把好发展团员入口关。新发展团员 5981 名，共有 452 名优秀团员推优入党。

2017 年 8 月—2021 年 10 月，树立“大抓基层”的鲜明导向，创新基层组织工作机制体制。优化“智慧团建”星级团支部创建工作，打造“新罗青学堂”，保障镇街团组织工作经费，各团支部达标率每年均达90%以上，培育培斜村、松涛社区以及北城街道、西陂街道、闽西交易城社区、御佳园社区、华莲社区等7个省级以上“五四红旗团组织”，创建区税务局以及西城派出所、新罗烟草、网安大队、华莲社区、区城市管理局等6个省级以上“青年文明号集体”，14名团干团员获评省级以上先进个人。组建壹公益、源梦社工、青藤社工、返乡大学生联盟等团属机构，在社会公益、青少年心理健康体系建设等领域延伸团的工作触角。打造21家“趣读吧”公益书屋获评“省级示范性青年之家综合服务平台”称号。选优配齐少先队辅导员56名，成立56个学校少工委、1个青少年宫少工委和7个社区少工委，在全市率先落实“双主任”制度，培育“习语小主播”“红领巾小记者”等品牌获得团省委充分肯定。新发展团员5606名，298名优秀团员推优入党。

第二节　共青团永定区委员会

一、青年思想引领

1997年—1999年11月，永定团县委坚持用邓小平理论武装青年，用爱国主义、集体主义精神、为人民服务的宗旨和艰苦奋斗的传统教育青年。充分挖掘永定县革命老区的优势，以庆祝香港回归、党的十五大召开、永定暴动70周年、“五四”运动80周年、中华人民共和国成立50周年、迎澳门回归等重大节庆日、纪念日为契机，组织参观上南党支部、永定县委旧址、张鼎丞纪念馆等，观看改革开放20周年成就展，开展“18岁成人宣誓仪式”，新团员、少先队员到革命传统教育基地举行入团、入队宣誓仪式，举办“五四之光”文艺晚会、“青春潮涌”卡拉OK歌手赛、“跑向新世纪”环城火炬接力赛、“青春的风来”书法现场赛等活动，加强青少年爱国主义、集体主义和社会主义教育。谴责以美国为首的北约袭击中国驻南使馆事件、揭批邪教组织、批驳李登辉的“两国论”等活动。倡导文明言行，引导青少年自觉养成文明习惯。以榜样的力量感召青年，以身边的典型引导青年。树立省新长征突击手赖剑舟、省优秀青年致富能手林伟雄、省优秀青年岗位能手罗杨奎、阙忠太、省优秀少先队辅导员余寿华、省优秀共青团干部赖丽兰、省优秀共青团员游大新及市十大青年标兵、市十类十佳青年等青少年典型。

1999年11月—2002年9月，深入学习邓小平理论与江泽民总书记的“7·1”讲话、“5·31”讲话及在建团80周年大会上的讲话精神。以纪念建党、建团80周年、“五四”运动等系列活动为契机，以“党在我心中”“党旗下的青春之歌”“永远跟党走、再创新业绩”等为主题，对团员青年进行革命传统教育。迈向新世纪、北京申奥成功、中国加入世贸组织、美机撞毁中国战机为契机，举办各种有针对性的活动，对青少年进行集体主义和爱国主义教育。大力宣传培养树立先进青年典型。每年做好全县优秀共青团员、团干部及“优秀青年岗位能手”“十佳农村青年”“优秀青年志愿者”“青年文明号”“优秀青少年维权岗”等先进集体、个人的评选表彰工作。

2002年9月—2005年11月，坚持用“三个代表”重要思想武装全团。举办学习“三个代表”重要思想知识竞赛、“党旗下的青春之歌”报告会，学习党的十六届四中、五中全会精神座谈会等。开展“永远跟党走”“小康路上团旗红”等主题教育活动，举行“我在团旗下成长”“祖国在我心中”等主题团日活动。举行18岁成人宣誓仪式，参观张鼎丞纪念馆等革命传统教育基地，开展重温入团誓词以及“追寻先烈足迹”等活动。2005年，开展以“永远跟党走、作为在海西、创业在永定”为主题的增强共青团员意识教育的活动，增强共青团员意识。

2005年11月—2008年11月，开展“我与祖国共奋进”“永远跟党走”主题教育实践活动。以党的十七大和团十六大召开为契机，在全县青年中开展以“五个一”活动（举行一次团日活动、开展一次集中学习、举办一次主题演讲、召开一次经验交流座谈、开展一次巡回报告会）为主要内容的“立足新起点、创造新业绩”主题教育活动。开展“电力杯”环城火炬接力赛、“弘扬廉洁文化，建设和谐永定”大型签名活动、“工行杯”十大青年歌手赛和纪念建团暨“五四”运动图片展等，加强社会主义荣辱观教育。全面开展“树新风、扬正气、促发展”活动，开展“全市发展了，我们怎么做”和“共青团组织如何服务发展大局”大讨论，引导团员青年在不同行业中勇当模范。表彰、宣传“十大杰出青年”“创业致富带头人”等青年典型。

2008年11月—2011年12月，抓住纪念新中国成立60周年、“五四”运动90周年、建党90周年等契机，组织开展“民族精神代代传”“我与祖国共奋进、我为海西献青春”“红领巾心向党·争当四好少年”“学党史、知党情、跟党走”等20余项主题教育活动，培养广大青少年对党和祖国的朴素感情。以丰富的活动凝聚青年，举办“情系客家，缘定土楼”青年联谊晚会、“走进园区·心系发展”青春歌会、“80、90为爱同行”大型青年交友派对、蒙牛未来星少儿才艺大赛等活动，动员和吸引青少年参与校园文化和社区文化建设。

2011年12月—2015年3月，深入开展“学党史、知党情、跟党走”“我的中国梦”“践行社会主义核心价值观”等主题宣讲、征文活动，弘扬社会文明新风。组织实施“红领巾相约中国梦·红土少年放飞梦想”“传承共青团精神·争当老区崛起先锋”团旗接力等活动，增强青少年的民族意识和爱国意识；编撰发行永定首部团史《永定县团史光辉历程》。

2015年3月—2018年，开展“学习总书记讲话，做合格共青团员”教育实践，持续开展“我的中国梦”“红领巾相约中国梦”“奋斗的青春最美丽”“我们是共产主义接班人”等主题活动150余场。结合纪念建党95周年、纪念长征胜利80周年、纪念抗战胜利暨世界反法西斯战争胜利70周年等重要节点，开展“红领巾心向党”“高举团旗跟党走·红色基因代代传”“喜迎十九大·我是光荣的少先队员”等系列主题团队日活动100余场，增强青少年为实现中国梦而奋斗的责任感、使命感。大力加强“两微一网”平台建设，持续开展“不忘初心跟党走”“共青团在身边”“团团带你学”等网上微活动，带领3万多名青少年和网络文明志愿者在网上唱响“向上向善”永定好声音。

2018—2021年，坚持以习近平新时代中国特色社会主义思想为指导，夯实青少年思想根基。深入开展“不忘初心 牢记使命”主题教育及党史学习教育，结合纪念“五四”运动100周年大会、庆祝中华人民共和国成立70周年大会、庆祝中国共产党成立100周年大会等重大节点，创新开展“我眼中的五四”“探寻红色足迹·赓续红色基因”抖音大赛、“我与团徽团旗合个影”等活动，承办全市的“青春心向党，建功新龙岩”特别主题团日活动。组织团员青年参与72期“青年大学习”网上主题团课；创新“每周一刻”党建微品牌，开展120场次青年学习主题活动；组织党史学习教育等各类专题学习455场次，推动青少年思想政治教育因时而进、因势而新。发挥团属新媒体阵地作用。打造永定团史教育基地，对永定团代会会址（中央红色交通线合溪交通中站旧址）进行展陈，推报金砂红色小镇成为福建省青少年思想政治教育基地，专题宣传少年英雄“红色小歌仙”张锦辉，弘扬苏区精神、赓续红色血脉。深化典型榜样引领。涌现全国“优秀共青团员”“优秀少先队员”获评各1人，省、市、区级表彰各类集体和个人506人，宣传表彰不同领域青年典型约200余人次。共创建政法、保险、交通、供电、旅游、通信等领域国家、省、市、区青年文明号集体25个，青年突击队6个、青年安全生产示范岗6个。

二、服务成才发展

1997年—1999年11月，实施跨世纪青年人才工程。青年岗位能手活动领域拓宽。围绕国有企业改革，开展培养青年岗位能手活动，振兴中小企业行动和下岗青工创业行动。企业团组织组织青工积极开展“团员身边无事故，安全生产创佳绩”“节能降耗”“事故预想处理”等岗位练兵、技能比武活动，推广导师带徒活动，促进青年职工整体素质的提高。青年岗位能手培养活动从企业逐步向商业、财税、金融系统及青年文明号单位展开，青年岗位能手与青年文明号活动有机结合，相互促进，形成整体效益。涌现出以省优秀青年岗位能手罗扬奎、阙忠大等为代表的青年岗位能手98名、以赖玲冬、赖志洪为代表的十佳下岗青工创业领头人。围绕促进农业和农村经济发展，大力实施“服务万村行动”和“农村青年科技传播行动”。三年来，全县各级团组织共领办科技推广项目20余项，举办各级各类培训班500多期。联合建立青年科技图书总站，到1999年为止，全县共建农村青年科技图书站6个。青年致富能手培养步伐加快。组织发动2000多名农村团员、青年参加省农函大学习，培养树立800名青年致富能手，建立市、县、乡三级青年星火示范基地8个，培训农村青年技术员1000余人。虎岗乡林伟雄、仙师镇陈树棠分别获得省、市“优秀青年致富能手”称号，陈东乡卢才英、古竹乡苏天发获得“市十大杰出青年农民”称号。

1999年11月—2002年9月，服务青年成长成才，跨世纪青年人才工程稳步实施。在农村，开展“青年致富能手”以及青年致富能手“扶贫帮困”结对服务活动，培训农村青年1500余人，组建农村青年能人协会10个。各级团组织共领办科技推广项目10余项，举办各级各类科技项目培训班140多期。青年岗位能手活动领域拓展，“号”“手”相互促进。各行业团组织坚持开展岗位练兵活动，青年创新创效活动广泛开展。下岗青工创业行动全面展开。团县委还与县有关部门联合举办下岗失业青年和外来务工青年就业培训班、举办青年文明号与下岗青工结对活动。

2002年9月—2005年11月，服务经济建设，引导团员青年在加快永定发展中建功立业。推进青年创新创效、青年岗位能手竞赛等活动，推进企业青工创业和素质提升计划，青年职工围绕企业发展，提出技改项目和合理化建议56条（项）。在农村，以带领农村青年成才增收为主线，开展争当“农村青年创业致富带头人”、一助一“扶贫帮困”结对服务活动，实施 “农村青年科技传播行动”，组织农村团员青年参加省农函大学习，培养全国农村青年致富带头人巫南星、全国农村青年经纪能人赖建江等农村青年致富典型近百人。

2005年11月—2008年11月，全面实施“海西青春蓝领计划”，针对“一园四区”中招工、用工难问题，通过举办“青年技能培训班”，培养输送一批青年人才。召开“青年企业家为永定发展献良策”座谈会，共同优化永定的投资环境。开展青年科技创新行动，举办中小学生课外学术科技作品竞赛、青年职工“五小”科技攻关等活动。实施“岗位成才”计划。三年来，全县各级团组织共举行岗位练兵、技术比武等竞赛活动10余次，培养“青年岗位能手”近100人。实施青春建功新农村行动。举办“农村青年自主创业培训班”，培训近千名农村青年劳动力。开展“进百镇，抓团建，办实事，促和谐”主题实践活动，与团市委联合在湖坑镇楼下村建设“共青村”示范点，开展“迎接十七大，妆点新农村”、“保护母亲河·家园清洁”青年行动和“种植名贵树、建设新农村”活动，种下名贵树2000余株。

2008年11月—2011年12月，服务经济社会发展多措并举。“青春建功新农村”行动扎实推进，引导农村青年投身新农村建设；组织动员农村青年积极参与“家园清洁行动”，倡导乡风文明；实施保护母亲河和植绿护绿行动，种植共青林300多亩，开展以“共建生态文明，共享绿色未来”为主题的环境保护宣传及“2011环保志愿者下龙湖”活动。青年就业创业行动效果显著。青年就业创业培训持续开展，三年来，联合农办、劳动局等部门，培训青年456人次；推动青年就业创业小额贷款工作，争取金融部门为228名农村和城镇青年发放小额贷款929.5万元；建立各类青年就业创业见习基地2个，提供见习岗位30个；成立海西青创（中国青年创业国际计划）永定服务站，实施青年创业计划，指导13名农村青年申报创业项目；举办优秀职校毕业生励志报告会2场次，联合举办青工技能大赛3场次，鼓励青年成为岗位能手及创新人才。

2011年12月—2015年3月，引领青年创业就业，加大小额贷款扶持青年创业力度。三年来，联合相关金融机构评选农村青年信用示范户40名，共为153名农村和城镇青年发放小额贷款662.5万元；成立全市首家共青团青年创业基地移动指定专营店，建立各类青年就业创业见习基地12个，提供见习岗位300余个。开展“保护母亲河行动”和“家园清洁行动”。创新平台促进两岸青年交流活动，在“客家好爱你”2012海峡两岸七夕牵手会中，组织60名永定青年与台湾青年结对交流；2013年，组织开展“青春体验”客家文化交流活动。协助开展永定首届“十大美丽乡村”评选活动，宣传永定区美丽乡村建设情况。

2015年3月—2018年，组建青年突击队6个、青年安全生产示范岗6个。推进“银团合作”，联合农村信用合作联社推出“普惠金融·青创卡”，三年来，帮助165名创业青年获得小额贷款563.6万元。落实“河长制”工作部署，开展“保护母亲河·有我河小禹”专项行动，组织志愿者开展与河长面对面、巡河护河、挖掘典型案例等活动。开展“厚德永定·文明有你”环保手工制品比赛，收集作品100余件，其中推送市级参赛作品获全市一等奖。

2018—2021年，紧扣党政中心工作，带领各级团组织青年在乡村振兴、疫情防控、创新创业中发挥积极作用。助力脱贫攻坚和乡村振兴。开展“团团助农”活动，通过直播带货的形式帮助贫困农户实现农产品线上销售；开展农村青年电商培训8场次。推进“银团合作”，三年来，帮助178名创业青年获得小额贷款645.8万元。筑牢疫情防控青春战线。组建132支疫情防控青年突击队投身疫情防控，发动2万余人次青年志愿者入户排查、设卡测温、心理疏导、助力企业复工等，多方筹措抗疫物资，做好“春风行动”就业创业专场网络招聘会、“前方有你　后方有我”等关爱行动，开展慰问援鄂、援厦、援莆医护人员子女圆梦“微心愿”活动5场次，凝聚众志成城、共克时艰的强大正能量。

三、青年文明建设

1997年—1999年11月，永定团县委着眼于提高青少年思想道德素质和弘扬文明新风，组织实施跨世纪青年文明工程。2万余名青年志愿者围绕“爱我永定，建我家乡、美我家园”系列活动，投身扶贫攻坚、打假治劣、社会公益、植绿护绿、帮贫助困、社会援助、为希望工程劝募等活动。以“一助一”长期结对方式，为急需帮助的老红军、孤寡老人、五保户、残疾人家庭提供服务。三年来，全县23支青年志愿者服务队深入农村开展“科技、文化、卫生”三下乡活动。组织20余次大规模城区环境保洁等活动，争创“全国卫生县城”。1998年以来，组织开展“青年志愿者为重点工程奉献青春”活动，深入移民安置点为移民群众提供医疗义诊、清理环境卫生等服务活动。青年文明号创建活动，广泛开展“满意服务、情暖永定”“树五四精神、创一流业绩、向国庆五十周年献礼”等活动。在窗口行业，推行“青年文明号优质服务卡”，实施“青年文明号服务卡助万家”等活动。在工矿企业，组织青年突击队开展争创青年文明号活动。三年来，有4个集体获省级青年文明号称号，38个集体获市级青年文明号称号，65个集体获县级青年文明号称号，涌现出县国税城区分局、县工行出纳科等先进典型。1997年，团县委获青年文明号创建活动优秀组织奖。青年文化园建设。组织开展“读好书、唱好歌、看好片”活动，开展“做跨世纪主人——青年干部读书活动”，举办校园文化艺术节、校园文艺月、科技文化节等活动。青年文明社区创建活动取得成效，确定金凤小区、南门商贸小街作为县级试点。1999年，金凤青年文明社区创建工作列入省创建试点，涌现出永定土楼、下洋霞村等先进青年文明社区。“手拉手”互助活动领域全面拓宽。开展以“情系贫困小伙伴”“情系灾区小伙伴”“红领巾助残帮困献爱心”为主题的“手拉手”互助活动。全县40所中小学结成手拉手”联谊学校，1万名学生结成“手拉手”好朋友。

1999年11月—2002年9月，服务社会经济发展，跨世纪青年文明工程进一步深化。创造性开展永定客家土楼青年文明工程活动，为土楼申报世遗做贡献。开展创建土楼青年文明社区活动，为土楼居住的孤寡老人、烈军属、贫困群众奉献爱心。青年文明社区创建活动形成特色。在全县7个试点社区开展共建、文化、中介、环境、教育等服务，在下坑广场开展以“永远跟党走，再创新业绩”“青年文明社区大家乐”等为主题的社区青年娱乐活动。永定土楼青年文明社区获省级表彰、金凤青年文明社区被列入省级创建单位。加强青少年活动中心、科技图书站等青少年活动阵地建设。保护母亲河行动全面展开。开展保护汀江、永定河、金丰溪活动，组织开展青少年植绿护绿、保护生态环境实践教育活动。

2002年9月—2005年11月，投身精神文明建设，引导团员青年弘扬文明新风。青年志愿者投身城市社区公益服务和农村扶贫开发，参与创建文明卫生城市、争创双拥模范城青年志愿活动。在抗击“非典”期间，开展青年志愿者防“非典”公共卫生行动。全面推行注册青年志愿者制度，招募12217名注册志愿者，成立70支注册志愿者服务队，加强青年志愿者工作机制建设。全县17个行业系统、200多个青年集体参与青年文明号创建活动，涌现出省级青年文明号2个、市级青年文明号16个。2005年，培丰青年文明社区获全国青年文明社区称号。以客家土楼申报世遗为契机，开展“永定客家土楼青年文明工程”活动，开展50余次土楼公益活动。

2005年11月—2008年11月，推出县电信公司营业部、人寿公司营业部、高陂供电所等省、市级青年文明号单位。组织青年文明号单位进村入户开展“爱心促和谐——号户结对”活动，开展“手拉手——关爱留守孩子”青年文明号“号户结对”行动，架起全社会与“留守孩子”的交流、帮助平台。创新开展“弘扬志愿服务精神，创建文明和谐永定”活动。组建20支青年志愿者城管整治突击队，组织千名少先队员开展争当雏鹰小交警、雏鹰小城管活动。继续推进“大学生志愿者服务欠发达地区计划”。三年来，有43名大学生志愿者到永定县开展支医、支农、支教及乡镇团委工作。创新开展“志愿服务直通车走进重点企业”活动，“送文艺、送健康、送美丽、送亲情、送知识、送爱心”，推动企业文化建设。

2008年11月—2011年12月，青年志愿者做好公益劳动、扶贫开发、社区服务、大型活动等服务。在服务首届永定同乡恳亲会、省运会、福建省少年儿童游泳锦标赛、福建省少年儿童网球锦标赛、2011 海峡客家旅游欢乐节暨福建土楼文化节等活动中，充分展示永定青年的良好形象。三年来，累计组织 800 余名青年志愿者，开展各类青年志愿者服务活动 200 余次。在全市率先开展旅游行业青年文明号创建活动，提升旅游服务水平。三年来，有 1 个集体获“省级青年文明号”、2 个集体获“市级青年文明号”、7 个集体获“县级青年文明号”称号。

2011 年 12 月—2015 年 3 月，注重发挥好青年志愿者品牌优势，组织青年志愿者围绕党政中心工作，开展公益劳动、扶贫开发、社区服务、大型活动等方面的志愿服务。创建国家、省、市级“青年文明号”20 家。

2015 年 3 月—2018 年，开展助力创城、禁毒宣传、一线送清凉等志愿服务 5000 多人次。全力服务永定环土楼国际山地马拉松赛、“11・8”机械博览会等重大活动，特别是 2016 年台湾大巴翻车事故中，永定青年志愿者主动靠前、温情服务。全力服务厦门金砖会晤，深入开展平安志愿服务活动，全区实名认证注册平安志愿者 1.2 万多人。三年来，创建国家、省、市、区青年文明号 25 个。

2018—2021 年，筹建永定区青年志愿者协会，“志愿汇”注册的青年志愿者人数约 2 万人，志愿服务活动覆盖全区 24 个乡镇、22 所中学。三年来，连续承办四届“永定土楼马拉松”赛事志愿者招募、培训、组织等工作，招募约 1.2 万人次青年志愿者服务“红旗不倒　江山永定”首届中央红色交通线徒步大赛、龙岩市第二届文化和旅游产业发展大会、“暖冬行动”“青春之光”敬老爱老、助力创城等活动。

四、维护青少年合法权益

1997 年—1999 年 11 月，永定团县委坚持为青少年健康成长成才服务，优化青少年成长环境，维护青少年合法权益。配合实施“三五”普法教育。广泛宣传《中华人民共和国未成年人保护法》，开展以“孩子、明天、责任”为主题的“保护明天行动”，增强青少年运用法律武器自我保护的意识。稳步发展希望工程事业。实施“希望工程志愿者劝募行动”和“本世纪最后一轮劝募行动”，共收到希望工程捐款 10 万余元，教助失学儿童 70 余名，大学生 10 名，中学生 6 名，建立希望书库 20 个，三晨影库 3 套，兴建 4 所“希望小学”，并为 4 所小学改善办学条件。1998 年，2 名教师获全国表彰的“希望工程园丁奖”，1 名学生获得“希望之星”奖学金。中学生跨世纪科技行动形成特色。永定一中 1997 年、1999 年组建青少年航空模型代表队，在“飞向北京”全国青少年航模比赛中分别夺得一金一银和一金二银的好成绩。江健森同学在第九届世界中学生生物学奥林匹克竞赛中获金牌。跨世纪少年雏鹰行动进一步拓展。以少年儿童的自学，自理、自护、自律、自强为主要内容，扩大少年儿童校外教育领域。

1999 年 11 月—2002 年 9 月，实施跨世纪科技行动和中学生“素质拓展”计划，开展以“科技进校园”为主题的系列活动。推进“迈好青春门、走好成人路”主题活动。开展法治宣传教育活动、参加保护明天行动，开展创建“优秀青少年维权岗”活动。三年来有 16 个单位获县级以上“优秀青少年维权岗”称号，其中工商局“12315”台获得省级“优秀青少年维权岗”称号。希望工程筹集 60 余万元完成陈东闽西共青希望小学和虎岗胡陈佩贞希望小学等工程建设工作，救助 568 名失学儿童，改善 4 所小学的办学条件。在少先队组织开展中国少年雏鹰行动、城乡少先队“手拉手”互助活动、“星星火炬　代代相传”等主题教育活动。在青年文明号创建单位中建立少先队校外雏鹰争章基地。县少工委完善全县少先队工作会议制度。

2002年9月—2005年11月，2家单位获得省级优秀“青少年维权岗”称号。“希望工程”深入实施。举行永定县首届青年经济能人救助贫困失学儿童结对仪式，动员10名非公企业青年经济能人结对帮扶102名生活困难的学生。三年来，全县救助325名贫困学生，筹建2所希望小学，改善1所小学的办学条件。2004年，团县委获得“市希望工程杰出贡献奖”。打牢基础，全面活跃少先队工作。开展以“五自”为内容的少年雏鹰行动，城乡少先队“手拉手”互助活动和体验教育活动。

2005年11月—2008年11月，着眼青少年成长发展的根本需求，服务青少年和维护青少年合法权益工作。全面实施“希望工程·圆梦大学行动”，三年共筹集捐款100余万元，200多名大学新生获得资助。此外，组织结对资助100名农村贫困学生活动。深化“青少年维权岗”创建。三年来，先后推出县检察院公诉科、金丰中学、实验小学等省、市级优秀“青少年维权岗”。实施“为了明天——预防青少年违法犯罪工程”及“不让毒品进我家”禁毒宣传教育活动。

2008年11月—2011年12月，希望工程工作成绩斐然。三年来，争取到福建省青少年发展基金会、泰山志高慈善旭日教育基金、龙岩卷烟厂“7匹狼通运学子”助学基金、信用联社助学资金等共计66.2万元，资助123名贫困大学生圆梦大学，资助158名贫困中、小学生完成学业。在西溪中心小学和洪山中心小学设立“红七匹狼”希望书库，筹资23万元完成金砂平安明欣希望小学教学楼建设。关爱农民工子女志愿服务活动深入人心，组织结对农民工子女689人。深入贯彻《中华人民共和国未成年人保护条例》，通过“雏鹰争章”“平安自护营”、青少年法治教育座谈会、交通安全巡回图片展等活动项目，帮助青少年提高自救自护能力；发挥“大手拉小手”的带动作用，向家庭、社区、社会宣传平安创建。

2011年12月—2015年3月，希望工程圆梦行动争取到各类助学金148.31万元，帮助327名贫困大学生圆梦大学、82名贫困高中生完成学业；在合溪、湖山和龙潭援建3所希望小学。2014年以来，共为50名孤儿发放资助金和物品价值10万余元。充分发挥预防青少年违法犯罪办公室的职能作用，营造青少年良好成长环境。

2015年3月—2018年，坚持服务青少年需求，青少年成长成才的环境更加优化。援建希望小学3所，筹集善款204万元，资助贫困大学新生436名、贫困高中生181名。关爱留守儿童圆梦“微心愿”活动形成品牌，覆盖1000余人，资助6万余元。深化“青少年维权岗”创建活动，创建市级青少年维权岗2个，建立预防青少年违法犯罪宣传展室，开展预防青少年违法犯罪手抄报、漫画创作比赛、“学习十九大·普法青春行”手绘大赛等实践活动。率先在全市成立“爱心助孤”工作室，开展入户走访32次，覆盖216个孤儿家庭，资助金额30余万元。成立龙岩市永定区社会工作者协会，凝聚80多名会员为服务青少年成长成才、推动社会治理创新贡献力量。按照“全团带队”工作要求，规范聘任全区各中、小学少先队大队辅导员。三年来，共有15个集体获得省级优秀称号，30人次获得省级先进个人称号，36个集体78人获得市级优秀称号。

2018年—2021年，精准服务青年成长成才，永定青年发展环境更加优化。贯彻落实《龙岩市青年发展规划（2020—2025年）》，促进青年全面发展。深化预防青少年违法犯罪工作。开展“红土播希望，快乐助成长”“守护儿童，牵手共成长”等青少年公益夏令营活动、“拒毒品扫黑恶 与法行”法治宣讲等活动，团属社工协会开展“福蕾行动计划”“阳光1+1牵手计划”“职工爱心暑托班”等项目活动。“一束阳光”关爱留守儿童项目获得省重点青少年服务项目考评第一名。全力维护青少年合法权益。开展法治教育、禁毒宣传、电信诈骗、自护教育等进校园系列活动约160场次，积极开展“护苗行动·防拐防骗”演习活动，“儿童预防性侵宣讲”“扫黄打非·护苗2021”专项行动暨绿书签等活动，维护和谐校园环境。坚持深化“共青团与人大代表、政协委员面对面”工作，推进青少年维权网络平台和“12355”服务台建设，三年来共推报17个政协模拟提案。持续擦亮服务青年品牌。累计招募190余名返乡大学生开展寒暑期实习工作；举办“青春有约缘聚龙湖”“宅客神游龙湖 携手畅享青春”等青年交友活动，覆盖100余名单身青年。联合爱心企业深入各乡镇、学校开展圆梦“微心愿”系列活动30余场，为1000多名留守儿童实现“微心愿”。

五、团组织创新建设

1997年—1999年11月，永定团县委加强团的自身建设，不断增强团组织的凝聚力、吸引力和战斗力。团县委树立基层第一的工作作风，开展“讲学习、讲政治、讲正气”活动及“青年干部读书活动”，健全政治理论学习制度，提高机关团干的理论素质和业务水平。三年来，充实调整19名乡镇团干、35名中学团干和12名企业团干，配齐配强基层团委领导班子。选送40名团干赴省团校进行业务培训。广泛开展“争创五四红旗团委”活动、“百镇千村团工作创先达标”竞赛活动。全面推行农村青年星火带头人、村团支部书记、村科技副主任“三位一体”配置方法，提高村团支书进入村两委的比例。到1999年，全县村团支书进村两委的比例为91%。后进团支部的整顿工作，三年来，共整顿转化18个农村后进村团支部。非公有制经济组织团建。采取区域建团、属地建团、行业建团等方式，因厂而异，灵活设置非公有制经济团组织，非公有制经济组织建立团组织12个。做好“推优”工作和团员发展工作。全县各级团组织共向党组织推优2317名，其中1699名被吸收为党员。发展团员13440名。

1999年11月—2002年9月，实施团干部“321”工程，组织基层团干部参加团省、市、县委举办的团干业务培训班，共4期63人次。调整、充实57名中学团干和15名企业团干。开展创建“五四红旗团委”和“五四红旗团支部”活动。至2002年，培丰镇团委获得全国“五四红旗团委”、省“五四红旗团委标兵”称号；抚市镇团委获省“五四红旗团委”称号，坎市镇等9个基层团委获市“五四红旗团委”称号。做好乡、村两级团组织换届选举工作，提高村团支书的政治、经济待遇。三年来，全县发展团员11351名，共向党组织推优788名，其中被吸收为党员的656名。新建立坎市长丰、湖雷招宝臻禽公司、抚市园东食品等非公有制经济组织团支部3个。

2002年9月—2005年11月，开展团的基层组织建设“三级联创”活动。在农村继续实施“强乡带村”“城乡结对互动”战略，加大整顿后进村团支部的力度，大力推行“三位一体”配置经验。下发《关于进一步加强乡镇团委建设的若干意见》，把乡（镇）共青团工作纳入乡（镇）总体工作布局。举办各类培训班10期。采取试点引路、整体推进，先组建、后规范，打基础、求实效的措施，推进新经济组织建团工作。发展团员近1万名，全县团青比例为27%。“推优”工作走上规范化轨道，共“推优”入党500余名。

2005年11月—2008年11月，全面开展以“树立新形象，创造新业绩”及“发挥先锋作用，弘扬团员先进性”作风教育活动。定期对全县团干进行跟踪考核，建档造册。在全市率先争取农村团支书每人每月30元工资待遇。下发《关于进一步加强非公经济组织团建的通知》。加大团员发展和“推优”工作力度，三年新发展团员1.1万人，推优入党795人。深入开展“雏鹰争章”活动、“手拉手”活动、“红领巾心向党”主题教育活动、“养成道德好习惯”体验教育活动。举办各类大型主题队会10多场，全县万名少先队员建立“手拉手”互助关系。

2008年11月—2011年12月，大胆改革创新，共青团保障体系建设日益加强。团的组织建设。组织开展全县32所中学、中职学校团委集中换届工作，落实学校团委正、副书记享受同级中层正、副职待遇。大胆吸收农村致富带头人、大学生村官等体制外优秀青年担任编制外副书记。三年建立“两新”团组织55家。充分应用QQ群、短信平台等新媒体，加强与基层团委、团员青年之间的沟通联系。团的队伍建设。实施团干部素质工程，组织两批共25人参加省团校团干部培训班学习。开展全县村团支书和乡（镇）团委委员网络培训工作。三年发展团员7230人，推优入党458人。有9名团干部提拔到领导岗位。按照“全团带队”工作要求，加强少先队辅导员和小干部队伍建设。2011年，城关中心小学获得“全国少先队红旗大队”称号。

2011年12月—2015年3月，团的组织建设，结合乡镇团委换届，推动乡镇团组织格局创新，吸收农村致富带头人、大学生村官等体制外优秀青年担任编制外副书记。加强永定青年网等团属宣传阵地建设，开通各类微博12个，建立各类QQ群35个，建立团县委微信公众账号。基层团建工作。新建非公企业和“两新”团组织50家；扎实推进乡镇“实体化”大团委建设，共新建乡镇直属团组织431个；成立共青团永定驻厦门工作委员会；成立全市首个县级青年联合会，吸引7个界别126名优秀青年入会。有13个集体获得省级优秀称号，20人次获得省级先进个人称号，32个集体69人获得市级优秀称号。开展寻找“乡村好青年”活动，全县共有2人获得省级荣誉称号，有4人获得市级荣誉称号。

2015年3月—2018年，坚持全面从严治团，共青团和青少年工作的基层基础更加牢固。团的组织建设，全面完成24个乡镇（街道）团（工）委换届工作。开展星级团支部创建，全区共有259个团支部被评定为达标和星级团支部，其中五星级团支部3个，四星级团支部2个。“青年之家”建设。全区创建“青年之家”综合服务平台12个，市级“青年之家”1个。“推优入党”工作。400余名优秀团员被推荐为党的发展对象。“互联网＋共青团”建设稳步推进。以“福建数字共青团系统”平台为依托，基本实现“三会两制一课”网络化管理，持续推进团干部“1+100”和“青年之声”互动社交平台建设，努力打通“互联网＋青少年”的最后一公里。

2018年—2021年，深化全面从严治团，共青团基层基础更加稳固。强化基层组织建设。全面深化“智慧团建”，创建三星级以上团支部678个。全面建立中学（中职）团校，改进团员政治教育和实践育人机制，突出政治训练，常态化抓好团员政治教育。团干队伍建设。拓宽团的骨干来源渠道，选拔非公企业及学校教育领域的优秀人才作为团区委挂职、兼职团委副书记，打造专、挂、兼相结合的团干部队伍。下发《永定区共青团重点工作考核方案》，选派团干部参加中央团校、团省委、团市委各类基层团组织培训班。履行全团带队职责。顺利召开区第十四次少代会，完成中小学建立少工委全覆盖。开展“红领巾心向党，争做新时代好队员”“我向党旗敬个礼”等主题队日活动，增强少先队员光荣感。

第三节　共青团上杭县委员会

一、青年思想引领

1996年10月—1999年11月，上杭县团委组织学习邓小平理论、中共十五大、十五届三中全会、团的十四大等重大会议精神。三年共举办各种学习班890多期次。继续抓好“18岁成人意识教育”活动，组织开展“18岁成人宣誓仪式”。围绕《爱国主义教育实施纲要》，充分利用红土地的优势，寓教于乐，开展丰富多彩的思想教育活动。

2000年，将古田红军园作为中小学校外教育基地，开展“缅怀革命先烈，做新世纪四有新人”“重走红军路”“重走长征路夏令营”等主题教育活动。2002年，组织学习中共十六大精神、“三个代表”重要思想、江泽民总书记“七一”重要讲话和在纪念建团80周年大会上讲话精神；按照《公民道德建设实施纲要》的要求，以古田、蛟洋、南阳为重点，开展社区青少年公民道德实践活动。开展“全省共青团县县上网工程”——“上杭青年”网站建设。2003年，把学习贯彻中共十六大精神、“三个代表”重要思想同学习郑培民先进事迹、谷文昌精神结合起来，促进团员青年实现思想和工作作风的转变。

2003年—2005年12月，上杭县团委通过组织宣讲团、举办培训班、召开报告会和开展主题团队教育活动等方式，增强广大青少年对邓小平理论和“三个代表”重要思想的认识和理解。组织开展“缅怀革命先烈、弘扬民族精神”主题团日活动，邀请老红军、革命前辈召开爱国主义教育座谈会；以少先队建队55周年、纪念反法西斯战争暨抗日战争胜利六十周年为契机，开展“民族精神代代传”、争当“著名苏区好学生”等活动，进行“两史一情”教育和中华民族精神教育。开展以“弘扬民族精神，肩负历史使命”为主题的中学生18岁成人宣誓仪式。加强未成年人思想道德建设。开展“诚信在我身边”青少年演讲比赛、“颂青春，我放歌”青年合唱节、“爱祖国、爱上杭”青少年读书系列活动，开展向谷文昌、郑忠华等先进人物学习活动。

2005年12月—2008年11月，充分发挥古田会议会址、才溪乡调查纪念馆、临江楼、青少年警示教育基地和革命烈士陵园等特色思想宣传主阵地的优势和作用，在全县青少年中开展各种学习教育活动。召开“爱祖国、爱福建、爱家乡”互联互动座谈会，举办“携手慈善、博爱杭川”慈善演讲，开展“民族精神代代传”“红色苏区新一代”“学雷锋、树新风”主题团日活动，举行入团入队和成人宣誓仪式，深化“迈好青春门、走好成人路”主题活动，促进青少年思想道德建设。以先进的典型激励青少年。大力培育、宣传“省十大杰出青年企业家”——紫金矿业需务副总经理蓝福生，“省重点项目优秀青年突击队队员”——紫金山铜矿团支部青年突击队队长张文如，“省新长征突击手”——全国青年文明号单位国税局古田分局局长杨万清和紫金矿业集团公司紫金山金铜矿技术处处长赖桂华，“省农村青年创业致富带头人”——步云云雾香茶叶发展有限公司总经理林立坤，“省青年五四奖章”——金怡矿业集团有限公司总经理林容民，“省抗冰抢险保供电优秀青年突击队员”——县电力公司总经理廖衡章，“省优秀村团支部书记”——才溪下才村团支部书记王华等先进楷模。

2008年11月—2011年11月，以红色教育为抓手，开展“学党史、知党情、跟党走”为主题的团（队）日活动，组织深入陈丕显故居、新坊村革命教育陈列室等地方开展“红色寻访”活动，激发青少年爱家爱党爱国热情。举办“缅怀革命先烈，清明节扫墓”“感恩祖国”青少年签名、“红色之旅”夏令营、“爱我上杭 共建生态家园”社会实践活动等弘扬和培育民族精神系列活动，促进青少年思想道德建设。举办“追寻五四足迹，共促科学发展”为主题的喜迎祖国六十华诞、纪念“五四”运动90周年文艺晚会和“纪念中国共产党诞辰90周年系列活动之红歌唱响青春校园”大型文艺晚会；举办上杭县十佳青年歌手赛、龙岩市“蒙牛未来星”少儿才艺大赛上杭县选拔赛，“税务杯”中小学、幼儿园学生书画展比赛，“爱我杭川，美我家园”中小学生环保有奖征文活动等活动。三年来，上杭县涌现出一批新时代红土地青年先进楷模，有见义勇为的上杭二中王晓金、开拓创新的城关派出所李聪伶、省优秀辅导员的古田中小廖炳英老师、福建省“五四奖章”获得者丘有良等。

2011年11月—2014年11月，通过报告会、座谈会、知识竞赛等形式组织各级团干部和团员青年深入学习中共十八大、十八届三中、四中全会和习近平总书记系列重要讲话精神及共青团十七大精神，组织青少年观看《团萱漫画——感悟十八大》等网络宣传片，引导青少年坚定走中国特色社会主义道路的理想信念。广泛开展“我的中国梦”系列主题教育实践活动。深入开展国情、党史、团史和老区光荣传统教育。广泛开展“青春雷锋”“青春光盘”“日行一孝”、十八岁成人仪式等道德实践活动，引导青少年践行基本道德规范。以丰富的活动凝聚青少年。组织开展“学法遵法守法用法，建设美丽上杭”法治征文、“爱护环境，从我做起”演讲比赛、“美丽上杭我的家”书画比赛、青少年心理健康与成长教育公益咨询等活动，与团省委、福建师范大学联合举办“中国梦·八闽情”暑期大学生文化进基层社会实践文艺演出。

2014年11月—2017年10月，组织青少年围绕“祖国在我心中”“永远跟党走”“习爷爷我想对您说”等主题开展政治理论学习。以优良的传统感召青少年。利用入学、入队、入团、入党等时机，开展“学雷锋志愿活动”“红色基因·我们传承——听党的话·做好少年”等主题实践活动。通过开展儿童跳蚤市场、青少年手工艺品大赛、书香校园、“大手牵小手·点亮微心愿”“青春喜迎十九大·不忘初心跟党走”“五四”文艺晚会、返乡大学生文艺晚会、“情暖中秋·爱满杭川”——中秋慰问孤寡老人等文化活动，动员和吸引青少年参与校园文化建设，增强青少年的团队意识。

2017年10月—2020年10月，高举理想信念旗帜，思想政治引领更加有力。推进“两学一做”学习教育常态化制度化，扎实开展“不忘初心、牢记使命”主题教育、党史学习教育、“学党史、强信念、跟党走”学习教育、“再学习、再调研、再落实”活动等。强化政治理论宣传。开展集中学习、理论宣讲、专题讲座、座谈交流等宣传活动120多场，覆盖团干部和团员青年9000余人次。牢固树立正确价值观。以党的十九大和十九届历次全会、改革开放40周年、“五四”运动100周年、新中国成立70周年、中国共产党成立100周年等为重要契机，加强爱国主义、法治宣传和中华优秀传统文化教育，开展“青春心向党·建功新时代”“红土青年法治行”等系列主题活动，引领团员青年坚定不移听党话、跟党走。牢牢守好团属宣传舆论阵地。利用共青团上杭县委微信、微博等新媒体平台，弘扬青春能量、服务青年需求。持续深化开展“青年大学习”。用好团中央、团省委媒体平台，组织观看“青年大学习”网上主题团课。

二、服务成才发展

1996年10月—1999年11月，上杭县团委实施跨世纪青年人才工程。开展岗位练兵、技术比武、导师带徒和争当“青年岗位能手”“青年岗位能手兴质量”活动，在青工中开展小发明、小设计、小改造、小革新、小建设“五小”活动。农村团组织围绕“科技兴农”发展战略，开展“争当青年致富能手”活动。举办种植、养殖等各种类型的实用技术培训班450期次，培训8692人次。领办科技推广项目，深化服务万村行和科技传播行动。蛟洋乡团委领办再嘉村花菇种植项目，成立再嘉食用菌厂，带动群众种植花菇20万袋；古田镇团委领办兰花培养、反季节蔬菜种植等项目，初具规模。抓实技术培训。三年中，全县参加农函大、专题实用技术培训班等共1000余人次。创建4个“农村青年科技图书站”，建立健全乡镇“青年技术图书站”，为青年学科技、用科技创造条件。

2000年—2003年，企业团组织开展以“争当青年岗位能手”“青年岗位能手兴质量”活动，以及技术创新活动。开展“下岗青工创业行动”。丘建军、郭晓荣获市级“下岗青工兴业领头人”称号。农村团组织以培养青年致富能手为抓手，开展实用技术培训。2001—2003年，全县举办实用技术培训班120期，培训3620人。

2003年—2005年12月，深入开展“八进农家”系列活动。联合组织志愿服务小组，开展思想道德教育进农家、实用科技服务进农家、市场信息服务进农家、医疗卫生保健服务进农家等活动。组织大、中专学生暑期社会实践“三下乡”活动，开展大学生科技服务、“追寻足迹、弘扬传统、促进发展”“大手拉小手”等活动。2004年，团县委被评为“全国大学生暑期社会实践‘三下乡’活动先进单位”。扎实推进“共青团城乡互动百千万工程”。2003年以来，全县22个乡（镇）、村团组织与省、市、县的城市团组织结成互动“对子”。省金融管理干部学院团委深入古田镇举办农村实用技术培训。市移动公司团委结对茶地乡茶地村团支部、市中心血站团委结对太拔乡大地村、紫金矿业团委结对泮境乡彩霞村团支部，帮助团员青年增收成才。大力培育农村“信用青年”。2004年以来，团县委与县人民银行、县农村信用联社联合开展培育农村“信用青年”活动，评选表彰首批80名“信用青年”，解决青年在生产、经营中紧缺资金等问题。

2005年12月—2008年11月，配合县委、县政府城镇化、工业化战略，继续深化青工技能振兴计划，举办技能培训班，培养青工技能人才。扎实推进“共青团城乡互动百千万工程”、青春建功新农村行动。2007年4月开始，团省、市、县委联合调研组先后到古田镇调研，提出“火车头·带头人强团基础工程”“促发展·办实事服务青年工程”“‘和谐古田’区域共建共享工程”“整村推进新农村建设‘共青村’试点工程”等四大工程建设，开展“共青村”——古田镇赖坊村建设。培育农村创业致富先进典型。围绕农业产业化工作重点及“一乡一产业”“一村一品”工作布局，着力在茶叶、毛竹、水果、生猪、鱼等种养加工项目上培育农村青年创业示范基地和农村青年创业致富带头人。创建步云蛟潭高山茶青年创业示范基地样板，树立“省农村青年创业致富带头人”林立坤等先进典型。成立“青年企业家协会”。2007年2月，成立上杭青年企业家协会，配合做好招商引资等工作。促进“银企”合作。举办3期县青年企业家创新发展论坛，举办“创办你的企业”等培训班。

2008年11月—2011年11月，服务农村青年就业创业。搭建青年就业创业平台，协助县政府举办“新春劳务供需见面会”，宣传上杭县培训和就业创业优惠政策，动员广大团员青年积极参与；多方位扶持青年创业，开展农村青年创业小额贷款工作，举办农村青年就业创业培训班，开展“信用青年”评比活动，建设农村青年自主创业见习实践基地，帮助农村青年走上创业路；

协助做好龙岩市百名青年企业家走进上杭，促进区域间经济的合作与发展。投身项目建设年活动。组建 11 支青年突击队，开展“号队联建”活动，联系 5 家青年文明号单位与 5 支青年突击队号队联建。

2011 年 11 月—2014 年 11 月，围绕战略部署，服务经济社会发展。推进青年就业创业。在团县委成立青年创业服务站，推荐 15 名优秀青年参加海西青创培训。帮助 238 名创业青年申请 2 万—10 万元不等的小额贷款，累计 982 万元。开展青春家园事迹报告会，宣传青年创业政策，帮助青年成功创业，涌现出王福如、陈立福等青年致富典型。成立上杭光源国际酒店、上杭建润电业有限公司、福建龙耀电气有限公司三家青年就业创业见习基地，为青年积累工作经验、提高就业创业能力搭建平台。

2014 年 11 月—2017 年 10 月，推进青年就业创业。召开“五四”青年创业座谈会，依托上杭县青年电商协会和上杭县众创空间为创业青年提供学习培训、经验交流平台。开展红土地上的返乡创业大学生系列典型专题报道，宣传报道优秀创业大学生林冬兰、吴旭、郑浩兴、黄德俊等。举办“青春喜迎十九大・共筑美丽杭川梦”返乡大学生文艺晚会。同时，进村走访，实地调研农村大学生创业情况，帮助解决困难和项目瓶颈。举办“十佳青年电商”网络评选活动，召开上杭县青年电子商务协会年会，推动青年电商发展。针对广大青年“公考”热情高涨的情况，举办 10 余期公务员（事业单位）考前公益培训，2000 多名青年受益。凝聚力量，青春建功“三大战役”。2016 年“五四”表彰大会上，县委主要领导为“三大战役”三支青年突击队授旗，“凝聚青春力量・助力三大战役”各项活动蔚然成风。在项目落地领域先后组建 6 支征地拆迁青年突击小组，在生态环保领域开展“保护环境六个一”“环保随手拍”“小手拉大手・共护母亲河”系列活动，在脱贫攻坚领域主动对接农村青年致富带头人帮扶贫困户 26 户，除开展希望工程圆梦行动以外，创造性开展儿童跳蚤市场活动，筹集义卖爱心款 7.8 万元，累计为 360 余名贫困儿童送去温暖和祝福。

2017 年 10 月—2021 年 10 月，围绕党政中心工作，引领青年在经济社会建设中发挥生力军和突击队作用。创新举办上杭县“青年・杭川梦”青年干部发展论坛。2018 年以来，团县委牵头举办 6 期青年干部发展论坛，650 名青年干部参加。助力脱贫攻坚。四年中，团县委结对帮扶贫困户 5 户，均实现如期脱贫；先后分配 37 名欠发达服务地区志愿者充实到乡镇脱贫攻坚第一线；累计捐资捐物价值 23 万元，开展各类慰问活动 72 场次，受益贫困户 350 户。开展疫情防控志愿服务活动。开展“战‘疫’青春・志愿同行”活动，组建一支由 18 名心理咨询老师组成的疫情防控心理咨询志愿服务队，开展心理咨询服务；组建公安、电力、卫生等 8 支防疫青年突击队，为抗击疫情保驾护航；组建一支 62 人的疫情防控储备青年志愿者队伍，开展疫情防控宣传、核酸检测登记等志愿服务活动；组织开展疫情防控志愿服务活动，累计开展志愿服务 480 余次，参与人数 5700 多人次。助力全国文明城市创建。开展“文明共建・青年先行”主题活动，组建“创城青年突击队”，参与城乡环境集中整治、开展文明劝导、创城宣传、垃圾清理等志愿服务活动。助力乡村振兴。结合人居环境整治，开展“家园清洁”志愿服务活动。

三、青年文明建设

1996 年 10 月—1999 年 11 月，上杭县全面实施跨世纪青年文明工程。青年志愿者活动。全县 153 支青年志愿者队伍分别开展青年志愿者科技服务、帮耕助播、修桥铺路、植绿护绿、敬老活动、为双下岗职工献爱心等活动近 3000 场次。城区青年志愿者开展家电维修、义诊、为离休老干部的生活起居服务、为美化杭城清捡白色垃圾；学校团委开展义务教育宣传、动员流生返校；乡镇团委开展帮耕助播，提供抛秧、旱育秧等农业技术指导，暑期大、中专学生三下乡等志愿服务活动。每年4月或5月在全县各行业系统统一开展“优质服务示范月”活动。涌现出省级青年文明号4个，市级青年文明号24个，县级青年文明号38个。实现“号、手”联动，为双下岗职工提供资金、信息等方面的援助。创建“青年文明社区”活动。1997年8月，成立创建“青年文明社区”活动上杭县指导委员会。重点抓好社区团建和“110”社区青年志愿者联动服务。抓好临江镇北峰山老干新区青年文明社区服务示范点，把“青年文明社区”创建活动向农村和学校推广。在乡镇联合村委开展“共建文明安全集镇”，学校团组织配合学校开展“共建文明安全校园”。青年文化园。广泛开展“读好书、唱好歌、看好片”和科技、文化、卫生“三下乡”活动。1998年5月3日，团县委在人民公园举办“庆五四‘紫金杯’广场文艺晚会”，1999年“五四”期间，开展“庆祝五四运动80周年”系列活动，丰富群众的文化生活。

2000年，县“青年志愿者打假队”开展多次打假活动。2001年，团县委组织城区各团委、各青年文明号单位350多人在江滨广场旁开展“新世纪从志愿者做起”青年志愿者活动。至2003年，全县有青年志愿者服务站（分队）457个，青年志愿者10210人。全县共有国家级青年文明号集体1个，省级青年文明号8个，市级青年文明号34个。

2003年—2005年12月，坚持突出奉献社会特色，引导团员青年积极参与精神文明创建活动。推进青年志愿者行动。每年3月，以“弘扬雷锋精神，参与志愿服务”为主题，组织开展敬老助残、扶贫帮困、智力支教、环境保护、公益劳动等活动。在“非典”期间，成立青年志愿者预防“非典”宣传队和医疗救护突击队，开展青少年“爱国卫生月”行动。抓好“扶贫助困送温暖”活动。组织青年志愿者与全县孤寡老人、五保户、烈军属、残疾人、双下岗困难户、二女结扎户和特困学生进行“多助一”或“一助一”结对。才溪中学团委成立“将军之乡好学生”青年志愿者服务队，常年为老党员、老红军、老模范志愿服务。深化青年文明号活动。开展“诚信青年文明号”竞赛评比活动。共有27家单位被县创建青年文明号活动组委会授予“诚信青年文明号”荣誉称号。开展“青年文明号信用建设示范月”和“‘三平’精神在青年文明号岗位闪光”等活动。以“送温暖、献爱心”为主线，实施“号”“户”结对、开辟青年文明号“绿色通道”，做到信用进社区、服务进万家。

2005年12月—2008年11月，加强对青年文明号的创建、考核认定工作。共创建国家级文明号2个：即国税古田分局、地税古田分局，省级文明号11个，市级文明号28个。持续推进青年志愿者行动。坚持开展志愿服务统一行动日和服务月活动。在创建省级文明城市、国家卫生城市、中国优秀旅游县城、两岸三地高校龙舟邀请赛、片区农民运动会、中国闽西（上杭）首届国际客属龙舟文化节、全国少年甲组羽毛球赛、四川汶川大地震募捐等活动中做了大量志愿服务工作。组织参与环境友好型社会建设。组织开展“保护母亲河——上杭汀江环保志愿者行动”“环保知识进校园”“环保知识文艺下乡演出”“种植名贵树，建设新农村”植绿护绿等活动，成立“汀江环境保护”志愿者队伍，引导青年参与农村生态建设和环境保护。

2008年11月—2011年11月，推进青年志愿者活动。在重点项目建设、抗洪抢险、重点赛事活动等方面，展现青年志愿者风采。2010年洪水灾害，组织26支青年志愿者队伍参加抗洪抢险工作，号召全县团员缴纳“特殊团费”15978.30元。以希望工程为依托，实施爱心助学行动，建立待资助者数据库和希望小学信息库。开展青年文明号创建活动，共创建国家级文明号3个。

2011年11月—2014年11月，大力开展青年志愿者活动。组织青年志愿者开展义务植树、保护“母亲河”、环境综合整治等活动。组织青年志愿者进敬老院、进社区、进企业、进学校“送温暖，送关爱”，与相关单位联合举办“牵手敬老院·爱心志愿行”“关爱农民工子女”“青春美·爱相随”等关爱活动。全县共结对农民工子女学校5所，结对农民工子女3271人，发放慰问物资17.5万元。联合清华大学等高校开展“三下乡”暑期社会实践活动13场次。深入推动青年文明号创建。三年来，共创建上杭县地方税务局才溪分局、上杭县工商局古田工商所等6个省级青年文明号集体，上杭县公安局稔田派出所、上杭光源国际酒店等12个市级青年文明号。截至2014年，全县共有国家级青年文明号3个，省级青年文明号12个，市级青年文明号19个。打响古田“圣地团旗飘”品牌。打造古田“五个一”，即：创建一张古田区域团建名片、一个古田腾龙之家青年驿站、一个红土青年旅游人才培训基地、一个青年书屋和青年文明号一条街等，构建古田红色区域团建新格局，带动全县30余家青年文明号、青年活动阵地等团属资源建设，辐射带动全县18万名青少年。

2014年11月—2017年10月，开展青年志愿者活动。新组建上杭县青年志愿者协会。组织青年志愿者开展服务春运“暖冬行动”“志愿服务一条街”活动、“助力精准扶贫·青年志愿者在行动”“保护母亲河·生态青春行”植树活动暨全力打好“生态环保攻坚战役”宣誓活动、“生态青春行·共植同心树”“关怀老人与孤儿·中秋伴爱同行”“大拇指助力创城”“小手拉大手·关爱留守儿童”等志愿活动。三年累计开展各类青年志愿服务活动320余场次，发动青年志愿者8100人次。青年文明号创建。加强对青年文明号、青少年维权岗的创建、考核、认定工作。三年中，共创建上杭县古田派出所、上杭县国税局古田分局2个国家级青年文明号，龙岩市古田旅游有限公司、上杭县交警大队城区中队、上杭县公安局城关派出所等10个省级青年文明号集体，上杭县国家税务局纳税服务科、上杭县公安局才溪派出所、上杭移动公司政企部等4个市级青年文明号集体。截至2017年，全县共有国家级青年文明号3个，省级青年文明号12个，市级青年文明号26个。

2017年10月—2021年10月，突出青年为本、服务青年，服务大学生就业。2020年起，开展大学生暑期实习“扬帆计划”，全县共有98家单位提供442个实习岗位。服务青年创新创业。指导返乡创业青年报名参加福建省“创青春”大赛，共申报项目24个。其中，荣获二等奖项目5个、三等奖项目1个，荣获全国赛铜奖项目1个。服务青年婚恋交友。开展“爱在杭川”“青春有约”“缘来是你·携手未来”等多场青年联谊交友活动。截至2021年，全县有县级青年文明号11家，市级青年文明号4家，省级青年文明号1家，全国青年文明号2家。获评全国优秀共青团干部1人、全国“五四”红旗团支部1人、全国共青团系统先进集体1个。深入开展“共青团与人大代表、政协委员面对面”活动，完善青年诉求机制。

四、维护青少年合法权益

1996年10月—1999年11月，上杭县各级团组织从解决青少年最关心、最直接、最现实的问题入手，不断拓展服务渠道，创新服务方式，努力引导青少年成长成才。做好“希望工程”救助对象的摸底、申报、建档工作，及时发放救助款、“情系灾区助学行动”资助款和“积极参与扶贫行动、捐助万名失学儿童”救助款。救助贫困学生2319名，发放资助款28.12万元，捐建“希望书库”20个。捐建希望小学14所，捐建“希望小学”款385.1万元。

2000年1月，在才溪小学举行“星星火炬，代代相传”闽西少先队员迎接新世纪火炬交接仪式。4月，古田红军园被团省委、省少工委命名为福建省雏鹰训练基地。2001年，围绕“新世纪我能行”主题，开展少先队主题队会活动。2002年，各少先队开展“新世纪我能行，养成道德好习惯”体验教育主题活动。2003年，开展“民族精神代代传”活动。上杭县城关派出所民警王纪学被评为省优秀少先队志愿辅导员；稔田中心小学大队开展“老区少儿真能行”活动，获福建省优秀少先队活动银牌奖；实验小学学生郭少毅荣获“省十佳少先队员”称号。至2003年，全县共捐建希望书库18个，捐建希望小学20所。

2003年—2005年12月，坚持全心全意为青少年服务，青少年成长成才的社会环境进一步优化。青少年法律宣传教育。开展“青年志愿者服务暨社会治安综合治理宣传活动”，进行“两法”及拒赌“六合彩”等法律法规的宣传和现场咨询。加强青少年的法治教育和心理健康教育。在中学广泛开展“迈好青春门，走好成人路”主题竞赛活动。设立心理咨询室、“青春热线”，创办《心灵氧吧》刊物等，促进学生健康成长。深化青少年维权工作。开展“为了明天——预防青少年违法犯罪工程”和“平安建设”活动，实施青少年违法犯罪社区预防计划和零犯罪社区计划。参与整治校园周边环境集中行动。深化创建优秀“青少年维权岗”活动。同时，在全县中小学生中开展“告别网吧”活动和“青少年网络文明公约”宣誓仪式活动。关注弱势群体，实施济困助学工程。三年中，资助全县特困学生364人次，动工新建希望小学1所，修缮希望小学1所，受助金额55.6万余元。

2005年12月—2008年11月，服务青少年成长成才。实施“希望工程”，共筹资165.05万元，其中，在改善教育基础设施上，2006年争取福建联通公司45万元，捐建蛟洋希望小学；2007年争取厦门谊瑞货架有限公司20万元，捐建蓝溪梅永小学希望楼；2007年争取福鑫矿业公司钟福金20万元，捐建湖洋中心小学希望楼；2008年争取红军小学建设办公室25万元，捐建白砂红军小学希望楼。在扶贫助学方面，共筹资55.05万元，资助贫困大、中小学生655人次。青少年维权工作。临江镇镇东社区成为首批省“未成年零犯罪社区”。县法院、县公安局城郊派出所等一批创建单位获得省优秀“青少年维权岗”荣誉。加强青少年法律宣传教育活动。在中小学生中开展“亲子互动”法律知识竞赛、“远离毒品危害，构建和谐社会”“法律援助与你在一起”“健康上网，把握未来”活动和“青少年网络文明公约”宣誓仪式等活动。

2008年11月—2011年11月，维护青少年合法权益，协助管理青年事务展示新作为。2010年11月，在临江城东小学举行“心手相牵，快乐成长”关爱农民工子女帮扶仪式，向30名农民工子女捐赠羽毛球拍等物品。开展爱心家教结对活动。2011年3月，团县委开展爱心家教结对仪式，福州大学紫金学院13名志愿者与上杭五中13名学习成绩较差的农民工子女结对。开展百名农民工子女圣地行活动。在中、小学校开展“我为农民工子女献一份爱”捐赠活动。

2011年11月—2014年11月，推进希望工程建设。筹集到助学金224.18万元，资助184名贫困大学新生。为雅安地震灾区捐款9.3万元。配合团中央下基层帮扶活动，为下都中心小学捐赠书本等爱心物资15万余元。维护青少年合法权益工作。实现未成年涉罪比例和犯罪比例逐年下降。组织县开展法治宣传教育活动232次。推进青少年维权岗创建活动，指导帮助4家单位完成各级“青少年维权岗”创建工作。组织开展共青团与人大代表、政协委员“面对面”活动，共向县级“两会”提出《关于进一步提高社会教育与青少年的全面发展的建议》等6条建议、提案。开展重点青少年群体排查摸底和帮扶工作。促成预防青少年违法犯罪领导小组成员单位与118名重点青少年群体的结对帮扶。

2014年11月—2017年10月，整合资源，促进青少年成长成才有新突破。希望工程圆梦助学行动。五年共筹集到助学金221.35万元，资助473名贫困大学新生、中学生、小学生。推进维护青少年合法权益工作。联合开展上杭县“青春自护·平安春节”青少年自护教育活动。组织团员青年参与县禁毒委主办的“珍爱生命·拒绝毒品”国际禁毒日健身跑和自行车骑行活动。持续开展“青少年维权岗”创建活动。上杭县公安局城关派出所、上杭县法律援助中心被认定为2014—2015年度省级“青少年维权岗”，上杭县公安局稔田派出所积极创建2016—2017年度省级“青少年维权岗”。截至2017年，全县共有1家国家级“青少年维权岗”，3家省级“青少年维权岗”，2家市级“青少年维权岗”。促成预防青少年违法犯罪领导小组成员单位与363名重点青少年群体的结对帮扶。开展“大手牵小手，关爱留守儿童”活动，组织贫困、留守儿童不定期开展“公益夏令营”活动。

2017年10月—2021年10月，汇聚工作合力，护航青少年健康成长。开展“希望工程·圆梦行动”公益助学活动，2017年以来，共筹集资助金341万元，资助814名贫困大学生圆梦大学。持续开展关爱帮扶活动。组织社会各界爱心人士、志愿者队伍等开展“爱满杭川·圆梦微心愿”“爱满杭川·团团暖心”“大手牵小手·我与新时代共成长”等关爱留守儿童志愿服务活动。推进预防青少年违法犯罪工作。坚持“教育为本、预防为主”的工作原则，发挥牵头统筹的作用，整合全县各预青专项组成员单位资源，持续做好五类重点青少年群体摸排和动态管理，加强未成年人普法教育，提升青少年自护能力。

五、团组织创新建设

1996年10月—1999年11月，上杭团县委加强基层组织建设。配齐配强乡镇团干部，确保大乡镇有2名以上，小乡镇1名以上专职团干。三年共举办团干部培训班83期，培训1663人次。建立团工作目标管理制度，加强乡镇团委工作的管理和考核。三年共发展团员6655人。加强流动团员的管理，成立临时团支部（或团小组）。推优入党工作。三年全县共推优1268名，共中629名被吸收为中共预备党员。村级组织建设。从班子建设、建章立制、发展团员和培养青年致富能手等方面入手，配齐配强村团支部班子，“三位一体”配置率达73%。新经济组织团建工作。1999年4月，上杭金山电站团委成立。学校少先队工作。三年来，全县少先队组织结合校情开展丰富多彩的少先队主题队会活动，城乡少先队员“手拉手”活动进一步开展。开展“五自”达标争章活动，推动“跨世纪中国少年雏鹰行动”，提高少先队员自我保护、自我管理的能力。

2003年，全县有基层少先队大队105个，中队157个，小队4320个，队员46653人。

2003年—2005年12月，以创建“五四红旗团委（团支部）”为契机，推进团的基层组织建设“三级联创”工作。三年中，获省级“五四红旗团委（团支部）”表彰8个，市级“五四红旗团委（团支部）”表彰10个。开展非公有制经济组织团建工作，组建辉业超市团支部等非公经济团组织，举办“青年——联通未来”民营企业青年环城接力赛。洋境、下都、溪口中学等3所学校团（总）支部升格为团委。新发展团员8647人。做好团员“推优”工作，推荐1567名团员加入党组织。2005年9月以来，在全县团员青年中开展以“永远跟党走，青春献上杭”为主题的增强团员意识教育活动。抓住市第二次少代会的契机，加强少先队组织建设和阵地建设。深化“手拉手”、雏鹰争章活动。在全县少先队组织中开展“红领巾心向党”“手拉手话小康”“养成道德好习惯”等主题教育活动。

2005年12月—2008年11月，开展基层团组织的调研，落实村(居)团支部书记50元/月的补贴，将全县各中学团委书记列入校务班子，享受学校处室主任待遇等政策。组建成立县工业园区团工委。争取乡镇党委、村级党支部的支持，提高村级团干部、团员青年进村“两委”班子的比例。三年中，全县有21个基层团组织被评为全省、全市“五四红旗团组织”。把少先队纳入团的工作总体布局之中，加强少先队组织建设和阵地建设。深入开展“雏鹰争章”活动、“手拉手”活动、“红领巾心向党”主题教育活动、争做“著名苏区好学生”活动、“做一个有道德的人”等体验教育活动，全面活跃全县少先队工作。

2008年11月—2011年11月，加强团的自身建设，规范团的基础工作。22个乡镇完成团委换届，开展非公团建工作，积极推进“团建示范乡镇”的创建。建立团县委干部联系基层团委制度，开展基层团委开放互联、结对共建活动。利用QQ群、短信、微博等平台，密切与基层团委、团员青年之间的沟通联系。加强全团带队工作。定期开展评选表彰“优秀少先队辅导员”“优秀少先队员”“优秀少先队志愿辅导员”。三年共编印《上杭团讯》11期。

2011年11月—2014年11月，深入推进团的组织建设。乡镇实体化“大团委”建设有序推进，全县乡镇实体化“大团委”共建设团组织457家，其中机关事业137家、文体新型组织150家、企业42家、社会组织39家、大学生村官组织16家、农村专业合作组织17家、其他组织56家，新增联系团员青年4671人。扩大非公企业建团覆盖面，完成62家非公企业团组织建设。继续开展“五四红旗团委（支部）”创建活动，先后评选表彰县级“先进团委（支部）”18个，市级“五四红旗团委（支部）”22个，省级“五四红旗团委（支部）”3个。团的队伍建设。三年，先后有3名金融干部、1名高校干部到团县委挂职，并为22个乡镇增补金融副书记。全县有基层团组织1336个，团员36245人。评选省、市、县优秀共青团员、优秀共青团干、十佳少先队辅导员、十佳少先队员240人次，紫金矿业集团股份有限公司高级工程师龙翼、上杭县公安局陈金华、上杭县残疾大学生创业园王福如等3人获“福建省青年五四奖章”。推进团建工作创新。开通共青团上杭县委官方网站、微博、上杭青年微信公众号。建立团内重点工作年度考核制度。2014年2月，第一次开展乡镇团建工作考评，根据考评结果，分三个档次分别下拨1.2万元、1万元、0.8万元工作经费，并由乡镇配套一定的工作经费，促进乡镇团委工作的有序开展。

2014年—2017年10月，紧跟“从严治党”步伐，对“从严治团”进行详细工作部署。组织各乡镇、中学团委书记，县直属团组织负责人召开2017年共青团工作推进会。充分利用“青年之声”平台，加强青年网络文明志愿者、网络宣传员、网络文明促进会等队伍建设。截至2017年10月，添加专职团干部33人，按照1名团干部至少联系100名青年的要求，直接联系青年总计5224人。开展“五四红旗团委（支部）”创建活动，先后评选表彰县级“先进团委（支部）”174个，市级“五四红旗团委（支部）”17个，省级“五四红旗团委（支部）”3个。古田镇五龙村团支部被评为2016年度“全国五四红旗团支部”。三年中，全县各级团组织在“五四”期间累计开展入团仪式55场次。全县共有基层团组织1282个，团员18654人。评选省、市、县优秀共青团员、优秀共青团干、优秀少先队辅导员、少先队员471人次，4人获“龙岩市青年五四奖章”，1人获“福建省青年五四奖章”。在电商企业虎妈一家和文化传媒公司龙岩印象杭川传媒有限公司分别设立团支部。建立团内重点工作年度考核制度，开展乡镇团建工作考评。

2017 年 10 月—2021 年 10 月，按照从严治团要求，坚持党建带团建，进一步推进共青团改革。扎实开展“不忘初心、牢记使命”主题教育和党史学习教育。通过开展党团知识测试、举办“团建工作我来说”乡镇团委书记述职评议会、“坚定理想信念·传承红色基因”青年团干培训班等，提升团干部素质。基层团组织规范化建设。树立“大抓基层”的鲜明导向，深化“智慧团建”工作，推进“两新”组织团建、团员报到、星级团支部创建等工作，推动形成基层团组织规范化运行的常态化机制。严格按照团市委下发编号发展团员，2017 年以来，共发展团员 4100 多名。2021 年 8 月底，全面完成乡镇团委换届，选举产生新一届团委书记 22 人，副书记 37 人，平均年龄 27 岁。其中，大学本科 54 人，研究生 3 人，大专 2 人，副科级干部 5 人。深化共青团改革。落实《共青团上杭县委改革方案》，围绕 19 项改革任务，坚持问题导向，推动自我革新。

第四节　共青团武平县委员会

一、青年思想引领

1997 年—1999 年 10 月，武平团县委坚持用邓小平理论和党的十五精神武装青年，用爱国主义精神、为人民服务的宗旨和艰苦奋斗的传统教育青年。围绕《〈爱国主义教育实施纲要〉总体规划的实施意见》，举办座谈会、报告会，参观革命旧址，举办改革开放成就展，开展读书活动、知识竞赛、征文比赛，举行升国旗、唱国歌、祭扫革命烈士墓、纪念红军长征胜利 60 周年活动，“18 岁成人宣誓仪式”、迎接香港回归、纪念“五四”运动八十周年、迎澳门回归等活动。深入开展艰苦创业、爱岗敬业、廉洁自律、勤俭节约教育活动，增强广大青年为振兴武平而努力奋斗的责任感和使命感。

1999 年 10 月—2002 年 9 月，以纪念建党 80 周年、建团 80 周年和庆祝澳门回归祖国等重要纪念日为契机，举办“话澳门、迎回归”征文演讲比赛、“三个代表”重要思想及农业产业结构调整知识竞赛、十佳青年歌手演唱会等活动，对青少年进行爱国主义、集体主义和社会主义教育。以先进模范为典型激发青少年爱国热情。树立全国好少年李玉莲、全国“五一”奖章获得者、闽西十大杰出青年陈玉惠、全国青年星火带头人钟德星、省十大杰出青年温桂萍等先进典型。

2002 年 9 月—2005 年 11 月，组织开展“弘扬民族精神、缅怀革命先烈”“继承光荣传统、做革命老区新一代”“青春风采电视系列报道”“贯彻十六大，创造新业绩”等主题教育活动。结合《公民道德实施纲要》的颁布实施，组织开展“诚信从娃娃做起”“手拉手，互助结真情”“新世纪我能行——养成道德好习惯”“讲文明、讲诚信”等主题教育活动。组织举办“同饮一河水，同护母亲河”主题活动，开辟共青团纪念林基地，组建“环保劝导队”，宣传生态环保意识。开展少先队“雏鹰行动”、中学生素质拓展计划、“迈好青春门，走好成人路”、青少年读书活动和各类文体活动。2004 年 8 月，被团省委授予“福建省优秀乡村青年文化节活动县”称号。

2005 年 11 月—2009 年 1 月，组织开展“纪念改革开放三十周年”“纪念红军长征胜利 70 周年”“弘扬苏区精神、打造苏区品牌”“重走长征路、缅怀革命先烈”等主题实践活动；组织开展的“中国少年儿童平安行动”得到团中央表彰，“乡村青年文化节”“服务农村青年增收成才”“城乡互动百千万工程”“优秀青少年维权岗”等创建工作得到团省委表彰。

2009年1月—2011年12月，开展“解放思想、青年先行，为加快闽粤赣边经济强县建设做贡献”主题实践活动，以及争当“四好少年”和“红领巾心向党”等活动。思想道德教育。以“我与祖国共奋进，我与家乡同发展”主题活动为统揽，开展“实现宏伟蓝图，做好全面准备”“民族精神代代传”、18岁成人仪式、“三下乡”社会实践、“雏鹰争章”以及青少年生态道德、网络道德、诚信道德教育等教育活动。2010年、2011年连续两年组织开展武平青少年赴台夏令营活动。理想信念教育。组织开展“激情青春·再创辉煌”纪念“五四”运动90周年专题文艺晚会、“感恩祖国”系列主题教育活动；结合纪念建党90周年，组织青年与全国优秀共产党员面对面开展“立足岗位做奉献”活动。

2011年12月—2014年3月，深入开展“我的中国梦”主题教育实践活动，开展“喜迎十八大”“高举团旗跟党走，青春奋进促跨越”、纪念建团90周年、纪念“五四”运动等主题教育活动。编印《团旗飘过90年——武平共青团志（1922—2012）》。青少年先进典型不断涌现。涌现出全国最美孝心少年王芹秀，省“五四青年奖章标兵个人”冯素金，省“五四奖章个人”王小梅、刘凌平，福建省“最美青工”聂国勇，省“优秀共青团干部”石锦彬，省“优秀共青团员”邓田田等优秀青少年典型。构建青少年思想引导工作体系。完成武平县《青年思想引导手册》。开通武平青年网，开设官方微博、微信平台。开展“我为核心价值观代言”“追我的中国梦，展青春正能量”等活动。

2014年3月—2017年9月，开展“青春喜迎十九大”“红色基因·我们传承——听党的话·做好少年”、纪念建团95周年、纪念“五四”运动、“学习回信精神，我为队旗添光彩”等主题教育活动。开设首届“梁野青年讲坛”，持续开展道德讲坛。评选表彰活动。持续开展全县“两红两优”评选活动，累计表彰70余个优秀集体和180余名优秀个人。推荐的优秀青年或集体获国家级表彰3人次、省级表彰19人（个）次、市级表彰63人（个）次。网络舆论引导亮点频现。不断强化“青年之声·武平”平台功能，组建青年网络文明志愿者队伍，开展“重走红军长征路·两学一做强党性”“向国旗敬礼”“红领巾心向党”“我们是共产主义接班人”等线上线下活动。

2017年9月—2021年10月，全力打造“来武平·我氧你”政务讲解员队伍，讲好武平故事。举办“青年有信仰·奋斗新时代”“方言表白祖国”“我和国旗同框”“小蜜蜂”红色故事巡回宣讲等活动。选树优秀典型，发挥先进榜样作用。武平县教师进修学校附属小学“空军之父”中队荣获2020年度“全国优秀少先队集体”，获得省级表彰23次，获得市级表彰109次。借助网络平台，凝聚时代青年力量。充分利用“青春武平”微信公众号传播正能量，拍摄的微视频《司法为民　青春无悔》获平安龙岩“三微”作品比赛三等奖，“五四精神　传承有我”“青春心向党，唱响新时代”主题快闪视频等11个宣传短片被“学习强国”平台采用。

二、服务成才发展

1997年—1999年10月，坚持从经济社会发展对人才迫切需要出发，从服务于青年成才根本需要出发，实施跨世纪青年人才工程。全面开展青年岗位能手活动，广泛开展岗位练兵、导师带徒、技术比武活动，培养各级青年岗位能手480名。开展小发明、小设计、小改造、小革新、小建议“五小”活动，开展以“学科技、奔小康”为主题的青年致富能手活动，建立县、乡两级农村青年实用技术培训推广示范基地21个，创建乡镇青年科技图书站5个，培训农村青年2.6万人次，培养青年农民技术员600人、青年星火带头人130名、青年致富能手400人。建立健全优秀青年人才培养机制，涌现省“十大杰出青年”温桂萍和省级青年岗位能手凌育坤等先进典型。1996年年底，武平县被团中央确定为“共青团服务万村行动”试点县，全县有17个村被团中央、省、市委确定为首期试点村。三年争取资金180余万元，改善示范试点村基础设施建设。领办保鲜香菇、芳樟、大头典竹、抛秧、鱼类养殖等科技推广项目32个。1997年9月，团县委被团中央授予“共青团服务万村行动全国百佳县”称号。

1999年10月—2002年9月，突出重点，为边界强县建设添砖加瓦。建立县、乡两级农村青年实用技术培训推广示范基地22个，创建青少年科技文化活动中心2个、青年科技图书站5个，培训农村青年23万人次，培养青年农民技术员860人、青年星火带头人380名、青年致富能手1520人、企业青年岗能手480名。创建乡镇青年科技图书站5个。涌现全国青年星火带头人标兵钟德星先进青年典型。青年岗位能手活动。涌现省青年岗位能手凌育坤等先进典型。2001年，全县企业收到合理化建议1760条。实施大、中学生“素质拓展”计划。各中学团组织成立科技活动领导小组，每学期举办一次科技活动周，开展科技活动。保护母亲河行动。成立县保护母亲河行动领导小组，提出全县“保护母亲河行动实施意见”，组建3支青年志愿者“环保劝导队”，对平川河定期整治，在城郊碧水公园辟建5亩纪念林基地。

2002年9月—2005年11月，紧贴党政工作中心，服务经济建设。实施“农村青年素质培训工程”，三年共有1.6万名农村青年接受致富技术培训，培养青年星火带头人380名，青年致富能手1520人，涌现全国青年星火带头人标兵钟德星和全国农村青年创业致富带头人候选人刘荣斌、王新宝，省青年致富带头人钟英有等典型。服务青年就业，建立578名青年劳动力资源库和培训需求信息库。举办首届闽粤赣边县域青年创业论坛。“青年岗位能手”活动。全县共培养青年岗位能手280名，取得技术职称青年3648人。实施“共青团城乡互动百千万工程”。全县有2个乡镇团委、5个村级团支部与省、市、县企事业单位团组织结对。资助89名贫困学生、贫困老人。帮助建立人才信息库，输送613名青年到厦门等沿海地区就业。协助建立实用技术培训基地，指导发展特色农业。

2005年11月—2009年1月，开展共青团助推经济发展行动。围绕项目带动战略，开展青年突击队竞赛活动，命名成立69支青年突击队；开展“我为武平崛起做什么、怎么做”主题实践活动；借助发达地区青年企业家协会平台推介武平的招商政策；启动服务企业“招工、用工”行动，全面摸清预备劳动力资源情况，宣传发动初、高中毕业生和社会青年进入园区企业就业。推进青年创业建功行动。联合广东平远团县委、江西会昌团县委在武平举办首届闽粤赣边县域青年创业论坛，搭建三省青年交流平台。启动“海西青年‘蓝领计划’（青工技能培训）”，稳步推进青年创业基地、青年创业项目建设，三年共培育省级创业基地2个，省级创业项目3个，培育全国青年创业致富带头人1人，省级青年创业致富带头人9人。实施青春建功新农村行动。开展“四带、六扶”行动（带资金、带项目、带信息、带技术，扶志气、扶智力、扶技术、扶学习、扶资金、扶项目），引导青年领办科技推广项目。以“共青村”为抓手，确定东留乡大阳村为“共青村”，实施“4+1”结对活动。组织“三清、六改、五化”等家园清洁行动，改善农村人居环境。

2009年1月—2011年12月，以“青春奋进促跨越”为主题，围绕项目带动战略，推进青年就业创业。开展农村青年创业就业培训班8期，青工技能培训班5期。开展农村青年创业小额贴息贷款服务，三年共发放小额贷款131笔632万元。宣传国际青年创业计划，向海西青创龙岩工作站推荐9个创业项目，获得创业扶持资金。保护母亲河行动。三年共植青年林9处。组织承包清理城区街道、公园、市场“白色垃圾”；实施梁野环保行动，组织青年志愿者深入梁野山自然保护区开展垃圾清理；在各中小学组织开展“保护母亲河，家园清洁”演讲比赛、绘画比赛等文体活动。

2011年12月—2014年3月，以青年就业创业行动为抓手，服务经济建设。举办不锈钢产业发展专题讲座暨招商推介会，为武平打造海西重要不锈钢下游产业基地献计出力。发布县内企业招工信息，服务企业招用工工作。联合开展农村“信用青年”评选活动，三年评选农村“信用青年”121名。实施青年创业小额贷款项目，三年发放贷款1027万元。举办海西青年创业大讲坛，推荐3名创业青年获得海西青创项目扶持。主导成立全市首个青年商会。以保护母亲河行动为统领服务生态文明建设。实施“学习长汀经验，建设青春家园”主题实践活动，三年共组织2000余名青年志愿者开展义务植树活动。开展“青春光盘”行动，举办“倡导低碳生活·共筑生态武平”环城跑活动，宣传低碳环保理念。组建“关爱梁野”志愿服务队，开展梁野山绿色环保行动。

2014年3月—2017年9月，参与“三大战役”，助力发展大局。开展“打赢攻坚战·青春勇担当”主题实践活动，组建青年突击队助力项目落地活动；开展“青春同行·情系万家”扶贫惠民活动，为建档立卡贫困户送上34台家电和价值1200万元的优惠券。组织开展“勇当环保卫士·共建生态武平”等系列环保主题实践活动。服务青年创新创业。联合人行武平支行首创开展金融服务青年创业“双百”行动，累计向96位创业青年发放贷款3300万元。与武平县农村信用社联合推出“普惠金融·青创卡”。主导成立青年电商协会，举办首届电商发展论坛、武平籍互联网大咖与创业青年座谈会、“互联网+农业”发展论坛等电子商务培训13次。举办武平县首届“互联网+”十大潜力农产品评选暨创业创新大赛及“十佳青年电商”网络评选活动，推动武平电子商务工作发展。联合举办新型职业农民培训、返乡大学生创业等培训，确定22名“种子”典型，推进“种子工程”建设。打造全市首家县级团属众创空间——“智农青创”，引进创业团队6个，开展培训、座谈、沙龙等活动。

2017年9月—2021年10月，致力于服务发展大局，服务青年创新创业。培育青年创新创业重点项目，推荐企业和创业青年参加福建省“创青春”创新创业大赛；打造“智农青创”众创空间，入驻创业团队23家，组织各类交流学习活动30余场次，2019年底获评省级众创空间。2020年，创新打造青年直播带货基地，年直播200余场，销售百香果、象洞鸡等农特产品；“普惠金融·青创卡”为192户创业青年发放贷款2790万元。开展各类技能培训，举办返乡创业青年交流会、短视频实操进阶培训班、武平县电商企业座谈会、新媒体交流学习会、高素质农民农村电商培训，700多名青年创业者受益。助力乡村振兴。开展“青春·奔跑·追梦”主题系列活动之“乡村振兴”专题调研活动；举办“培育青农创客，助力乡村振兴”农村青年电商培训、农民教育生态种养专业培训班，连续开展三届青年创新创业“种子”与典型项目推荐工作，选树“种子”典型71人；组织36名大学生服务欠发达地区志愿者开展为期两年志愿服务；对接做好清华大学、厦门大学等10余所高校暑期“三下乡”实践活动。

三、青年文明建设

1997年—1999年10月，实施跨世纪青年文明工程，开展以“争当文明青年，共创美好武平”为主题的青年志愿者活动，组织动员青年志愿者广泛参与扶贫攻坚、植绿护绿、帮危助困、打假治劣、社会公益、社区援助等活动。全县成立县青年志愿者协会1个、志愿者服务站83个，建立青年志愿者示范队伍185支，落实“一助一”服务对象2000多对。1998年，团县委被省委组织部、省委老干部局授予“为老干部提供社会优待服务先进单位”。全县16个行业200多个基层集体参与创建活动，涌现省级青年文明号6个、市级青年文明号23个、县级青年文明号63个。广泛开展“读好书、看好片、唱好歌”、暑期学生社会实践，青年志愿者文化、卫生、科技“三下乡”等活动。启动青年文明社区创建活动，重点抓好青年文明社区示范点工作。全面推进“雏鹰行动”。全县6000名少年儿童参与“手拉手”活动，与省内外小伙伴结成1500多对“手拉手好朋友”，建立“手拉手”联谊学校23所。

1999年10月—2002年9月，全县成立县青年态愿者协会1个，志愿者服务站78个，建立青年志愿者示范队伍138支，青年志愿者8100多人，落实“一助一”服务对象1800多对，全面推行“志愿服务手册”和“服务卡”。团县委被省委组织部、省委老干局授予为老干部提供社会优待服务先进单位荣誉称号。青年文明号活动。每年4月，在窗口服务性行业深入开展争创青年文明号优质服务示范活动，组织青年文明号单位开展志愿服务，国税、地税和金融系统等单位向全社会推行“青年文明号”服务卡，开展“青年文明号服务助万家”活动，同时组织开展与下岗青工高退休老干部、孤寡老人、特困学生“一助一”号户结对活动。涌现出中国农业银行总行级青年文明号1个，省级青年文明号7个，市级青年文明号46个，县级青年文明号56个。青年文明社区活动。抓好平川镇南门段、十方镇富方街、东留乡小溪新村等3个青年文明社区亮点工程建设。

2002年9月—2005年11月，团县委多次组织为民服务一条街、“大学生社会实践服务”、文化科技卫生“三下乡”、暑期青少年“服务献爱心”等青年志愿服务活动。参加志愿服务5098人次。在抗击“非典”、抢险救灾等急险重任务中，青年志愿者都发挥重要作用。在各单位、社区开展志愿者注册活动，完善县青年志愿者服务指导中心管理，加强志愿者服务的组织、项目和机制建设。推进“青年文明号”活动。“青年文明号”活动在财税、交通、公安、卫生、消防、通信等系统和单位深入开展。

2005年11月—2009年1月，持续在各级青年文明号集体中开展“青年文明号统一行动日”活动、“三平”精神在青年文明号闪光岗位创先示范月活动、青年文明号信用示范月活动、青年文明优质服务示范月活动、青年文明号户结对活动。县电信分公司计费大厅、县电信分公司线路中心、十方交警、县公路局、城区工商所等5家被授予省级青年文明号集体，县国土局服务大厅、县供电公司营业厅、县移动分公司营业大厅、十方法庭、岩前派出所等5家被授予市级青年文明号集体，县成龙双语艺术幼儿园等8家单位被授予为县级青年文明号集体。青年志愿者行动。出台《武平县团体青年志愿者管理制度》《武平县注册青年志愿者管理条例》；在首届民俗文化艺术节、省运会、文明县城检查等大型活动中承担大量的志愿服务；组织开展青年志愿者科技、文化、卫生“三下乡”活动累计24次，举办科技知识讲座10场，文艺演出13场，义诊25次；在2006年持续强降雨、2008年冰雪灾害期间，积极投身防汛救灾、抗冰抢险第一线；招聘12名大学生志愿者服务贫困乡镇的医疗、农业、教育和青年工作。

2009年1月—2011年12月，青年文明号创建活动有声有色。三年来，县供电公司收费大厅、十方法庭等5家单位被授予省级青年文明号集体，中石油岩前加油站、县供电公司“95598”服务中心等4家单位被授予市级青年文明号集体，县烟草专卖局等5家单位被授予县级青年文明号集体。青年志愿者服务深入人心。组织开展朝夕相映“1+1”结对互动工程和共建“五个武平”志愿服务重点场所活动。在纪念刘亚楼将军诞辰100周年、2011年元宵晚会、定光佛文化节、文明县城检查、卫生县城检查等大型活动中，各级共青团组织做了大量的志愿服务工作。共招募25名大学生志愿者服务贫困乡镇的医疗、农业、教育和青年工作。

2011年12月—2014年3月，开展“弘扬雷锋精神、推进志愿服务”主题实践活动，三年累计2万余人次青年志愿者参与学雷锋活动。开展文明交通志愿服务活动，为巩固全国文明县城创建成果做贡献。组织青年志愿者开展“七彩课堂”活动，成立“梦想助力团”，帮助农民工子女实现“微心愿”。开展“共青团义务星期六”活动，组织共青团员参与社会志愿服务。三年共组织420名青年志愿者参与定光文化旅游节、林默涵诞辰100周年纪念活动、深化林改工作现场会等重要活动的志愿服务。深化青年文明号创建工作，三年共有6家单位成功创建省级青年文明号，8家单位成功创建市级青年文明号。持续开展青年文明号“优质服务示范月”活动。

2014年3月—2017年9月，开展“青春助力‘四城同创’”主题实践活动。累计开展义务植树、服务春运、“三下乡”、学雷锋等各类活动上百场。深入开展青年文明号创建活动，成功创建省级青年文明号集体3个，市级青年文明号集体3个。青年志愿服务行动。持续实施“福建省大学生志愿服务欠发达地区计划”，三年为乡镇输送25名高素质人才。招募培训近千名青年志愿者承担“定光佛文化旅游节”、中国东方歌舞团慰问演出、“元初客家欢”“亲情中华·走进侨乡”、全国深化林改现场经验交流会等10余场重大活动的志愿服务工作。组建地震灾害志愿者救援队，举办心肺复苏、应急救援知识等公益培训，200多名青年志愿者参与培训。

2017年9月—2021年10月，引导青年投身志愿服务。加强共青团志愿队伍建设，依托“志愿汇”APP，招募培训千余名青年志愿者，全力发动青年积极投身新冠肺炎疫情防控、全国文明城市创建、“两治一拆”、乡村振兴、项目建设等中心工作，实施春运暖冬、植绿护绿、保护“母亲河”等学雷锋志愿服务活动，累计开展志愿活动1022场，选送的武平检察院“向日葵”法治移动课堂项目入选“福建省志愿服务优秀项目”；团结带领青年助力疫情防控工作，疫情期间组织20余支青年突击队、志愿者服务队，参与防疫宣传、核酸检测和维护疫苗接种秩序。

四、维护青少年合法权益

1997年—1999年10月，优化青少年成长环境，维护青少年合法权益。广泛宣传《中华人民共和国未成年人保护法》，开展以“孩子·明天·责任”为主题的“保护明天行动”。开展文化市场监督，积极配合“扫黄打非”，促进文化市场的健康发展。参与社会治安综合治理，完善青少年的维权体系，设立“少年法庭”，配备共青团陪审员。在公、检、法、司、广电、工商等部门开展创建优秀青少年维权岗活动。稳步发展希望工程事业，先后组织“1（家）+1助学行动”“希望工程爱心储蓄”“希望工程义演晚会”“希望工程青年志愿者劝募行动”“积极参与扶贫行动、捐助万名失学儿童”和“捐百元、建百校”等行动，三年共引进希望工程资金300余万元，资助失学和濒临失学儿童2487名，援建希望小学8所，为乡村小学配套8个希望书库，为8名大、中学生提供奖学金，24名优秀乡村教师受到中央、省青基会表彰奖励。

1999年10月—2002年9月，深入开展中国少年雏鹰行动。共有18所学校结成手拉手联谊学校，建立手拉手书屋14个，“手拉手”结对2万多对。继续开展“启明星”科技活动和“百花园”文化体育艺术活动。2000 年，举行青少年新世纪读书计划启动仪式。举办以迎接新世纪为主题的城区“多读书、读好书、做高素质的新世纪人才”，农村“读好书、学科技、做致富领头雁”，学校“读好书、长才干、做新世纪主人”等系列主题读书活动。希望工程。兴建希望小学 10 所，总投资 286.4 万元，4886 名学生受益，救助 3668 名贫困失学和濒临失学的少年，10 名中学生、4 名武平籍大学生，青年文明号、企业单位结对助学 68 名特困学生。青少年维权工作。成立武平县创建“优秀青少年维权岗”活动组委会。命名表彰工商局城区分局等 4 个单位为市级“优秀青少年维权岗”。县青少年宫被团省委、省少工委确定为少先队雏鹰训练基地。

2002 年—2005 年，深化希望工程活动，造福贫困青少年。三年共资助贫困学生 356 名，资助金额 249500 元。此外，建立健全助学工作机制，推进助学工作的规范化、制度化。青少年维权活动。开展各种形式的“远离毒品、预防犯罪”和“网络文明行”宣传活动。建立少先队校外法治辅导员制度，组织法律知识进校园。配合有关部门开展文化市场整顿、使用童工情况检查、安全检查等行动，优化青少年成长的环境。

2005 年—2009 年，坚持青年为本，强化实践，服务青少年成长成才。实施青少年新世纪读书计划。开展关爱“留守孩子”行动，动员省级青年文明号武平县电信分公司与平川中心学校留守孩子结对；实施希望工程，建立健全待资助学生资料库，三年共资助贫困大学新生 192 人、贫困中小学生 562 人、援建希望小学 1 所，资助金额 170 余万元；实施中小学生素质拓展计划，普遍开展校园文化艺术节；在少先队中深入开展“达标争先”竞赛活动、雏鹰争章达标活动、“手拉手”活动；举办暑期少年军校夏令营，三年共举办培训班 6 期，开设 19 个兴趣班。青少年维权行动。以创建“为了明天工程”示范县为目标，贯彻落实未成年人保护法律法规。开展“珍爱生命、拒绝毒品”禁毒人民战争集中宣传、“我是禁毒小卫士”主题团日活动、红盾维权进校园、“远离网吧、文明上网、健康成长”宣传教育活动；开展校园周边环境整治、文化市场整治、网吧整治“迅净”行动。创建全国优秀青少年维权岗 1 家、省级优秀青少年维权岗 5 家。

2009 年—2011 年，持续实施希望工程，采取“进部门劝捐、让企业认捐、向上级求捐、在基层募捐”等筹资渠道，共资助贫困大学新生 202 人、贫困中小学生 152 人、援建希望小学 3 所、向 3 所希望小学赠送体育器材，资助金额 300 余万元；开展“关爱农民工子女”活动，县供电公司、移动公司、检察院分别与平川中心幼儿园、城厢中学、城郊中学结对帮扶，共计捐助爱心物资 5 万余元，结对农民工子女 550 对。2011 年 3 月份，开展“与人大代表、政协委员面对面”活动，积极建言献策。维护青少年合法权益。三年共创建省级优秀青少年维权岗 2 家、市级优秀青少年维权岗 4 家；试点推进“未成年人零犯罪社区”创建活动，确定岩前镇灵岩村和东留乡新联村为市级“未成年人零犯罪社区”创建村，平川镇七坊村等 19 个村为县级“未成年人零犯罪社区”创建村。

2011 年—2014 年，关注利益需求，服务青少年成长成才实现新突破。大力帮扶特殊青少年群体。持续实施关爱农民工子女志愿服务行动。开展“牵手敬老院，文明志愿行”“青心同行送清凉”、夏日流动剧场、助残“阳光行动”“青春同行·助孤行动”等活动。采取募捐方式救助困难群体。实施“希望工程·圆梦大学”行动，三年共筹集资助款 148.1 万元，结对资助贫困大学新生 313 名；协调省、市希望办，争取希望小学建设资金 50 万元，民主希望小学于 2013 年 10 月投入使用。全力维护青少年合法权益。举办“社会管理创新——青少年违法犯罪警示教育”

图片展。开展以“法律六进　青年先行”为主题的青少年法治宣传教育月活动。持续深入开展“共青团与人大代表、政协委员面对面”活动，三年共提交有关青少年事务的建议、议案10余份。加强对五类重点青少年群体挂钩帮扶工作。开展“轻松备考，‘12355’与你同行”阳光行动。成立县级未成年人心理健康辅导站，推进全县中、小学校心理咨询室及社区心理咨询站建设。丰富青少年精神文化生活。连续举办三届单身青年联谊活动，举办首届青年公益集体婚礼，弘扬和倡导婚育文明新风。完成新青少年宫搬迁运行。

2014年—2017年，紧贴需求，服务青少年取得新突破。举办10余期公务员（事业单位）考前公益培训。在青少年宫组建小白鸽少儿合唱团、舞蹈团，开设书法、闽西汉剧暑期公益培训班。举办“税务杯”青年篮球联赛、“梦想大舞台·青春达人秀”“浪漫七夕·情系梁野”闽粤赣边武平首届自行车骑游活动、“七夕”单身派对等活动。关爱困难青少年群体。深化“希望工程”和“青春同行·助孤、助医、助困、助残”等活动，三年募集资金179.1万元，资助276名贫困大学生、75名中、小学生，修建修缮3所希望小学。借助“青春武平”微信平台，开展“圆梦微心愿”活动，为困难青少年提供帮扶。青少年合法权益维护。建成武平县预防青少年违法犯罪警示教育长廊，组织开展进校园巡回展览，预青工作连续三年位列全市第一。推进“青少年维权岗”创建，开展“法治大讲堂”“青春自护”、禁毒教育宣传等进校园活动百余场。围绕“重点青少年群体发展现状”“扶持青年电商创业就业”等课题，形成提案议案。武平县青少年防艾宣传教育、“青春同行·共伴成长”武平县重点青少年群体关爱帮扶项目，分别获团中央、团省委项目资金支持。

2017年—2021年，致力于构建青年成长成才大格局，用责任守护青春。服务青少年需求。推动返乡大学生参与社会实践，开展“扬帆计划”“青春同行·校企联手”“武平县—思明区山海协作”等线上线下招聘活动，为近300名返乡大学生“量身定制”实习岗位；举办20多期公务员（事业单位）考前公益培训；发挥青少年宫品牌公益培训班的作用，打造“七彩假期”公益课堂；举办“越奔跑·越青春”武平首届青年跑步节、“农信杯”男子篮球联赛，丰富青少年的精神文化生活；组织开展单身青年联谊交友活动，设立相亲角，服务青年婚恋交友需求。服务青少年学习成长。开展“希望工程·圆梦行动”、关爱农村留守儿童行动，募集资金、物资共363.91万元，资助困难学生568名；爱心救助事实孤儿项目资助12.28万元；“圆梦微心愿·真情暖童心”活动帮助403名农村贫困儿童达成愿望；壹基金“温暖包”帮助30名困难学生解决实际困难；筹措22.8万元，分别在永平、万安等4所乡镇小学建设公益图书室。维护青少年合法权益。开展“预防青少年违法犯罪”专项工作。联合公检法部门，在各中学和中职院校开展反诈、禁毒宣传教育活动30余场；依托梁野社工、大爱社工两家团属社工服务中心，服务弱势儿童。预青工作成效明显，县预青专项考核连续6年位居全市第一。

五、团组织创新建设

1997年—1999年10月，武平团县委加强团的自身建设，团组织的凝聚力、吸引力和战斗力不断增强。新建立县直农业、经贸、财金、卫生系统和大禾中学、东留中学、高梧中学等7个团委。在16个新经济组织中建立团组织。1999年，全县团员23296人，团青比例24.7%，比1996年初增加1984人，其中农村团员12503人，比1996年增加2321人。全县累计推荐1224名优秀团员加入党组织。全县农村团支部书记进村两委和实行“三位一体”配置率达90%。整顿农村后进团支部，达到应整顿后进农村团支部的90%。扎实开展争创“五四”红旗团委、“五四”红旗团支部活动。

1999年10月—2002年9月，稳步推进团的建设。2001年，下发《关于进一步加强我县基层党建带建工作的若干意见》。三年中，全县推荐优秀团员1816名作为党的发展对象，1226名团员加入中国共产党。团员总数26917人，比1999年增加3621人。2001年，召开全县“三级联创”动员大会，下发《关于开展团的基层组织建设“三级联创”活动的意见》，培有十方镇团委、平川镇团委等2个省级“五四红旗团委”，平川镇兴南村团支部等2个省级“五四红旗团支部”，万安乡团委等4个市级“五四红旗团委”，平川镇红东村团支部等36个县级“五四红旗团（总）支部”。整顿农村后进团支部24个。成立非公有制经济组织团的建设领导小组，加快建团步伐。2001年，组建民福南通水泥制品厂团支部等17个非公有制经济团组织。实施“团支部321培训计划”，县团校举办团干部培训班28期，培训团支委以上干部1200余人，基层团校举办培训班800余期，参训3000余人，选送160余名团干部参加省、市团校培训。2002年，有1名团县委干部、6名乡镇团委正、副书记被提拔到乡镇领导岗位。实施“共青团县县上网”工程，规划武平共青团网站栏目，丰富网站内容。

2002年—2005年，深入开展“三级联创”活动。结合村两委换届，深入开展村级团支部整顿和换届工作。实行挂钩联系制度，争当“五四红旗团委”和“五四红旗团支部”。平川镇兴南村被评为“全国五四红旗团支部”，团县委被评为“福建省团建工作先进县”。团干部队伍建设。三年先后有13名团干部走上各级领导岗位。团员队伍建设，积极探索流动团员管理办法。三年共推荐1896名优秀团员加入党组织。

2005年—2009年，坚持固本强基、注重管理。制定《关于进一步加强和改善共青团工作的意见》和《关于进一步加强基层党建带团建工作的意见》等文件，形成党建带团建工作的新机制。全县村级团支部书记中74%进入村两委班子。理顺乡镇中学、“两新”组织团建工作的隶属关系。以闽西青年网为依托，改版武平团讯。团干部和团员队伍建设。建立优秀青年人才库和团干部信息库。全县乡镇、中学、县直团委集中换届后，基层团委书记平均年龄为28.6岁，本科学历以上有35名。选送7名团干部到省团校、市委党校等地学习，举办4期团干部岗位培训班，培训团干部200余人次。全县共有10名优秀团干部被提拔到乡镇或部门担任党政领导。

2009年—2011年，注重基层基础，共青团自身建设实现新突破。开展“非公团建设月”“非公团建督查月”活动，全县规模以上非公企业全部建立团组织。创新成立武平县“三项计划”大学生团支部。加强宣传舆论阵地建设，创建武平团县委工作群和志愿者QQ群，加强沟通交流。基层团组织换届。做好2009年村级团组织换届选举工作，全县村级团支部书记配备率为100%，平均年龄为34岁，其中党员所占比例64%，进村两委比例达90%。团干部队伍建设。选送42名团干部到团省委、团市委学习，举办3期团干部岗位培训班，培训团干部141人次。落实团干部的待遇，全县214个村和3个社区的团支部书记均落实每月100元的工作津贴。

2011年—2014年，基层团组织换届全面完成。全县村级团支部书记配备率达100%，平均年龄为35岁，其中党员所占比例65%，进村两委比例达90%。部署完成乡镇、中学团委换届工作。共青团组织建设。开展乡镇实体化“大团委”建设工作，新建乡镇直属团组织417个，覆盖农村团员1730人，35岁以下青年6716人。全县新增“两新”团组织56家，覆盖团员1099人，35

岁以下青年 1809 人。成立金融团工委、义工俱乐部团委、紫金矿业团委等基层团委。实施共青团工作年度考核制度，分片区对乡镇共青团工作进行年度考核。落实乡镇团委工作经费，县财政每年安排乡镇团委工作经费各 5000 元，乡镇配套 5000 元。2014 年 7 月，团县委办公场所搬迁。团干部队伍建设。举办共青团干部培训班，对 200 余名团干部进行专题培训。全团带队工作深入开展。开展少先队“红领巾相约中国梦”“民族精神代代传”等主题教育活动，全面深化“雏鹰争章行动”。对全县 90 余名大队辅导员及部分骨干中队辅导员进行培训。推动县委常委会研究少先队工作，下发《武平县关于进一步加强少年儿童和少先队工作的意见》。

2014 年—2017 年，围绕共青团改革，完成 2015 年村级团组织换届选举工作。成立电商创业园团支部、环梁野山城乡一体协调发展试验区团总支。落实乡镇团委工作经费，并按考核等次分级下拨。共青团队伍建设。结合开展“两学一做”学习教育强党性暨“团干部如何健康成长”和“学习总书记讲话，做合格共青团员”教育实践等活动，举办多场团干部团务培训，累计培训 200 余人次。建立完善团干部“1+100”直接联系青年、机关开放日等制度。开展团员先进性教育，举办集中入团仪式，70% 以上团员注册成为志愿者。开展“智慧团建”，提升全县“青年之声”平台建设与运行水平。

2017 年—2021 年，团的组织建设着眼于“强三性”“去四化”，抓基层、打基础，加强对基层团组织的领导和指导。推动武平县农村信用合作联社、城市管理局、青年商会成立团委（支部）；建立“青年之家”综合服务平台 16 个，其中省级平台 2 个、市级平台 2 个、县级平台 13 个；联合机关党工委出台《进一步加强县直机关团组织建设的实施意见》，成立交通系统、农业农村局机关青年工作委员会，武东陈埔片区联合团支部，新建“两新”团组织 30 余家，国企 2 家，公立幼儿园 1 家；用好智慧团建平台，全县有基层团组织 500 个，其中，团委 41 个，团总支 1 个，团支部 464 个，团员 8098 名。基层团组织建设。将全县团组织划分为 4 个联系片区，每个片区实行乡（镇）团委依次牵头轮流承办活动。团干部队伍建设。分类分层开展团干部培训 12 期，培训团干部 500 余人次。

第五节 共青团长汀县委员会

一、青年思想引导

1997 年—1999 年 10 月，长汀团县委始终把青少年思想政治工作放在首位，把弘扬老区精神与新时期创业精神结合起来，以爱国主义教育基地为依托，充分展示老区共青团思想教育的特色。学习贯彻邓小平理论和十五届三中、四中全会精神以及团十四大精神。以“跨世纪·共青团·迎回归”为主题，深化爱国主义教育。举办”迎回归——跨世纪的心声合唱赛、迎回归知识竞赛、中学师生诗歌创作朗诵活动,迎回归“乐百氏”杯作文赛以及万人象征性长跑活动;举行“雏鹰奋飞迎回归”和“百年期盼，百年团圆”主题队会，激发民族精神和爱国热情。发挥“红军故乡、客家首府、历史名城”优势，开展青少年革命传统教育。以“继承光荣传统，做红军故乡新一代”为主题，通过清明期间组织祭扫，重大节日组织参观、瞻仰、拉练，请老红军作报告，举行入团入队和成人宣誓，举办各种夏令营等开展教育活动。开展“讲文明，树新风”主题活动，引导全县青少年“向不文明行为告别”。树立和宣传青少年先进典型。三年中，团县委组织县首届“十大优秀青年”的评选，推荐“闽西十大青年标兵”王小华、省青年科技星火带头人沈土土等青年模范。

2005年，结合保持共产党员先进性教育活动，下发《关于开展增强共青团员意识主题教育活动的实施意见》，开展“举团旗、学团章、唱团歌、戴团徽、过团日”主题教育活动及“永远跟党走，做个好学生”万名团员签名仪式、“我为团旗添光彩”征文比赛、“永远跟党走，作为在海西，创业在闽西，奉献在长汀”党团知识竞赛、“新时期新风采”团员标准网络大讨论竞赛等。2006年，组织团员青年参加盼盼杯“知荣辱、树新风”演讲赛，组织听取《牢记“八荣八耻”，大力弘扬社会主义荣辱观》讲座，举办签名活动。9月3日，在长汀一中广场举行“迎天安门国旗，传承长征精神”暨“中小学弘扬和培育民族精神月”活动。2008年，开展“十七大精神进校园”及“祖国在我心中”“永远跟党走”“民族精神代代传”等主题活动。举办“波澜壮阔三十年，春华秋实看今朝”纪念改革开放30周年演讲比赛、“庆五四　迎奥运”文艺晚会以及“迎奥运讲文明　树新风”知识竞赛等。汶川地震后，组织开展“关注灾情奉献爱心捐赠系列活动。

2008年12月—2011年12月，长汀团县委围绕引导青年，加强青少年思想道德建设。理想信念教育。为纪念新中国成立60周年，开展“祖国发展我成长”“红领巾心向党”等主题实践活动。为纪念“五四”运动90周年，开展“民族精神代代传”主题教育实践活动。为纪念建党90周年，举办“与祖国共奋进，与长汀同发展”演讲比赛。党团理论教育。开展“缅怀革命先烈，传承革命精神”主题系列活动、“学党史、知党情、跟党走”主题教育活动、“爱祖国、爱家乡、爱共产党（共青团、少先队）”主题教育实践活动。道德品质教育。开展“18岁成人宣誓仪式”“成人预备期教育”“青少年励志教育”和暑期素质拓展夏令营等活动，开展“公民道德建设”“做文明团员”等签名活动。引导青少年争做“文明使者”。

2011年12月—2015年12月，以科学的理论武装青少年。通过报告会、座谈会、知识竞赛等形式组织学习交流中共十八大、习近平总书记系列重要讲话精神。开展“我的中国梦”主题征文比赛、“红领巾相约中国梦”“少先队先锋行动——核心价值观记心间”“与信仰对话”等“我的中国梦”主题教育实践活动。以优良的传统感召青少年。开展“青春雷锋”“青春光盘”“日行一孝”“十八岁成人仪式”等道德实践活动。以丰富的活动凝聚青少年。组织开展“我与国旗合个影”“学党史、知党情、跟党走”“我为社会主义核心价值观代言”“学理论·强党性·铸信仰”等主题宣传教育活动。以青春的力量唱响网上主旋律。开通实名微博6个、开通青春长汀微信公众号，建立2个基层团组织微信工作群。

2015年12月—2017年12月，着力创新载体、贴近青年，青少年思想引导工作全面深化。广泛开展“我的中国梦”主题教育实践活动。深入开展国情、党史、团史和青少年传统教育，组织参观革命教育基地，激发青少年爱党爱国爱家的热情。以丰富的活动凝聚青少年。组织开展“以书架桥·万卷藏书献温情”——团中央书籍捐赠仪式、“清明祭英烈”“清朗网络·文明先行”“青春呼吸生态我先行”“防毒反毒我先行·争做禁毒护卫军”“不忘初心跟党走·青春建功新时代”“汀州客家严婆家风家教道德讲坛”等主题宣传教育活动。以青春的力量唱响网上主旋律。开通实名微博12个、开通青年之声，建立22个基层团组织微信工作群。

2017年12月—2021年10月，坚持突出思想引领，筑牢信念基石，长汀青年跟党走的初心更加坚定。持续深入实施“青年大学习”行动，开展主题学习活动1000多场次，累计覆盖团员青年54.3万人次。深化主题宣传教育，以“五四”、国庆等重要节日，特别是新中国成立70周年、“五四”运动100周年、抗战胜利90周年、建党100周年等重要时间节点，组织开展“新团员入团宣誓、老团员重温入团誓词”“青春喜迎十九大·不忘初心跟党走”“缅怀先烈砥砺奋进九十载，不忘初心·红色基因代代传”“不忘初心跟党走，感恩成长致青春”“红土初心·青春向党”“青春心向党·建功新时代”等主题团日和仪式教育活动。投入260万元修缮团省委旧址，把团省委旧址打造为全省青少年思想政治引领基地。搭建“青春长汀”微信公众号网络宣传平台。围绕立德树人根本任务，开展学习宣传习近平总书记“五四寄语精神”主题活动，举办“我和我的祖国”绘画征文比赛、“喜迎十九大，我向习爷爷说句心里话”等活动。组织“清明祭英烈”系列活动，开展“红色基因代代传”宣传教育活动，发挥革命老区红色文化的育人作用。

二、服务成才发展

1997年—1999年10月，长汀团县委从服务青年成长成才的根本需要出发，从服务经济社会发展对人才迫切需要出发，扎实推进跨世纪青年人才工程。岗位能手培养活动从企业向商业、粮食、供销、财税、金融系统及青年文明号活动创建单位展开。青年岗位能手活动与青年文明号活动有机结合，“号”“手”相互促进，形成整体效益。通过拜师学艺、技术培训、技术比武和举办各类培训班等形式，提高广大青年的业务和技术素质。县工行林春花被评为青年岗位能手，县棉纺厂钟金凤被评为市“十佳青年岗位能手”。农村青年致富能手活动遍地开花。建立烤烟、食用菌、反季节蔬菜、果树及养殖等多种类型的示范基地，开展志愿帮富“一助一”以及配合有关部门抓好初、高中学生回乡前的“3+X”培训工程。跨世纪青年学生科技行动深入开展。学校团组织实施“跨世纪学生素质发展计划”和“六杯”竞赛活动。建立优秀学生人才库。服务万村行动深入开展。全县32个贫困村与省、市、县属机关、企事业单位挂钩结对，32个试点共选定发展项目50多项。

2001年—2003年，全县各级团组织参与“保护母亲河、绿化长征路”活动，在连续16年营造“汀瑞友谊林”的基础上，2000余名闽赣青年携手共建“青年世纪林”工程，新增果园面积38.4公顷，新植东魁杨梅9458株。团县委被评为“全国保护母亲河行动先进集体”。

2005年—2008年12月，开展保护母亲河行动。2005年，组织“生态道德我实践，天天环保校园行”活动、“青年在绿色工程中闪光”活动，引导青少年参与生态工程建设，牢固树立“天天环保”意识。2006年3月，开展“志愿服务奋进在海西”的“保护母亲河·家园清洁行动周”活动。持续开展“汀瑞青年友谊林共建”活动。2070年，围绕新农村建设“村容整洁”主题，在18个乡(镇)分别组建农村生态环保志愿服务队，组织全县青年志愿者参与“万人集中行动日”行动。2008年，实施“种植名贵树，建设新农村”植绿护绿工程。

2008年12月—2011年12月，围绕服务青年，加大服务青年创业就业力度。青年就业创业工作。开展“农村青年转移就业培训计划”，培训近万人，落实培训资金1032万元。通过团的渠道推荐给农村信用社等银行的创业青年，获得贷款1986人，贷款总金额4021万元。组织青工开展创新创效实践，举行青工技能拓展计划，培养青年岗位能手600多人、青年致富能手300多人。完善就业服务平台，免费提供就业指导、职业介绍服务，安排转移就业4000多人。“青春建功新农村”行动。开展“燎原”行动，分别在河田蔡坊村、大同红星村建立“燎原工作站”。组织返乡大学生和农村青年进行培训，同时推荐26名农村创业青年参加海西青创创业培训，推荐11名农村创业青年参加农村青年致富种子工程培训班。开展保护母亲河行动。成立青年志愿者护绿队，开展植绿护绿实践活动。2011年3月5日，配合团省委、团市委开展保护母亲河全省青少年绿色环保行动的启动仪式，组织开展以“森林福建 绿动青春”为主题的保护母亲河植绿护绿行动。三年累计开展植绿护绿活动 106 次，植树 2 万株。实施大、中学生“素质拓展计划”。加强“爱国主义教育基地”“青少年生态教育基地”“大、中专学生暑期社会实践基地”“校外雏鹰争章训练基地”“青年志愿者实践基地”“青少年科普教育基地”等六大基地建设。开展暑期社会实践活动，三年共有厦门大学、福州大学、福建师范大学、福建农林大学、集美大学、福建工程学院六所大学与长汀挂牌建立社会实践基地。此外，开展“暑期送岗位”爱心行动，为 300 多名贫困大、中学生提供暑期岗位。

2011 年 12 月—2015 年 12 月，强化品牌引领、示范带动，服务经济社会发展富有成效。推进青年就业创业。深化“银团合作”。在全省首创“1+18”工程，即一名金融高管挂职团县委，18 个乡镇增补一名金融干部为乡（镇）团委副书记的团建创新模式；成立金融团工委，并试点推进创业青年的优惠政策，联合县农办、信用联社试点实行返乡创业大学生等 4 类群体小额贷款利率少上浮 10% ～ 30% 政策，帮助农村青年解决创业资金、项目和技术等问题。促进青年就业。成立 4 家青年就业创业见习基地，提供见习岗位 90 余个。推进青年创业小额贷款工作。四年中，发放创业小额贷款 867 笔，共计 6430.8 万元，累计为 867 家小微企业提供创业条件。培育青年致富典型。选树赖智渊、丘思沛等青年致富典型。举办“绿色经济　生态家园　青春添彩”青春家园事迹报告会。服务生态文明建设。开展保护母亲河行动。四年来，分别承办省、市的植树节活动。成功申报福建省首个“解放军青年林”项目，争取资金 50 万元。长汀青年生态世纪林被评为“全国青少年农业科普示范基地”。在全县 18 个乡镇集中开展青春家园示范点创建活动，成立长汀县青少年生态环保联盟和 4 支青少年生态志愿服务队，开展绿色生态活动项目。

2015 年 12 月—2017 年 12 月，积极推进青年就业创业。深化“银团合作”，深入推进“1+18”工程。继续深化青年就业见习，提供见习岗位 90 余个。推进青年创业小额贷款工作。近两年向青年发放创业小额贷款 380 笔，3334.1 万元。开展“青创卡”项目，有 50 户青年办理，累计发放金额 387 万元。服务生态文明建设。开展保护母亲河行动。开展河长制宣传月暨“河小禹”专项行动。

2017 年 12 月—2021 年 10 月，坚持融入发展大局，主动担当作为。依托长汀县青年电子商务协会、长汀县青年企业家协会，举办各类交流学习活动 40 余期，参与青商超过 1500 人次；拓宽互惠共赢的合作渠道，带领企业家到晋江、厦门、瑞金等地调研考察；培育 1 名国家级“农村青年致富带头人”，5 名省级“农村青年致富带头人”，2 人获得市级以上“青年五四奖章”。搭建服务青年就业创业平台，打造“客家红”青创基地，开展创业投资沙龙、政策培训课程，为创业青年提供“一站式”服务。开展“扬我汀帆・梦想起航”大学生暑期实习计划，举办青年创业就业培训，培训青年 500 余人。扎实推进“银团合作”，为创业青年申请小额贷款 4000 余万元，帮助创业青年追梦圆梦。

三、青年文明建设

1997 年—1999 年 10 月，长汀县青年志愿者活动向纵深发展。全县共有青年志愿者服务站 18 个，青年志愿者 1.2 万人，落实“一助一”服务对象 1.3 万余人（户），成立规范化青年志愿者队伍 90 支，建立青年志愿者服务基地 30 个。开展“希望工程志愿者劝募行动”。先后以”新春献爱心”“学雷锋奉献日”“科技进村”“我为公祭添光彩”“清除城市牛皮癣”“让世界利国利民”为主题，开展青年志愿者大规模统一行动。青年文明号创建活动。创建青年文明号活动由17个行业部门拓展到25个。成立长汀县创建青年文明号活动组委会，制定青年文明号规范管理意见。广泛开展“满意服务，情暖汀州”的服务示范月活动，到光荣院献爱心，为困难企业职工送温暖，为残疾人、军烈属或孤寡老人做好事办实事。3年涌现省级青年文明号6个，市级青年文明号45个，县级青年文明号100个。

2000年—2004年，继续深化青年志愿者行动，坚持开展志愿服务统一行动日和服务月活动，组织青年志愿者深入社区、开发区、农村和困难家庭，定期不定期地开展尊老敬老、帮孤助残、法律援助、义诊义治、文化下乡、环境保洁等志愿服务活动。青年文明号创建。建立一整套创建、运行、管理和激励机制。开展优质服务示范月活动，真情助困进万家等活动。

2005年，团县委实施“大学生志愿者服务欠发达地区计划”，选派20名大学生志愿者到农村开展支教、支医服务。2006年3月，团县委组织5000余名青年志愿者参与“为长汀新一轮大发展献青春”活动。招募3000余名志愿者，服务第十三届省运会。2007年5月19日，团县委联合县残联筹集资金5万元，为50名肢体残疾人捐赠轮椅等物品。2008年，团县委在助残、禁毒、帮教、交通等方面拓展志愿者服务领域。奥运会前夕，开展“迎奥运、促和谐、做先锋”青年志愿者“六走进”示范行动、“迎奥运圣火，做文明使者”万名志愿者宣誓行动。“6·26”禁毒日期间，开展禁毒志愿者进农村、进社区、进单位、进学校宣传活动；8月，开展城乡清洁工程宣传志愿活动；12月1日，团县委组织志愿者参与开展世界艾滋病日宣传活动。

2008年12月—2011年12月，围绕服务大局，发挥“共青号”品牌工作新作用。为“公祭母亲河大典”“汀江情韵”文艺晚会等活动提供志愿服务。在台风“莫拉克”袭击台湾和长汀普降暴雨，暴雨引发山洪、泥石流等地质灾害期间，广大青年自发捐款捐物，成立抢险志愿队参与抗险救灾。在抗击自然灾害的斗争中，结合南方旱灾、玉树地震、特大洪灾等时事，组织开展“交特殊团费、献真诚爱心”抗震救灾捐款活动等活动。累计争取团省、市委和社会各界赈灾资金112.36万元。三年共有49名大学生志愿者到农村开展支教、支农、团建服务工作。青年文明号创建。创建国级青年文明号集体1家，省级青年文明号集体8家，市级青年文明号集体14家，县级青年文明号集体29家。联合青年文明号单位开展“传递爱心，点亮未来”关爱农民工子女志愿服务活动。

2011年12月—2015年12月，大力开展青年志愿者活动。开展以“青春家园·美丽长汀”为主题绿色生态活动、以“保护母亲河”为主题的环保志愿活动、以“家园清扫，建设美丽家乡”为主题的美丽长汀环境综合整治志愿行动等，改善城乡环境，建设“美丽长汀”。联合厦门大学、福建师范大学、福建医科大学、仰恩大学、福建中医药大学等高校开展“三下乡”暑期社会实践活动20余场次。四年来，在世界客属公祭客家母亲河大典、“薪火相传　再创辉煌”长征精神红色旅游火炬传递活动、“成龙先生捐赠古建筑活动暨长汀县国家历史文化名城保护日启动仪式”“长汀县国家历史文化名城保护日暨缅怀路易·艾黎先生”“杨成武将军诞辰100周年纪念活动”等大型活动中，广大青年志愿者挥洒汗水、热诚奉献；在长汀“5·19”和“7·22”等自然灾害中，广大青年官兵、青年突击队员不畏艰险、冲锋在前，以实际行动谱写感人的青春篇章。推动青年文明号创建。四年共创建长汀县国土资源局服务大厅1家国家级青年文明号集体，国网福建长汀县供电有限公司城区供电营业厅、长汀县烟草专卖局城区专卖管理所等10个省级青年文明号集体，长汀县人民检察院公诉科、长汀县公安消防大队等 9 个市级青年文明号集体。

2015 年 12 月—2017 年 12 月，组织青年志愿者开展以“防毒禁毒我先行　争做禁毒护卫军”为主题的禁毒宣传活动、以“文明润心·创城惠民”为主题的创城系列志愿活动、以“青春志愿行，温暖回家路”为主题的服务春运主题志愿活动、以“家园清扫·建设美丽家乡”为主题的美丽长汀环境综合整治志愿行动，以及“共青团员义务星期六”等共青团品牌志愿活动，组织青年志愿者进敬老院、进社区、进企业、进学校“送温暖、送关爱”，引导全县青年为建设“美丽长汀”贡献青春力量。开展“三下乡”暑期社会实践活动 40 余场次。两年来，为世界客属公祭客家母亲河大典、第九届海峡论坛·海峡客家（长汀）风情节、全国政协基层公共文化建设送文化下基层等提供志愿服务。助力脱贫攻坚战役。两年中，针对全县建档立卡的贫困青年 68 人开展两期“雨露计划”工作。开展“普及金融政策知识，共建绿色生态家园”系列活动 19 场，参与青年 3 万多人。在国际扶贫日开展“中国梦·青年梦”为主题的扶贫捐赠活动，以及“青春扶贫·暖冬行动”扶贫惠民活动。

2017 年 12 月—2021 年 10 月，坚持倡导文明风尚，争创一流业绩，长汀青年生力军作用更加彰显。青年志愿者行动，以“共青团员义务星期六”“青春志愿行”“暖冬行动”“服务文明城市创建”“关爱留守儿童”“阳光助残”“学雷锋活动月”等主题实践为抓手，累计开展各类志愿服务活动 700 余场，共有 15 万人次参与活动；打造“青年志愿服务站”活动品牌，建立青年志愿服务驿站，实施县城社区志愿服务工作，参与文明城市创建，疫情防控期间组建青年突击队、疫情志愿服务小队冲锋在前，志愿服务水平逐步提高。推进“家园清洁活动”“保护母亲河行动”，组织广大青少年参与环境清洁、绿色出行、垃圾分类、光盘行动等生态环保实践活动 200 余场，在河田镇完成团中央“解放军青年林项目”，巩固提升“青年生态林·世纪林”项目。倡导移风易俗，连续两年开展“长汀公益集体婚礼”活动，服务青年 40 余对，开展“倡导交友婚恋新风”系列交友活动，倡导文明新风。开展文明城市创建工作，开展“文明新风·青年先行”系列专项行动 50 余场。持续深化青年文明号、青年安全生产示范岗、青少年维权岗、青年岗位能手等“青”字号品牌创建，争创全国青年文明号 1 家，省级青年文明号 3 家，省级青少年维权岗 3 家，“福建省青年岗位能手”称号 1 名。

四、维护青少年合法权益

1997 年—1999 年 10 月，希望工程事业健康发展。组织建立键全贫困失学青少年档案及待建“希望小学”档案，举行“积极参与扶贫行动、捐助万名失学儿童”“希望工程志愿者劝募”等主题活动。3 年全县共资助贫困学生 3380 名，兴建希望小学 17 所（其中在建 5 所），援建“希望书库”30 个，援建“三辰影库”2 个，共争取资金 400 多万元。少先队雏鹰行动进一步拓展。3 年中，全县少先队组织通过开展“我与文明手拉手行动”“雏鹰达标授章”活动，深化少先队的思想教育、“五自”活动在城乡顺利开展。青少年成长环境不断优化。团共委通过开展文化市场监督，配合“扫黄打非”，促进文化市场繁荣；通过民主监督、协商对话、舆论干预、组织协调、法律服务等方式，切实维护青少年合法权益。1999 年，团县委联合 8 个部门开展创建“优秀青少年维权岗”活动。

2000 年—2004 年，开展“希望工程”系列公益活动，推进“希望工程·圆梦行动”助学活动。维护青少年合法权益。开展符合青少年身心特点的法治宣传活动，针对农村留守未成年人，开展“关爱行动”；针对社会闲散青少年，开展“导航行动”；针对问题青少年，开展“帮教行动”；

针对进城务工青年，开展“关怀行动”；针对流浪未成年人，开展“保护行动”；针对困难青少年，开展“救助行动”。组织非公企业团组织、青年文明号集体和青年志愿者等为农民工子女提供形式多样、切实有效的服务。

2005年—2008年12月，继续实施希望工程。2005年，环球私人信托公司和华阳电业有限公司资助长汀县品学兼优贫困学生，有292人次受助，计人民币19.8万元。香港福建希望工程基金会陈进强捐建的教学楼竣工。南山大田希望小学2005年3月竣工。2006年，全面启动“同在蓝天下失学青少年救助行动”和“大手拉小手·希望工程圆梦大学”行动，全县109名贫困大学生得到资助。“同梦行动”活动中，林业团委、交通团委等单位共筹资16.4万元，资助41名贫困大学新生。2007年，采取“一助一”或“多助一”形式，专门制作“关注话题”电视栏目，筹集资金57.8万元，并争取“感天爱心助学金”“西部助学金”“希望工程·维尔康餐具消毒中心助学金”“明德奖学金”“红七匹狼助学金”10万元资助百余名贫困学生。另外，争取新课桌椅700套、价值1万元的快乐体育园地一套及水口希望小学援建款20万元。2008年，“希望工程2008·圆梦行动”助学公益活动筹款42万元资助贫困大学新生85名，举行“希望工程·维尔康餐具消毒中心助学金”“明德奖学金”“红七匹狼爱心助学活动”等助学金发放仪式。争取澳门青年联合会20万元港币援建童坊希望小学。青少年维权行动。2005年，县检察院、县法院刑事审判庭、工商城区分局、教育局申报为省级“优秀青少年维权岗”。2006年，规范考评机制，县司法局等10个单位被评选为长汀县2005年度“优秀青少年维权岗”，县人民法院刑事审判庭等10家单位继续认定为长汀县“优秀青少年维权岗”，县教育局、县公安局刑侦大队被评选为省级“优秀青少年维权岗”。2007年，颁发《长汀县县级“优秀少年维权岗”考核标准》，命名表彰教育、工商、司法、质检、公安等系统内10个“优秀青少年维权岗”。“关爱农民工子女、留守儿童”。2007年“六一”前夕，团县委联合县委办、县妇联举办“代理妈妈”亲情关爱留守儿童结对启动仪式，招募“代理妈妈”120位，与91位农村留守儿童结成“一帮一”或“几帮一”对子。全县青年文明号集体组织“手拉手，关爱留守少年儿童”助学活动，结对救助贫因少年儿童。

2008年12月—2011年12月，希望工程实现新突破。希望工程共募集资金217.835万元，三年筹集希望工程资金均获全市第一名，共资助500多名贫困大学生。引进资金210万元，援建希望小学6所、希望书库3个。举行“红七匹狼走进长汀一中助学金”“厦门边检总站走进老区捐资助学”等发放仪式，为中小学生筹集近30万元资金和700套课桌椅。通过“红七匹狼助学活动走进长汀一中”“赈灾助学金发放仪式”等资助70名受灾、贫困的中小学生。三年累计筹集各项希望工程资金近800万元。围绕维护青少年合法权益，加强预防青少年违法犯罪体系建设。会同长汀县人民法院和人民检察院分别在全市率先成立“少年审判庭”和“青年工作委员会”。开展创建“零犯罪社区”“青少年法律学校暑期社区行”“为了明天——青少年法治宣传周”“为了明天——青少年远离毒品宣传月”等宣传教育活动。深入开展网吧、游戏厅大检查活动。组织参加在共青村举行的青少年“生态体验、素质拓展”夏令营活动。开展关爱留守儿童行动。30余支青年志愿者服务队结对全县3500多名农民工子女提供志愿服务。实行“服务农村留守儿童”计划，开展各种以“关注留守少年儿童”助学活动为主题的募捐活动，共筹得捐助资金16.32万元，结对帮扶300余名贫困留守少年儿童。

2011年12月—2015年12月，注重整合资源、形成合力，服务青少年工作扎实推进。希望工程建设。四年共筹集助学金 575.45 万元，资助 964 名贫困大学新生。组织为雅安地震灾区捐款 25.69 万元。援建三洲共青希望小学 20 万元，帮助东埔小学 、新桥中心校争取到省希望办的希望小学援建资金各 40 万元，为三洲中心校和庵杰中心校争取到各 5 万元的电脑教室建设经费，为全县各学校争取到捐赠爱心物资 40 万余元。关爱农民工子女行动。动员 2242 名青年志愿者结对帮扶农民工子女，结对龙山中学、大同中心校、登俊小学、第二实验小学等 11 所农民工子女学校，共计结对农民工子女 3663 人，建设七彩小屋等各类服务阵地 11 个，开展微心愿活动 3 次，为 200 余名农民工子女实现微心愿。团县委打造的农民工子女成长乐园获得第四届福建青年志愿者优秀项目奖。维护青少年合法权益工作。全县未成年涉罪数和犯罪数均逐年下降。四年共组织全县机关企事业单位开展法治宣传活动 25 次，举办法律知识讲座 13 场次。青少年维权岗创建，完成长汀县教育局国家级“青少年维权岗”创建工作、长汀县人民法院少年审判庭省级“青少年维权岗”的创建工作以及河田工商所、馆前派出所、少年审判庭等 3 家市级“青少年维权岗”的创建。青少年综合服务平台建设。长汀县青少年服务中心是团中央首批支持建设的青少年综合服务平台之一，也是龙岩市首个青少年综合服务平台。

2015 年 12 月—2017 年 12 月，希望工程建设扎实推进。两年共筹集助学金 190.26 万元，资助 341 名贫困大学新生。完成希望工程“脱贫攻坚”专项资助 53 名。争取“雨笑爱心基金”5000 元。帮助新桥中心校落实省希望办的希望小学援建资金 36.8 万元。关爱农民工子女行动。两年共开展春暖童心“微心愿・进校园”5 场，为 150 名进城务工青年及其子女实现微心愿。开展长汀县青少年“光明公益行”活动，为 25 所中学的青少年捐赠 5500 副眼镜。利用寒暑假，开展希望公益教室 5 期，为 300 余名进城务工青年及其子女服务。维护青少年合法权益工作。青少年维权岗创建活动，完成长汀县大同中心校省级“青少年维权岗”，检察院未检科、司法局法律援助中心、策武派出所 3 家市级“青少年维权岗”的创建。青少年综合服务平台建设。依托“青年之家”，开展“青春自护・安全寒假”青少年自护教育行动、关爱留守儿童活动、预防青少年犯罪知识宣传活动、微公益微心愿对接等志愿服务活动。

2017 年 12 月—2021 年 12 月，坚持做实关爱帮扶，积极参与社会治理，长汀青年的权益保障更加完善。开展共青团送温暖走访慰问活动，重点帮助困境青少年 200 余名，帮扶资金 50 余万元。举办微心愿等活动 10 余场，实现心愿 600 余个；开展“希望工程・圆梦校园”助学活动，四年来帮扶贫困学生 602 名，发放资助金 301 万元。推动实施《长汀县重点青少年群体服务管理办法》。创建长汀县汀州红土地社工服务中心，构建“社工＋团干＋志愿者”的青少年社会工作机制，针对重点青少年群体开展专业服务 120 余场。抓好青少年安全自护教育，开展“普法伴我行”法治宣传教育进学校系列活动，举办“无毒青春・健康生活”“校园零欺凌”“青少年防性侵”等活动 20 余场，持续提供心理咨询、法律维权、应急救助等援助，帮助青少年健康成长。

五、团组织创新建设

1997 年—1999 年 10 月，长汀县团委会同县委组织部先后下发《关于进一步加强基层团委建设的意见》《关于做好乡（镇）团委换届选举工作的意见》和《关于在村两委换届选举中加强村团支部书记“三位一体”配置的实施方案》，配齐、配好、配强乡村团的领导班子。3 年中，全县 296 个村（居）的团支书全部进入村两委，18 个乡镇有 4 个乡镇团委书记进入党委班子，11 个乡镇团委书记得到重用。以团校为阵地，举办各类培训班 400 余期，培训团干、团员和辅导员 2 万人次。以农村和中学为发展团员的重点，3 年共发展团员 13782 人。“推优”工作走上规范化。制定《推荐优秀团员入党工作的实施细则》，3 年共“推优”入党 3763 名，有 1924 人加入党组织。后进团支部整顿。3 年中，全县共有 48 个后进村团支部得到转化。机关和非公有制经济组织团建工作。下发《关于在县直党委建立健全团组织的意见》，基层团委数从 1996 年年底的 42 个增至 1999 年的 62 个。

2000 年，全县有基层团委 68 个，团支部 704 个（非公企业团支部 68 个），团员 26089 人。2003 年，全县有基层团委 68 个，其中县直非公企业团委 19 个，乡（镇）团委 18 个，中学团委 31 个。团员 28435 人（其中女团员 11175 人）。全县有专职团干 17 人。团员比例占全县青年总数的 15.58%。2003 年 7 月，团县委书记范元丰被选为共青团中央“十五大”中央候补委员。

2008 年—2011 年 12 月，围绕组织青年，不断夯实团的自身建设。夯实基层基础。巩固传统领域团建，开展创建“团建示范乡镇”活动。履行全团带队职责，规范村团支部书记 100 元津贴发放，顺利完成乡镇团组织换届和组织格局创新工作。创新非公企业团建工作，全县建立两新团组织 89 家，团员 4576 名。加强队伍建设。推进团市委派驻县级团委指导工作和高校团干部到县团委挂职工作。在全市率先完成乡镇团的组织格局创新工作，全县 18 个乡镇共选配编制外副书记 48 人。全县初三团青比为 56% 以上，高三团青比为 85% 以上，共“推优”入党 1126 人。改进工作方法，激发基层活力。把全县各级团组织分成五个片区，各片区开展流动现场会，激发团组织内在活力。

2011 年 12 月—2015 年 12 月，坚持眼睛向下、重心下移，团的基层组织建设和基层工作实现突破。健全各项制度。制定《关于进一步加强党建带团建工作的实施意见》《关于贯彻〈关于健全完善基层党建带团建工作机制的意见〉通知》《实施加强中学和中职共青团工作》。推进乡镇实体化“大团委”和数字化团建工作。全县乡镇实体化“大团委”共建设团组织 38 家，新增加兼职团委书记 38 人，副书记 38 人。推进福建共青团数字化团建工作，全县数字化综合管理系统共建立下属团委 68 个，团总支 13 个，团支部 804 个，录入团员数 15813 人。全面提升非公团建水平。坚持“以点带面、重点推进”，按照“先易后难、抓大促小、典型示范”的原则，坚持“建一家、规范一家、带动一片”，四年完成 92 家非公企业团建。驻外团组织建设。陆续建立驻厦团工委、驻京团工委、驻粤团工委三个驻外团组织，并开展服务青年活动 10 余场次。团的队伍建设。树立正确的用人导向，四年先后有 2 名金融干部、3 名高校干部到团县委挂职，为 18 个乡镇增补金融副书记。采取挂职交流、集中培训、分散自学、以会代训等方式方法，加强对团干部和团员的教育培训。继续深入开展“五四红旗团委（支部）”创建活动，四年中，评选表彰县级“先进团委（支部）”145 个，市级“五四红旗团委（支部）”24 个，省级“五四红旗团委（支部）”6 个，并评选省、市、县优秀共青团员、优秀共青团干、十佳少先队辅导员、十佳少先队员共计 643 人次；市级“五四”奖章个人和集体共 8 人次；“福建省青年五四奖章”2 人次。

2015 年 12 月—2017 年 12 月，团的基层组织建设和基层工作实现突破。健全完善各项制度，增强学校共青团活力。推进数字化团建工作。全县数字化综合管理系统共建立下属团委 68 个，团总支 34 个，团支部 927 个，录入团员 15162 个。星级团支部达标及以上 280 个，乡镇直属团组织 18 个。全面提升非公团建水平。两年完成 31 家“两新”组织非公团建工作，对已经成立团组织的“两新”组织，进行指导规范、重组提升。驻外团组织建设。驻厦团工委、驻京团工委、驻粤团工委三个驻外团组织开展服务青年活动 10 余场次。团的队伍建设。两年中，有 1 名金融干部到团县委挂职，为 18 个乡镇增补金融副书记。加大”推优“力度。两年来，共获得省级表彰优秀团员 4 名、优秀团干部 2 名；获得团市委通报表扬优秀团员 16 名、优秀团干部 10 名、“五四红旗”团委 2 个、“五四红旗”团支部 6 个、“五四”青年奖章人选 4 名及“五四”青年奖章集体 4 个。获得两个国家级表彰：“全国保护母亲河组织奖”和“全国示范性青少年综合服务平台”。

2017 年 12 月—2021 年 10 月，坚持深化改革攻坚，推进从严治团，工作基础更加夯实，基层组织更加充满活力。依托“智慧团建”系统建立覆盖 50 个团委、19 个团总支、643 个团支部、1.51 万名团员的信息数据库。严格团的组织生活，推动团员管理精细化、支部工作信息化、组织动员扁平化。突出“全团抓学校”工作意识，加强团教协作，制定出台《长汀县中学共青团改革方案》。推行非公有制团组织标准化建设，开展非公团建“六个一”活动，推动全县 35 个非公团组织规范化建设。开展“1+100”团干部直接联系青年活动。建立学校少工委、社区少工委，开展“红领巾奖章”争章等少先队标准化建设活动，举行“社会主义核心价值观记心中”“红领巾相约中国梦”“红领巾心向党”“我们是共产主义接班人”等活动 150 场，覆盖 4 万名队员。建设省级少先队名师工作室 1 个、县级学科指导组 1 个，开展名师示范课、送教送培、指导少先队活动公开课等活动。长汀县青少年宫开设各类公益培训科目 20 多个，年培训 1.3 万人次。

第六节　共青团连城县委员会

一、青年思想引领

1996 年 8 月—2002 年 9 月，连城团县委坚持用邓小平理论和“三个代表”重要思想武装全团，加强团员青年的思想素质建设。以庆祝澳门回归、纪念建党 80 周年、纪念建团 80 周年、揭批邪教，贯彻《公民道德建设实施纲要》、“三个代表”重要思想学习教育活动等为契机，通过举办培训班、召开报告会、开展主题团队学习教育和读书活动，促进学习活动的深入开展。围绕《爱国主义教育实施纲要》，开展以“爱国、立志、成才、奉献”为主题的系列教育活动。建立爱国主义教育基地，开展学习《中华人民共和国国旗法》、18 岁成人教育活动；开展”两史一情“教育和爱我中华民族精神教育，邀请老红军、革命前辈和残奥会金牌得主女青年罗福群为青少年作报告。开展文娱教育活动。举办“公民道德建设实施纲要”暨团史知识竞赛和“高举团旗、永远跟党走”为主题的青春歌咏比赛；在青少年教育基地开展“忆团史，创伟业，展新姿”为主题团队日活动。深入开展“拒绝邪教、远离邪教”活动。举办“崇尚科技文明，反对封建迷信 ”讲座，深入开展反邪教活动。

2002 年 9 月—2005 年 9 月，深入学习邓小平理论和“三个代表”重要思想，以“永远跟党走”为主题，广泛开展“爱祖国、爱福建、爱连城、学忠华、见行动”系列教育活动。利用“红土地”教育资源，组织中小学生祭扫烈士纪念碑，邀请老红军、革命前辈召开爱国主义教育报告会，举办“缅怀革命先烈、弘扬民族精神”主题读书征文比赛。加强未成年人思想道德建设。举办“公民道德建设实施纲要”暨团史知识竞赛和“高举团旗、永远跟党走”主题青春歌咏比赛，开展“小康路上团旗红”为主题的文化下乡活动，组织广大青少年向内蒙古“12・14”营救落水儿童英雄群体、谷文昌、郑培民等先进人物学习活动，教育引导青少年成长为社会主义“四有”新人。

2005年9月—2008年12月，坚持用科学理论武装全团，青少年思想道德建设取得新成效。以主题教育为抓手，抓住建党、建团、“五四”和申奥成功等重大纪念日的有利时机，开展“祖国在我心中”“永远跟党走”等主题活动。开展增强共青团员意识主题教育活动，举行入团入队和成人宣誓仪式，深化“民族精神代代传”“祖国发展我成长”“迎奥运·讲文明·树新风”等体验教育活动。推进大、中学生素质拓展计划，开展素质拓展训练，组织回乡大、中学生开展以新农村政策宣讲、荣辱观宣讲、支农支教支卫服务等为内容的暑期“三下乡”社会实践活动，建立4个社会实践基地。

2008年12月—2011年11月，深入开展“解放思想、先行先试，加快‘两个先行区’建设”主题实践活动。以中国青年志愿者日、清明节、“五四”“六一”、成人宣誓仪式、纪念建党90周年、辛亥革命100周年等重大节庆和活动为契机，以“雏鹰争章”“迈好青春门、走好成人路”“民族精神代代传”“永远跟党走，青春促跨越”“学党史、知党情、跟党走”为重点，通过报告会、座谈会、业余党团校和主题团队会等形式，开展祭扫烈士墓、诗歌朗诵、演讲、征文比赛、图片展等活动，帮助青年构筑强大的精神支柱。

2011年11月—2014年11月，围绕“中国梦”、社会主义核心价值观等主题，在全县开展“中国梦·我的梦”主题征文活动、“红领巾相约中国梦 今天我入队 争当好队员”“青春悦读·书香校园”和“少先队先锋行动——核心价值观记心间”主题队日系列活动。抓住重要时间节点，举办“高举团旗跟党走，奉献青春促跨越”文艺会演、“青年行·产业兴·生态美”主题演讲比赛。组织开展清明祭扫、“网上祭英烈”、主题班会等活动。严格选树先进典型。黄丽萍获评“全国优秀少先队辅导员”，饶丽琼获评“全国优秀共青团员”；县公安局出入境管理大队和刑侦大队等2家单位获评“福建青年五四奖章”集体；罗海锋等3人获评“福建青年五四奖章”个人；庙前镇团委、烟草公司团支部、李彭中小大队等19家单位荣获省级先进集体；胡锦清等27人获省级先进个人；财保公司团支部、一中团委等38家单位获市级先进集体；邹生秀获市“乡村道德好青年”，周跃其、张建民获市“乡村活力好青年”，詹声华等75人获市级先进个人。推进宣传阵地建设。在原有QQ群、飞信群、微博等宣传媒介的基础上，2014年，新开设团县委微信公众号，开通青农微信群18个，组建网络宣传队伍，扩大团属宣传阵地的影响力。

2014年11月—2017年12月，连城团县委深入开展“学习总书记讲话，做合格共青团员”教育实践，以“中国梦”、社会主义核心价值观、学习贯彻党的十九大精神为主题，抓住建党95周年、红军长征胜利80周年、建团95周年、清明节、“五四”“六一”等重大纪念日和节日契机，在全县团员青年及中小学生开展各类主题队日系列活动400多场次，覆盖青少年3万人次。坚持标准，严格选树先进典型。连城一中团委获评“全国五四红旗团委”，连城兰花股份有限公司和星光生态旅游开发有限公司获评“全国青少年农业科普示范基地”，童晓娟获评“全国优秀少先队辅导员”；连城县网友协会等2家单位获评“福建青年五四奖章”集体，县法院团支部等11家单位荣获省级先进集体，刘宾等14人获评省级先进个人，吴祥、林先英等2人获评“2016年福建省农村青年致富带头人”；县国税局纳税服务科获评“龙岩青年五四奖章”集体，李书斌等6人获评“龙岩青年五四奖章”，县公安局团支部等31家单位获评市级先进集体，林晨思等53人获评市级先进个人，饶小琼、李斌获评“龙岩市2016年度十佳青年电商”、陈忠伟获评“龙岩市2016年度优秀青年电商”称号；推荐罗传建、林报霖获评连城县第二届“十佳创城标兵”“十佳创业标兵”。探索新媒体宣传工作。全力推进团中央重点工作“青年之声”“数字共青团”建设，推广“连城团县委”公众号。依托数字共青团系统平台，注册青年网络文明志愿者4165人；开通县、乡两级青农微信群18个，组建“文明连城”网络青年志愿者队伍278人，精准发声，传递青春正能量。

2017年12月—2021年，组织开展“请党放心 强国有我”“青春向党·奋斗强国”等专题理论学习14次，开展“传承‘五四精神’·建设‘三个连城’”“绽放战疫青春，坚定制度自信”“迎接少代会，争做好队员”“红领巾心向党·争做新时代好队员”等主题实践活动130余场。扎实推进“青年大学习”网上主题团课学习，参学率居全市前列。构建县、乡、村共青团网络宣传体系，建有共青团系统微信工作及宣传群8个。做好“连城团县委”微信公众号运营。拍摄庆祝新中国成立70周年宣传片《奋斗的青春最美丽——连城青年向祖国深情告白》。典型示范作用充分彰显。推荐获评全国级优秀个人1人，省级优秀个人9人、集体4个，市级优秀个人63人、集体30个，表扬县级优秀个人381人，集体114个。

二、服务成才发展

1999年11月—2002年9月，连城团县委深入开展青年岗位能手和下岗青工再创业行动。共举办青工技术比武活动82场次，有2185名青年工人参加比武。建立下岗青工再就业培训基地3个，举办培训班6期，受训人数400多人次。评选表彰黄水生、罗炳尧等下岗青工兴业领头人。组织青年文明号、青少年维权岗等优秀青年群体与下岗青工户进行结对，开展“1+1”结对帮扶活动。培养青年星火带头人。依托项目、科技和市场，做好农村青年人力资源的开发。三年共培养青年星火带头人1380人，青年致富能手1460人，建立文亨星光水果场、赤岭共青团青年科技示范林、朋口兰花基地等示范基地，开展“保护母亲河”行动。成立莲峰镇青年志愿者“保护文川河”行动服务队，做好“保护母亲河，保护华南虎”明信片发行工作，开展“双保”基金募捐活动。配合北京申办2008年奥运会及绿色奥运行动计划，倡导绿色文明。

2002年9月—2005年9月，全县共青团组织努力帮助青年就业创业。组织青年企业家参加培训，全面提升青年企业家素质；开展“大学生志愿服务欠发达地区计划”招募工作；建立连城县青年领办项目示范基地，加强下岗青工再就业培训。培养青年星火带头人。鼓励农村青年推广、领办科技项目。三年共培养青年星火带头人1027人，青年致富能手1169人，其中邱家峰、陈运中获“福建省农村青年创业致富带头人”称号，林云功获“福建省农村青年创业致富带头人标兵”称号。推动“城乡互动百千万”工程活动。全县22个镇村团委与22个省市县直单位团委结对，实现共青团城市和农村良性互动发展。保护母亲河行动。开展以“为同一条河献同一份爱”主题实践系列活动，组织绿色承诺活动、生态环保知识竞赛、青年志愿者植绿护绿统一行动日活动，增强青少年的环境保护意识。

2005年9月—2008年12月，团县委围绕“工业立县”的发展定位和“抓项目、上工业、促发展”的工作导向，利用共青团平台，参与项目开发和招商引资工作，组织青年企业家参与省第五届海峡青年论坛、市第七届青年企业家协会、“6·18”“11·18”等投资项目洽谈会活动。开展“奉献‘十一五’·奋进在连城”青年突击队竞赛活动，命名建立54支省、市、县级青年突击队。开展“情系汶川·奉献爱心”支援四川灾区抗震救灾活动，交纳“特殊团费”款8893.7

元。以“青春建功新农村”为统揽，开展“共青村”建设活动，为“共青村”争取家园清洁专项资金6800余元，种植名贵树种3000棵。组织280名农村青年参加“自主创业培训”。培养农村青年创业致富带头人195人、农村青年营销员122人和农村青年网络信息员92人。

2008年12月—2011年11月，，全县各级团组织主动服务经济社会发展。参与县委“863”项目竞赛活动，组织发动青年企业家参加“6·18”“9·8”“11·18”等重大经贸活动和创新发展论坛。实施青春建功新农村行动，组织486人参加农村青年自主创业培训。开展“种植名贵树、建设新农村”“绿色奥运·美化家园”“家园清洁·节能减排”——太阳能热水器进“共青村”等活动。推进农村青年创业小额贷款工作。自2009年7月开展青年创业小额贷款业务以来，连城县团委推报创业青年219名，发放贷款873.2万元。以“青春铸连城、创业促就业”为主题，建立3家“青年就业创业见习基地”。组织386人参与“订单式”技能培训、农村青年致富种子工程等活动。成立“海西青创”连城服务站。选树罗树宁、林云功、罗远雪等青年创业者典型。

2011年11月—2014年11月，服务县域经济，打好青春创业战役。直接扶持青年创业。2013年7月19日，成立全省首家引进海西青创模式的青年创业促进会，共扶持陈少单车生活馆、伊思特整体衣柜等两批10个创业项目，发放扶持款30万元。搭建创业交流平台。2012年，组织430余名农村青年免费参加农业自主创业培训。依托冠豸山电子商务创业园开展30期630余人次电子商务创业培训。6名优秀创业青年参加市海西青创创业培训班，李庆亮、罗兆富等青年电商参加市青年电子商务协会。发展青年见习基地。在鑫晶刚玉、天一温泉、实验幼儿园等单位成立青年创业就业见习基地8家，提供见习岗位26个。优化创业软环境。2013年10月，成立连城县挚友联谊会，先后举办“金秋十月 浪漫有约”“八分钟约会第一季”等交友活动，为未婚男女搭建交友平台。

2014年11月—2017年12月，深化品牌创建，助力创业连城。打造连城特色的青创品牌。2015—2016年，连续两年举办“青年电商·创业有我”和“创业连城·网通天下”为主题的青年电商创业大赛。连城县青年创业促进会完成五个批次19个项目扶持款的发放，发放扶持款项75万元。全面深化“银团合作”。联合县信用联社在全市率先发行“银团合作·青创卡”项目，截至2017年11月末，共计发行291张、授信额度2243万元。多方位加强银团合作。三年完成小额贷款264笔，发放资金945万元。实施农村创业青年培育计划。2017年7月，对接“跨越创业起跑线”，为连城县35名创业初期的青年提供理论及实操培训。

2017年12月—2021年，团县委以服务为宗旨，多措并举助推梦想起航。精准服务现实需求，拓宽毕业生就业求职渠道，联合开展“青春同行·企校联手”招聘会，提供就业岗位1300个。及时发布“千校万岗·就业指导课”，组织毕业班学生参与线上线下招聘活动。落实338名大学生志愿服务欠发达地区计划，开展寒暑假社会实践活动。联合县信用联社，为全县17个乡镇分别选派1名金融挂职团委副书记，助力乡村振兴，四年共选派金融挂职副书记34名。连续四年开展连城县青年交友联谊活动7场。拓展联系青年渠道。组建“冠豸青年”社会实践队，对接福州大学等6所院校150名大学生开展暑期“三下乡”志愿服务活动。开展2019年海峡两岸青少年客家民俗文化交流活动，邀请台湾棒球队小学生30名与连城县小学生互动交流。深化“银团合作”，发行青创卡1032张，授信6930.5万元，用信5041.84万元，位居全市前列。

三、青年文明建设

1999 年 11 月—2002 年 9 月，连城团县委充分发挥服务社会、服务青年的职能作用，促进社会主义精神文明建设全面进步。青年志愿者活动。开展“新纪元从志愿者开始”和青年志愿者科教、文体、法律、卫生“四进巷”活动；做好“一助一”行动的延伸与深化，实行五定服务；以“保护母亲河，同栽世纪林”为主题，在“3·12”植树节期间，广泛开展植绿护绿活动；开展青年志愿者为奉献者奉献活动，为老党员、老红军、老专家、老干部、老模范等开展志愿服务。青年文明号活动。在税务、金融、交通、卫生等窗口行业以“满意服务、情暖连城”为主题，以“青年文明号服务卡”为载体，以“优质服务”为手段，抓好青年文明号活动的深化。以诚实信用为主题，开展“青年文明号新世纪信用建设示范月”活动，开展“青年文明号一卡通”服务；以“扶贫济困”为主题，组织全县 30 多家青年文明号单位开展“送温暖、献爱心”活动。三年中，涌现出省级青年文明号 6 家，市级青年文明号 39 家，县级青年文明号 48 家。创建冠豸山青年文明社区、宣和培田古民居等旅游景区青年文明社区。开展青年文明社区大家乐等群众性文化活动，实施“青少年新世纪读书计划”。

2002 年 9 月—2005 年 9 月，团县委以“奉献、友爱、互助、进步”志愿精神为宗旨，以 3 月份学雷锋“青年志愿者”行动月为契机，广泛开展青年志愿者送温暖献爱心系列活动。开展“青年文明号信用建设示范月”活动和“‘三平’精神在青年文明号岗位闪光”大讨论活动,实施“号”“户”结对、开辟青年文明号“绿色通道”，做到信用进社区、服务进万家。三年中，涌现出省级青年文明号 1 家，市级青年文明号 7 家，县级青年文明号 13 家。成立青年志愿者预防“非典”宣传队和医疗救护“非典”突击队，做好防治非典型肺炎工作。

2005 年 9 月—2008 年 12 月，坚持开展志愿服务统一行动日和服务月活动，组织青年志愿者深入社区、农村和困难家庭，开展志愿服务活动,并在冠豸山申报世界自然文化遗产，创建第九、第十届省级文明城市，举办龙岩市旅游文化节等重大活动中做了大量志愿服务工作。组织 150 名“青年爱路护路志愿者”在赣龙铁路沿线的 4 个乡镇开展爱路护路行动。实施“大学生志愿服务欠发达地区计划”，共 3 批 24 名志愿者服务连城县乡村教育、医疗和农技工作。2006 年，开展“青年同心、服务省运”服务。深化青年文明号活动，开展“青年文明号真情助万家”“号户结对”“优质服务示范月”等活动。全县有国家级青年文明号 1 家、省级 10 家、市级 48 家，县级 89 家。“爱我连城青年文化行动”有序展开。

2008 年 12 月—2011 年 11 月，围绕党政中心，在创建省级文明县城、龙岩市旅游节、“春暖人心”“携手申遗·志愿有我”“迎奥运、促和谐、做先锋”等重大活动，组织 8000 多人次青年开展志愿服务。成立首支乡镇消防志愿者服务队——莲峰镇消防志愿者服务队，队员 40 名。招募 3 批 20 名大学生志愿者实施“大学生志愿服务欠发达地区计划”。开展关爱农民工子女志愿服务行动。深入开展“迎奥运·促申遗 青年当先行”“立足岗位比贡献·创先争优做示范”“和谐连城·青年先行”等主题的青年文明号行动，全县涌现国家级青年文明号 1 家、省级 12 家、市级 48 家。以“低碳生活、有你有我”“找公益地、种生态树、建青年林”为主题，组织开展“创绿色家园、建富裕新村”植树造林、绿地养护等活动。开展青年文化行动，举办“勇争先·立潮头”环城接力赛、“高举团旗跟党走·激情红歌大家唱”千人广场拉歌——纪念“五四”运动系列活动，举办青年歌手大赛，开展第五、第六届书信文化活动。

2011年11月—2014年11月，团县委全面提升青年志愿服务品牌。组织开展为庐山地震捐款、“真情相伴·共促和谐”“青春美·爱相随”毛毯捐赠、“尊老爱老敬老”“大手牵小手”、实现“微心愿”、关爱农民工子女和学雷锋等志愿服务活动60场次；发动280名青年志愿者为连城“中国骑都·环冠豸山山地自行车赛”提供志愿服务；召集400余名志愿者开展以“生态文明·关爱自然·保护连城山川河流”为主题的保护连城生态环境志愿服务活动。重点突出青年行业名片铸造。抓好县消防大队、检察院反贪局等7家省级青年文明号和城东供电所等10家市级青年文明号单位创建指导工作。2014年，团县委获评“福建省突出贡献青年文明号活动组织单位”。开展“温暖行动”。为北团电力希望小学等6所小学安装价值8万元的热水器14台和大功率饮水机6台，基本解决师生的洗澡及饮水问题。植绿护绿，美化生态环境。全县各级团、队组织开展植树活动130多场，种植各类苗木3万多株。2012年，在庙前镇水北村创建“海西青年林”。家园清洁，建设宜居连城。以雏鹰争章活动为载体，在各小学广泛开展“保护母亲河”“红领巾在行动”主题队会；组织全县各团（队）结合“美丽连城”建设，大力倡导低碳生活。

2014年11月—2017年12月，持续打造“青年文明号”“青年志愿者”等青品牌。三年创建省级青年文明号8家、市级15家。组织各级青年文明号开展“四月优质服务示范月”和“六一”关爱留守儿童爱心活动；组织青年志愿者500余人参加“7·22”特大洪灾救助；连续三年组织志愿者为“环冠豸山自行车赛”提供志愿服务；连续七年与集美大学美术学院举办“暑期三下乡”免费美术培训班，培训小学生2235名。全面开展“小手拉大手·共护母亲河”系列活动。2017年5月18日，举行连城县青少年生态环保联盟成立仪式暨“小手拉大手·共护母亲河”旗帜接力启动仪式，落实“河长制”责任，开展“美化生态环境·共建美丽家园”主题活动。开展植绿护绿活动，三年共开展植树活动320余场，参与人数2万余人，种植各类苗木6万多株。开展家园清洁行动，创建县级“青春家园示范点”17个，朋口镇桂花村青春家园示范点获评省级“青春家园示范点”。

2017年12月—2021年，连城县团委以新风为方向，主动靠前展现青春风采。志愿服务亮点纷呈。至2021年，共注册青年志愿者41528人。组织志愿者先后参加义务植树活动、央视《乡村大舞台》栏目录制、中国骑都·2019环冠豸山国际自行车大赛、2019龙岩冠豸山国际半程马拉松赛等大型活动和赛事。组织297名志愿者配合莲峰镇开展疫情防控工作。创城服务。开展“创城‘心’体验 文明你我他”主题志愿活动3场次，发动志愿者参与创城行动。推进“青年文明号”单位评选，推荐获评省级青年文明号单位2家、市级青年文明号单位3家、评定县级青年文明号单位8家。邓以兴获评全国第九届“母亲河奖”绿色卫士奖、福建省第三届“母亲河奖”绿色卫士奖。连城团县委被团中央评为2020年全国大中专学生志愿者暑期“三下乡”社会实践活动优秀单位。

四、维护青少年合法权益

1999年11月—2002年9月，连城县团委继续深化“少年雏鹰行动”，扎实开展“手拉手”活动。三年共有85所学校结成手拉手联谊学校，建立手拉手书屋12个，“手拉手”结对2万多对。深化“启明星”科技活动，开展“百花园”文化体育艺术活动。开展校外雏鹰争章活动，有3000多名少先队员获得各种类型的校外雏鹰章。实施中学生素质拓展计划，开展“科技人文进校园”系列活动。继续抓好青少年普法教育，开展青少年维权岗活动，成立青少年维权岗活动组委会，组织开展青少年维权活动。联合政法委等单位举办《中华人民共和国预防未成年人犯罪法》图片展。

2002 年 9 月—2005 年 9 月，全县共青团组织坚持全心全意为青少年服务，青少年成长成才的社会环境进一步优化。推进希望工程“爱心助学计划”，争取全国青基会连续五年资助连城县 100 名农村家庭经济困难的学生，累计金额 37.65 万元。三年来，经团县委牵线达桥，全县受助学生 1000 多人，希望小学 8 所，受助金额上百万元。青少年维权工作。下发《连城县关于实施“为了明天——预防青少年违法犯罪工程”的意见》，召开预防青少年违法犯罪工作暨学校及周边治安综治工作会议，实施青少年违法犯罪社区预防计划和零犯罪社区计划，逐步完善“优秀青少年维权岗”创建考评制度，开展“青少年维权受理中心”建设试点。在全县中小学生中开展“远离网吧”活动和举行“青少年网络文明公约”宣誓仪式活动，净化青少年成长环境。召开第二次少先队代表大会，产生少先队第二届工作委员会。

2005 年 9 月—2008 年 12 月，优化青少年发展环境，服务青少年成长成才。实施“希望工程”，三年共筹资爱心善款 60.375 万元，修建希望小学 1 所，资助贫困大中小学生 472 名。推进优秀“青少年维权岗”创建活动，建立“青少年法律援助站”，三年来，涌现国家级优秀青少年维权岗 1 家、省级 1 家、市级 2 家。深化“普法宣传进校园”活动，开展普法宣传 46 场次。开展“青春红丝带行动”宣传教育活动、“珍爱生命・远离毒品”和禁毒宣传周活动。实施青少年阳光上网计划、“为了明天——预防青少年违法犯罪工程”“青少年模拟法庭”等活动，推动“平安连城”建设。

2008 年 12 月—2011 年 11 月，坚持转变服务方式，促进青少年成长成才有新作为。实施“希望工程”，筹集善款 167.37 万元，修建希望小学 1 所，资助 200 名贫困大学生和 267 名中小学生。开展“情系震区・奉献爱心”“情系玉树，奉献爱心捐资赈灾”“为了灾区的孩子　爱心一日捐”等义捐活动。推进青少年维权岗创建，全县有全国级青少年维权岗 1 家、省级 2 家、市级 3 家。实施预防青少年违法犯罪“护蕾”工程，结合联合有关部门开展“斩网行动”、禁毒宣传、“平安连城”建设活动，净化青少年成长环境。

2011 年 11 月—2014 年 11 月，从希望工程、维权工程、助孤行动等方面，履行共青团服务青年基本职能。“希望工程・圆梦大学”累计筹集善款 151.8 万元，资助应届贫困高中毕业生 293 人。为林坊书典希望小学、宣和共青希望小学和新泉中小对接希望小学援建项目共计 150 万元。深化维权工程，优化青少年成长环境。开展“共青团与人大代表、政协委员面对面”活动，县“两会”期间，提交做好“两后生”就业培训、青少年心理健康教育专业队伍培育建议的提案。推荐冠豸中学等 3 家单位申报市级青少年维权岗。开展青春同行，认真做好助孤、助残行动。共摸排出孤儿 27 人，单亲家庭孩子 75 人。发动基层团组织和青年文明号单位与所辖区域内的孤儿开展“号户结对”，定期开展“青春同行”慰问关爱活动。

2014 年 11 月—2017 年 12 月，“圆梦大学”累计筹集善款 194.5 万元，资助贫困高中毕业生 463 人。“青春同行”项目，三年中，募集“阳光助残”善款 11.3 万元、资助残疾儿童 4 人，募集“青春助孤”善款 86.25 万元、资助事实无人抚养孤儿 48 人。对接“希望小学”援建。承接团省、市委援建林坊书典和新泉影光希望小学资助款 90 万元；承接援建莒溪长乐恒力希望小学；对接厦门太古可口可乐公司向“7・22”受灾的庙前镇庙上小学等 3 所完小分别捐赠价值 10 万元的大型净水设备。发挥维护青少年合法权益职能。制定下发《关于开展“同享一片蓝天・共筑美好未来”预防青少年违法犯罪主题活动的通知》等文件；开展“共青团与人大代表面对面”活动

2 场次，县“两会”期间提交有关提案 2 份，开展各类自护主题教育活动 120 多场次。开展关爱留守儿童公益系列活动。以“爱心传递 · 共同成长”为主题，开展关爱留守儿童系列活动 100 余场次。落细落小落实综治平安创建责任。开展培训、禁毒活动 60 余场次。

2017 年 12 月—2021 年，对接争取“希望工程 · 圆梦行动”“成美爱助”“一缕阳光”“福大大”等助学助贫项目，四年共争取、发放各类助学金、希望小学建校款等 406.56 万元，资助贫困学生 2156 人次。建立连城县青年工作联席会议工作机制，审议通过《连城县青年工作联席会议议事规则》，出台《连城县贯彻落实龙岩市青年发展规划（2020—2025 年）实施意见》，为连城县青年健康成长创造良好条件和环境。成功举办第二、第三届连城县关爱儿童公益活动。预防违法犯罪有效推进。印发《关于进一步加强全县重点青少年服务管理的通知》《关于开展重点青少年挂钩帮扶工作的通知》，举办“红土连青 · 情暖童心”青少年自护课堂每周进学校活动 43 场，为青少年健康成长营造良好发展环境。

五、团组织创新建设

1999 年 11 月—2002 年 9 月，注重加强团组织自身建设，增强团组织的吸引力、凝聚力和战斗力。三年中，对全县 10 个乡镇团委、126 个村团支部的班子成员进行调整充实，选拔 7 个乡镇团委书记到领导岗位。在乡镇新一届团委班子中，平均年龄 25.1 周岁，大专学历以上文化程度 20 人。采取单独建、联合建、挂靠建等多种组建模式，开展非公有制经济建团工作。三年组建非公经济团组织 38 家。举办团干培训班 48 期，组织全县专（兼）职团干 60 多人次到党校、省、市团校进行培训。三年发展新团员 18620 名，全县团青比率 25.1%。推荐 848 名团员加入党组织。

2002 年 9 月—2005 年 9 月，创新团建工作。三年涌现 2 个省级、5 个市级“五四”红旗团委（团支部）。建立时兴华乐有限公司团支部和龙岩冠豸山机场有限公司团委，共组建非公企业团组织 55 个。加强村级团组织建设，村团支部书记“三位一体”合格率为 85%，入村两委成员 90%。宣和中学、莒溪中学等 2 所学校团（总）支部升格为团委。坚持干部“四化”标准和德才兼备的原则，三年选拔 18 名优秀团干部到重要党政领导岗位。举办团干培训班 42 期，组织全县专（兼）职团干 50 多人次到党校培训。探索流动团员的管理工作，建立驻深圳团工委。三年共发展新团员 18560 人，全县团青比率为 25.8%。推荐 668 名团员加入党组织。

2005 年 9 月—2008 年 12 月，顺应发展改革创新，团的自身建设跃上新水平。开展“非公经济团建年”活动，推进团的基层组织建设“三级联创”活动，推广村级团组织负责人“三位一体”的配置，指导基层团组织做好换届选举工作。推荐 845 名团员加入党组织。三年中，新建协会团支部 5 家、非公团组织 34 家，至 2007 年底，全县建团单位 347 个，基层团委 35 个、团总支部 29 个、团支部 687 个、团工委 1 个，获省级“五四红旗团委、团（总）支部”4 家，市级“五四红旗团委、团（总）支部”11 家。开展 “进百镇、抓团建，办实事、促和谐”主题实践活动，建立工作联系点制度。全团带队工作蓬勃发展，开展“民族精神代代传”“红领巾心向党”“手拉手”“雏鹰争章”等青少年主题教育实践活动。成立青少年宫理想艺术培训中心，开展器乐、舞蹈、书法等培训。加强“冠豸山共青团网站”建设和管理。

2008 年 12 月—2011 年 11 月，结合“非公经济团建年”活动，扎实开展非公有制经济组织和新社会组织团建活动，三年新成立非公企业团组织 22 家，青年工作委员会 11 家。以基层组织换届为契机，选配书记 14 名、副书记 39 名、委员 138 名，新当选的乡（镇）团委书记、副书记中，平均年龄 24.9 岁。继续深入开展“五四红旗团委（支部）”创建活动，表彰先进团委（支部）17 个。“推优入党”团员 236 名。做好大学生兼任农村基层团干部工作。村级团支部书记每月发放津贴 100 元。建立全县乡镇（中学）团委书记工作例会制度。深化全团带队工作，开展“四好少年”主题宣传活动等系列活动。

2011 年 11 月—2014 年 11 月，加强组织建设，打响青春活力战役。2013 年，下发《关于健全完善党建带团建工作机制的意见》，在全市率先落实乡镇团组织 3 万元工作经费。扎实推进乡镇“大团委”建设，三年中，新成立团工委 1 家、团委 1 家、县直团支部 4 家、非公有制企业团支部 88 家、农村合作组织团支部 21 家、乡镇直属团支部 449 家。自 2013 年开始，恢复对全县乡镇团委年度工作考评。加强乡镇团委班子配备。2014 年乡镇团委换届工作，选举产生乡镇团委书记 15 名，副书记 18 名，编制外副书记 30 名，镇团委委员 147 名。乡镇团委班子平均年龄 28 周岁，大专以上学历 126 名。加大团、队培训力度。2014 年，组织 602 名大、中队辅导员参加辅导员网络培训。做好服务欠发达地区志愿者工作。三年共为全县 16 个乡（镇）输送 25 名大学生志愿者。开展乡镇青年干部调查，建立年轻干部信息数据库。加强社团建设，拓宽联系青年渠道。支持网友协会、青年创业促进会、挚友联谊会、欣悦心理咨询中心、新青年发展促进会等团属社团按照章程开展活动。发挥全团带队，加强少先队工作建设，首次以文件的形式明确少先队辅导员的具体权利和责任。

2014 年 11 月—2017 年 12 月，强“三性”去“四化”，全面从严治团。《共青团连城县委改革方案》通过县委常委会。2016 年，全县发展团员 594 名，2017 年发展团员 211 人。2017 年 8 月，17 个乡镇团委圆满完成换届，乡镇团委班子平均年龄 27.6 周岁，大专以上学历 121 名。以“到青年中去”为主题落实直接联系青年制度。落实团中央“1+100”制度建设，全县 20 名专职团干部与 14 名兼职团干部联系青年 2036 人。新成立非公有制企业团支部 37 家，建立 68 家达标团支部、15 家一星团支部、2 家二星团支部、3 家三星团支部。

2017 年 12 月—2021 年，以改革为基石，多点发力夯实组织根基。全面完成乡镇团委换届工作，配备乡镇团委书记 17 名、副书记 34 人，乡镇团委班子平均年龄 26.2 周岁，大专以上学历占比 98%。新建非公团支部 50 家，县直机关团支部 8 家，社团联合团支部 1 家。规范化推进“智慧团建”系统运用。规范开展达标和星级团支部创建活动，四年共创建达标团支部 172 个、三星级团支部 312 个、四星级团支部 101 个、五星级团支部 465 个。建立 17 个乡镇团支书微信群，156 个村（社区）团员联系微信群。设立村团支部兼职副书记岗位，招募连籍在校大学生 12 名返乡献智献策。科学制定学年团员发展计划，四年发展团员 2314 名。

第七节　共青团漳平市委员会

一、青年思想引领

1997 年—1999 年 9 月，漳平团市委扎实推进青少年思想教育。围绕《爱国主义教育实施纲要》，建立爱国主义教育基地。运用多种有效形式，举办改革开放成就展，开展读书活动、知识竞赛、征文比赛，举行升国旗、唱国歌，纪念抗日战争和反法西斯战争胜利 50 周年、纪念红军长征胜利 60 周年活动，开展“十六岁领身份证”“18 岁成人宣誓仪式”和“成人志愿服务”组成的成人意识教育活动，组织悼念邓小平同志、庆祝香港回归等活动，加强青少年爱国主义、集体主义和社会主义教育。

1999年9月—2002年9月，开展纪念“五四”运动80周年、建党80周年和迎澳门回归、中国加入世贸组织、申奥成功、共青团建团80周年等纪念庆祝教育活动。开展“创业、创造、创新——青春献漳平”“我为漳平发展该做些什么”大讨论、“学习地税城区分局，争当跨世纪优秀青年”“学习王灿荣，争当好青年”“重走长征路”夏令营等主题活动、开展批驳“台独”论、阻绝抵制“六合彩”“珍爱生命，远离毒品”以及驻南使馆被炸事件等主题教育活动；在中学开展“迈好青春门，走好成人路”竞赛活动和18岁成人意识教育；在企业开展艰苦创业、爱岗敬业、廉洁自律、勤俭节约等优良作风教育。

2002年9月—2005年11月，深入学习邓小平理论和“三个代表”重要思想。以纪念建党80周年，建团80周年，“五四”运动85周年，邓小平诞辰100周年，中共十六届三中、四中、五中全会召开，2004雅典奥运会中国健儿喜获佳绩，神州六号胜利升空等重要日子和重大事件为契机，以“爱我漳平，创业海峡西岸”为主题，广泛开展“爱福建、爱漳平、爱家乡”系列教育活动。用中华民族的传统美德规范青少年。以培养新世纪“四有”新人为目标，深入开展“青年文明号”助万家行动、18岁成人教育活动、“星星火炬，代代相传”活动、中国少年雏鹰行动、“新世纪我能行”体验教育活动等活动。

2005年11月—2008年11月，宣传贯彻中共十七大、团十六大和龙岩市第三次团代会的重要精神。深化“迈好青春门·走好成人路”主题活动，开展“民族精神代代传”、社会主义荣辱观教育，促进思想道德建设。推进大、中学生素质拓展，组织开展以新农村政策、法律法规宣讲、支农支教支医服务为内容的大学生暑期社会实践活动，建立3个社会实践基地。开展“有爱感恩”主题实践活动。

2008年11月—2011年12月，突出正面引导，以科学理论武装青少年。抓住少先队建队60周年、新中国成立60周年、古田会议召开80周年、“五四”运动90周年、建党90周年、辛亥革命100周年等重大活动、纪念日的契机，开展“我与祖国共奋进”“红领巾心向党”“祖国发展我成长”“民族精神代代传”等主题教育活动，利用博物馆、图书馆、烈士陵园，开展青少年课外社会实践教育。大力弘扬“爱国守法、明礼诚信、团结友善、勤俭自强、敬业奉献”的基本道德规范。开展“迈入青春门，走好人生路”“18岁成人仪式”“团员意识教育”“学党史、知党情、跟党走”以及争当“四好少年”等主题教育实践活动。举办“五四”文艺晚会、爱国歌曲大家唱、观看励志电影等活动，丰富青少年文化生活。

2011年12月—2014年12月，以“中国梦”为主题，着力培育当代青少年社会主义核心价值观。以纪念建团90周年、“五四”“七一”“十一”等重大节日为契机，广泛开展主题教育活动。利用红四军出击闽中纪念馆、烈士陵园等红色教育基地开展青少年思想教育。以丰富活动凝聚青少年。丰富教育载体，开通官方微博，开展“我为核心价值观代言”等活动。2014年，在全省率先举办“共襄法治·共享出彩”法治微话剧会演比赛，得到中央综治委官方网站长安网的报道。以先进典型感召青少年。2014年，举办“我的中国梦——奋斗青春最美丽”先进事迹报告会。市义工协会会长林阿勇荣获全国优秀志愿者称号，涌现出省“五四奖章个人”连正科、刘淑琴，省“优秀共青团干部”刘丽珍，省“优秀共青团员”陈彬然等优秀青少年典型。

2014年12月—2017年8月，学习贯彻习近平总书记重要讲话精神，常态化开展“一学一做”教育实践，进行理想信念教育。以新媒体、新阵地凝聚青少年。借助数字团建系统、青年之声等网站平台，构建共青团服务化网络体制。以新典型、新模范感召青少年。开展“五四青年奖章”“优秀共青团干”“优秀少先队员”“五四红旗团支部”等表彰活动。连续三年举办“我的中国梦——奋斗青春最美丽”先进事迹报告会。三年来，涌现中国移动漳平分公司、漳平市地方税务局城区分局、漳平市检察院青年检察官先锋队等“福建省五四红旗团支部”“福建省青年五四奖章集体”“福建省青年文明号”等优秀集体，刘锡方、朱俊烨、陈耘嘉等“福建省优秀共青团干”“福建省优秀共青团员”“优秀青年电商”等优秀个人。

2017年8月—2021年10月，以学习宣传习近平新时代中国特色社会主义思想为重点，广泛开展“争做新时代好少年”“青春心向党·建功新时代”“学党史、强信念、跟党走”党史学习教育等主题团队日活动，组织参观革命纪念馆、博物馆、烈士陵园100余场。开展“青年大学习”网络主题团课学习，带领全市团员青年学习新思想。

二、服务成才发展

1997年—1999年9月，青年岗位能手活动领域不断拓展。在青工中深入开展青工岗位练兵、技术比武、提合理化建议、“五小”活动。团市委与劳动局联合制定《关于在全市企业开展导师带徒活动的意见》。同时开展“号”“手”联动。三年中，全市青工提合理化建议2600多条，攻关“五小”项目106个，岗位理论培训率98%，表彰“十佳青年厂长经理”“十佳青工技术能手”和81名青年岗位能手，涌现出张龙生等省市级青年岗位能手。青年致富能手培养。以“学技术、找门路”为内容，开展培养青年致富能手活动。开展“一助一”结对扶贫活动，结对1087对；开展争当少生快富好青年活动，表彰38名少生快富好青年；开展庭院经济竞赛活动，表彰首届“十佳青年庭院经济户”；开展初、高中学生回乡前“3+X”培训工作；组织青年到农函大培训学习。三年建立青年星火示范基地（站）196处，招收农函大青年学员1520人，举办实用技术培训班1187期，培训农村团员青年5万多人次，培养市级以上青年星火带头人685人。1998年5月，永福镇青年星火带头人陈建炎被团省委评为第二届“福建省十大杰出青年农民”。余宗纬、林金石被授予首届龙岩市“十佳青年致富能手”称号。开展再就业工程。成立下岗青工转岗转业创业基地，举办再就业培训班。扶持树立久久实业有限公司董事长王志宏，三角坪文具店经理陈蔚忠等龙岩市“十佳下岗青工创业领头人”典型。“服务万村”行动，促进农村经济和社会的协调发展。做好结对、信息、科技、资金、政策、劳务、文化服务，三年中，全市团组织共筹集资金30多万投入农村各项建设。抓好农村青年科技图书站的创建，推广全省先期启动的十个重点乡镇永福镇青年科技图书站的成功做法，全市16个乡镇（街道）实现乡乡建有科技图书站，藏书5.6万多册。1998年，团市委被团中央、国家新闻出版署评为“1997全国农村青年最喜爱的科普读物”征集活动最佳单位。领办科技推广项目，团市委带头组织领办的葫芦瓜嫁接西瓜、三元杂交鸭的配种繁殖项目及与有关部门推广的水稻旱育稀植、抛秧等技术获得成功。

1999年9月—2002年9月，组织企业青工围绕“服务创新、营销创新、管理创新、科技创新”四个主题开展创新创效活动。举办各种技能培训班8期。三年共帮助143名下岗青工重新择业，资助68名特困青工子女上学。领办科技推广项目。继续开展共建基地，科技咨询、技术培训等扶贫行动。带动杜鹃花、美国牛蛙、瘦肉型仔猪、河田鸡等一批庭院经济科技项目。1999年，成立青年营销协会，有 100 多名会员。2001 年，瑞福现代科技观光农庄的创业人朱世平被龙岩市评为第二届“十佳青年致富能手”。团市委连续三年被团省委评为青年星火带头人活动先进组织单位。青年致富能手活动。以漳平市被确定为全国跨世纪青年农民培训工程试点县为契机，三年中，组织发动 2000 多名青年农民参加农函大、农广校等职业技能培训。培养树立 165 名省、龙岩市和漳平市级青年星火带头人和青年致富能手。青年岗位能手活动。三年来，全市各企业青工共提合理化建议 2928 条，攻关“五小”项目 117 个。青工岗位技能培训率 98% 以上，表彰“十佳青工技术能手”和 110 名青年岗位能手。陈水焦等 13 名青年被龙岩市授予“青年岗位能手”称号，陈慰忠等 2 位青年获龙岩市“下岗青工创业领头人”称号，林业青工吴端正的“马尾松红心材树种优选课题研究成果”获龙岩市青年科技创新二等奖。保护母亲河行动。每年定期与华安团县委开展“同饮一江水，共护母亲河”植绿护绿共建活动。三年全市各级团组织新开辟各种青年纪念林 230 片（个）。刘双强等绿化能手获得省级表彰，2002 年，溪南中学获全省少先队“保护绿色、留住青春”铜牌奖。

2002 年 9 月—2005 年 11 月，围绕发展抓团建，促进漳平经济发展上新台阶。参与招商引资。依托共青团漳平市委网站，面向龙岩市和宁夏、河南等劳务输出大省各级团组织发布工业用工信息，引进外来务工青年。领办科技推广项目。依托星火带头人领办黑玉米种植、三元杂交鸭、日本网纹甜瓜等项目。团市委干部带头融资 70 多万元，建立股份制青年绿色铁观音基地、青年茶厂和青年铁观音种苗场。“共青团城乡互动百千万工程”活动。灵地乡团委与电厂团委结对互动开辟“铁观音茶园”“双华李基地”，龙岩二院团委组织青年医生志愿服务队定期到永福镇福里村开展义诊和忆苦思甜“进农家、干农活、送温暖”活动。2004 年，永福镇团委被授予省级“共青团城乡互动百千万工程”先进集体。企业青工创新创效活动。举办各种技能培训班 8 期。三年中，各级团组织和青年文明号共帮助 143 名下岗青工重新择业，资助 68 名特困青工子女上学。全市各企业青工共提合理化建议 372 条，攻关“五小”项目 117 个。农村青年增收成才行动成绩喜人。永福镇团委陈友兵被授予“福建省服务农村青年增收成才奖先进个人”，永福镇颖水村陈绍华被授予“福建省十佳农民科技示范户”，和平镇春尾村郑天寿被授予“福建省农村青年创业致富带头人”。

2005 年 11 月—2008 年 11 月，依托网站，宣传漳平市企业最新用工信息和用工优惠政策，开展“服务企业用工”活动。多渠道提供便捷服务，为进城务工青年构建温馨港湾。三年共评选优秀进城务工青年 32 名。探索“青春建功新农村”新途径。组织青年志愿者开展“种植名贵树·建设新农村”家园清洁整治活动。推动青年自主创业。举办农村青年自主创业培训班。对 291 名农村青年进行免费培训。建立专业技术高级职称人才库，举办青年人才讲坛，为推进全市经济社会又好又快发展献计献策。

2008 年 11 月—2011 年 12 月，坚持服务发展，青年生力军和突击队作用进一步发挥。探索推进两岸青年交流。2010 年、2011 年连续两年，组织 250 多名来自厦门、台湾大学以及漳平部分中学师生开展海峡两岸大学生“闽南文化研习”夏令营。同时，还与厦门大学团委、港澳台办合作，签订《海峡两岸青少年交流基地共建合作框架协议》。营造青年创业氛围。三年中，通过团的渠道推荐给主办银行的创业青年 259 名，获得贷款 237 名，贷款总金额 1175. 5 万元。加强海西青创项目的实施，累计推荐 25 名农村创业青年参加海西青创创业培训。服务青年就业创业工作。在网站开辟促进青年就业创业专版。举办“流动招工现场会”，促进农村富余劳动力转移。

2011 年 12 月—2014 年 12 月，服务青年就业创业行动。开展评选“农村青年信用示范户”“海西青创”创业培训计划等系列活动，给予信用青年一定的授信额度，解决创业过程中的资金短缺问题，三年共评选农村“信用青年”80 名。挂牌建立青年就业创业见习基地 3 个，实施青年创业小额贷款项目，三年共发放 192 笔小额贷款，贷款金额 576 万元。漳平市还新成立金融团工委，并从信用社等金融机构中挑选 16 名优秀年轻干部兼任乡镇团委副书记，推进农村青年创业小额贷款发放工作。

2014 年 12 月—2017 年 8 月，注重创新引领，助力经济平稳健康新发展。青春创业助力脱贫攻坚。成立漳平市青年电子商务协会，持续开展“青年电商”“雨露计划”等培训，推进青年就业创业。深化“银团合作”，开展“农村青年信用示范户”“惠普金融”青创卡等活动，三年评选出农村青年信用示范户 82 名，发放贷款 312 万元。2016 年，有 2 个项目获福建省“银团合作”孵化项目，1 人获得福建省十大青年创业楷模奖。对台交流深化两岸合作。以团市委和台湾南投县茶叶协会的合作为基点，推动首批国家级两岸青年创业基地加快在漳平落地。开展“以茶为媒·情牵两岸”两岸青年联谊交友等活动。

2017 年 8 月—2021 年 10 月，贯彻落实《龙岩市青年发展规划（2020—2025 年）》的实施办法，2020 年，建立青年工作联席会议制度。开展学术研讨、技能提升等活动 20 余场。2021 年，完成青年电子商务协会换届工作。团结青年在疫情防控中勇挑重担。组建 100 余支青年突击队奔赴重要关口，招募应急志愿者 1000 余名，支援战“疫”一线。团结青年在两岸交流中发挥作用。组织开展考察交流学习等活动近 20 场次；推荐台湾青年陈耘嘉获得第六届“创青春”大赛台湾青年创业组一等奖，陈耘嘉、陈濂丰获 2018 年度“创业之星”荣誉称号，杨咏安获评龙岩市“优秀青年企业家”。

三、青年文明建设

1997 年—1999 年 9 月，漳平市青年志愿者活动向纵深发展。成立 463 支青年志愿者服务队，建立青年志愿者服务中心 38 个，招募志愿者 1.6 万人，落实“一助一”服务对象 398 人户，向社会公布 25 个青年志愿者服务基地和 43 个长期结对服务单位，建立健全青年志愿者网络。各级团组织以扶贫帮困、社区服务、社会公益活动为重点，形成一整套的青年志愿者运行机制。团市委组织 10 支青年志愿者专业服务队与“1”字号及其他有关部门签署协议书开展“110”社会联动，制定实施《共青团组织关于参加“110”社会救助服务联合行动的实施细则》。“青年文明号”创建规范。团市委联合市直 24 个部门成立漳平市创建青年文明号活动组委会。青年文明号的创建拓展到政法、农业、建委、交通、卫生等部门。三年累计为 72 户下岗再就业职工办理减免税 18 万元。全市涌现出 8 个省级青年文明号，41 个龙岩市级青年文明号，77 个漳平市级青年文明号，团市委被省组委会评为“青年文明号”活动组织奖。青年文化园建设。团市委分别与税务、土地、环保、金融系统、林委、电厂以及宣传、文化等部门联合开展丰富多彩的青年文化活动。开展“读好书、唱好歌、看好片”为主题的文化活动，开展城乡手拉手文化下乡、送科技书下乡活动，帮助农村建立希望书库。青年文明社区创建。联合市民政局、建委、公安局等 8 家单位，成立漳平市创青年文明社区活动指导委员会，制定创建活动方案，以菁城、桂林两个街道为青年文明社区示范点，开展社区援助活动。举办首期外来务工青年培训班，192 名外来青年参加培训。

1999年9月—2002年9月，组织开展青年志愿者“希望工程劝募行动”、青年志愿者无偿献血、百个雷锋摊便民一条街、青年志愿者为老干部献爱心、青年志愿者为下岗职工送温暖、青年志愿者定点挂钩服务基地、青年志愿者城市环境保洁督导、青年志愿者“四进”社区等活动。常年招募3000多名青年志愿者组成200多支青年志愿者服务队，参与1999漳平首届花卉节、2001龙岩市精神文明建设现场会、抗洪抢险等全市性大型活动。三年涌现出省级优秀青年集体溪南镇上坂村青年志愿者跑腿社、省级优秀青年志愿者郑培忠、龙岩市“十佳”青年志愿者陈文荣等青年志愿者先进集体和先进个人。“青年文明号”创建活动。联合市直24个部门成立漳平市青年文明号活动组委会，开展“青年文明号服务卡助万家”“假日献真情，岗位树新风”“青年文明号信用建设示范月”等主题活动以及“号户”结对活动，推出青年文明号示范街、示范路等创规模、见效应的工作。三年涌现出省级“青年文明号”6个，龙岩市级“青年文明号”30个。团市委于1999年被团省委授予创建“青年文明号活动”优秀组织奖。青年文明社区创建活动。1998年，成立社区青年服务中心。确立北郊、西郊等8个社区为首批青年文明社区亮点工程示范点。团市委定期与市司法局、劳动局、计生委等部门举办外来务工青年培训班。2000年，团市委被评为福建省“千校百万”外来务工青年培训工作先进集体。乡村青年文化节活动。坚持每年举办一届“乡村青年文化节”和“社区青年文化节”。继续开展暑期回乡大、中专学生志愿者文化、科技、卫生“三下乡”活动。1999年，团市委获省创建乡镇青年科技图书站活动组织奖。

2002年9月—2005年11月，以“爱漳平，展风采，见行动”为主题，组织开展青年志愿活动。青年志愿者参与抗击“非典”、抗击台风重建家园、预防艾滋病宣传、婚育新风进万家、创建平安漳平、法律援助、敬老助残、关爱三峡移民等活动。坚持每年3月份组织开展大型志愿服务统一行动日。三年涌现出龙岩优秀青年志愿者服务队漳平二中高三(7)班和漳平一中高一(10)班青年志愿者服务队、省级十佳志愿辅导员许玉殿、龙岩市十佳学雷锋青年志愿者标兵卢荣乐等先进集体和先进个人。青年文明号创建。三年新增3个省级青年文明号、3个龙岩市级青年文明号，陈华等4人获龙岩市青年文明号服务明星称号。“青年文明号”重点实施“青年文明号服务卡助万家”“青年文明号信用示范建设”行动、“三平”精神在青年文明号中闪光、“情系三峡移民，共建美好漳平”新年慰问活动和青年文明号教助下岗青工子女就学等活动。各级青年文明号集体筹集助学款3.6万元，资助46名贫困学生完成学业。青年绿色行动。联合开展“保护母亲河”系列活动。连续5年植树节与华安团县委开展“同饮一江水，共护母亲河”植绿护绿共建活动。三年中，全市各级团队组织新建各种青年纪念林230片(个)近1000亩，兴建青年(少先队)花圃400余个，青年绿色文明园26处。刘双强等绿化能手获得省级表彰，2002年，溪南中学荣获全省少先队“保护绿色、留住青春”铜牌奖。青年文化园建设。开展以“贯彻十六大，创造断业绩”“爱我漳平，建设漳平”为主题的系列青年文化活动。每年举办“乡村青年文化节”“社区青年文化节”等系列大型活动。2005年9月，菁城街道被团中央、全国文明委等部门联合授予“全国青年文明社区”荣誉称号。

2005年11月—2008年11月，在创建省级文明城市、全国少年男女举重分龄赛、省运会“海西龙”杯足球赛等大型活动中，组织6000多人次团员青年开展志愿服务活动。实施“大学生志愿服务欠发达地区计划”，2008年，招募大学生青年志愿者5名到漳平市开展志愿支农支教活动。青年文明号创建活动。下发《漳平市创建青年文明号活动的通知》和《漳平市级青年文明号考核标准》，规范青年文明号的管理。全市有全国级青年文明号1家，省级8家，龙岩市级43家，漳平市级37家。青年文化活动不断活跃。实施“爱我漳平青年文化行动”。深化中学生素质拓展计划，通过组织18岁成人仪式、中学生艺术科技活动等形式，开展青年文化活动。举办“我与漳平同奋进”“活力青春·魅力漳平”“建设先行区·青年当先行”等青年文艺会演。成功举办“激情青春，唱响闽西”十佳青年歌手赛。

2008年11月—2011年12月，开展环保、献血、会议服务、义务宣传等志愿服务48次。引导成立龙岩市首支民间志愿者救援队——漳平九鹏志愿者救援队。指导建立北郊社区义工服务站，制定完善义工服务站工作制度。持续开展青年文明号创建活动。创建“青年文明号”活动在全市28个行业、80多个青年集体中展开。三年共创建省级文明号4个，龙岩市级文明号5个。青年文化活动形式更加多样。连续多年举办纪念“五四”大型文艺晚会、漳平市青年歌手大赛、少儿才艺大赛、园区企业趣味运动会、旅游形象大使大赛、中学生素质拓展以及各种主题的征文、绘画、手抄报比赛等活动。

2011年12月—2014年12月，深化青年志愿者行动。招募1000余名青年加入志愿者队伍，并成立漳平市青年志愿者先锋队，下设39个支队。为“第四届海峡论坛·漳平茶文化节”、中国曲协“送欢乐、下基层”慰问演出、“爱在漳平”百对佳偶集体婚庆等重大活动中提供志愿服务。深化生态文明主题，服务全市“三创”工作。三年共开展家园清洁行动近100次，参与的志愿者3000多人次。“青年文明号”创建工作。截至2014年，全市获得国家级、省级及龙岩市级“青年文明号”称号的集体分别为2家、12家、16家。同时，促成青年文明号集体与农民工子女、敬老院老人结对开展志愿服务。

2014年12月—2017年8月，志愿服务助力“生态环保”战役。开展“清洁家园·青春先行”“交通安全劝导”“保护母亲河”“义务植树·为城市添点绿”“环保工爱心驿站”等活动近100场次。

2017年8月—2021年10月，团结青年在志愿服务中展现作为。助力绿色环保。开展“保护鸟类资源，守护绿水青山”“保护母亲河，有我河小禹”“漳平净城慢跑”等志愿服务，年均参与志愿服务志愿者2000多人次。助力青年就业。2017年以来，持续开展备考公益培训活动，免费培训18场次；开展专场招聘会活动30余场；开展大学生实习“扬帆计划”。助力反诈宣传。在芦芝镇、和平镇、西园镇、新桥镇等开展“青年反诈联盟”系列活动，深入中学开展“青春护航·安全知识进校园”等宣传教育活动150余场次。

四、维护青少年合法权益

1997年—1999年9月，希望工程事业筹集助学款19万元，资助失学或濒临失学的贫困少年345名，资助生活困难的大、中专学生41名，建立希望书屋13个，兴建希望小学2所，各类捐款捐物累计38万多元。优化青少年成长环境。开展以“孩子·明天·责任”为主题的“保护明天行动”的法治宣传。开展文化市场监督，“扫黄打非”。成立青少年法律援中心，维护青少年合法权益。活跃学校团队工作，开展少年雏鹰行动。1999年，全面开展创“五四红旗团委”活动。广泛开展达标争章活动，开展“五自”学习实践活动、“手拉手”互助活动、“启明星”科技活动、“百花园”文化艺术体育活动等四项活动。召开市首届少代会，选举产生市第一届少工委，配齐全市16个学区少先队辅导员。市新桥陈坑小学少先队大队被评为全国红龙大队，双洋中心小学学雷锋小队、和平中心小学拥军拥雏鹰假日小队、新桥陈坑小学红领巾送报小队、桂林逸头小学爱心献社会小队被评为“全国文明雏鹰假日小队”，涌现出曾旭临等8名获全国、省、市表彰的优秀少先队员，张金莲老师获第二届福建省“十佳少先队辅导员”表彰。漳平市被评为“全省雏鹰行动达标县”。

1999年9月—2002年9月，先后推出“希望工程百万爱心行动”“希望工程爱心储蓄活动”“情系灾区助学行动”“情系对口县市扶贫行动”以及“希望工程志愿者劝募”等活动，募集希望工程资金23万元。2001年，新建漳平市第二所希望小学——灵地龙烟共青希望小学。2001年，团市委募捐10万元资助对口贫困县援建新疆奇台县希望小学。优化青少年成长环境。开展创建优秀“青少年维权岗”活动。实施“青少年新世纪读书计划”，开展“百万青年读好书”、农村“百万青年科技传播”等主题读书活动。开展青少年科技创新行动。实施中学生“素质拓展”计划和跨世纪雏鹰行动。开展“科技进校园”系列活动等活动。2000年5月，组队参加龙岩市“海尔电脑杯”少先队员“雏鹰展翅”技能技巧大赛，获得团体一等奖。青少年维权工作。2000年，148青少年法律服务中心获省“优秀青少年维权岗”称号。2001年6月，团市委被授予省“少先队工作先进县”。

2002年9月—2005年11月，筹措希望工程助学金15.59万元，新资助贫困大、中、小学生145名。团市委向省希望办争取4万元用于新桥中心学校多媒体教室、1万元用于永福陈村小学修路；并从中国青少年发展基金会争取20万元兴建漳平市第三所希望小学——拱桥夏新希望小学。2005年10月，双洋籍旅外创业青年潘水华捐给双洋中学25万元人民币用于兴建学生宿舍楼。青少年维权。推行青少年网上文明公约，加大青少年法治教育的力度，开展“禁毒”、远离“黄赌毒”、校园拒绝邪教、抵制六合彩等宣传教育活动。加大对文化市场，特别是对校园周边环境的监管力度。2004年，漳平市“12348”青少年法律服务中心获得全国优秀“青少年维权岗”创建活动先进集体称号。活跃学校团队工作。2004年3月，召开少先队漳平市第二次代表大会，选举产生新一届少工委。桂林中心学校六(4)中队荣获2002年度全国优秀少先队中队荣誉称号，桂林中心学校少先队总辅导员李敏捷于2004年获“全国优秀少先队中队辅导员”称号。

2005年11月—2008年11月，深入开展“希望工程·圆梦行动”。筹得善款73.2万元，帮助135名品学兼优贫困大学新生圆大学梦；筹得善款1.92万元，资助优秀贫困中小学生61名。向上争取40万元，援建中国移动漳平铁路希望小学、芦芝三星希望小学。同时，为灵地中心校争取一套“大红鹰希望工程图书”，为官田桂东小学、新桥中心学校争取600套课桌椅，为拱桥中心学校等3所小学争取3套体育器材。关爱留守孩子行动。三年帮扶结对留守孩子300名。预防青少年违法犯罪。深化创建“平安漳平”活动，下发《关于深化预防青少年违法犯罪工作的意见》。推进“青少年维权岗”创建活动，探索社区、学校、家庭“三位一体”，预防学生违法犯罪的工作机制。

2008年11月—2011年12月，漳平团市委共资助282名品学兼优贫困大学新生，金额118.25万元；资助优秀贫困中小学生75名，金额6.85万元；资助受灾贫困新生36人，金额17.6万元。向上争取40万元，援建新桥联兴希望小学。开展关爱农民工子女活动。促成8家团组织或青年文明号单位与8所农民工子女学校结对。维护青少年合法权益。创建活动扩展到10家系统单位，拥有全国优秀青少年维权岗1家、省级优秀“青少年维权岗”4家，龙岩市级青少年维权岗9家。制定出台《关于加强重点青少年教育帮扶工作的实施意见》，开展结对帮扶，包括家访谈心、法治教育、爱心帮扶等活动。

2011 年 12 月—2014 年 12 月，“希望工程”品牌得以拓展和延伸。三年累计资助贫困学生 598 名，资助金额 259.14 万元，向上争取希望资金 30 万元，捐建象湖镇谊瑞希望小学。开展“爱心储蓄·希望工程爱心助学圆梦行动”。扩大“青少年维权岗”创建规模。拥有全国优秀青少年维权岗 1 家、省级 4 家，龙岩市级 10 家。持续开展共青团与人大代表、政协委员“面对面活动”。提升帮扶弱势、对台交流、“珍爱漳平”等特色活动影响力。三年慰问农民工子女、贫困学生 1200 多人次。依托永福台湾农民创业园开展青年对台交流，举办“千名台湾青年海西行”（漳平站）等活动。连续两年举办“珍爱漳平”单身青年联谊交友活动。

2014 年 12 月—2017 年 8 月，实施“希望工程”圆梦行动，募集和统筹助学金 189.73 万元，资助贫困大学新生 408 名，其中建档立卡贫困户 56 名，实现符合条件的建档立卡贫困户资助全覆盖。2016 年，“连接爱·享通光纤——帝斯曼光纤宽带助学”公益项目落地漳平市厚德小学，捐建价值 3 万元的宽带电脑教室。在全省率先举办“春暖童心·希望家园”乡村冬令营、“希望家园·爱心课堂”乡村夏令营，解决留守儿童暑期无人照看的问题。举办龙岩市首个中外志愿者共同参与的纯公益“幸福微梦想”夏令营。深化“青春同行·助孤行动”，引导团支部与 116 名孤儿结对帮扶。维护青少年合法权益。出台《关于开展“青春自护进校园”活动的实施意见》，开展“青春自护进校园”活动。在福建省内首创推出“青少年自护教育手册”原创漫画，并印刷《青少年自护教育手册》。《青少年自护教育手册》原创漫画线上推广计划获得第三届中国青年志愿服务项目大赛银奖。

2017 年以来，“希望工程·圆梦行动”募集和统筹助学金近 400 万元，资助贫困大学新生 700 余名，向上争取援建希望小学资金 50 万元，音乐教室、篮球、图书等项目建设 10 万元。99 公益日筹集“温暖包”善款 12.7 万元，发放 350 个温暖包至赤水中心校、双洋中心小学、官田中心小学、官田梅营小学、永福南田小学等 11 所乡村小学，受益贫困儿童有 350 名。争取省重点青少年关爱帮扶项目等，共关爱帮扶孤儿 100 余名。举办“希望家园”暑期公益夏令营 10 期，服务青少年 1000 余人。促成“一路纯悦，公益徒步”项目连续 3 年落户漳平，为偏远山区学校捐赠净水设备 7 台。聚焦青年服务成长。推进青年驿站、青年之家、青少年维权岗、青年文明号、青年人才工作联络站等阵地建设，共创建青年阵地 37 个。切实服务青年婚恋交友，累计开展单身男女青年交友活动 10 场。积极选树青年先进典型，2017 年以来，持续开展“两红两优”“五四青年奖章”“农村青年致富带头人”推荐评选活动，获省级以上荣誉近 20 人（集体）。

五、团组织创新建设

1997 年—1999 年 9 月，漳平市发展新团员 11365 人，向党组织推荐优秀团员 2150 名。建立优秀青年人才举荐机制。1997 年村级换届，有 141 名团支书、团支委被推荐担任村主干、进村两委；1999 年，有 7 名团干被推荐走上科级领导岗位。共推荐 25 名团干到省团校学习，150 名优秀青年党员和积极分子参加中天党校函授，有 1520 名农村青年参加农函大学习。做好后进支部整顿。1997 年，漳平市获“全省基层团组织建设先进市”称号。至 1998 年年底，全市有 39 个后进村团支部得到转化，转化率为 100%。

2001 年，在官田乡举行乡镇团委书记竞争上岗试点工作。联合市委组织部印发《关于进一步加强我市基层“党建带团建”工作的若干意见》，2001 年 9 月，在双洋镇和西元村开展党团联动科技网活动试点工作。实施“团干部 321 培训计划”。三年来，全市各级团队组织举办 76

期团队干部业务知识培班、实用技术培训班。在2000年村级团组织换届年中，全市185个行政村，有52团支书按“三位一体”配置，141名进村两委。探索团建新模式，以菁城街道菁东村、桂林街道城南居委会为试点，率先在全省农村团组织中开展“公推直选”村（居）团支书工作。2001年，该工作获得省共青团工作创新银奖的荣誉。三年发展团员12820名，“推优”1985名，其中1148名加入党组织。非公有制经济团组织创建，2000年。共组建非公有制经济团组织16个。活动阵地建设。青少年宫列入市政府为民办实事项目之一。1999年、2001年，团市委被团省委授予“省创建五四红旗团委”优秀组织奖；菁城街道团委被评为“省五四红旗团委”；一中、吾祠等乡镇团委被龙岩团市委评为“五四红旗团委”。

2002年9月—2005年11月，巩固“全国团建先进县”成果。三年共涌现8个省级“五四红旗团委（总支）”，10个龙岩市级“五四红旗团（总）支部”，团市委被团中央授予“全国团建先进县（市）”称号。发展新团员8426名，推优入党462名。基层团干部推荐提拔4人，推荐转岗35人。新组建辉业购物广场漳平分店、宜又佳医药超市等7家非公有制经济团组织。

2005年11月—2008年11月，涌现出4个省级“五四红旗团委（总支）”，10个龙岩市级“五四红旗团委（总支）”。非公团建有所突破，成立“福建漳平工业园区团工委”。截至2008年，全市有团员数10795人，团（总）支部468个，团工委3个，基层团委38个。三年共发展团员4315人，向党组织推优入党726人。在福建省首届“魅力少先队”优秀活动评选中，桂林逸夫小学“让雏鹰在这里起飞”获优秀少先队雏鹰争章活动奖。桂林逸夫小学被授予省“少先队工作红旗大队”，漳平市被授予省“少先队工作红旗县”称号。

2011年，漳平市规模以上非公有制企业成立团组织36家，完成“已建党的非公企业100%组建团组织”的目标任务。2008年11月—2011年12月，发展新团员1500多名，推优入党20多名。组织基层团干参加各级培训57人次。三年中，基层团干部推荐提拔11人，推荐转岗25人。整顿基层团组织24个，调整配备基层团干部76名，先后有45个团组织受到上级团委的表彰。

2011年12月—2014年12月，全市村级团支部书记配备率达100%。推进乡镇实体化“大团委”建设，全市新建乡镇直属团组织445个。完成新社会组织建团25家，非公经济组织建团111家。三年发展新团员1600多名，推优入党290多名。先后有19个团组织受到上级团委的表彰。

2014年12月—2017年8月，组织开展“喜迎十九大——我向习爷爷说句心里话”“红领巾讲堂”“重走长征路”“百优青马微课”等主题教育活动，开展“不忘初心跟党走”新团员入团仪式、老团员重温入团誓词、上团课等活动。

2017年8月—2021年10月，发挥“智慧团建”系统数字化、网络化优势，推动基层团组织建设规范化。2021年，全市有基层团委43个、团支部444个。2021年8月，全面完成16个乡镇（街道）团委换届工作，新一届乡镇（街道）团委班子39人，平均年龄27.23岁；团委委员126人，平均年龄28.35岁。大抓学校改革。全市16所中学出台共青团改革实施方案。全市39所中小学全面成立少工委，实现少工委覆盖率100%，形成党、团、队一体化发展格局。制定下发《漳平市少先队2021年工作要点》，全面推进漳平市“红领巾奖章”争章活动。

第十三章　荣　　誉

第一节　国家级荣誉

2004 年荣誉

2004 年全国“五四”红旗团委（中青发〔2004〕27 号）

福建龙岩一中团委

2003 年度“优秀乡村青年文化活动项目”（中青办发〔2004〕17 号）

乡村青年游“计生国策龙”活动（共青团连城县委）

首届“中国中学生正泰品学奖”优秀奖获得者（中青联发〔2004〕83 号）

郭澄龙　龙岩一中高一年级

第四届“全国各族青年团结进步优秀奖”获得者（中青联发〔2004〕76 号）

蓝　新（畲族）

2004 年全国大中专学生志愿者暑期“三下乡”社会实践活动先进单位（中青联发〔2004〕75 号）

上杭团县委

2004 年度中国青年创业行动先进个人（中青联发〔2004〕74 号）

王永忠　共青团福建省龙岩市委宣传（青工）部部长

2004 年全国保护母亲河生态监护站（中青联发〔2004〕72 号）

龙岩市第七中学保护母亲河生态监护站

全国保护母亲河行动集体 5 年成就奖（中青联发〔2004〕65 号）

共青团龙岩市委

十年全国青年文明号活动优秀组织奖（中青联发〔2004〕39 号）

赵州生　福建省龙岩地方税务局纪检组长

全国先进青少年宫（中青联发〔2004〕4 号）

龙岩市青少年宫

全国青少年宫优秀工作者（中青联发〔2004〕4 号）

林永和　龙岩市青少年宫主任

2005 年荣誉

全国“五四”红旗团委（中青发〔2005〕39 号）

福建省闽西职业技术学院团委

全国优秀共青团员（中青发〔2005〕20 号）

熊春花（女） 福建龙岩市财政局干部

2004 年度“全国乡村青年文化活动先进县（市、区）”（中青办发〔2005〕14 号）

龙岩市新罗区

2005 年度服务农村青年增收成才奖（中青联发〔2005〕73 号）

共青团龙岩市委员会

第四批全国“青年文明社区”（中青联发〔2005〕55 号）

龙岩市永定县培丰镇培丰社区

2005 年“全国优秀少先队辅导员”（中青联发〔2005〕29 号）

张继艳（女） 永定县胡文虎小学少先队总辅导员

第三届全国青年安全生产示范岗（中青联发〔2005〕25 号）

龙岩电业局调度所调度班

第四届全国进城务工青年良师益友（中青联发〔2005〕19 号）

王锡芹 龙岩市高级技工学校校长、党委书记

第四届全国“千校百万”进城务工青年培训工作先进集体（中青联发〔2005〕19 号）

共青团龙岩新罗区委

2006 年荣誉

关于表彰 2005 年度“全国青年中心建设先进市、县（区）”“全国优秀青年中心”和“全国青年中心建设先进个人”的决定（中青发〔2006〕13 号）

龙岩市新罗区

胡长松 共青团龙岩市委学少部部长、权益部负责人

关于表彰全国服务新农村建设百佳乡镇（民营）企业的决定

漳平木村集团有限公司

关于表彰全国“五四”红旗团委、全国“五四”红旗团支部和全国团建先进县（市）的决定

福建省龙岩市永定县坎市镇坎市街社区团总支

共青团福建省龙岩市新罗区委

关于表彰 2005 年度“全国乡村青年文化活动先进县（市、区）”“全国优秀乡村青年文化活动项目”和“全国乡村青年文化名人”的通知（中青办发〔2006〕9 号）

李福渊 龙岩市永定县土楼旅游公司

2007 年荣誉

关于表彰 2006 年度“全国乡村青年文化活动先进县（市）”“全国乡村青年文化名人”和“第九届全国乡村青年文化节优秀活动项目”的决定（中青办发〔2007〕8 号）

乡村青年文化节暨慰问务工青年文艺演出（共青团龙岩市委）

关于表彰 2006 年度中国青年创业行动优秀组织单位和先进个人的决定

共青团福建省龙岩市委

关于表彰第五届全国杰出（优秀）进城务工青年、进城务工青年工作先进集体、进城务工青年良师益友及“千校百万”进城务工青年培训工作先进集体的决定（中青联发〔2007〕18 号）

共青团龙岩市新罗区委

关于表彰2007年全国保护母亲河行动先进集体和先进个人的决定（中青联发〔2007〕52号）

陈厦生　共青团龙岩市委书记

2008年荣誉

关于颁发第四届“中国中学生正泰品学奖”的决定（中青联发〔2008〕10号）

陈　阳　福建省龙岩市第一中学高二年级

2007年度“全国五四红旗团委（团支部）”

上杭县临城镇土埔村团支部

2007年度“青年文明号”

上杭县地方税务局古田分局

龙岩市新罗区小李百货化妆品店

2007年度“青年安全生产示范岗”

福建煤电股份有限公司坑柄煤矿采煤四队

2007年度“第十一届中国杰出青年农民”

吴哲彦　漳平市木村林产有限公司董事长

2009年荣誉

2008年度“全国五四红旗团委（团支部）”（中青发〔2009〕8号）

福建省上杭县古田镇赖坊村团支部

“全国优秀少先队集体”

福建省武平县岩前中心学校少先队大队（中青联发〔2009〕25号）（2009年10月13日）

2008年度“青年文明号”

龙岩市中心血站

2008年度“青年安全生产示范岗”

龙岩电业局电力调度所调度班

2008年度“质量信得过班组”

龙岩电业局变电园田集控所

2008年度全国优秀共青团干部

陈厦生　龙岩团市委书记

2008年度“中国青年岗位能手”

陈岳云　龙岩市电业局城区供电局高级技师、助理工程师

2008年度“中国大学生自强之星”

华天水　龙岩学院学生

2010年荣誉

2009年度“全国五四红旗团委（团支部）”（中青发〔2010〕8号）

龙岩学院团委

福建省龙岩烟草工业有限责任公司机关团总支

全国三好学生（中青联发〔2010〕17号）（2010年5月6日）

黄　然　龙岩卫校

2011年荣誉

2010年度“全国优秀共青团员”名单（中青发〔2011〕7号）

张　辉　福建省龙岩市公安局警察公共关系处科员

2010年度“全国五四红旗团委（团支部）”（中青发〔2011〕7号）

福建省电力有限公司永定县供电有限公司团总支

福建省龙岩市新罗区西城街道西安社区团支部

“全国优秀少先队员”（中青联发〔2011〕18号）（2011年10月11日）

廖梦洁（女）　福建省龙岩师范附属小学

“全国优秀少先队辅导员”（中青联发〔2011〕18号）（2011年10月11日）

黄丽萍（女）　福建省连城县实验小学少先队大队辅导员

“全国优秀少先队集体”（中青联发〔2011〕18号）（2011年10月11日）

福建省永定县城关中心小学少先队大队

2010年度“青年安全生产示范岗”

福建马坑矿业股份有限公司矿山部

2012年荣誉

2011年度全国优秀共青团干部（中青发〔2012〕5号）

蔡进伟　团福建省长汀县委书记

2011年度优秀少先队

永定县城关中心小学少先队大队

2011年度“青年文明号”

长汀县国土资源局服务大厅

福建棉花滩水电开发有限公司一号发电机组

中国银行福建省龙岩新罗支行

2011年度全国优秀少先队辅导员

黄丽萍　连城县实验小学少先队总辅导员

2011年度全国优秀少先队员

廖梦洁　龙岩师范附属小学少先队员

2011年度首届“全国煤炭工业百名优秀青年矿工”

林绣金　福建煤电公司员工

2013年荣誉

2012年度“全国优秀共青团员”（中青发〔2013〕8号）

饶丽琼（女）　福建省连城县兰花股份有限公司财务副经理

2012 年度“全国五四红旗团委（团支部）”

福建煤电公司团委

2011—2012 年度全国青年文明号名单（团组织独立开展创建活动的行业）（中青发〔2013〕6 号）

龙岩市长汀县国土资源局服务大厅

“全国优秀少先队员”（中青联发〔2013〕18 号）

涂嘉晋（女）　福建省龙岩市长汀县城关中心学校

“全国优秀少先队辅导员”（中青联发〔2013〕18 号）

张　香（女）　福建省龙岩师范附属小学少先队大队辅导员、龙岩市少先队总辅导员

2014 年荣誉

2013 年度“全国五四红旗团委（团支部）（中青发〔2014〕12 号 ）

国家电网福建省电力有限公司龙岩供电公司团委

福建省龙岩华侨职业中专学校团委

2013 年度全国优秀共青团员

邓婕婕　福建省上杭县招商局科员

2013 年度“全国青少年维权岗”

上杭县局蓝溪派出所

全国青年岗位能手

王福珍　福建省龙岩市第一医院肾内科主治医师

2015 年荣誉

2014 年度“全国优秀共青团员”（中青发〔2015〕12 号）

陈　钻　福建省龙岩市龙岩行政服务中心国税窗口协税员

2014 年度“全国最美青工”

俞金生　紫金矿业集团股份有限公司工程师

2016 年荣誉

第十一届中国青年志愿者优秀个人奖（中青发〔2016〕22 号）

李伟桢　武平县煤炭工业公司青山子初验站

李海霞　连城县第二实验小学

2015 年度全国优秀共青团干部（中青发〔2016〕7 号）

钟荣荣　龙岩市第一医院团委副书记（主持工作）

2015 年度“青年文明号”

福建省武平县地方税务局十方分局

福建省公安厅交警总队龙岩高速公路支队一大队古田中队

2015 年度“青年安全生产示范岗”

福建龙洲运输股份有限公司监控中心

2015 年度全国优秀共青团员

戴丽珊　海西青创龙岩工作站主管

2015 年度全国优秀少先队辅导员

童晓娟　城关中心小学

2015 年度全国青少年农业科普示范基地

福建连城兰花股份有限公司

连城县星光生态旅游开发有限公司

2015 年度第二届中国青年志愿服务项目大赛铜奖

“从心启航”心肺复苏全民公益行动项目

2015 年度第一届全国青年运动会志愿者组织工作先进个人

郭昊瑜、谢灼宇、温东荣

2015 年度第一届全国青年运动会志愿者组织工作先进集体

共青团龙岩市委员会

共青团龙岩学院委员会

2017 年荣誉

2016 年度全国优秀共青团员（中青发〔2017〕8 号）

王娅湉　龙岩市永定第一中学高二（9）班学生

2016 年度全国优秀共青团干部（中青发〔2017〕8 号）

倪志华　龙岩市新罗区东城街道团工委副书记

2016 年度“全国五四红旗团委（团支部）”（中青发〔2017〕8 号）

连城县第一中学团委

上杭县古田镇五龙村团支部

2016 年度全国最美中学生

刘子楠　武平一中高三（1）班学生

2016 年度“全国青少年维权岗”

福建省龙岩市电视台新闻部

2016 年度第十一届中国青年志愿者优秀个人奖

李伟桢　武平县煤炭工业公司青山子初验站职工

2018 年荣誉

2017 年度“全国优秀共青团员”（中青发〔2018〕5 号）

王庆彬　福建省龙岩市青年志愿者协会秘书长

2017 年度 “全国五四红旗团委（团支部）”（中青发〔2018〕5 号）

福建省龙岩市新罗区小池镇培斜村团支部

2017 年度全国青年社会组织“伙伴计划”优秀项目

“从心启航”心肺复苏全民公益行动服务队

2018 年度全国优秀少先队员（中青联发〔2018〕10 号）

苏文玥（女） 福建省龙岩市永定区实验小学少先队员

2018 年度全国优秀少先队辅导员

郑兴英（女） 福建省长汀县城关中心学校少先队大队辅导员

2018 年度全国优秀少先队集体

福建省龙岩师范附属小学五 (6) 中队

2017 年度"青年文明号"

福建省上杭县公安局古田派出所

福建省龙岩市住房和城乡建设局行政审批科

福建省 121 地质大队地质勘查院

福建省龙岩市长汀县国土资源局服务大厅

2017 年度全国优秀共青团员

王庆彬 龙岩市青年志愿者协会秘书长

沈兹睿 福建省连城县第一中学高二 (2) 班学生

2017 年度"全国农村青年致富带头人"

钟亮生 武平县养蜂专业合作社理事长、武平县养蜂协会会长

2019 年荣誉

第十二届中国青年志愿者优秀个人奖（中青发〔2019〕14 号）

王庆彬 龙岩市新罗区壹公益组织服务社

2018 年度"全国优秀共青团员"（中青发〔2019〕6 号）

李海霞（女） 福建省龙岩市连城县第二实验小学教师

2018 年度 "全国优秀共青团干部"（中青发〔2019〕6 号）

李祖华 福建省龙岩华侨职业中专学校团委书记

2018 年度 "全国五四红旗团委（团支部）"（中青发〔2019〕6 号）

福建省龙岩技师学院团委

2020 年荣誉

全国优秀共青团员中青发（〔2020〕8 号）

胡雪妍（女） 福建省龙岩市长汀县第一中学高一 (12) 班学生

全国优秀共青团干部（〔2020〕8 号）

丘锦元 福建省上杭县临江镇团委书记

全国"五四"红旗团委（团工委）（〔2020〕8 号）

龙岩学院团委

全国"五四"红旗团支部（团总支）（〔2020〕8 号）

国家税务总局上杭县税务局团支部

2020 年度"全国优秀少先队员"（中青联发〔2020〕14 号）

谢晨铠 福建省龙岩市永定区第三处级中学少先队员

2020 年度“全国优秀少先队辅导员”（中青联发〔2020〕14 号）

余惠芳（女） 福建省漳平市西园中学小学少先队大队辅导员

2020 年度“全国优秀少先队集体”（中青联发〔2020〕14 号）

福建省龙岩市松涛小学少先队大队

福建武平县教师进修学校附属小学空军之父中队

第 20 届全国青年岗位能手（中青联发〔2020〕9 号）

刘剑友 闽西职业技术学院信息与制造学院创新创业工作站站长

2021 年荣誉

全国“五四”红旗团支部（团总支）（中青发〔2021〕4 号）

福建省龙岩市新罗区东城街道松涛社区团支部

全国优秀共青团员（中青发〔2021〕4 号）

廖可昕（女） 福建省龙岩市永定区第一中学 2019 级学生

全国优秀共青团干部（中青发〔2021〕4 号）

张 平（女） 团福建省龙岩市新罗区委副书记

第二节 省级荣誉

“五四”奖章集体标兵

2011 年 龙岩市公安局公共关系处（标兵集体）

2012 年 长汀县水土保持站

“五四”奖章集体

2011 年 龙岩市新罗区适中镇新祠防灾救灾青年突击队
龙岩电业局电网电力调控中心

2012 年 福建龙洲运输股份有限公司“968866”客服中心
连城县公安局出入境管理大队

2013 年 龙岩市公安局特警支队特勤大队
连城县公安局刑侦大队
龙岩市新罗区曹溪街道青年突击队

2014 年 龙岩市新罗区人民检察院未成年人检察科
龙岩市中级人民法院诉讼服务中心
龙岩市疾病预防控制中心青年突击队
连城县供电有限公司城东供电所

2015 年 连城县网友协会

2016 年 漳平市地方税务局城区分局
上杭县公安局交警大队城区中队
国网龙岩供电公司配电二次运检班

2017 年　福建省公安厅交警总队龙岩高速公路支队一大队古田中队
上杭县公安局才溪派出所
“从心启航”心肺复苏全民公益行动服务队

“五四”红旗团委标兵

2007 年　新罗区小池镇团委
2009 年　上杭一中团委
2011 年　龙岩市市公安局团委
2014 年　武警龙岩市支队团委
2016 年　福建省龙岩市第一中学团委
福建省 121 地质大队团委
2017 年　共青团龙岩技师学院委员会

“五四”红旗团（总）支部标兵

2009 年　永定县供电有限公司团总支
2010 年　龙岩市人民政府办公室团支部
2011 年　连城县朋口镇兰花协会团支部
2015 年　长汀县汀州镇水东社区团支部
2016 年　上杭县毛泽东才溪乡调查纪念馆团支部
2017 年　新罗区东城街道松涛社区团支部

团建先进县

2007 年　永定共青团县委

希望工程建设奖

2012 年　龙岩共青团市委

十佳青年文明号

2009 年　福建省米兰春天量贩有限公司体育中心店

新长征突击队

2008 年　上杭电力公司
2009 年　龙烟技术改造办公室

青年突击队

2012 年　龙岩电业局工程公司青年突击队
福建煤电股份有限公司龙潭矿采七队
福建龙洲运输股份有限公司稽查青年突击队
龙岩市公路局机械化抢险青年突击队
古武高速交通青年突击队

服务农村青年增收成长奖先进集体

2008 年　长汀共青团县委

志愿者工作组织奖

2008 年　长汀共青团县委

第三届福建省优秀志愿服务集体奖

2008 年　龙岩学院青年志愿者协会

大学生志愿服务欠发达地区计划优秀项目办

2011 年　长汀共青团县委

少先队工作红旗县

2009 年　新罗共青团区委

优秀少先队集体

2011 年　龙岩市高级中学少先队大队

　　　　龙岩市高级中学 2009 级 8 年级 (1) 中队

大中专学生暑期“三下乡”社会实践活动先进团队

2008 年　龙岩学院大学生骨干挂职服务团

2010 年　龙岩学院“学子村官”实践团

“五四”奖章

2008 年　吴廉、邱样贵、陈文欣、林容民、林福来、罗树宁、张雁

2009 年　邓志强、李勇、陈家明、林利添、范元丰、袁洪斌、张逞滨

2010 年　林泓富、吴美兰、卢清华、陈国荣、张玉雄

2011 年　陈荣水、陈国强、刘桂平、丘有良、华娟、林强钟

2012 年　沈冬梅、王小梅、冯素金、陈发胜、陈蔚华、龙翼、刘淑琴

2013 年　林国峰、廖小平、王福如、黄翠琴、殷世龙、刘凌平

2014 年　李大辉（标兵）、钟亮生、林伟龙、俞金生、林阿勇、张宇辉、黄俊

2015 年　饶英华、刘志峰、卢雪英、傅燕萍

2016 年　郭斌、何凌琳、谢伟昇

2017 年　张剑、李海霞（标兵）、章源、黄书旭、林艳榕

十佳共青团员

2009 年　陈雪芸

2010 年　陈文斌

2012 年　邱艳妮

十佳共青团干部

2009 年　陈媛

2011 年　郑蓉芝

2012 年　林火文

福建省优秀共青团员

2013 年　邓妍妍、丘九花、苏锦山、陈钻、陈根锋、陈彬然、林景、罗俊娇、阙权鸿

2014 年　张理洁（十佳）、刘鹏、刘建华、汤旭腾、杨海芳、陈滢、林桢栋、曾舒娴、阙衍洲、戴丽珊

2015 年　马华汀、王阳、王园洁、王娅湉、卢彦婕、江萍、肖虹、肖昕彦、张茜、陈欢、陈煜斌、曾惠妃（标兵）、游雨亮

2016 年　王庆彬、朱俊烨、李志钦、李俊东、李海霞、杨志晖、沈梓睿、邱志超、林坚顺、林建锋、罗懿、赵治花、钟倩云、郭筱露、黄勇、黄芷璇、赖湘玲、谢静媛

2017 年　姚超颖（十佳）、阙伟华、谢胜才、赖小春、张心瑶、曹宏杰、李佳进、廖志超、邹金秀

福建省优秀共青团干部

2013 年　王丹、丘晓燕、刘丽珍、张水坤、陈红英、钟荣荣、倪志华、谢灼宇

2014 年　王欢（十佳）、刘桥连、李赟、李意、李国菡、陈丽琴、陈瑞昕、林丹、罗炳鑫、黄亦晟、温东荣

2015 年　刘宾、刘锡方、李波、邱筱平（标兵）、张靓蓉、林忠荣

2016 年　邓钰文、左棋、吴鹏辉、张平、李祖华、苏珏晖、连玲娜、黄秉昌、谢政陶

2017 年　李兴（十佳）、郭晓云、鄢惠萍、程志超

第二届福建省青年创新创业大赛奖

2015 年　苏太育　侧装固封式户内高压真空断路器

廖　静　卡通制品生产 VS 动漫餐饮

杨俊生　智爱宝贝（智能儿童体温监测仪）

涂运辉　龙合碗媒

杨华滨　龙岩市都市农夫园艺服务有限公司

第五届福建省青年创业良师益友奖

2014 年　林国森　厦门市西鼎企业管理顾问有限公司龙岩分公司总经理

第五届福建省青年创业杰出成就提名奖

2014 年　许万强　福建永强岩土工程有限公司董事长、总经理

林国峰　龙岩市大幸福投资发展有限公司董事长

福建省最美青工

2014 年　余松妹　福建华电漳平火电有限公司劳资主管

福建省（杰出）青年岗位能手

2014 年　李水平　龙岩市第一医院（杰出岗位能手）

2016 年　邱桂中　龙岩供电公司运检部变电检修管理高级师

大事记

1997 年

1997 年 5 月 1 日，龙岩地区撤地设市，原龙岩地区改称龙岩市，原县级龙岩市改称新罗区，行政区划不变。共青团龙岩地区委员会更名为共青团龙岩市委员会。

1997 年，“五四”期间，共青团龙岩地委召开纪念“五四”运动 78 周年表彰大会，表彰一批优秀团员和团干部，同时组织地区大中专学校 1000 名学生在龙岩一中举行 18 岁成人仪式教育活动。

1997 年 6 月 21—23 日，共青团龙岩市委第一次代表大会召开。邱萍作工作报告。大会选举产生共青团龙岩市委第一届委员会。

1997 年 6—7 月，团市委举办“迎回归”龙岩城区青年长跑赛和全市“迎回归、庆六一”万名少先队员鼓号队踩街等活动。

1997 年 7 月，团市委作出关于开展“为闽西新一轮创业贡献青春”的部署，要求各级团组织带领广大团员青年解放思想，认清形势，抢抓机遇，奋力争先，在新一轮创业中找准切入点，发挥应有作用。

1997 年 8 月 12 日，团市委与市关工委等 11 家单位联合发起“积极参与扶贫行动，捐助万名失学儿童”活动，收到捐款 84 万多元，结对救助失学儿童 1500 多名。

1997 年 8 月，以“让世界清洁起来”为主题，在全市青少年中开展“讲文明、树新风”活动。

1997 年 9 月，团市委先后为龙岩市第一医院急救中心、龙马集团销售总公司举行国家级青年文明号授牌仪式或学习座谈会。

1997 年 12 月 28—29 日，龙岩市青年联合会第一届委员会第一次全体会议在龙岩市政府礼堂召开。

1997 年，在全市少年儿童中开展以讲礼貌、文明宣传示范等学习实践活动为主要内容的“雏鹰假日小队手拉手文明行动”和“手拉手情系贫困小伙伴”等活动。

1997 年，先后开展大中专学生“三下乡”活动、万名青年读好书活动、农村青年精神文明建设“五个一”活动，推动青年文化园建设。

1997 年，团市委推出市青年志愿者典型——连城电力公司青年志愿者服务队。该队员长期义务帮助城区居民修理家用电器、照明线路，被誉为冠豸山下一群小“徐虎”。

1997 年，开展结对帮扶活动，发动城市支持农村、富裕村支持贫困村，帮助贫困村团组织兴办项目和实体，以推进“服务万村脱贫致富奔小康行动”。

1997 年，贯彻团省委《关于在全省企业青年中开展“导师带徒”活动的意见》精神，在全市85%的企业、95%的青工中以师徒双向选择、签订合同、师徒结对方式开展导师带徒活动。

1997年，团市委先后争取台湾兴田健康产业国际机构，省电力工业局，以及福建省青联副主席、澳门金龙电业集团有限公司总裁陈明金，菲律宾菲华石狮各乡联合会理事长施学坛等单位和个人支持，分别在永定、武平、上杭、长汀、漳平等贫困山村兴建希望小学6所。

1997年，团市委举办龙岩地区首届校园文化艺术节。

1997年，开展"'希望工程'最后一轮劝募"活动、"积极参与扶贫行动，捐助万名失学儿童"活动。团市委被团中央、中国青少年发展基金会授予"希望工程"建设奖。

1998年

1998年初，团市委联合农业局确定新罗区、长汀县为全市抛秧、旱育秧推广试点县（区），确定长汀的河田鸡、抛秧、旱育秧推广项目，连城高海拔无虫害蔬菜栽培示范项目，上杭抛秧、旱育秧推广项目，武平清化肉桂项目，永定的芥菜种植、加工开发项目等作为科技项目领办试点。

1998年3月，举行青年志愿者"三下乡"活动暨授旗仪式，组织龙岩市汉剧团、龙岩"120"急救中心、龙岩农校、龙岩卫校的青年志愿者前往古田镇开展"三下乡"活动。

1998年4月，组织开展青年文明号优秀服务示范月活动。

1998年，"五四"青年节期间，团市委召开纪念表彰大会，举办"青春颂"文艺晚会，市区大、中学生"18岁成人宣誓仪式"，火炬接力赛等系列活动。其中，表彰大会表彰龙岩市首届10个"十佳"青年。

1998年5月中旬，团市委与有关部门联合开展再就业咨询服务活动，发放宣传材料3.3万份，接待下岗职工咨询2000余人。

1998年5月，团市委组织全市各级团组织及广大团员青年学习江泽民在庆祝北京大学建校100周年大会上对广大青年提出的"四统一"重要讲话精神，开展以理想、信念、开拓、进取为核心的思想教育活动。

1998年，"六一"国际儿童节期间，团市委联合市教委举办"庆六一、手拉手"科技欢乐园活动。

1998年，"八一"建军节期间，团市委联合市教委、市武警支队举办第二期少年警校培训班。

1998年9月下旬，团市委召开全市企业共青团工作会议暨导师带徒现场会。当年全市有4名青工被评为全国青年岗位能手，22名青工被评为省级青年岗位能手，90名青工被评为市级青年岗位能手。

1998年10月13日，中国少年先锋队龙岩市第一次代表大会在龙岩市召开，市委书记张燮飞，市长黄坤明，老同志游梅耀、邱锦才出席开幕式。大会选举产生第一届龙岩市少先队工作委员会。

1998年10月中旬，召开全市农村团工作流动现场会，交流开展农村团工作和青年致富能手活动经验。

1998年11月，团市委联合市关工委召开龙岩市希望工程志愿者劝募行动工作会议暨首批希望工程志愿者颁证仪式，动员社会各界参与1998希望工程志愿者劝募行动。全市共筹集资金近25万元。

1998年11月，对省、市、县三级青年文明号进行年度复查。至年底，全市已有25个行业系统、

3500多个青年集体参与青年文明号创建活动,涌现出国家级青年文明号4个(龙岩“120”急救中心、龙马集团销售总公司、龙岩电业局营业大厅、连城县日杂果品公司食杂经营部)、省级青年文明68个、市级青年文明249个。

1998年12月底，团市委组织大中专学校、机关企事业单位等市、区5000多名青年志愿者上街头清运垃圾、清除非法张贴物、维护交通秩序等。

1998年下半年，团市委开展“为重点工程献青春”活动，在永定县举行青年志愿者授旗仪式，为棉花滩水电站和梅坎铁路的征地、拆迁、移民建房、搬迁新居及治安巡逻开展志愿服务工作。

1998年，针对长江、嫩江、闽江流域发生的特大洪涝灾害，全市团员青年发扬“一方有难、八方支援”的互助精神，共向灾区捐赠特殊团费9万元，衣物6000多件。

1998年，接待菲律宾菲华石狮市各乡联合会访闽团到龙岩市参加长汀伯湖、河梁希望小学落成典礼活动。

1999年

1999年初，团市委在上杭县古田镇举行乡村青年科技文化节推进仪式。

1999年初，以龙岩师专、新罗区、漳平市为试点，围绕社区团建、服务、文化3个主体项目，创建青年文明社区。

1999年初，各级团组织在青年职工中开展“青年岗位能手兴质量”活动。全市各工矿企业普遍举办一次“岗位练兵、技术比武”活动，评选表彰一批岗位能手，推进企业发展。

1999年初，团市委联合市绿化委、水土保持事业局、林委、水利水电局、环保局开展以保护汀江、九龙江为重点的青少年“保护母亲河行动”。

1999年4月7日11时，龙净企业集团龙岩大洋工业自动化研究所所长游卫东为抢救工人而献出年仅31岁生命。其事迹在全市团员青年中引起强烈反响，成为全市团员青年特别是青年科技人员学习的榜样。

1999年4月，团市委被团中央授予全国“创建五四红旗团委”活动组织奖。

1999年4月，为纪念中共中央总书记江泽民为全国创建青年文明号题词5周年，全市开展“树五四精神、创一流业绩、向国庆50周年献礼”青年文明号优秀服务示范月活动。

1999年，“五四”期间，召开纪念“五四”运动80周年电视大会暨表彰会，举办市、区大、中学生“十八岁成人仪式”、市区跨世纪火炬接力赛等一系列纪念活动。

1999年5月初，长汀团县委与江西瑞金联合开展“绿化长征路，保护母亲河”行动，举行“保护客家母亲河行动”启动仪式。

1999年5月初，漳平团市委与漳州华安团县委联合组织200多名青年志愿者在九龙江举行“保护母亲河”植绿护绿签字仪式，种下“母亲树”“青年林”1000多株。

1999年5月7日，团市委联合市委宣传部、市文联举办以“希望的圣火”为主题的1999龙岩市希望工程义演晚会。北京军区战友歌舞团著名歌唱家刘斌、总政歌舞团青年歌唱家梦鸽和中央电视台著名节目主持人张莉等到场义演。

1999年5月8日，全市各级团组织分别举行座谈会、集会、主题班会，抗议以美国为首的北约轰炸中国驻南斯拉夫使馆的野蛮行径。

1999 年 5 月 8 日起，团市委联合市委宣传部、市教委等举办“红岩魂——白公馆、渣滓洞革命烈士斗争史”展览，组织广大团员、青年参观展览，接受教育。

1999 年“六一”前夕，龙岩城区近千支雏鹰小队走上街头，开展“跨世纪中国少年雏鹰行动”。

1999 年 6 月 2 日，团市委在龙岩财校举行“龙岩市纪念五四运动 80 周年青年学生学习邓小平理论报告会暨经验交流会”。全市大、中专学校团委书记、学生会主席及学生代表共 1000 多人参加报告会。

1999 年 7 月 23 日，团市委联合市林委、市环保局开展 1999 年龙岩青少年“生态环保夏令营”活动。

1999 年 7 月，组织全市团员青年批驳李登辉“两国论”，教育广大团员青年为祖国和平统一大业做贡献。

1999 年 8 月 1 日，团市委联合市邮政局发行以“爱闽西·建龙岩·美家园”为主题的“保护母亲河、保护华南虎”邮资明信片。

1999 年 8 月，组织市部分青联委员赴港、澳、泰参观考察，增强与港、澳青年社团的交流。

1999 年 9 月 29 日，召开龙岩市首批“优秀青少年维权岗”命名大会，命名龙岩市中级人民法院刑庭少年合议庭等 16 个单位为首批“优秀青少年维权岗”。

1999 年 9 月，团市委在漳平电厂召开企业共青团工作暨青年工人创新创效座谈会，研究部署企业青工创新创效活动。

1999 年 9 月，全省创建“五四红旗团委”现场推进会在龙岩市召开。

1999 年 10 月 13 日，举行龙岩市少先队建队 50 周年纪念大会暨城区鼓号队大检阅，城区 3000 多名少先队员参加纪念大会，16 支鼓号队参加大检阅活动。

1999 年 12 月 28 日，上杭才溪小学少先队员高晓金作为福建省唯一代表从北京取回世纪圣火火种。2000 年 1 月 7 日，团市委在才溪小学举行闽西少先队员新世纪火炬交接仪式。

1999 年 12 月，团市委、市青联联合举办全市各界青年“迎澳门回归报告会”，激发广大青年的爱国热情。

1999 年，团市委围绕市委创建全国卫生城市活动，组织市区大中小学校、机关企事业单位青年志愿者在城区开展宣传《中华人民共和国环境保护法》、清除非法张贴物、维护交通秩序、净化美化城市活动。

1999 年，组织全市青年志愿者开展爱心献血活动。

1999 年，志愿者参与“110”社会联动，服务延伸到承担各类急、难、险、重突击任务等各领域。

1999 年，团市委联合市绿化委成立青少年绿化工作领导小组，确定新罗、上杭、长汀为试点县（区），建设生态示范工程面积 33 公顷。

2000 年

2000 年初，团市委召开工作电视会议部署“五四红旗团委”创建活动，确定 58 个不同类型的基层团委作为省、市两级争创活动的示范团委。

2000 年 1 月 9 日，团市委在漳平市举行第二届乡村青年文化节推进仪式。

2000 年 3 月 4 日，团市委组织各县（市、区）同时举行“盼祖国统一”青少年千人签名活动仪式，其中新罗辖区的青少年签名仪式在市街心广场举行。

2000 年 3 月 4 日，上杭古田红军园“雏鹰训练校外基地”由团省委、省少工委命名，并于 3 月 16 日与古田红军园同时挂牌。

2000 年 3 月 11 日，团市委举行龙岩市青年志愿者“保护母亲河”植绿护绿服务队授旗仪式，龙岩师专团委、龙钢团委等 20 支青年志愿者队伍被授予植绿护绿服务队。

2000 年 3 月 15 日，闽赣青年在长汀先后举行植绿护绿服务队授旗仪式、“保护母亲河、绿化长征路”仪式和“绿色的希望”文艺晚会。

2000 年 3 月，团市委举办读书计划暨新书推荐活动启动仪式，联合龙岩新华书店设立“精品书架”，发放“购书优惠卡”，挂牌建立读书俱乐部，推出首批“新书推荐榜”。

2000 年 4 月 21 日，团市委召开龙岩市第六届青年职工“五小”成果发布会，表彰第六届青工“五小”优秀成果奖，发布武平林化厂“B-90 聚合松香的研制开发”等 14 项优秀成果。

2000 年 4 月 25 日，举行城区大中专学校 18 岁成人宣誓仪式，1200 多名学生在国旗下庄严宣誓。

2000 年 4 月 29 日，团市委举办以“绿色的希望”为主题的龙岩市“保护母亲河”大型文艺晚会。

2000 年 4 月，各级团组织召开座谈会，批驳“台独”“两国论”，维护祖国统一。

2000 年 5 月 22 日、6 月 5 日，团市委、市青联在全市开展“致富思源、富而思进”以及“未富更当思进、思进必须思源”教育活动。

2000 年 6 月，在全市村级团支部换届选举工作中率先在全省推行“公推直选”村团支部书记，村级团支部推行“三位一体”（团支部书记、村委科技副主任、青年星火带头人）配置。

2000 年“七一”期间，闽西青少年红色旅游线开通，同时举行“重走长征路”夏令营活动。

2000 年 7 月 6 日，召开共青团龙岩市代表会议，增选 15 名团市委一届委员会委员。

2000 年 8 月 15—18 日，团市委组织龙岩市青少年“寻找华南虎、拯救华南虎”考察队，到梅花山自然保护区开展考察活动。

2000 年 8 月 16 日，团市委、市工商局联合开展“为了明天——优秀青少年维权岗暑假行动”，对全市青少年生活用品质量进行专项执法大检查。

2000 年 8 月，在抗击第 10 号台风中，2 万多名青年志者组成 1000 多支“青年志愿者突击队”“青年志者服务队”和“青年志愿者巡逻队”投入抢险救灾。

2000 年 9 月 26—28 日，全省“保护母亲河行动”现场推进会在龙岩市召开。

2000 年 9 月，团市委举办首届社区青年文化节推进仪式，各级团组织围绕社区团建、服务、文化，开展“组织、网络、服务、阵地”四大项目推进农村青年文化园建设。

2000 年 10 月 20 日，召开国有企业青年工作暨关心支持青年工作优秀党政领导表彰大会和国企党建带团建工作座谈会，把企业团的工作纳入党的工作总体部署。

2000 年 11 月 15 日，在人民广场举行“龙岩市青年志愿者服务世界客属第十六届恳亲大会宣誓大会”，1500 多名团员青年协助做好来宾报到、引导、治安、交通维护等工作。

2000 年 12 月，龙岩市青联接待香港福建希望工程基金会访闽团和由香港国际青年文化交流中心组织的 40 名中学师生参观访问团。

2000 年，团市委被教育部、团中央授予“中国大中专学生志愿者暑期‘三下乡’社会实践活动先进单位”，获“全国青年星火带头人优秀组织奖”。

2000 年，组织游卫东先进事迹报告团到各县（市、区）及大中专学校、企业、乡（镇）举办报告会 15 场，近 30 万青少年听取报告。

2000 年，团市委和新华书店联合举办“新华杯”龙岩市青少年新世纪读书有感征文活动。

2001 年

2001 年初，团市委在全市开展基层团组织建设“三级联创”活动，在“五四”“七一”期间形成联创活动高潮。

2001 年 2 月，龙岩团市委被共青团中央授予“全国志愿者先进集体称号”。

2001 年 3 月初，全市各级团组织开展以“反对邪数、破除迷信、崇尚科学、传播文明”为主题的校园拒绝邪教“青年文明社区反邪教”等系列活动。

2001 年 3 月 3 日，共青团龙岩市委、共青团新罗区委组织 200 多家单位在龙岩城区开展学雷锋为民服务一条街活动，龙岩师专青年志愿者排长队参加无偿献血。

2001 年 3 月 11 日，团市委组织城区大中专学校、企事业单位青年植绿护绿服务队，到二九五大队后山植树除草，营造“青年世纪林”。

2001 年 3 月，组织龙岩市青少年寻找华南虎、华南虎考察队深入梅花山自然保护区开展考察活动。

2001 年 4 月初，开展社区青年志愿者科技、教育、文化“三进巷”活动，并于 4 月 27 日开展青年文明社区命名仪式暨“党在我心中”社区大家乐活动。

2001 年 4 月 5 日，共青团龙岩市委、共青团新罗区委在闽西革命博物馆举行新世纪新团员入团宣誓仪式，1300 多名新团员参加宣誓仪式。

2001 年 4 月 5 日，团市委、市青联在永定县高陂镇举行“三个代表”重要思想宣传教育活动。

2001 年 4 月，在全市大中专学校开展“科技进校园”主题系列活动，组成讲师团到学校进行授课。

2001 年 4 月 29 日，团市委召开“十项十佳青年”表彰大会。市委、市人大、市政府、市政协及有关单位领导给“十项十佳青年”颁奖。

2001 年，“五四”“七一”期间，以“党在我心中”为主题，各级团组织开展生动活泼、寓教于乐的纪念建党 80 周年的系列活动。

2001 年 6 月底和 7 月初，团市委组织龙岩市青年学生党员“三个代表”社会实践服务团和龙岩市青年学生“三下乡”服务团等 4 支重点服务团举行服务团出征授旗仪式。

2001 年 10 月 1 日，龙岩城区大中专学校 16 ～ 18 岁青年学生代表 2000 多人参加全国百城市 18 岁成人宣誓仪式。

2001 年，团市委召开全市企业青年创新创效活动现场推进会，开展青年创新创效方案金、银、铜奖和先进个人评选表彰活动。

2001 年，上杭古田青年文明社区、新罗西城街道办事处被团中央命名为“全国青年文明社区”

称号。

2001年，全市少先队组织开展“星星火炬、代代相传”主题教育活动。各级少先队组织城市和农村、富裕地区和贫困地区、健康和有残疾少年手拉手，开展手拉手建书屋、手拉手保护母亲河、手拉手助学行动等实践活动。

2001年，开展“新世纪从做志愿者开始”主题活动，团市委被团中央、中国志愿者协会授予“中国百个优秀青年志愿服务集体”称号，获团中央“走进社会大课市堂”全国中学生暑期实践教育活动优秀组织奖。

2001年，确定18个青年文明社区为市首批青年文明社区创建示范点。启动青年文明社区亮点工程，上杭古田溪背文明社区、新罗西城街道办事处被团中央命名为“全国青年文明社区”。

2001年，团市委筹集资金40万元，援建新疆希望小学2所（昌吉市奇台县东湾乡大泉回民希望小学和二马场哈萨克希望小学）。

2002年

2002年初，团市委联合市综治委、市工商、文化等部门开展对网吧、迪吧和有害卡通画册及淫秽“口袋本”图书专项整治行动，共收缴淫秽“口袋本”6000多册。

2002年3月3日，开展“新世纪从做志愿者开始”活动，团市委组织100多家单位在街心广场开展学雷锋为民服务一条街活动。

2002年3月9日，由团市委、市林业局、市环保局等单位组成的市保护母亲河行动领导小组在二九五大队后山举行龙岩市青少年“保护母亲河”实践基地揭牌仪式。

2002年4月5日，团市委接待由福建金门县音乐协会理事长许能丽率领的金门县青少年校外教育机构负责人一行到龙岩市青少年宫参观指导。

2002年4月16日，“永远跟党走”福建省青少年火炬传递启动仪式暨青春歌会在古田会议会址举行。省委组织部巡视员郑霖，雷春美、陈冬等团省委领导，张燮飞、邓保南、刘晓东、陈万里、张秀娟、肖衍锋等市领导，游梅耀、马其昌、邓荣照、任延寿等老红军、老同志以及龙岩市、漳州市、三明市优秀青年代表2000多人参加启动仪式。之后，各界青年组成12个方阵举行“永远跟党走”青春歌会。

2002年4月20—21日，团市委举行全市大中学校十佳校园歌手赛，43名学生参加比赛，龙岩一中的钟慧卿、龙岩侨中的詹琳获一等奖。

2002年4月，中国农业银行新罗支行员工林红、上杭县公安局民警江建权被评为“全国优秀青年卫士”。

2002年4月，团市委组织全市青少年开展争创“全国双拥模范城”作贡献活动。各级团组织加强青少年爱国主义教育和国防观念教育，开展军警民共建活动，组织青年志愿者开展为优抚对象送温暖、办实事活动。

2002年，“五四”期间，开展青少年火炬传递启动仪式暨青春歌会、“高速杯”文艺晚会等系列活动纪念共产主义青年团成立80周年。

2002年5月10日，市委召开中国共产主义青年团成立80周年纪念大会，市领导刘晓东、陈雄、陈建寿、李天喜、饶作勋、张再军、李汉槐、邱惠珍等出席大会。大会表彰优秀共青团员、优秀共青团干部和2001年度市级“青年文明号”单位。

2002年5月23日，团市委组织“青年文明号”集体到上杭茶地乡开展“青年文明号”优质服务下乡活动。

2002年5月，在长汀河田镇举办“学讲话、颂党情、跟党走”第四届乡村青年文化节和第三届社区青年文化节推进仪式。

2002年5月，共青团龙岩市委、共青团新罗区委在中城街道凤凰社区举行青年志愿者科教、文体、卫生、法律“四进社区”活动启动仪式，在街心广场、闽西交易城举行“永远跟党走”青年文明社区大家乐文艺活动。

2002年6月23日，全省“共青团县县上网”信息平台开通仪式在长汀举行。闽西青年网、全市7个县（市、区）团委、部分企事业单位团委网站全部建成投入使用。

2002年6月，福建省青少年生态教育基地在长汀青年世纪林揭牌。

2002年上半年，团市委在全市大中专学校中开展“我想我能行”环保科技作品创新思维设计大赛，收到各类参赛作品136件。龙岩工业学校叶启进、蔡权泉设计的“垃圾发电机”和龙岩林业学校陈振耀设计的《沉浮子》等作品获一等奖。

2002年上半年，由团市委、市文化与出版局、市摄影家协会联合举办的龙岩市“佳美杯”青年摄影作品比赛，共收到参赛作品600多幅，漳平电厂黄仙景的作品《繁忙的棉电建设工地》获一等奖。

2002年11月4—6日，共青团龙岩市第二次代表大会召开，团省委领导和市各套班子领导出席开幕式。

2002年11月15日，团市委召开全市各界青年学习十六大精神座谈会。

2002年12月，市综治委、团市委联合开展对网吧、迪吧和有害卡通画册及淫秽“口袋本”图书专项整治行动。

2002年，团市委成立青年农村发展中心，扶持农村青年走农业经济综合开发创业之路。

2002年，上杭溪口电力希望小学、新罗白沙电力希望小学、上杭蛟洋希望小学、长汀秀凤希望小学相继落成。

2002年，在中等专业学校和职业学校开展以培养职业道德和职业技能为重点的“争做未来岗位能手”活动。

2003年

2003年1月18日，团市委在武平县十方镇举行第五届乡村、第四届社区青年文化节推进仪式。

2003年1月，团市委联合市综治委等单位开展对网吧、迪吧和有害卡通画册及淫秽“口袋本”图书专项整治行动。

2003年3月2日，各级团组织开展以“发扬雷锋精神，参与志愿服务，建设精神文明”为主题的学雷锋统一行动日活动，纪念学习雷锋40周年暨青年志愿者行动实施10周年。

2003年3月9日，团市委组织1000多名团员青年到东宝山农场青少年世纪林开展植绿护绿活动。

2003年4月12日，团市委联合市委宣传部、市教育局在龙岩一中举行全国优秀青少年读书俱乐部揭牌暨市青少年读书计划推进仪式。

2003年4月29日，团市委与市电信公司联合举行“青春热线”开通仪式，开通“16800054”“青春热线”。

2003年5月4日，团市委组织城区企事业单位的团员青年、学雷锋志愿者在龙岩城区街心花园配合开展预防“非典”疫情宣传活动。

2003年5月28日，团市委联合有关部门召开全市少先队工作表彰大会，表彰十佳少先队辅导员和十佳少先队员以及42名优秀辅导员和46名优秀少先队员。

2003年6月27日，开展“共青团城乡互动百千万工程”活动，举行省直—龙岩市结对仪式，签订城乡互动责任书。

2003年6月，开展以“远离毒品、关爱未来”为主题的“社区青少年远离毒品”宣传周活动。

2003年11月，新罗区中城街道被列为全国“青少年违法犯罪社区预防计划”试点单位。

2003年12月16—17日，团中央书记处书记杨岳一行到新罗区中城街道调研青少年违法犯罪社区预防工作，充分肯定中城街道在预防青少年犯罪方面所做的工作。

2003年12月24日，组织代表团参加省海峡青年论坛活动和外出考察交流活动。

2003年，共青团龙岩市委调整市创建“青年文明号”组委会，建立联席会议制度，实行“青年文明号”预申报制度。

2003年，全市70多名大学生响应上级参与实施“大学生志愿服务西部计划”号召报名申请参与，其中2人被选拔到宁夏参与志愿服务。

2004年

2004年2月13日，团市委举行“我为龙岩学院尽一份心”主题活动捐赠仪式，共收到捐赠款14万多元。

2004年3月5日，团市委以“我志愿、我奉献”为主题，以“热心献社会、真情暖闽西”为口号，组织城区学校、企事业单位青年志愿者到街心花园开展青年志愿者服务一条街活动。

2004年3月12日，团市委组织市直团组织负责人前往长汀世纪林开展植树造林活动。

同日，漳平团市委与华安团县委组织两地青少年在九龙江畔开展“同饮一江水，共护母亲河”植绿护绿活动，共植下桉树3000多棵。

2004年3月27—28日，福建省青少年宫协会第六次会员代表大会暨少年儿童校外教育研究会教改观摩会在龙岩市青少年宫召开。全国青少年宫协会副会长谷丽萍、团省委副书记吴立官、副市长饶作勋及来自全省各地青少年宫主任和少年儿童校外教育研究会会员参加会议。

2004年4—8月，团市委、市希望工程领导小组发起希望工程“爱心助学计划”系列活动，资助1000名以上家庭经济困难的龙岩市城乡大、中、小学生，金额近50万元，修建小学14所，金额近10万元。

2004年8月27日，召开预防青少年违法犯罪工作经验交流暨学校周边环境整治工作会议。

2004 年 11 月 17—19 日，全省团县（市、区）委书记学习中共十六届四中会会精神座谈会暨共青团信息调研工作会议在龙岩召开，团省委领导陈冬、俞开海、李长根，龙岩市领导饶作勋，各设区市团委分管副书记、办公室主任，全省各县（市、区）团委负责人近 130 人参加会议。

2004 年 11 月 18 日，全省共青团信息调研工作会议在龙岩市召开。龙岩团市委、厦门团市委、莆田团市委、漳浦团县委、延平团区委、福州大学团委在会上作经验交流。

2004 年 11 月 18 日，由团省委主办、龙岩团市委承办的首届福建省青少年网络论坛在龙岩举行。团省委副书记俞开海在论坛上致辞，并点击开通“5461U”信息平台。网龙（中国）公司副总裁唐兆希、榕基软件开发有限公司陈明平、省社会科学院赖文、搜狐福州分公司张毅就网络游戏、青少年网络文化、电子政务的发展趋势、互联网及网络游戏的发展现状发表演讲。

2004 年 11 月 19 日，全省团县（市、区）委书记学习中共十六届四中精神座谈会在上杭县古田镇召开。团省委书记陈冬、副书记俞开海，中国青年报社副社长李忠以及各设区市团委负责人、县（市、区）团委书记等参加会议。

2004 年，团市委、市科技局、市人事局、市教育局决定在全市范围内实施闽西青年科技创新行动。

2005 年

2005 年 1 月 1 日，团市委在连城姑田举办第七届乡村和第六届社区青年文化节。

2005 年 3 月 12 日，长汀、瑞金两地青年在福建长汀青年生态果林场内举行共植青年友谊林活动。

2005 年 3 月，共青团龙岩市委组织编写的龙岩市第一部《闽西共青团志》，由中国广播电视出版社正式出版发行。

2005 年 4 月，市青企协组织青年企业家赴广东梅州与梅州团市委和青年企业家协会交流。

2005 年 5—9 月，全市各地先后启动“律师普法进校园”宣传教育活动，引导青少年在行动中增长知识，自觉远离毒品、远离不良习气。

2005 年 5 月 22—23 日，中国少年先锋队龙岩市第二次代表大会在龙岩市召开。

2005 年 6 月 18 日，团中央书记处第一书记周强、书记处书记胡伟一行到龙岩市调研。周强一行参观上杭古田会议会址和古田会议纪念馆，听取团市委工作汇报，并看望省级“青年文明号”漳龙高速公路龙岩征管所的团员青年。

2005 年 6 月 18 日，台湾“中华青年交流协会”创始人李钟桂博士率领台湾青年代表团一行 14 人，与龙岩市青年联合会开展交流活动。

2005 年 7 月 8 日，召开全市青年职工工作会议。

2005 年 7 月 23 日，开展“献爱心播希望”——中恒兴广场募捐晚会，筹集资金 10 万元用于改善贫困中小学校软硬件设施。

2005 年 7 月，实施“福建省大学生志愿服务欠发达地区计划”，28 名大学生志愿服务龙岩教育、卫生、医疗事业。

2005 年 7 月，组织部分团干和市青联委员前往河南、山西等地进行考察学习。

2005 年 8 月 3 日，团中央书记处书记王晓一行到龙岩市调研。王晓一行先后到“全国青年文明号”龙岩电业局客户服务中心、龙岩卷烟厂调研，并瞻仰古田会议旧址，详细了解闽西各级团组织争创“青年文明号”工作情况。

2005 年 8 月，“情系八闽”第五届“闽南风·海峡情”少儿文艺交流系列会演活动在龙岩市举行，海峡两岸青少年开展丰富多彩的交流活动。

2005 年 8 月，市青年文明号组委会组织市青年文明号学习考察团赴东北三省学习考察，与吉林省长春市等地团委和全国青年文明号单位进行交流。

2005 年 9 月 23 日开始，团市委在全市团员青年中开展为期 6 个月的增强共青团员意识主题教育活动。

2005 年 11 月 8 日，团市委与福建合信隆房产有限公司联合在龙岩学院设立共青团龙岩学院助学基金，首期注入资金 100 万元。

2005 年 11 月，实施闽西青工技能振兴计划，开展能工巧匠技能竞赛和评选活动。漳平电厂被确定为全国青工技能振兴试点企业。

2005 年 11 月 22 日至 12 月 9 日，团市委摄制的 12 集《激情创业——闽西青年文明号巡礼》电视专题片在龙岩电视台公共频道播出。

2005 年，武平县举行首届闽粤赣边县域青年创业论坛。

2005 年，组织青年企业家代表参加海峡青年论坛和第四届“中国·福建项目成果交易会”、第九届中国国际投资贸易洽谈会、“投资龙岩”项目洽谈会等。

2006 年

2006 年，元旦、春节期间，发动 200 多个基层团委和 500 多个青年文明号和青年企业家协会会员筹款 20 多万元开展“真情助万家”送温暖献爱心活动。

2006 年 1 月 20 日，在永定县湖坑镇举办第八届乡村、第七届社区青年文化节推进仪式。

2006 年 2 月 22 日，团省委书记陈冬到武平县进行专题调研。

2006 年 3 月 5 日，团市委联合市建设局在新罗区适中镇举行全市“保护母亲河·家园清洁青年行动周”活动启动仪式，近 1000 名青年参加新农村建设“村容整洁”青年志愿者行动。

2006 年 3 月起，团市委先后组织 85 支市直区直机关、企事业单位、学校青年志愿者服务队，到社区、农村，积极开展扶贫、尊老敬老、帮孤助残、法律援助、义诊义治、义务家教、文化宣传、普法科普宣传、环境保护等志愿服务活动。

2006 年 4 月 20 日至 6 月 20 日，举办“e 代天骄”青年网络创业大赛。

2006 年 4 月 29 日，召开全市青年突击队命名誓师大会，命名青年突击队 143 支，并授予 20 支重点工程突击队队旗。

2006 年 4 月底，市委书记刘赐贵在与团市委主要领导谈话时对共青团工作提出“高举团旗跟党走、脚踏实地做工作、求真务实讲实效”要求。

2006 年 4 月，开展青年文明号优质服务示范月活动。

2006 年 5 月 17 日，团省委书记陈冬对龙岩团市委新领导班子提出“贴近大局、服务中心、整合资源、带好队伍”的希望和要求。

2006年5月29日，团市委、市教育局、市少工委联合举办庆“六一”表彰会，市领导黄海英、李天喜、李汉槐出席。

2006年，在“六一”和建队节期间，开展社会主义荣辱观主题教育活动。

2006年6月8日，中国青年国际交流中心主任邓亚军一行到龙岩调研并向龙岩市受灾群众捐款。

2006年6月20日，市综治委预防青少年违法犯罪工作领导小组召开成员会议，在全市范围内集中开展整治校园周边治安秩序专项行动。

2006年6月，组织30多名青年企业家参加“6·18”中国福建项目成果交易会和第四届“海峡青年论坛”。

2006年6月下旬，以龙岩学院、闽西职业技术学院为龙头，成立以新农村政策宣讲服务团、科技兴农服务团等为重点的大、中学生暑期社会实践小分队，分赴永定县抚市镇等7个县(市、区)受灾较重乡（镇）的10个村，开展为灾区人民重建家园服务活动。

2006年6月，全国学联主席刘凯一行到龙岩市开展调研。

2006年7—11月，团市委利用省运会、省老运会的契机，开展“青年同心、服务省运”和“青春辉映夕阳红、志愿服务老运会”等主题系列活动。

2006年7月，在中央、省、市电视台报道“希望工程——圆梦大学”闽西题材系列专题片8期。

2006年8月1—3日，“香港青少年红色之旅福建行”参观团300名大、中学生到龙岩市参观学习。

2006年8月11日，“一通百通海西八方纵横”全省交通系统青年突击队命名誓师大会在龙岩召开，团省委书记陈冬、省交通厅厅长谢兰捷、市政府副市长郑如占出席大会并讲话。

2006年8月22日，举办“大手拉小手——希望工程圆梦大学”捐赠仪式，市领导刘晓东、李天喜、李汉槐，市关工委主任谢克金出席。

2006年9月8—9日，团中央书记处书记贺军科在团中央青农部长陶宏陪同下到龙岩调研共青团青农工作。

2006年10月16—17日，团市委前往江西瑞金、赣州等地参观考察，与南昌铁路局团委就“海西号”创建“共青号”有关工作达成共识。

2006年11月8日，市委书记刘赐贵在市委副书记、纪委书记刘晓东和市委常委、秘书长陈建寿陪同下到团市委机关调研。

2006年11月，集中力量组织实施“双千双万”农村基层团建月活动。

2006年，团市委被团中央、劳动和社会保障部授予2006年度“中国青年创业行动优秀组织单位”称号。

2006年，启用全国青少年信息管理系统，建立社区青少年信息档案数据库。

2007年

2007年1月17日，各级青年文明号集体开展“真情助困进万家”统一行动，共为困难群众和学生捐款、捐物总价值10多万元。

2007年1月18日，团市委、市青年联合会联合在龙岩学院开展“中国十大杰出青年农民吴哲彦”先进事迹报告会暨“创业海峡西岸·成功人士百校行”活动。

2007年2月8日，龙岩市第九届乡村文化节、第八届社区文化节暨慰问进城务工青年文化演出在长汀开发区举行。

2007年3月4日，龙岩市万名青年志愿者开展“敬老助残暖闽西”为主题的青年志愿者服务统一行动。

2007年3月20日，首届龙岩市少儿艺术节活动在连城县实验小学正式启动。

2007年4月1日，团市委、市青年文明号活动组委会组织龙岩电业局、龙岩中心血站等10多家全国级和全国级争创单位的青年文明号集体在上杭县古田镇开展全国青年文明号“和谐海西立新功”古田行活动。

2007年4月5日，在永定县湖坑镇楼下村举行新农村建设“共青村”启动仪式，标志着龙岩市“共青村”建设全面启动并加以推进。

2007年5月14日，团市委、市疾病预防控制中心、龙岩经济开发区管委会联合举办“服务进城务工青年健康行”知识讲座，为龙岩经济开发区200多名进城务工青年讲解劳动安全、职业卫生危害、劳动保护施以及艾滋病等传染病性疾病预防等方面的知识。

2007年5月28日，团市委、市少工委联合市委宣传部、市教育局、市文化与出版局、龙岩电视台联合举办庆“六一”“少儿手拉手·城乡共和谐”艺术节文艺晚会。

2007年6—7月，开展《中华人民共和国未成年人保护法》集中宣传教育活动。

2007年6月17—18日，组团20多人参加第五届海峡青年论坛及省“6·18”项目成果交易会。

2007年10月1日晚，第二届闽西青春形象小姐大赛暨第四届房车展形象大使选拔赛总决赛在市体育公园综合馆举行，从30名入选选手中评选出冠军、亚军和季军各1名。

2007年7月22日，龙岩市“爱贝通杯”少儿歌手赛在市文化艺术中心举办。

2007年7月23日，由团省委和省发改委主办的清华大学“关注海西、关注6·18”博士生实践服务活动在长汀县三元阁广场启动。

2007年8月17—20日，组织13人参加第五届西藏林芝地区投资贸易洽谈会。

2007年8月29日，团市委、市希望办举行“希望工程·百名贫困大学生圆梦行动”捐赠仪式。

2007年10月17日，市综治委预防青少年违法犯罪工作领导小组全体成员（扩大）会议召开。

2007年11月28—30日，共青团龙岩市第三次代表大会召开。市委书记张健出席大会并作重要讲话。市领导黎梓元、陈万里、陈建寿、江子华、杜乔元、黄海英、黄福清、朱建平、饶作勋、郭韶翔、林乔城、邱惠珍、郑立明、李新春，老同志代表郑霖及团省委副书记赖军应邀到会指导并与代表合影留念。

2007年12月5日至2008年2月5日，团市委在全市开展“贯彻十七大，和谐海西做先锋”青年志愿者主题活动，在高校开展以“永远跟党走，争做新一代”为主题的团日、专题宣讲、形势教育、演讲辩论、座谈研讨等活动。

2008 年

2008 年 1 月 14 日，在武平县东留乡大阳村举行龙岩市“共青村”建设现场推进会。

2008 年 3 月 2 日，在龙岩一中举行龙岩市“迎奥运、促和谐、做先锋”青年志愿者“六走进”行动启动仪式。全市“迎奥运、促和谐、做先锋”青年志愿者“六走进”示范月行动正式启动。

2008 年 3 月 5 日，由团市委、龙岩电视台联合举办的“激情青春・唱响闽西”龙岩市青年歌手电视大奖赛正式启动。有 2000 多名选手报名参加，经过激烈角逐，杨文娟、伍海华、姜玮分获本次大赛金、银、铜奖。

2008 年 3 月 11 日，联合市城乡规划局、市林业局、新罗团区委在新罗区适中镇中溪共青村举行龙岩市、新罗区“保护母亲河・家园清洁青年行动”暨“种植名贵树，建设新农村”活动推进仪式。

2008 年 4 月，开展青年文明号优质服务示范月活动。全市公安、税务、工商、卫生、城建、交通、通信、金融等 30 多个行业和系统的 500 多个青年文明号集体开展岗位练兵、岗位能手竞赛、诚信满意度调查、微笑天使服务、爱心号户结对以及便民服务等青年文明号展示活动。

2008 年 5 月 4 日，举办“青年手拉手・同心迎奥运”“五四”青年节专场文艺晚会。

2008 年 5 月 6 日，龙岩市青年书画家协会第一次会员大会召开。

2008 年 5 月 12 日，在奥运火炬手接待会现场，20 多名青年志愿者协助工作人员参与会务工作。

2008 年 5 月 15 日，团市委、市红十字会联合举行全市各界青年“心系灾区、共渡难关”捐款仪式。共收到各级团组织、团干部和各界青年捐款 12 万多元。

2008 年 6 月 20 日，共青团福建省委、龙岩市人民府、省青年企业家协会联合在福州举行福建省青年企业家投资龙岩见面座谈会。团省委副书记郑霞，省青年企业家协会会长、福建阳光国际集团董事长林腾蛟及省青年企业家协会 20 位省内知名青年企业家出席座谈会。

2008 年 6 月 29 日，“坐享财富，投资未来——龙岩市青年企业家创新发展（第九期）论坛”举行。

2008 年 8 月 1 日至 9 月 30 日，团市委、闽西日报社、移动公司龙岩分公司等 3 家单位联合发起“全球通客户爱心积分”援建四川彭州隆丰镇“龙岩市全球通客户永丰希望小学”活动，共筹集善款 100.33 万元。

2008 年 8 月 3—5 日，由省青企协会长、福建阳光国际集团董事长林腾蛟，省青企协名誉副会长、七匹狼集团董事长周永伟一行 8 人组成省青年企业家考察团到龙岩市开展项目考察。

2008 年 8 月 23 日，团省委、龙岩市委和市政府及省青企协联合举办“福建省青年企业家闽西行”经贸考察座谈会暨项目签约仪式。

2008 年 8 月 25 日，团市委、市希望办举行龙岩市“希望工程 2008・圆梦行动”捐赠仪式。市领导陈建寿、林乔城、郑立明，市关工委常务副主任张秋炯出席捐赠仪式。

2008 年 11 月 22 日，中共中央政治局常委、国务院副总理李克强在古田会议旧址考察时，对前往古田会议旧址接受革命传统教育的龙岩一中学生提出要“好好学习，学有所成”的殷切期盼。

2008 年 12 月 12—13 日，全省团县委书记“科学发展与团建创新”专题培训班现场观摩、全省第一批抽调干部驻县级团委指导工作现场推进会、全省青年农村创业座谈会在龙岩举行。

2008 年，依托龙岩市青年书画家协会和市青少年宫，在全省率先建成由龙岩青年书画家协会秘书处、青年创业培训中心等 10 多个青年社团、青年自组织组成的龙岩市青年发展中心。

2008 年，上杭、永定在全省率先落实村团支部书记经济待遇。

2008 年，“希望工程”筹集资金 444.83 万元。完成援建上杭白砂红军希望小学等 5 所希望小学筹资任务。

2008 年，新罗区在全省率先开展在校大学生“假日村团支书”工作，选拔 35 名优秀大学生干部到曹溪镇、东肖镇 35 个村挂职村团支部副书记。

2008 年，分别在龙岩市新行政中心区域的安利（中国）龙岩分公司活动中心、龙岩兄弟连野战俱乐部率先在全省成立“城市青年活力俱乐部”。

2009 年

2009 年 3 月 29 日至 4 月 1 日，台湾客家党青年团一行到龙岩参观考察、交流访问。访问团一行参观世界文化遗产——振成楼，并与长汀县、永定县青年代表开展两岸客家青年座谈。

2009 年，“六一”期间，举办“蒙牛未来星”少儿才艺大赛、“歌唱祖国庆六一”纪念少先队建队 60 周年全国统一队日活动，全市 21 万名少先队员参与。

2009 年 11—12 月，成立大学生青年志愿者服务团，100 名优秀大学生志愿者为“11・18”中国龙岩投资项目洽谈会、纪念古田会议 80 周年等活动提供酒店接待、会场引导等相关志愿服务。

2009 年 12 月 18—20 日，中央国家机关团工委书记、中央国家机关青联主席吴海英率领的中央国家机关青年代表团一行 18 人到龙岩市，开展“走进龙岩”革命传统主题教育活动。

2009 年，开展千名农村青年自主创业“星火燎原”培训工程。全市共举办青年自主创业培训班 16 期，培训返乡务工青年和农村青年 2085 人。

2009 年，开通龙岩青年就业创业网，发布招聘企业 3735 个、招聘岗位 8641 个，求职数达 36524 多人次。

2009 年，在全市 18 个乡（镇）开展农村青年小额贷款工作。全年为 649 名创业青年发放小额货款 2646.46 万元。

2009 年，举办全国青年文明号学习科学发展观古田座谈会和流动现场会。

2010 年

2010 年 1 月 27 日，“福建龙岩全球通永丰希望小学”揭牌仪式在四川省彭州市隆丰镇希望小学所在地举行，龙岩市委副书记、组织部长陈万里，彭州市委副书记、市长韩轶为希望小学揭牌。福建省前方指挥部副指挥长王知瑞，龙岩市政府副市长严金静，彭州市四套班子领导及嘉宾出席仪式。

2010 年 3 月 23 日，团市委、新罗团区委联合在白沙镇南卓村农民公园开展以“绿色闽西，青年当先”为主题的“保护母亲河・家园清洁”青年植绿护绿活动，正式启动龙岩共青团系统城乡绿化一体化“四绿”工程建设。

2010 年 4 月 30 日，龙岩市纪念“五四”运动 91 周年大会暨“项目建设年”重点工程突击队竞赛活动启动仪式举行。市属企事业单位团委、大中专院校团委负责人以及社会各界青年代表共 300 多人参加会议。市领导陈万里、林乔城、严金静、李新春等为获表彰的先进集体和先进个人颁奖。

2010 年 4 月，在全市公安、税务、工商等 30 多个行业和系统的 500 多个青年文明号集体中开展以“建设先行区·青年要先行”为主题的青年文明号优质服务示范月活动。

2010 年 5 月 16 日，由共青团龙岩市委、龙岩市电视台联合举办的龙岩市青年歌手大赛总决赛在龙岩学院学术报告厅举行。连城赛区的童垚铖获冠军，大中学校赛区的王艳秋、江娴分获亚军、季军。

2010 年 5 月 19—22 日，中央国家机关团工委书记、中央国家机关青联主席吴海英率领的中央国家机关青年代表团一行 21 人，到龙岩市开展“根在基层，走进龙岩”调研实践活动。

2010 年 5 月 30 日，由共青团龙岩市委、龙岩市电视台、龙岩市少工委联合主办的龙岩市第二届少儿才艺大赛颁奖晚会在艺典小剧场举行。市人大常委会副主任钟万福，市政协副主席李新春，市直有关部门领导到场观看演出并为获奖选手颁奖。

2010 年 6 月，召开全市非公经济组织党建带团建工作会议，开展非公经济组织团建月、督查月和试点县工作，新建非公有制经济组织团组织 317 家，总数 447 家，实现省级开发区 100%组建团工委、国有企业 100%建团组织的目标。

2010 年 7 月 31 日至 8 月 1 日，接待香港青少年红色之旅。来自香港 158 所大学、中学的 400 名青年学子代表到龙岩开展红色之旅活动。

2010 年 8 月 24 日，团市委、市希望办、龙岩电视台联合举办龙岩市“希望工程 2010 圆梦行动”捐赠仪式，共收到社会各界捐款 245.2 万元，资助 498 名贫困大学新生。市领导杜乔元、林乔城、林兴禄等参加活动。

2010 年 9 月 1 日上半年，龙岩市青年企业家协会第八次会员大会召开，市领导陈万里、林乔城、温锡浩、郑立明出席。

2010 年 9 月，第五届全国特奥会火炬传递活动在龙岩市进行并圆满完成。该活动牵头筹备单位为团市委。

2010 年 10 月 11 日上午，中国少年先锋队龙岩市第三次代表大会开幕式暨争当“四好少年”新生入队仪式观摩活动在龙岩市人民广场举行。团省委副书记徐姗娜，市领导陈万里、钟万福、张斯良、李新春及市直相关部门领导共同出席活动。

2010 年 10 月 13 日，团中央书记处第一书记陆昊、办公厅副主任景临到龙岩市考察。团省委书记赖军、副书记宿利南，市领导张健、陈万里、饶作勋陪同参观考察。

2010 年 12 月 17 日，龙岩城区共青团组织第四片区活动在龙岩中心血站举办，标志着龙岩市城区共青团组织片区活动正式启动。

2010 年，响应团中央号召，开展“我为灾区捐赠一瓶饮用水”活动，为西南旱灾区、玉树地震灾区募集救灾款 75.33 万元。

2010 年，开展以“绿色闽西，青年当先”为主题的“保护母亲河·家园清洁”青年植绿护绿活动，正式启动龙岩共青团系统城乡绿化一体化“四绿”工程建设。

2010 年，全市 18 个重点乡（镇)662 名创业青年获得农村小额贷款 2901.8 万元。

2010 年，团市委主要负责人员随龙岩市经贸文化交流团赴台开展为期 8 天交流访问活动。

2010 年，以沈伯璋为团长的台湾青商总会一行到龙岩市考察交流并参加第四届海峡客家高峰论坛。成功对接闽台农业合作博士团社会实践队到龙岩漳平市永福镇国家级农民创业园开展考察调研活动。

2011 年

2011 年 1 月 12 日，组织开展“2011 年共青团与人大代表、政协委员面对面”——新生代农民工社会融入专题座谈会，推动青少年普遍性利益诉求问题的解决。

2011 年 2 月 18 日，共青团龙岩市委三届六次全体（扩大）会议召开。市委副书记、组织部部长陈万里会上作重要讲话。

2011 年 3 月 26 日，开展以“建功‘十二五’青春促跨越”为主题的龙岩市百名青年企业家园区行活动。

2011 年 3 月 5 日，团市委承办在长汀县举办的“保护母亲河——福建省青少年绿色环保行动”启动仪式。

2011 年 3 月 6 日，开展青年志愿者“心手相牵，关爱农民工子女”统一示范月行动。全市 7 个县（市、区）团委共组织 5000 多名青年志愿者到敬老院、孤儿院、农民工子女学校，开展“关爱农民工子女、从我做起”行动、社区环境整治与美化行动、青年志愿者进社区公益服务等志愿服务。

2011 年 3 月 24 日，以“城乡整洁、青年当先”为主题，在全市开展“保护母亲河——城乡环境卫生整洁青年行动周”活动。全市各级团组织共开展活动 382 次，清洁整治无物业小区、农村 412 个，清除楼道牛皮癣 898 处，清理卫生死角 1086 处。

2011 年 4 月 15—16 日，团市委机关全体人员到厦门开展学习考察交流活动，与厦门大学团委初步达成合作框架协议，并与中科院城市环境研究所团员青年开展交流。

2011 年 4 月 26 日，在古田会议会址承办全国青少年“永远跟党走”青春歌会（福建站）活动。

2011 年 4 月，634 家各级青年文明号集体以“立足岗位比贡献，创先争优做示范”为主题，联合开展优质服务示范月活动，窗口单位和服务行业青年文明号集体开展“为民服务创先争优”活动。

2011 年 5 月 14 日，科技部 21 世纪议程中心和团市委联合召开“青年的社会责任”座谈会，双方团员青年代表畅谈感受。

2011 年 5 月 21 日，龙岩市举行百校青少年走进革命传统教育基地启动仪式暨 18 岁成人宣誓仪式，全市 30 多万青少年在活动中走进革命教育基地，亲身接受革命传统教育。

2011 年 6 月 12—17 日，组织人员参与第九届海峡青年论坛活动，与台湾各界青年开展交流。

2011 年 6 月 23—24 日，“青春中国红”红色经典音乐会走进龙岩市，分别在新罗区和古田会议会址举办活动 1 场。

2011 年 7 月 29 日，龙岩团市委与厦门大学团委框架协议签约暨厦门大学暑期社会实践基地授牌仪式在龙岩市举行，厦门大学在龙岩市 4 个县市建立暑期社会实践基地。

2011 年 8 月 4 日，市委书记张健等到市青少年事务中心开展专题调研。

2011 年 10 月 13 日，在上杭县举行全市少先队“先锋大队”命名和授旗仪式，开展“学习省委书记孙春兰回信精神，争做红土地上好少年”为主题的纪念建队 62 周年主题活动。

2011 年 12 月 8 日，团市委与共青团昌吉州呼图壁县两级委员会在龙岩学院举行共青团昌吉州、县（呼图壁）两级委员会驻龙岩市工作委员会成立暨“大美新疆”青年宣传队授旗仪式。

2011 年，全市 3 支省级重点服务团队和 25 支市（校）级重点服务团队参加大中专学生暑期“三下乡”社会实践活动。服务团队员到农村、企业，到革命传统教育基地，体验基层生活。

2011 年，依托青少年宫成立龙岩市青少年事务中心，重新整合开通“12355”青少年事务服务热线。

2011 年，开展非公经济组织和新社会组织建团推进月活动，推进“非公”团建工作，当年新建“非公”团组织 148 个。

2011 年，按照乡镇（街道）组织格局创新实施意见和实施方案，建立机关干部挂钩联系点，全面推进乡（镇、街道）团组织格局创新。全市 100% 的乡（镇、街道）团组织格局创新，配备编制外副书记 291 名，委员 895 名。

2011 年，贯彻团中央《关于进一步加强驻外团组织建设的有关意见》，全市建立县级驻外团组织 4 家，工团联建率为 66%。

2011 年，龙岩市委、市政府办公地址从东城街道和平路整体搬迁至新行政中心——新陂镇（今新陂街道）龙岩大道 1 号。团市委办公地址也同时搬迁至新行政中心。

2012 年

2012 年 5 月 3 日下午，团省委纪念中国共青团成立 90 周年暨共青团苏区福建省委成立 80 周年座谈会在长汀县召开。团省委副书记兰明尚，市委常委、宣传部部长邱荣和各界青年典型代表参加座谈会。该座谈会由共青团龙岩市委承办。

2012 年 11 月 21 日，共青团龙岩市第四次代表大会召开。团省委副书记何明华出席大会并讲话。市领导张兆民、陈万里、饶作勋、江子华、张天洲、王乃谦、邱荣、林晓英、阮开森、严志铭、温锡浩，老同志代表郑霖等出席大会。

2012 年，围绕“生态龙岩”“美丽龙岩”建设，团市委承办全省“学习长汀经验·建设青春家园”主题实践活动启动仪式。

2012 年，开展百家青年文明号结对水土流失治理重点乡（镇），组织全市 2.7 万多人次青少年参加植树面积为 187 公顷。

2012 年，全年培训创业青年 1000 余人，招募导师“一对一”帮扶创业青年 7 人。

2012 年，全市完成农民工子女结对 12797 人。其中，新罗区红炭山学校、长汀县龙山中学、武平县平川中心学校获评福建省首批共青团关爱农民工子女志愿服务示范基地。

2012 年，促成中央国家机关团工委与龙岩市委签订“根在基层”调研实践活动协议并在龙岩市建立实践基地。

2012 年，组织青年企业家协会会员分批次到西藏米林农场开展考察交流活动。

2012 年，开展“下基层、进青年、转作风、办实事”活动，全市各级团组织走访青年 284 次、2385 人，召开座谈会 68 场，覆盖青年 2468 人次，收集意见、建议 265 条，帮助化解纠纷矛盾 38 起，解决涉及青年切实利益等方面的突出问题 60 个。

2013 年

2013 年 6 月 17 日，龙岩市依托长汀青年世纪林创建全国青少年水土保持与生态文明建设科教实践基地设想得到团中央书记处第一书记秦宜智充分肯定，帮助长汀团县委争取县水保局专项资金 46 万元用于林区干道硬化工程，铺设水泥路面 1.6 千米。

2013 年 6 月，位于龙岩市商务营运中心地块的龙岩市青年创业大厦通过验收正式投入使用。该大厦总高 92 米、22 层，总建筑面积 4 万平方米，是全省首幢青年创业大厦。

2013 年上半年，团市委编纂的《古田小红军》一书正式出版发行，被省委书记尤权作为“六一”节日礼物送给全省少先队员。

2013 年 11 月，依托龙岩市青年创业大厦（19 ～ 20 层）建立青年创业孵化基地，基地建筑面积 2000 平方米。

2013 年，从古田会议重要意义和古田圣地“全省最红”特色出发，在古田建立青少年“三观”“三热爱”主题教育基地。基地全年接待来全国各地青少年近 10 万人。

2013 年，青少年动漫画品《新二十四孝》被团省委选为“日行一孝，常伴常亲”活动主题画作。

2013 年，联合市银监局，在全国首次提出和推广“为每个乡镇团委配备一名金融系统年轻干部为兼职副书记”模式，全年新增青年创业小额贷款 3501.3 万元，带动就业 1518 人。当年，该项工作在团中央专题会议上作典型发言。

2013 年，实施龙岩市希望工程为民办实事项目。全年筹集善款 777.92 万元，其中 508.18 万元资助 677 名贫困大学新生，11.2 万元帮助 112 名贫困高中生，120 万元援建 4 所农村小学改扩建教学楼，138.54 万元援建四川雅安地震灾区希望小学。

2013 年，开展“学习长汀经验・建设青春家园”“美丽龙岩我先行，青春奋进中国梦”等主题实践活动 30 余场，组织动员全市团员青年 3.2 万多人次参与植绿护绿活动，植树 12.8 万多株，总面积 260 多公顷。

2014 年

2014 年 3 月 11 日上午，共青团龙岩市委四届二次全体（扩大）会议在龙岩人民会堂召开。团市委副书记（主持工作）罗露露在会上做《高举团旗・永跟党走・团结带领全市团员青年在闽西老区全面深化改革生动实践中谱写新华章》的工作报告。

2014 年 8 月 4—20 日，团中央书记处书记周长奎到龙岩市开展“走进青年、转变作风、改进工作”大宣传、大调研活动。其中 5—15 日，在长汀县实地走访 9 个乡（镇）和多家企业、机关事业单位及农村青年创业基地，与企业青年、农村青年、青年学生、新媒体从业青年、困难青少年等各青年群体和基层团干部交谈交流。周长奎还先后前往上杭、连城等地调研。

2014 年 11 月 14 日上午，龙岩市青年电子商务协会成立大会暨首届电商峰会在龙岩人民会堂召开。市委书记梁建勇、团省委书记何明华、中国社科院信息化研究中心主任汪向东、市委秘书长严志铭、市政府副市长张斯良、阿里巴巴研究院院长陈亮、中国新农人联合会创始人毕慧芳出席会议。

2014 年 11 月 15—20 日，应台湾高雄市“中华两岸关系发展促进会”邀请，团市委副书记、市青年联合会负责人罗露露率龙岩青联代表团一行 10 人到台湾开展为期 6 天的交流考察。

2014 年，邀请中国社科院信息化与网络经济研究室主任汪向东等专家为龙岩市电子商务发展出谋划策，为全市青年电子商务从业者传经授宝。

2014 年，联合长汀信用联社试点实行农村青年创业致富带头人等 4 类群体小额贷款利率少上浮 10%～30%政策，全年新增青年创业小额贷款 767 笔 5011.1 万元，增长 83.36%。

2014 年，实施“领头雁”计划，培育青年创业致富带头人 74 名，省级优秀青年农民合作示范社 13 家（其中十佳优秀示范社 1 家）。

2014 年，成立龙岩市青少年环保社团联盟，为 25 家青少年环保社团搭建交流联系活动平台。

2014 年，以“保护母亲河”为主题开展“建设青春家园·共筑生态文明”活动，组织动员全市 1.5 万多名青少年参与植绿护绿活动，绿化面积 126 公顷。

2014 年，实施“共青团城乡互动共建美丽乡村”工程，建立“青春家园示范点”14 个。

2014 年，建立全省首个地市级希望工程网站，全年筹集善款 651.45 万元，资助贫困学生 1009 名。

2015 年

2015 年 7 月 21 日，全省首个中央团校校外培训基地——中央团校古田培训基地揭牌仪式在上杭县古田镇举行。中央团校、中国青年政治学院党委书记、全国政协委员倪邦文和共青团福建省委书记何明华分别代表中央团校和福建团省委签署《关于建立中央团校古田培训基地的协议》，并为基地揭牌。市委副书记黄进发，中央团校党委常委、副校长、全国青少年井冈山革命传统教育基地党组书记、教育部首席评估专家李家华等参加揭牌仪式。仪式结束后，倪邦文为中央团校古田培训基地第一批全体学员作题为“青年成长与社会发展”的专题报告。

2015 年 8 月 14 日，团中央书记处第一书记秦宜智到龙岩市调研基层团建工作。秦宜智出席福建共青团中央党的群团工作会议精神专题培训班，并做即席讲话。秦宜智还到新罗区培斜淘宝村调研青年创业工作，市委书记梁建勇陪同。

2015 年 12 月 5 日，第 30 个国际志愿者日，团市委机关党（团）支部等 1850 多个团组织、25000 多名团员走上街头、走进社区、走进学校，开展活动 3162 场次，为创建全国文明城市增光添彩。

2015 年 12 月 28 日，中国少年先锋队龙岩市第四次代表大会召开。市委副书记黄进发、市人大常委会副主任赵汀生、市政协副主席张琼珊、团省委副书记兰明尚及市直相关部门领导、来自全市各地的179名少代会代表参加大会。市委副书记黄进发对全市少先队工作给予充分肯定，并对全市少年儿童提出殷切希望；团省委副书记兰明尚代表团省委、省少工委到会祝贺。

2015年，创办“龙岩青年”微信平台。当年该平台综合影响力名列全省前列，全国地市团组织官微排名、全省政务类微信平台最高排名第七位。

2015年，成立市、县两级青年电商协会，吸收会员1800多名，带动青年5万多名，配合政府引进阿里巴巴、京东农村电商项目。

2015年，打造创业阵地，吸引14家青年创业企业入驻青年创业大厦青年创业孵化基地。

2015年，选送195名优秀青年志愿者参与第一届全国青年运动会（龙岩赛区）志愿服务。其中10人获“明星志愿者”称号，75人获“全国优秀志愿者”称号。

2015年，“从心启航”心肺复苏全民公益行动开展公益活动16场，受益人数5300多人，获得中央文明办、团中央、民政部等6部委联合举行的第二届中国青年志愿服务项目大赛铜奖。

2016年

2016年5月3日，为纪念中国共产党建党95周年、红军长征胜利80周年，共青团福建省委、福建省学联组织全省各行业团员青年代表到闽西革命老区开展“高举团旗跟党走红色基因代代传”主题教育实践活动。主场活动设在上杭古田，市委常委、统战部部长邓菊芳出席活动并致辞，团省委书记何明华和100多名团员青年代表参加在上杭县古田主场活动。

2016年10月26日，由共青团龙岩市委主办，市义工协会、市青年志愿者协会承办的大型公益活动“青亲岩城，文明有你”——“关爱环卫工人·共建爱心饮水站”授牌仪式在街心广场举行。

2016年11月8日，由龙岩市人民政府、福建省闽台交流协会、福建省青年联合会共同主办，龙岩市台办、共青团龙岩市委和7家台湾社团联合承办的2016海峡两岸（龙岩）青年创业合作发展论坛在龙岩市举行。福建省闽台交流协会副会长韦忠慈、福建省青年联合会常委陈怡和260多名来自台湾和龙岩的青年代表参加论坛。受市委书记李德金，代市长林国耀的委托，市委副书记何明华出席论坛并致辞。

2016年，承办团省委“高举团旗跟党走，红色基因代代传”活动。

2016年，承办“闽宁少儿手拉手红色基因共传承”活动。

2016年，承办闽港澳青年“重走长征路”活动。

2016年，启动“青亲岩城、护绿有你”植树活动，全市各级团组织开展活动57场，覆盖青少年2217人，植树8520株。

2016年，成立龙岩市青年创新创业服务中心，整合青年企业家协会、青年电子商务协会和社会资源，制定和落实“每周一沙龙，两月一论坛”工作要求。

2016年，联合市民政、财政、人社局等部门出台《关于进一步加强青少年事务社会工作的意见》，加强青少年维权和预防犯罪工作。

2016年，长汀县青少年综合服务平台被评为全国示范性青少年综合服务平台。

2017 年

2017 年 10 月下旬至 12 月，联合市广播电台开展“青约名主播，共学十九大”活动，邀请青年和电台主播共同朗读十九大报告，征集音频作品 200 多份，总阅读量超过 130 万人次。

2017 年 11—12 月，以学习宣传贯彻党的十九大精神为主线，开展“不忘初心跟党走，青春建功新龙岩”“向习爷爷说句心里话”等主题活动 1000 多场次，覆盖青少年近 10 万人次。

2017 年，以“青亲岩城 · 文明有你”为主题，开展争创第五届全国文明城市活动，团市委被市委市政府评为创建第五届全国文明城市“成绩突出单位”。

2017 年，组织 55 名大学生志愿者到乡（镇）从事支教、支农、支医、扶贫、青年工作等志愿服务。

2017 年，开展“河小禹”专项行动，组织大学生志愿服务队与各县青年生态环保社团结对，定期开展水质监测、河道净化、绿化、美化和主要河段巡查。

2017 年，先后邀请全国著名“三农”专家温铁军和 91 手机助手作者、同步网络 CEO 熊俊到龙岩市授课，开展龙岩青年大讲坛、创业沙龙、培训等活动 28 场，覆盖青年 2000 多人次。

2017 年，举办龙岩市十佳青年电商评选活动，推动全市广大青年投身电商创业。

2017 年，开展海峡两岸（龙岩）青年文化创意产品比赛，入选作品 80 余件。

2017 年，举办首届“益青春”希望公益项目大赛，资助青年公益项目 10 个，总金额 10 万元。

2017 年，拓展新兴领域团建工作，成立驻粤团工委，新建非公有制企业和网络新媒体企业团组织 213 家。

2017 年，推进“青年之家”建设，全市各级团组织通过自己建、联合建、党群共建共享等方式建设“青年之家”综合服务平台 118 家。

2017 年，龙岩市第一医院团委“从心起航”志愿服务项目获 2017 年度全国青年社会组织“伙伴计划”优秀项目。

2017 年，开展“学习总书记讲话、做合格共青团员”教育实践，覆盖 5323 个团支部、117747 万共青团员，评议不合格团员 100 余人（经限期整改后评议合格）。

2018 年

2018 年 6 月 11—14 日，团市委组织拍摄的防范“校园贷”普法剧《贷价》在央视 12 套黄金时段播出。

2018 年 6 月 19 日，龙岩市青年电子商务协会第二次会员大会暨跨境电商分会成立大会在龙岩市青年创业大厦 20 楼大会议室举行。

2018 年 7 月 10 日，龙岩市青年企业家协会第九次会员大会在龙岩人民会堂召开。市委副书记、新罗区委书记何明华出席会议并讲话。

2018 年 7 月，龙岩市青年企业家协会组织青年企业家学习“晋江经验”，并与石狮青商会开展合作交流。

2018 年 11 月 28—29 日，共青团龙岩市第五次代表大会召开。市委书记许维泽出席并讲话，市四套班子领导出席会议，团省委书记肖华鑫到会指导。大会听取《建功新时代建设新龙岩为坚持高质量发展落实赶超奉献青春力量》的工作报告，选举产生团市第五届委员会。

2018 年，在古田、才溪、松毛岭、中复村等地打造青少年教育基地，设计红色研学线路，吸引当地中小学生和省内外高校大学生到龙岩市开展假期红色研学活动。

2018 年，与网易合作开展十大群众文化活动“青年声态度”歌唱比赛，网络直播总阅读量超 12 万人次。

2018 年，评选“大美龙岩·青承匠心”传统工艺十佳青年传承人和优秀传承人，多项传统技艺被市文广新局认定为非物质文化遗产。

2018 年，向市委市政府提议以“政府购买服务”形式支持志愿工作，列入全市创城机制常态化工作，率先在新罗区试点成立“壹公益”组织服务社，每年由市、区两级财政按 1 ∶ 1 比例总投入 100 万元购买中心城区志愿服务。

2018 年，推广“志愿汇”系统，注册志愿者 27 万人，活跃志愿者超 1.5 万人。

2018 年，开展“大手拉小手”关爱农村留守儿童暑期支教和周末素质拓展活动，服务农村留守儿童 1000 多人。

2018 年，开展“数字团建”工作，通过福建数字共青团系统，创建团委 513 个，团支部 7516 个，团籍归属团员 94734 人。

2019 年

2019 年 8 月，龙岩学院团委被中国青年报社、中国高校传媒联盟联合授予“第三届校媒·全国高校新媒体评选最佳人气奖”。

2019 年 9 月 24—26 日，团市委承办的第六届“创青春”福建省青年创新创业大赛在新罗区举行。龙岩市获优秀组织奖，11 个青年创业项目入围决赛，2 个项目入围第六届“创青春”中国青年创新创业大赛决赛，获铜奖 1 项。

2019 年 9 月 28 日，团市委主办的红古田杯“声动龙岩”歌手大赛总决赛在市体育公园综合馆举行，网络直播观看人数超过 40 万人次。

2019 年 12 月 28 日，团中央书记处书记李柯勇一行到龙岩调研。

2019 年，龙岩市组建龙岩青年讲师团，招募成员 61 名，组织宣讲活动 200 场。其中，专职团干部开展青马之光主题宣讲 43 场，覆盖青少年学生上万人。

2019 年，承办福建省纪念“五四”运动 100 周年主题会演。

2019 年，承办闽商（龙岩）大论坛和龙岩“企业日”活动，全市近 300 名企业家参加。

2019 年，组织 200 多名青年到长汀青年生态·世纪林开展“大美龙岩·青春护绿”植树活动，带动全市 3000 多名青少年植树 8000 余株。

2019 年，召开龙岩市第一次青年工作联席会议，审议通过《龙岩市青年工作联席会议议事规则》。全市 7 个县（市、区）均召开青年工作联席会议，审议通过会议议事规则和实施意见。

2019 年，龙岩市开展“培育青农创客，助力乡村振兴”农村青年电商培训 5 场，培训农村青年电商近 300 人次，带动县级团委开展培训班 33 场次，培训农村青年和返乡大学生 1843 人。

2019 年，国家电网龙岩供电公司原创的纪念希望工程 30 周年音乐微电影《你就是爱》在新华社 APP 首发，网络阅读量超过 100 万人次。

2019 年，团市委与市教育局联合出台《龙岩市中学共青团改革实施意见》。至 2020 年，全市 161 所中学出台共青团改革实施方案，完成率 100%。改革后，将团建、队建工作纳入市教育局对市属学校绩效考核指标。

2020 年

2020 年 1 月 6 日，团市委组织市人大代表、政协委员和青年代表开展 2020 年龙岩市“共青团与人大代表、政协委员面对面”活动。活动围绕“青年人才助力乡村振兴”主题，并就如何引导青年投身乡村建设，与人大代表和政协委员开展面对面交流。

2020 年 3 月 24 日，市委副书记、市政府常务副市长王龙、市委办二级调研员肖宝琴一行到团市委调研全市青年和共青团工作。

2020 年 5 月 1 日，团市委和市农业农村局联合举办 1000 名青年带货达人培养计划启动仪式。当年举办“培育青农创客，助力乡村振兴”培训 4 场，帮助 200 多名农村青年提升直播带货技能。

2020 年 5 月 8 日，团市委召开 2020 年第一次常委会（扩大）会议。

2020 年 5 月 14 日，市委组织部指导，团市委、龙岩人才发展集团共同主办，中共龙岩市委党校协办的“青春 · 奔跑 · 追梦”第一期——“奉献青春力量，促进基层治理现代化”主题活动举行。

2020 年 6 月 1 日，市委书记李建成和市委副书记、代市长张国旺深入龙岩师范附属小学参加由团市委、市教育局、市少工委主办的“逐梦新时代争做好队员”龙岩市少先队“庆六一”主题队日活动。

2020 年 6 月 13 日，团市委与市公安局、龙岩人才发展集团共同主办，市委政法委、市反诈骗中心、市反诈联席办、万宝广场协办的 2020 年“青春 · 奔跑 · 追梦”主题系列活动第二期——“你我接力防诈骗 · 全民行动保平安”主题活动举行。

2020 年 7 月 6—10 日，团省委书记肖华鑫围绕贯彻落实省委和团中央工作部署、在全方位推动高质量发展超越中更好地发挥共青团作用这一主题，赴龙岩开展调研。

2020 年 7 月 7 日，团市委与市文联、工商联、市工委等单位在龙岩美术馆联合举办“青春同行 · 爱心艺拍”活动。

2020 年 7 月 18 日，团市委与龙岩地质公园管委会，市文旅局、林业局共同主办，龙岩人才发展集团、冠豸山管委会协办的 2020 年“青春 · 奔跑 · 追梦”主题系列活动第三期——“申园追梦 · 青春助力”主题活动举行。

2020 年 7 月 31 日，团市委与市委军民融合办、龙岩市消防救援支队主办，市青年联合会、龙岩市融合发展促进会协办，龙岩市青年创新创业服务中心承办的“青春 · 奔跑 · 追梦”第四期——“青春心向党 · 情系火焰蓝”慰问消防救援队主题活动举行。

2020 年 8 月 20 日，团市委结合全国文明城市创建活动，以“青亲岩城 · 文明有你”为主题，开展关爱一线工作者、生活垃圾分类、公益骑行、环境保洁、文明劝导、基层宣讲、光盘行动等志愿服务接力活动。

2020年9月11日，团市委联合龙岩人才发展集团等单位举办“青春·奔跑·追梦”系列主体活动2020年第六期——“弘扬抗疫精神·致敬白衣天使”活动。

2020年9月28日，市委书记李建成到龙岩学院与师生座谈交流，为青年学生上一堂题为《弘扬伟大抗疫精神　勇于担当时代责任　谱写新时代闽西青年壮丽的青春之歌》的思政课。

2020年9月28日，团市委、龙岩人才发展集团主办，龙岩交通发展集团协办，龙岩市青年创新创业服务中心、龙岩新视听文化传媒公司承办的“青春·奔跑·追梦”主题系列活动第八期——“筑力·交通”活动在东环高速公路项目举行。

2020年10月17日，第十三届全国青联委员培训班（福建）在龙岩市古田干部学院开班，团中央书记处书记、全国青联副主席徐晓出席开班式并授课。

2020年10月23日，团市委与龙岩人才发展集团联合主办，龙岩投资发展集团有限公司承办，龙岩经开区（高新区）管委会、市青年创新创业服务中心协办的2020年“青春·奔跑·追梦”主题系列活动第九期——“数字产业·智慧龙岩”主题活动举行。

2020年11月5日，共青团龙岩市委召开五届三次全体（扩大）会议。

2020年11月8—10日，组织100多名青年志愿者参与在龙岩现代会展中心举行的第十一届海峡两岸机械产业博览会暨第十三届中国龙岩投资项目洽谈会志愿服务活动。

2020年11月9日，深化社区青年志愿服务推进社区治理试点工作培训部署会在新罗区西陂街道召开。

2020年11月21日，龙岩市学生联合会第一次代表大会在龙岩学院召开。

2020年12月3—4日，省委常委周联清先后到新罗区小池镇培斜村、西陂街道华莲社区，上杭县“才溪女”专题陈列馆，武平县城厢镇尧禄村、优达农业开发公司，龙岩市妇女儿童活动中心、龙岩学院大学生创新创业基地，宣讲党的十九届五中全会精神，并调研共青团和妇联基层组织建设、残疾人工作。

2020年12月9日，龙岩市委副书记王龙主持召开全市共青团、妇联工作座谈会。

2020年12月22日，龙岩市青年联合会三届二次常委（扩大）会议召开。龙岩市青年联合会三届委员会主席、常委，全国及省青联委员代表近40人参加会议。

2020年12月30日，召开第二次青年工作联席会议，指导各县（市、区）召开青年工作联席会议，审议通过联席会议事规则，各方齐抓共管青年发展工作格局初步建立。

2020年，团市委联合市台办举办“谋发展·促融合”海峡两岸青年创业就业论坛，全国各地优秀青年代表近150人参加。

2020年，邀请台湾青年参加“两岸一家亲、同创文明城”活动，对接龙岩市优秀企业和青年社工机构，征集台湾青年工作岗位14个，实习岗位7个。

2020年，举办2020年在岩优秀台籍青年培训班，30多名台籍青年参加。

2020年，团中央到古田拍摄“党指挥枪”专题网络团课。

2020年，落实“双主任”制度，成立龙岩市学生联合会，推动高校学生会、社团改革，建设服务型、学习型、创新型高校学生会组织，辖区内2所高校精简学生社团9家，数量控制在学生总数的0.4%以内。

2020年，下发《关于在各中小学成立学校少工委的通知》，推动符合条件的中、小学少先队100%成立学校少工委，落实每周1课时少先队活动课100%的进课表。

2020年，龙岩市委市政府印发《龙岩市青年发展规划（2020—2025年）》。

2020年，龙岩市在第七届省“创青春”青年创新创业大赛中，获一等奖1个、二等奖7个、三等奖6个。

2020年，市青年企业家协会被全国工商联评为“抗击新冠肺炎疫情先进商会组织”。

2020年，龙烟集团王启兵、闽西职业技术学院刘剑友获“全国青年岗位能手”称号。

2020年，团市委在疫情防控第一线组建青年突击队137支，动员青年企业家和青少年捐款235.23万元，捐赠一次性口罩83695个、额温枪345把。3个青年集体和8名青年获省级以上“五四”表彰。

2020年，联合市商务局、大数据局举办“全闽乐购·幸福龙岩”电商直播带货系列活动，首场直播带货交易额超265万元。

2020年，全年发放青年创业小额贷款1.8亿元，为1220名创业青年解决资金困难，提供就业岗位1139个。

2021年

2021年2月4日，团市委先后深入重点项目、龙头企业、民生领域一线，开展“情系外来青工，奉献青春温度”系列活动。向留在龙岩过年的外地建筑工人、企业员工、医护人员和快递小哥们送年货，致以衷心的感谢和温暖的祝福。

2021年2月5日，共青团龙岩市委举办“省外岩籍优秀学子新春座谈会”，活动邀请来自北京大学、清华大学、中国科学院大学、复旦大学、中国人民大学、浙江大学、南开大学等国内一流高校的15名岩籍优秀学子代表欢聚一堂，共叙乡土深情，共话创新创业，共谋家乡发展。

2021年3月5日，团市委、市少工委就如何贯彻《中共中央关于全面加强新时代少先队工作的意见》召开征求意见座谈会。

2021年3月12日，由共青团福建省委、福建省保护母亲河行动领导小组主办，共青团龙岩市委、福建省农村致富带头人协会承办，共青团长汀县委、南山镇党委协办的“喜迎建党百年·传承红色基因·保护绿水青山”植树活动在长汀县南山镇举办。

2021年3月12日，团市委机关开展“学党史、强党性”活动，组织党员干部走红色经典线路，前往长汀县南山镇中复村红九军团长征起点，开展主题党日活动，听党史学习课程。

2021年3月17日，共青团龙岩市委召开五届四次全体（扩大）会议。

2021年4月1日，由团市委、市商务局、市工商联联合举办的“青企·夜话”系列活动在青年创业大厦拉开帷幕。

2021年4月8日，党史学习教育市委宣讲团首场宣讲报告会举行。100多名各界青年代表现场聆听宣讲。

2021年4月29日，龙岩市青年干部座谈会召开，中共龙岩市委副书记王龙出席座谈会并讲话。

2021年4月30日，龙岩青年文明号“三服务一先锋”（服务优化发展环境、服务两岸融合发展、服务脱贫攻坚及争当新时代团建先锋）行动动员会在青年创业大厦20楼会议室召开。

2021年5月11日，由团市委、市希望工程服务中心主办，长汀团县委承办的“希望学子心向党·红色基因代代传”爱心捐赠仪式暨希望工程一堂课进校园主题宣传活动在长汀县宣成水利希望小学举行。

2021年5月12日，市委书记李建成到龙岩一中宣讲习近平总书记在福建考察时的重要讲话精神，为广大师生上一堂题为《传承红色基因　担当时代重任　争做有志有德有才有为的新时代龙岩青年》的思政课。

2021年5月31日，由团市委、市教育局、市妇联、市关工委、市少工委联合主办的“红领巾心向党、争做新时代好队员”2021年龙岩市少先队主题队日活动在教科院附小举行。市委书记李建成，市长张国旺，龙岩市委常委、秘书长黄立峰，副市长郭丽珍以及相关部门负责人出席此次活动。

2021年6月30日，龙岩共青团庆祝中国共产党成立100周年主题党日活动在龙岩市举行。

2021年7月9日，龙岩市少先队辅导员职业技能大赛决赛在龙岩市松涛小学隆重举行。

2021年7月11—14日，由中国青年企业家协会、中共龙岩市委、龙岩市人民政府和共青团福建省委主办，共青团龙岩市委、龙岩市商务局承办的青年企业家能力提升计划培训班暨走进龙岩产业考察活动举行。中国青年企业家协会常务副会长许华平，共青团福建省委副书记杨溢，市领导王龙、陈厦生及来自全国各地的100余名青年企业家参加活动。

2021年8月20日，2021年龙岩市乡镇团委换届工作试点观摩会暨共青团汀州镇第十九次代表大会在长汀县汀州镇召开。

2021年8月25日，由中共龙岩市委组织部和共青团龙岩市委主办的大学生实习“扬帆计划”总结座谈会在龙岩召开。

2021年8月31日，由共青团龙岩市委、龙岩电视台、市希望工程服务中心共同主办的龙岩市“2021年希望工程·圆梦行动”助学金发放仪式在青年创业大厦20楼会议室举行，市政府副市长郭丽珍出席仪式。

2021年9月3日，中国共产主义青年团龙岩市委教育工作委员会成立大会在龙岩市教育局召开。

2021年9月9日，团中央权益部发布2021年度动员社会力量开展青少年法治宣传、禁毒防艾教育专项资助项目遴选优秀项目名单，龙岩市方圆社工服务中心“青春同行·无‘毒’有你”项目入选。

2021年10月12日，由团市委、市教育局、市少工委联合主办的“红领巾心向党争做新时代好队员”龙岩市红领巾奖章争章活动启动仪式暨纪念少先队建队72周年主题队日活动在龙岩市松涛小学举行。

2021年10月17日，市委宣传部、市教育局、市退役军人事务局、市国防教育办公室、军分区政治工作处、团市委在龙岩学院学术报告厅共同举办以“迈向强国新征程，军民共筑强军梦”为主题的2021年龙岩市“爱我国防”大学生演讲比赛。

2021年10月20—22日，第十七届“振兴杯”全国青年职业技能大赛车工项目福建省选拔赛在龙岩举行。

2021年10月22日，团市委、市第一医院主办的龙岩市“从心启航”心肺复苏公益服务队走进长汀县宣成镇。

2021 年 10 月 27—29 日，全市 7 个县（市、区）共青团员代表大会胜利召开，全市县级团委集中换届工作完成。

2021 年 11 月 4 日，龙岩市平安建设领导小组预防青少年违法犯罪专项组联络员会议在团市委 309 会议室召开，市委政法委、市委文明办、市人民检察院、市中级人民法院、市教育局、市公安局、市民政局等 11 家成员单位联络员参加会议。

2021 年 11 月 17 日，由团市委、市少工委、福建广电新媒体有限公司、福建少儿频道、中国电信龙岩分公司共同承办的小小朗读者龙岩市级赛在龙岩市松涛第二小学举行。

2021 年 11 月 19 日上午，“提供新助力播种新希望”爱心捐赠暨“希望工程一堂课”主题活动在武平县民主立邦绿色希望小学开展。

2021 年 11 月 27 日晚，“两岸同心共唱青春”2021 年海峡两岸（龙岩）青春歌会在闽西职业技术学院大匠堂举行。来自两岸的 300 余名青年欢聚一堂，以歌会友，共叙乡情。

2021 年 12 月 8 日，闽、疆两地青联委员、青年团员交流学习活动在龙岩市上杭县举行。

2021 年 12 月 11 日，“红领巾心向党”——2021 第四届小小朗读者大赛福建省总决赛落下帷幕。龙岩“小小朗读者”摘得 1 金 1 银 3 铜 5 优秀的佳绩，共青团龙岩市委获“优秀组织奖”。

2021 年 12 月 13—15 日，2021 年龙岩市基层团干部、少先队大队辅导员培训班在古田干部学院举行。

2021 年 12 月 14 日，学习贯彻党的十九届六中全会精神暨省第十一次党代会精神市委宣讲团专场报告会在古田干部学院举行，全市基层团干部、少先队辅导员等 80 余人参加。

2021 年 12 月 17—22 日，市、区团委招募青年志愿者以入户宣传、环境整治、文明劝导等方式参与龙岩市创建第七届全国文明城市活动。

2021 年 12 月 24 日上午，龙岩市青年联合会三届三次常委（扩大）会议召开。龙岩市青年联合会三届委员会主席、常委，全国及省青联委员代表近 40 人参加会议。

2021 年 12 月 24 日，“全国乡村振兴青年先锋”宣讲交流会在闽西职业技术学院青年创业服务站举行。“全国乡村振兴青年先锋”陈益荣、“全国农村青年致富带头人”钟亮生为闽西职业技术学院青年代表宣讲。农村青年致富带头人代表、青年代表等共计 60 余人参加活动。

2021 年，团市委组织前往古田会议旧址了解红色历史，开展“学习党史铭初心，汲取力量担使命”党史学习教育活动。

2021 年，以庆祝中国共产党成立 100 周年为契机，开展党史学习教育活动，在全团上下组织学习《习近平总书记在党史学习教育动员大会上的重要讲话》《习近平总书记在庆祝中国共产党成立一百周年大会上的重要讲话》等，激励团员青年热爱中国共产党、热爱社会主义中国。

2021 年，围绕“美丽新福建，青春在行动”主题，以华莲社区、宝泰社区、御佳园社区为省级第一批试点建设“青春社区”，动员中心城区广大团员青年深度参与基层社会治理。

2021 年，组织青年志愿者进入社区开展垃圾分类服务活动 20 场。

2021 年，全市各级团组织通过在主流媒体推送典型经验，强化思想价值引领。其中，新罗团区委拍摄的庆祝中国共产党成立 100 周年宣传片《百年华诞，青春献礼》在“学习强国”平台播放。

2021 年，龙岩市青少年活动中心项目列入市“十四五”规划，市委、市政府多次召开专题会议研究市青少年活动中心事宜。

图书在版编目（CIP）数据

龙岩市共青团志（1997—2021）/ 共青团龙岩市委员会编 .-- 北京：方志出版社，2022.5
ISBN 978-7-5144-5256-3

Ⅰ．①龙… Ⅱ．①共… Ⅲ．①中国共产主义青年团－地方组织－史料－龙岩－1997 － 2021 Ⅳ．① D293

中国版本图书馆 CIP 数据核字 (2022) 第 065265 号

书　　名： 龙岩市共青团志（1997—2021）
编　　者： 共青团龙岩市委员会

责任编辑： 徐　宏
出 版 者： 方志出版社

地址　北京市朝阳区潘家园东里 9 号（国家方志馆 4 层）
邮编　100021
网址　http://www.fzph.org
发　　行： 方志出版社图书营销中心
电话　（010）67110500
经　　销： 各地新华书店
印　　刷： 龙岩东方彩印有限公司
开　　本： 889×1194　1/16

印　　张： 19.25
字　　数： 385.9 千字
版　　次： 2022 年 5 月第 1 版　2022 年 5 月第 1 次印刷
印　　数： 0001 ～ 1000 册

ISBN　978-7-5144-5256-3　　　**定价：** 298.00 元